Johann Adolph Schultes

Historisch-statistische Beschreibung der gefürsteten Graffschaft Henneberg

mit Urkunden

Johann Adolph Schultes

Historisch-statistische Beschreibung der gefürsteten Graffschaft Henneberg
mit Urkunden

ISBN/EAN: 9783742894946

Hergestellt in Europa, USA, Kanada, Australien, Japan

Cover: Foto ©ninafisch / pixelio.de

Manufactured and distributed by brebook publishing software (www.brebook.com)

Johann Adolph Schultes

Historisch-statistische Beschreibung der gefürsteten Graffschaft Henneberg

Inhaltsanzeige
der historisch-statistischen Beschreibung des Amtes Römhild.

Erster Abschnitt.
Einleitung in die Geschichte und politische Verfassung der Herrschaft und des Amtes Römhild. S. 563—596
Kurze Geschichte des Amtes unter der Regierung der Grafen von Henneberg. S. 563—570
Uebergang desselben an das Haus Sachsen, mit Bemerkung der vorzüglichsten Begebenheiten, vom Jahr 1595—1710. S. 570—580
Einige Nachrichten von den Römhildischen Successionsstreitigkeiten und deren, in den Jahren 1753 und 1765 erfolgten, gütlichen Beilegung. S. 581
Politische Verfassung des Amtes. S. 585
Historische Bemerkungen über das Henneberg-Römhildische Matrikularwesen. S. 589
Von dem Henneberg-Römhildischen Kreisvoto. S. 594

Zweiter Abschnitt.
Natürliche Beschaffenheit, Bevölkerung und topographische Beschreibung des Amtes. S. 596—671
Römhild, Geschichte der Stadt; politische und kirchliche Verfassung derselben, S. 603—619
Milz, S. 619—624
Haina, S. 625—631
Westenfeld, S. 631
Mendhausen, S. 633
Mönchshof, S. 636
Gleichamberg, S. 639
Bucheuhof, S. 641
Linden, S. 643
Licha, S. 645
Gollmuthhausen, S. 647
Roßhausen, S. 649—656
Sondheim, S. 656
Hindfeld, S. 658

Zeilfeld,

Zeilfeld, S. 659
Sülzdorf, S. 661
Schwickershausen, S. 663
Debertshausen, S. 666
Rappershausen, S. 666
Uttenhausen, (eine Wüstung) S. 669

Dritter Abschnitt.

Historisch-statistische Nachrichten von dem ganerblichen Orte Trappstadt und von einigen, in der Nachbarschaft des Amtes gelegenen, ritterschaftlichen Dörfern. S. 671—680
Trappstadt, S. 671—675
Steernberg, S. 675
Roßrieth, S. 677
Gleichen an der Wiesen, S. 678

Vierter Abschnitt.

Tabellarische Uebersicht der Henneberg-Römhildischen Ritterlehne, im 16ten und 17den Jahrhundert. S. 680—697

Einige Zusätze und Verbesserungen, zu den, in diesem Bande befindlichen, vier Abtheilungen, der historisch-statistischen Beschreibung der Grafschaft Henneberg. S. 697—714

Urkunden zur historisch-statistischen Beschreibung des Amtes Römhild, von Num. I—LI. S. 715—848

Chronologisches Verzeichniß aller, in dem ersten Theile dieses Werks befindlichen, Urkunden und Rezesse. S. 849—860

Dreifaches Register über sämmtliche vier Abtheilungen. S. 861—878

Vierte Abtheilung.

Historisch-statistische Beschreibung

des

Herzoglichen Sächsischen gemeinschaftlichen Amtes Römhild.

Mit Beilagen Num. I-LI.

Historisch-statistische Beschreibung des Herzoglich Sächsil. gemeinschaftlichen Amtes Römhild.

Erster Abschnitt.
Einleitung in die Geschichte und politische Verfassung der Herrschaft und des Amtes Römhild.

1. Das jetzige Amt Römhild war eine der ältesten Besitzungen der Grafen von Henneberg, und machte, wiewohl in einem weit grössern Umfange, eine besondere Herrschaft aus, die, seit dem Jahre 1274, einer abgetheilten Linie dieses gräflichen Hauses zugehörte. In der damaligen Hauptvertheilung der Hennebergischen Lande, fiel dieser Distrikt, nebst andern Schlössern und Aemtern, dem Graf Heinrich IV. (IX.) zu, welcher das, ohnweit Römhild erbaute, Schloß Hartenberg zu seinem Wohnsitz erwählte, und die, in der Hennebergischen Geschichte bekannte, hartenbergische Linie stiftete. Dieser Stamm erlosche aber schon im Jahre 1378, in der Person seines Enkels, Graf Bertholds X. (XII.) nachdem derselbe zu-

vor

vor (1371) seine ganze Herrschaft Hartenberg um 85000 Pfund Heller seinem Vetter, Graf Hermann V. zu Henneberg Ascha, käuflich überlassen hatte. a)

Auf diese Weise wurden die 1274 getheilten Hennebergischen Länder, Aschacher- und Hartenberger Linie, wieder in eine Herrschaft mit einander vereinigt, und das Amt Römhild machte von der Zeit an nicht nur einen integrirenden Theil derselben aus, sondern es war auch, nachdem Bischof Johann zu Würzburg 1402 das Hennebergische Stammschloß Ascha an sich gebracht hatte, der Sitz der regierenden Grafen aus diesem Hause, welches bis in die Hälfte des 16ten Jahrhunderts florirte. Die Schiksale desselben habe ich bereits im ersten Theil der diplomatischen Geschichte des gräflichen Hauses Henneberg S. 316-768. ausführlich entwickelt, und ich liefere hier nur eine gedrängte Uebersicht, von den merkwürdigsten Begebenheiten, welche den Römhildischen Landesbezirk betroffen haben.

2. Unter Graf Herrmanns V. Nachkommen gelangte diese Grafschaft zu einem Glanze, der sich dem eines beträchtlichen Fürstenthums ziemlich näherte. Sein Sohn Graf Friedrich I. wurde, meines Wissens, zum erstenmal mit den Regalien beliehen und erhielt vom Kaiser Rupprecht, auf dem Reichstag zu Heidelberg 1405, die Hälfte des Gerichts zu Benßhausen, einen Theil der Wildbahn in dem Thüringer Wald und das Halsgericht nebst den Zoll zu Römhild und Mühlnerstadt, zu Reichslehne. b) Er erweiterte seine Herrschaft mit einigen Länderstücken und Pfandschaften, c) und hinterließ sie seinem Sohn Graf Georgen I. im blühenden Zustand.

3. Auf diesem Grund bauete Georg fort, und seine ganze Regierung bezeichnet ihn als einen Herrn, der überall für seinen Vortheil machte. Wie gut man schon zu seiner Zeit die Grundsätze einer geschikten Landesverwaltung gekannt habe, siehet man aus den wichtigen Erwerbungen, womit Graf Georg seine Lande zu vergrössern wußte,

---

a) Dipl. in Müllers R. Tags Theat. unter K. Fried. V. S. 257 und im 1ten Th. der Hennebergis. Gesch. S. 308.

b) Der Lehnbrief steht in Sebastopag et Kreyssigs diplomat. T. II. p. 604.

c) Graf Friedrich kaufte 1402 und 1412 vom Stift Würzburg die Städte und Aemter Königshofen und Sternberg um 14500 fl. — das Schloß Bobenleube um 2800 fl. — den vierten Theil vom Schloß Kühndorf von dem Johanniter Orden, im Jahre 1421, um 800 fl. und von Würzburg einen Hof und Zehen zu Mönnerstadt um 5223 fl.

wußte, und wovon die, der Grafſchaft Henneberg noch bis jetzt einverleibte, Aemter Lichtenberg, Salzungen, und Kühndorf, redende Beweiſe abgeben können. d)

Auch das Amt Römhild hat ihm beträchtliche Revenüen in den Dorfſchaften Sind, Gleichamberge, Eych und den Buchenhof zu verdanken, welche er (1433) mit noch andern Zinſen und Gülten in Königshofen, vom Biſchof Albrecht zu Eichſtädt an ſich kaufte und dadurch dieſes Amt in einem nähern Zuſammenhang brachte.

4. Von Graf Georgs I. zahlreichen Familie waren es nur Friedrich II. und Otto IV. allein, die ihm in der Regierung und im gemeinſchaftlichen Beſitz ſeiner Lande nachfolgten. Ihre vier andern Brüder Philipp, Georg, Heinrich und Berthold widmeten ſich dem geiſtlichen Stande, und entſagten, zum Vortheil ihres Stammhauſes, allen Erbanſprüchen, gegen eine ſehr mäßige Appanage von 150 fl. Hätten die zwei regierende Grafen nach eben ſolchen Grundſätzen gehandelt, ihre Lande in Gemeinſchaft regieret und ſie nicht, wie es nachher geſchahe, getheilet; ſo würde ſich dieſes Haus in ſeinem vorherigen Glanz immer gleich geblieben ſeyn. Allein die Gemeinſchaft erzeugte unter ihnen allerhand Mißhelligkeiten, und da ohnehin Graf Friedrich, als Aelteſter, gewiſſe Regierungsvorzüge verlangte; So ſchritten beide Herrn 1468 zur Grundtheilung ihrer ſämtlichen Lande. Den großen Umfang den damalen die Grafſchaft Henneberg-Römhild hatte, lernt man aus der vorhandenen Theilungsurkunde kennen, worinnen nicht nur alle und jede Aemter und Pfandſchaften,

d) Von Graf Georgens zahlreichen Acquiſitionen will ich hier aus urkundlichen Quellen nur die vorzüglichſten bemerken: Er kaufte 1433 vom Biſchof Johann zu Würzburg das Amt Lichtenberg und die Hälfte von Salzungen um 3000 fl.; — Im Jahre 1434 das Schloß und Amt Aſcha, und die Würzburgiſche Hälfte vom Amte Münnerſtadt um 24000 fl.; — im Jahre 1435 die Schlöſſer und Städte Hildenberg, Jladungen und Steina mit einem anſehnlichen Dorfsdiſtrikt um 11090 fl.; — im Jahre 1436 und 1444 das Schloß und Amt Kühndorf von Georg Truchſeßen und Hanſen und Georg Voigten von Salzburg um 6200 fl.; — im Jahre 1443 ein Sechstheil des Zehenden und Ober- und Niedereißfeld, und ⅓ dergleichen zu Alsleben von Lorenz und Eberhard Truchſeß zu Sternberg um 907½ fl.; im Jahre 1449 den Zehend zu Ober- und Niedereſchenbach nebſt dem Hof zu Dippach von Heinrich zu Erthal um 1085 fl.; — Dieſe und noch weit mehrere Güther und Einkünfte brachte zwar Georg theils erblich, theils wiederkäuflich an ſeine Herrſchaft. Sie wurden aber in der Folge größtentheils wieder davon abgeriſſen.

schaften, sondern auch eine große Anzahl Hennebergischer Vasallen namhaft gemacht werden.

Man theilte die ganze Grafschaft in zwei Theile, nemlich den Münnerstädtischen und Römbildischen. Zu jenem gehörten: die Schlösser, Städte und Ortschaften, Münnerstadt, Ascha, Bodenlaube, Hammelburg, Volkach, Lichtenberg, Fischberg, Sladungen, Vachdorf, Nutlingen, Tulba, Sulzthal, Euersdorf, Wirmstahl, nebst verschiedenen Zinnsen, Gülten und andern Gerechtigkeiten in den Dörfern, Boklar, Winkels, Feuerthal, Rysem, (Kissingen) Eltingshausen, Maßbach, Boppenlauer, Weichtungen, Rodhausen, Teyenfeld, Wasserlosen und Großen Bardorf, ingleichen das Haupt- und Ungeld zu Mellerstadt, 50 fl. Burgguth auf dem Stifte Bamberg, und die Getraidezehenden zu Königshofen, Ischerohausen, Alsleiben, Niedeneichsfeld und Aue.

Zu dem Römbildischen Antheile wurden gelegt die Schlösser, Städte und Dörfer, Römbild, Königshofen, Sternberg, Rubndorf, Schwarza, Haldenburg, Salzungen, Zentingen, Sontheim im Grabfeld, Berkach, und Schwikershausen, nebst den Gülten und Zinsen zu Großeneibstadt, Kersfeld und Königshofen. Ungetheilt und in Gemeinschaft hingegen blieben: das Schloß Henneberg, der Weinzehend zu Münnerstadt, die Landessteuer, Erbzinnsen und Burggüther in den Pfandschaften und die alte Hennebergische Stammlehne, welche den 1466 errichteten Vertrag zufolge, jedesmalen von dem Aeltesten im Hause verliehen werden sollten.

Beide Grafen hatten sich übrigens bei dieser Sonderung eine freie Wahl der gemachten zwei Landesportionen bedungen, von welchen Friedrich den Römbildischen, Otto aber den Münnerstädtischen Antheil wählten, und weilen die Einkünfte des Erstern dem letztern mit 180 fl. überstieg, so versprach Friedrich, seinen Bruder, dieser Uebermaße wegen, durch Uebernehmung einiger gemeinschaftlichen Schulden, schadlos zu halten.

Mit den Reichslehnen dieser Herrschaft waren beide Grafen kurz zuvor, den 7ten December 1467, von Kaiser Friedrichen zu gesammter Hand und Gemeinschaft beliehen worden. An dem nemlichen Tag würkten sie auch, um es hier nur beiläufig zu bemerken, vom Kaiser die Erlaubniß aus, das, in einer gekrönten Seule bestehende, Wappen der Columneser, eines vornehmen Römischen Geschlechtes, in dem Hennebergischen

schen Wappen aufzunehmen, und sich sogar des Namens dieser Familie gebrauchen zu dürfen. e) — Ein Spiel der Eitelkeit, welches sich hauptsächlich auf das Vorurtheil gegen die deutsche Herkunft gründete, wo so viele fürstliche und gräfliche Häuser in der Abstammung aus römischen Geblüte eine gewisse Ehre zu finden glaubten. — Anton von Columna, der eben damals mit dem Grafen von Henneberg Römhilder Linie Bekanntschaft gemacht hatte, suchte ohnfehlbar in seiner weit hergeholten Anverwandschaft mit diesem Hause, sein eigenes Interesse, und bezeugte, ich weiß nicht aus was vor alten Chroniken und Traditionen, daß die Hennebergischen Grafen von seinen Vorältern abstammten. Was dieser fabelhaften Angabe an Glaubwürdigkeit fehlte, ersezte Papst Paul II. durch eine Bestätigungsurkunde, worinne er die hennebergische Abkunft von dem Geschlechte der Kolumneser feierlich authorisirte und dessen Titel und Wappen den beiden Grafen zueignete.

In eben diesen Zeitraum fällt auch die Erhebung dieses gräflichen Hauses in Fürstenstande. Obgleich die darüber ertheilte Urkunde bis jezt noch nicht zum Vorschein gekommen ist, so erhält doch diese Begebenheit dadurch ihre Gewißheit, daß Graf Otto schon im Jahre 1468 in seinem Siegel die fürstlichen Insignien führte und in einer spätern Urkunde vom Jahre 1473 des Fürsten-Standes dieser gräflichen Linie Erwähnung geschiehet. f) Dies alles gab zwar diesem Hause einen äussern Glanz, aber seine innere Stärke fing allmälich an zu schwinden — und bald wird man es bis zu einem gewissen Grad von fürstlicher Armuth herabsinken sehen.

Graf Friedrich II. ward nach der Theilung, mit seinem Bruder alleiniger Regent der Herrschaft Römhild, im engern Sinn, und hatte nur die, zu diesem Antheil geschlagene und vorhin benannte, Aemter und Güter im Besitz. Er verlegte seine Hofhaltung von Hartenberg in die Stadt Römhild, allwo er ein neues Schloß erbauete, und 1488 sein Leben endigte.

5. Sein Sohn und Nachfolger Hermann VIII. hatte sich schon im Jahre 1482 mit Elisabethen, einer Prinzeßin des Kurfürst Albrechts zu Brandenburg vermählet

---

e) Der kaiserliche Wappenbrief stehet in Müllers Reichstags Theater unter Kaiser Frid. V. Vorst. I, S. 248 wie auch in Schötgen und Kreysig diplomat. T. II. p. 613.

f) S. das dipl. in Schötgen und Kreysig T. II. p. 603.

let und ein ansehnliches Heirathsguth von 10000 fl. erhalten. Ausserdem erlebte er den unbeerbten Tod seines Oheims, Graf Otten IV. († 1503) und brachte nunmehr die demselben (1468) zugetheilten Lande, so viel deren noch übrig waren, an sein Haus. Diese Vortheile hatten aber wenig Einfluß auf den Wohlstand seiner Herrschaft. Mangel an Staatswirthschaft und vielleicht auch Unglüksfälle, hauptsächlich aber der verheerende Bauernkrieg, der sich in dieser Gegend in seiner ganzen Wuth zeigte, verzehrten die Kräfte eines Landes, in welchem ohnehin die gefürsteten Regenten an dem höhern Hofleben mehr, als ehedem, Geschmak fanden, g) und die Einkünfte zu Bestreitung des vergrösserten Aufwandes nicht mehr zureichten. Was aber dieses Grafenhaus von seiner Grösse am meisten herunter brachte, war die abermalige Theilung, die Graf Hermann VIII. im Jahr 1532 unter seinen beiden Söhnen, Bertholden und Albrechten, vornahm, und wodurch die eigentliche Herrschaft Römhild einen sehr kleinen Umfang bekam. Sie wurde Graf Bertholden, dem letzten dieses Stammes, zu Theil und begrif die Aemter und Schlösser Römhild, Hartenberg, Lichtenberg, den dritten Theil an dem Schloß Henneberg, die Pfandschaft Brückenau, ¼tel vom Amte Münnerstadt und noch verschiedene einzelne Güter, Lehnschaften und Einkünfte, die meistens im Würzburgischen Gebiete lagen. h)

§. Un-

g) Ein Beispiel von einer, schon zu dieser Zeit auch in kleinern Häusern eingerissenen Prachtliebe, liefert Graf Hermanns Beilager, welches 1489 mit grossem Gepränge zu Aschaffenburg vollzogen wurde. Da die Anzahl der Pferde, die damals ausgefüttert werden mußten, sich allein auf 1700 Stük belieffen; so kann daraus auf die große Zahl der fürstlichen gräflichen Personen, die der Hochzeit beiwohnten, von selbst einen Schluß machen. Man erstaunt wenn man die Beschreibungen der damaligen Schmausereien der Fürsten und Ritter lieset, wo z. B. auf der Hochzeit eines Böhmischen Edelmanns 150 gemästete Ochsen, 546 Kälber, 654 Schweine, 450 Schöpse, 2130 Hasen und ein verhältnißmässig auch grosses Wildpret, Geflügel ic. — 18120 Hechte, 10,209 Forellen, 2500 Schok Krebse u. s. w. verzehret — auch 1100 Eimer Tiroler-Oestreichische und Rheinweine, 40 Tonnen Spanische Weine und 908 Fässer Böhmisch Bier ausgetrunken wurden. (S. Schmidts neuere Gesch. der Deutschen In V.) Sollte wohl der Aufwand bei dem Beilager eines gefürsteten Grafen, — dessen Gäste sich mit 1700 Pferden einfanden, — geringer gewesen seyn? Kein Wunder also, daß bei der damaligen Verschwendungssucht die Herrschaft Römhild verschuldete und endlich gar verarmte.

h) S. die Urk. im 1sten Th. der Henneb. Gesch. S. 660.

6. Unter der kurzen Regierung dieses Herrn verschwand nun vollends der schwache Ueberrest des alten Ansehens, welches sich seine Vorfahren, durch die kluge Erweiterung ihrer Grafschaft, erworben hatten. Seine Oeconomie war äuserst zerrüttet und seine Schuldenlast wurde am Ende so groß, daß er sich nicht anders, als durch den Verkauf seiner Lande zu retten wußte. Da weder sein Bruder Albrecht zu Schwarza, noch seine Vettern, die Grafen von Henneberg Schleusinger Linie, vermögend waren, ihn mit Geldvorschüssen zu unterstützen; so nahm Berthold seine Zuflucht zum Stifte Würzburg, welches gleichsam die allgemeine Geldquelle in Franken war, woraus die verschuldeten Grafen und Herren zu schöpfen pflegten. Der dasige Bischof Melchior ließ sich zwar sehr geneigt finden, die Bertholdischen Schulden, die sich ohngefehr auf 30000 fl. belaufen mochten, zu übernehmen; seine Willfährigkeit war aber nichts weniger als nachbarliche Aushülfe, sondern sie zwekte bloß auf den wohlfeilen Erwerb der Herrschaft Römhild ab, weil selbige, seinem Plane zu Folge, dem Stifte lehnbar gemacht, und, nach Graf Bertholds ohne männliche Erben erfolgtem Ableben, an Würzburg heimfallen sollte. s)

Die hierüber gepflogenen Traktaten waren in der That schon sehr weit gediehen, und der Abschluß beruhete nur noch darauf, daß der Bischof sich erklären möchte, die Grafen von Henneberg-Schleusingen in die Mitbelehnschaft der Herrschaft Römhild aufzunehmen. Weil aber in diesem Hause damalen noch zwei junge Grafen, nemlich Georg Ernst und Poppo, vorhanden waren, mithin die Hoffnung eines baldigen Heimfalls etwas weit entfernt zu seyn schien; so fand Bischof Melchior diesen Lehnsauftrag seinem Interesse nicht zuträglich, und auf diese Art zerschlug sich ein Projekt, wodurch das Stift Würzburg, wenn es weniger eigennüzig gewesen wäre, schon im Jahre 1583 zum Besiz des Amtes Römhild gelanget seyn würde.

Nach einigen andern, aber ebenfalls mißlungenen, Versuchen entschloß sich endlich der verschuldete Graf, den Römhildischen Landestheil seinen Schwägern, den Grafen von Mannsfeld, im Jahre 1548 mit der Bedingung erb- und eigenthümlich zu überlassen, daß sie seine sämtlichen Schulden übernehmen, ihm auf seine Lebenszeit den Siz im Schlosse Römhild gestatten und mit standesmäßiger Unterhaltung versehen

---

s) Den von Bischof Melchior deshalb gemachten Antrag von 14ten März 1546, habe ich in der ersten Abtheil. meiner historischen Schriften S. 196, zum Beweiß der Würzburgischen Länderspekulationen, mitgetheilet.

sehen sollten. k) Indessen überlebte Berthold die traurige Lage seines Zustandes nicht lange, indem er wenige Monate darauf (den 25ten März 1549) ohne Erben aus der Welt gieng.

7. Sein Bruder Albrecht glaubte zwar, als nächster Erbe, berechtiget zu seyn, die Herrschaft Römhild von den Grafen zu Mansfeld zurük zu fordern; diese behaupteten sich aber im Besiz derselben bis in das J. 1555, wo sie das Amt Römhild und die beiden Pfandschaften Lichtenberg und Brückenau den Herzogen zu Sachsen Johann Friedrich den Mittleren, Johann Wilhelmen und Johann Friedrich dem Jüngern, gegen Ueberlassung des Dorfs Oldisleben nebst einer Zugabe von 50000 fl. erb- und eigenthümlich abtreten. l) Nach dem Zeugnisse des, damalen über diese Lande gefertigten, Anschlages, belief sich der Werth der, zum Amte Römhild gehörigen, Domänen und Kammergüter, mit Ausnahme der, in 3839 Acker bestehenden, Waldung, auf 86050 fl. und der jährlich Ertrag der Amtsgefälle wurde mit 3904 fl. 16 gl. 6 pf. angeschlagen. Die Revenüen von Lichtenberg hingegen, kamen nur mit 985 fl. und die von Brückenau mit 30 fl. in Ansaz. m)

8. Durch den vorhin angeführten Kauf- und Tauschcontract gelangte das Herzogl. Haus Sachsen zum Besiz der Herrschaft Römhild und wurde in den Jahren 1560 und 1566 von den Kaisern Ferdinanden I. und Maximilian II. mit den dazu gehörigen Reichslehnen, und zwar namentlich mit dem Wildbann, Zoll, Cent- und Halsgerichte, ingleichen mit den Gold- und Silberbergwerken, die in dieser Gegend allenfalls noch entdekt werden könnten, förmlich belehnen. n) Ausser diesen Hoheitsrechten waren auch, wie die jezt angeführten Lehnbriefe bezeugen, 1) das halbe Centgericht zu Benshausen, 2) der Wild- und Forstbann auf dem Thüringischen Wald, und 3) die Cent, das Halsgericht und der Zoll zu Münnerstadt, ebenfalls reichslehnbare Pertinenzstücke der Herrschaft Römhild. Das erstere kam aber bei der Hennebergischen Landestheilung vom Jahre 1660 an Herzogen Morizen zu Sachsen Naumburg und nachher an das Kurhaus Sachsen, — das zweite wurde dem Hause Gotha zugetheilt, das dritte hingegen, nemlich die Hennebergischen Regalia über das

Amt

k) S. die Urk. vom J. 1548 im 1sten Th. der henneb. Gesch. S. 683.

l) Die Urk. stehet in Gräters Gesch. H. J. Joh. Friederichs S. 217.

m) Beilage Num. XXXIII.

n) Der erste Lehnbrief vom J. 1560. stehet im 1sten Theil meiner henneb. Gesch. S. 708, und der zweite von 1566. befindet sich unter den Beilagen Num. XXIV.

des Herzogl. Sächsl. gemeinschaftlichen Amtes Römhild. 571

Amt Münnerstadt zog das Stift Würzburg an sich, welches bereits die Hälfte desselben seit dem Jahre 1354 im Besitz hatte. o) Von dem Würzburgischen Erwerb dieses Hennebergischen Stammgutes habe ich zwar bereits in einer andern Schrift einige Nachrichten mitgetheilet; p) ich glaube aber doch, daß man eine kurze Bemerkung des Verlustes, den die Herrschaft Römhild, durch die Trennung des halben Amtes Münnerstadt und der dazu gehörigen reichslehnbaren Hoheitsrechten, erlitten hat, hier eben nicht für überflüßig ansehen werde.

Man darf ohne Bedenken als bekannt voraus setzen, daß den Grafen von Henneberg Römhild die Hälfte des gedachten Amts seit der brüderlichen Theilung vom Jahre 1274 zuständig gewesen, — daß sie mit der Cent, dem Halsgerichte und dem Zoll daselbst von den deutschen Kaisern seit dem J. 1405 bis 1536 ununterbrochen beliehen worden, q) und daß die beiden letzten Grafen, Berthold und Albrecht, diesen Landsbezirk, mit den dahin gehörigen Reichslehnen, auch nach der, unter ihnen (1532) geschehenen, Erbsönderung in ungetheilter Gemeinschaft besessen haben. Nun überließ zwar Graf Berthold seine Römhildische Landesportion 1548 an die Grafen von Mannsfeld, und diese verkauften bald nachher (1551) den darunter befindlichen vierten Theil der Stadt und des Amtes Münnerstadt dem Stifte Würzburg: Dieser Veräußerung widersetzten sich aber die Grafen von Henneberg Schleusingen, aus Gründen des agnatischen Erbfolgerechts, und machten ihre Ansprüche am kaiserlichen Kammergericht anhängig.

Wenn auch gleich dieser Rechtshandel auf der einen Seite, so viel die verkauften Allodialgüter betrift, für die Agnaten keinen vortheilhaften Ausgang nehmen konnte; so war jedoch auf der andern Seite eine willkührliche Veräußerung der Münnerstadtischen Reichslehen den Grundsätzen des deutschen Staatsrechtes um so mehr entgegen, da selbige von jeher Pertinenzstücke der Herrschaft Römhild ausgemacht haben. Eben daher
B 2 wurden

---

o) Nach dem Zeugnisse des würzburgischen Chroniken Lorenz Frießens (in Ludwigs würk. Gesch. S. 642.) verkaufte Graf Ehrenband von Wirtenberg und seine Gemahlin Elisabeth, Gräfin von Henneberg, die ihr zugefallenen henneberg. Allodialgüter, und zwar namentlich die Schlößer Irmelshausen, Sternberg, Rotenstein und Steinach, ingleichen die Hälfte von Schweinfurt, Münnerstadt und Wildberg, dem Bischoff Albrecht zu Würzburg um 90000 Gülden.

p) S. die histor. Schriften und Urk. Samml. Th. I. S. 188.

q) Die darüber vorhandenen Lehnbriefe stehen theils in Schoerg. et kreyf. diplomatar. T. II. p. 660 u. 604. theils im 1sten Th. meiner Henneb. Gesch. S. 544, 606, 642 u. 673.

wurden auch die Cent, das Halsgericht und der Zoll zu Münnerstadt nicht dem Stifte Würzburg, — welches nur die, aus der niedern Gerichtsbarkeit herfliessenden, Einkünfte käuflich an sich bringen konnte — sondern dem Herzoglichen Hause Sachsen, als Inhabern dieser Heerschaft, in eben der Maße verliehen, wie die zwei letztern Grafen, Berthold und Albrecht von Henneberg, selbige besessen hatten.

Eine ähnliche Beschaffenheit hat es nun auch mit demjenigen Quart an Münnerstadt, der Graf Albrechten zu Schwarza zuständig war. Kurz vor seinem kinderlosen Absterben vermachte er denselben seinen Schwägern, den Grafen von Stollberg; und ob es ihnen gleich gelang diesen Landestheil, wiewohl mit Widerspruch der Agnaten, in Besiz zu nehmen und selbigen ebenfalls an Würzburg zu verkaufen; so waren jedoch darunter die genannten Reichslehne, worüber Graf Albrecht ohnehin nicht dispeniren konnte, keinesweges begriffen, sondern es wurden selbige vom Kaiser Karln V. im Jahre 1553, dem Graf Wilhelm von Schleusingen, als nächsten Agnaten, zugesprochen, und ihm darüber in dem nemlichen Jahre die Belihung ertheilt. r)

Aus diesen Thatsachen folget nun wohl von selbst, daß die, von den Grafen von Mannsfeld und Stollberg geschehene Veräusserung des Hennebergischen Antheils an dem Münnerstädter Landesdistrikt nur blos von den Allodialstücken verstanden werden könne, und daß die dahin gehörige reichslehnbare Landeshoheit, die sich, nach den damaligen Begriff von der Ausübung der Cent- und Halsgerichte und durch die Erhebung des Zolls, so deutlich charakterisiret, keinesweges an das Stift Würzburg auf eine zu Recht beständige Art übergangen sey. Wenigstens hat dasselbe bis jezo noch keinen kaiserlichen Lehnbrief vorzeigen können, um dadurch den legalen Erwerb dieser Reichslehne zu rechtfertigen.

Nichts destoweniger glaubte das Hochstift, in dem Besiz der, an sich gekauften, Hennebergischen Hälfte von Münnerstadt einen Grund zu finden, sich zugleich auch jener reichslehnbaren Hoheitsrechte anzumaßen und das damit belehnete Haus Sachsen von deren Ausübung zu verdrängen. Es ist wohl nicht zu zweifeln, daß man sächsischer Seits schon damalen auf die Erhaltung dieser Gerechtsame aufmerksam gewesen, und die Münnerstädtischen Reichslehne von Würzburg zurük gefordert habe. Denn bei Gelegenheit des, zwischen dem Chur- und fürstlichen Hause Sachsen und dem Hochstifte Würzburg im Jahre 1586, zu Beilegung verschiedener Hennebergischer Differenzien

r) S. die Urk. im 1sten Th. der henneb. Gesch. S. 746,

renzien, errichteten Rezesses s) wurde dieses streitigen Gegenstandes folgendermaßen erwähnet: "Desgleichen ist von des Hauses Sachsen wegen verwilliget worden, den „vierten unstrittigen Theil der Cent, Halsgericht und Blutbanns, wie denn auch des „Zolls zu Münnerstadt, Inhalts der kaiserlichen Lehnbriefe, dem Stifte Würzburg „abzutreten, auch dasjenige, so etliche Jahr lang von solchen vierten Theil daselbst einge„nommen und in deposito geblieben, denselbigen weniger nicht folgen zu lassen, jedoch „mit der Maaß, daß solches weiter nicht extendiret, sondern dem Haus „Sachsen seine Ansprüche wider die Grafen von Stollberg, wegen des „vierten Albertischen und wider die Grafen von Mannsfeld, wegen des „vierten bertholdischen Theils vorbehalten bleiben sollen." Ob und inwiefern die hier vorbehaltenen Ansprüche an den besagten Hoheitsrechten zu Münnerstadt fortgesetzt werden sind, ist mir nicht bekannt.

9. Nach dieser Ausschweifung kehre ich zur Regentengeschichte der Herrschaft Römhild zurük. Die drei fürstlichen Brüder Johann Friedrich der Mittlere, Johann Friedrich der Jüngere und Johann Wilhelm hatten sie im gemeinschaftlichen Besiz bis in das Jahr 1566, wo Johann Friedrich der Jüngere ohne Erben starb, und dessen zwei Brüder ihre sämtlichen Lande unter sich theilten. Römhild machte damalen einen Theil der Coburgischen Landesportion aus und kam an den Herzog Johann Friedrich den Mittlern, der aber schon am 12ten Dec. 1566, wegen der bekannten grumbachischen Händel, in die Reichsacht und seiner Lande für verlustig erkläret wurde. Zuerst durch das Restitutionsedikt vom Jahre 1570 kamen die Söhne dieses unglüklichen Fürsten, Johann Casimir und Johann Ernst, wieder zum Besiz des Coburgischen Landestheils, welcher ihnen im Jahre 1572 von ihrem Oheim, dem Herzog Friedrich Wilhelm, eingeräumet wurde.

10. Das, darunter mit begriffene, Amt Römhild bekam bei dieser Veränderung die Eigenschaft eines Reichslehns. Denn, obgleich die Grafen von Henneberg dasselbe von jeher als ein freies Eigenthum besessen und weiter nichts, als die Cent- und das Halsgericht daselbst, vom Reiche zu Lehen getragen hatten; t) so ließ man doch in den nach-

---

s) Er stehet in der 2ten Abth. dieser histr. statist. Beschreib. S. 251.

t) In dem henneberg. Theilungsvertrag vom Jahre 1532 heißt es unter andern: „Diewyl aber Römhild stat aigen und an Gebäuen auch der Mannschaft viel besser, denn Schwarza, das do Lehn ist, so soll dem Theil, so Schwarza besitzet, zur Besserung 5000 fl. zufallen ꝛc." (dipl. im 1 Tb. der henneb. Gesch. S. 662.) Noch im J. 1555.

herigen kaiserlichen Lehnbriefen von 1575, 1578 und 1587. die Benennung: Amt, Stift und Stadt Römhild mit einfließen, u) wodurch also die, nur auf den Blutbann eingeschränkte, Reichslehnbarkeit auch auf Land und Leute ausgedehnet wurde.

11. Die beiden Herzoge Johann Casimir und Johann Ernst besaßen seit dem Jahre 1572 die Herrschaft Römhild in ungetheilter Gemeinschaft bis 1596, wo sie ihre sämmtlichen Lande unter sich theilten. Bei dieser Erbsonderung kam nun Schloß und Amt Lichtenberg an Johann Ernsten, das Amt Römhild aber, nebst den Pfandschaften Brückenau und Schildeks v) wurde dem Herzog Johann Casimir zugetheilet. Unter der Regierung dieser beiden Herrn, kam am 12ten Sept. 1599 zu Trappstadt, zwischen ihnen und dem Bischof Julius zu Würzburg, ein merkwürdiger und sehr umständlich abgefaßter Rezeß zu Stande, in welchem beide fürstliche Pauciscenten mit einer gründlichen Erörterung aller und jeder Streitigkeiten beschäftiget waren, die bisher zwischen den würzburgischen Aemtern Seßlach, Ebern, Königshofen, Fladungen und Mellerstadt an einem, und den sächsischen Aemtern Coburg, Heldburg, Sonnefeld, Römhild und Lichtenberg am andern Theile obgewaltet hatten. In diesem Vertrage w) wurden die Jagd- und Landgrenzen, die Jurisdiktions- und andere nachbarliche Verhältnisse, zwischen dengenannten Aemtern, so genau als möglich festgesetzet, so, daßderselbe noch jetzo, in soweit er nicht durch spätere Rezesse abgeändert oder derogiret worden ist, in vorkommenden Fällen zur Entscheidung dienet.

Eine ausführliche Darstellung seines Inhalts gehet mich nichts an, und ich bemerke

überließen die Grafen von Mannsfeld die frei eigene Herrschaft Römhild dem Hause Sachsen; S. den Kbr. in Grüners Gesch. Hz. Johann Friedrichs S. 217.
*) Tengels henneb Zehenden in Reinhards Beitr. Th. I. p. 133.
s) Beide Schlösser gehörten vormals dem Stifte Fulda, welches die Hälfte davon im Jahre 1486 dem Hause Henneberg Römhild um 1500 fl. verpfändete, bald darauf aber den vierten Theil wieder einlößte. (S. die Urkunden im 1sten Th. der henneb. Gesch. S. 637 u. 648.) Der noch übrige Quart blieb bei der Herrschaft Römhild und gieng im Jahre 1555, mit an das Haus Sachsen über. Herzog Johann Casimir verkaufte aber 1604 diesen Antheil an Graf Philipp Ludwig zu Hanau Münzenberg um 2000 fl. in die Eigenschaft eines Mannslehns; (Müllers Annal. S. 234.) und als diese gräfliche Linie, 1642 mit Gr. Johann Ernsten ausstarb, wurde das Lehn von Sachsen, als erbnet, eingezogen, und zuletzt (1657) dem Stifte Fulda um 1300 thlr. abgetreten.
w) Er stehet in Lünigs Reichsarchiv Spic. eccl. Cont. I. p. 786.

des Herzogl. Sächsl. gemeinschaftlichen Amtes Römhild

merke daher nur die vorzüglichsten Punkte die das Amt Römhild insonderheit betreffen. Dahin gehören: 1) die Berichtigung der Jurisdiktionsstreitigkeiten über den im Amte Römhild gelegenen, Hof Hochheim, welcher dem Kloster Wächterswinkel zugehörte; 2) die sächsische Landeshoheit und Episcopalrechte über das, dem Kloster Bildhausen zuständige, Dorf Rodhausen; 3) die Regulirung des Geleits von Königshofen und Trappstadt in das Römhildische Gebiet; 4) die centbarliche Obrigkeit über den truchseßischen Hof Zimmerau, und 5) die geistliche Gerichtsbarkeit und die vogteiliche Obrigkeit zu Trappstadt. So sehr man auch bemühet war, diese und andere, im besagten Rezeß angeführten, Differenzien zu vergleichen; so blieb jedoch, wie die spätern Urkunden von 1604 und 1628. ausweisen, x) noch mancher Stoff zu neuen Irrungen übrig, die zuerst, durch den Königshöfer Umtauschrezeß vom Jahre 1656, größtentheils beigelegt wurden.

12. Nach dem kinderlosen Ableben Herzog Johann Casimirs (1633) kam das Amt Römhild an seinem Bruder Johann Ernsten, und als auch dieser (1638) ohne Erben starb, fielen sämmtliche Lande, welche beide Herrn seit dem Jahre 1572 besessen hatten, an die Herzogl. Häuser zu S. Weimar und Altenburg. Vermöge der bald darauf (1640) erfolgten Hauptvertheilung, wurde das Amt Römhild zur altenburgischen Landesportion geschlagen und stand, bis in das Jahr 1672, unter der Regierung dieses Herzogl. Hauses.

Der Thätigkeit des dasigen Herzog Friederich Wilhelms II. hat das Amt Römhild zwei wichtige Recesse zu verdanken, welche in den Jahren 1656 und 1660 mit den beiden Stiftern Würzburg und Eichstädt geschlossen wurden und in die politische Verhältnisse dieses Amtes manchen vortheilhaften Einfluß hatten. Dies gilt besonders von demjenigen Vertrag, welcher im Jahre 1656 mit Würzburg zu Stande kam und den bereits vorhin bemerkten Streitigkeiten vollends ein Ende machte. *) Die Gegenstände desselben waren kürzlich folgende:

Das würzburgische Kloster Wächterswinkel besaß ten, mitten im Amte Römhild gelegenen, Hof Hochheim, oder den sogenannten Mönchshof, ingleichen die Getraide-Zehenden zu Römhild und Mendhausen. Obgleich diese Besitzer der sächsischen Territorialhoheit und centbarlichen Gerichtsbarkeit unterworfen waren, so wurden dennoch diesen Gerechtsamm von Seiten Würzburg auf mancherlei Art zu nahe getreten

---

x) Beilagen Num. XXXVII. u. XLI. *) Beilage Num. XLII.

getreten und zu vielen Irrungen Anlaß gegeben. Um selbige von Grund aus zu heben, kam man endlich auf den guten Gedanken, diese Klostergüter, gegen andere hennebergische lehnschaften und Gefälle, die dem Hause Sachsen im würzburgischen Gebiete zuständig waren, zu vertauschen. Zu dem Ende überließ nun Kurfürst Johann Philipp zu Mainz, als Bischof zu Würzburg, dem Herzog Friederich Wilhelm zu Sachsen, dem Klosterhof Hochheim mit allen Zugehörungen, nebst den beiden Fruchtzehenden zu Römhild und Mendhausen und noch einige andere lehnschaften und Erbzinsen; Der Herzog hingegen trat davon dem Stifte die, in dessen Gebiete gelegenen, Wein Frucht- und Heu-Zehenden, Erbzinsen, Getraidegülten, Steuern und andere Gefälle ab, die in dem, der Urkunde beigefügten Verzeichnisse namentlich angegeben sind und damalen zur Herrschaft Römhild gehörig waren. —

Der zweite Punkt dieses Rezesses betraf das Dorf Rodhausen, welches zwar dem benachbarten Kloster Bildhausen zugehörte, aber ebenfalls unter sächsischer Landeshoheit stand. Die darüber sowohl, als wegen des Kirchensatzes, entstandenen vielfältigen Mißhelligkeiten bekamen dadurch in so fern ihre Erledigung, daß man dem Stifte Würzburg das Besteurungsrecht im besagten Dorfe, dem Kloster Bildhausen die Vogteilichkeit und dem Hause Sachsen die Landeshoheit nebst den Episcopalgerechtsamen daselbst zugestand. —

Auch das ganerbliche Dorf Trappstadt machte, in Ansehung des bisher streitig gewesenen Direktoriums, um so mehr ein wichtiges Objekt dieses Rezesses aus, weil darinne der Vorsiz, das Ausschreiben der Ganerbentage und die Führung des Direktoriums dem Hause Sachsen unbedingt eingeräumet wurde. Von der ursprünglichen Beschaffenheit dieser drei Gegenstände werde ich in der Folge, bei der speciellen Beschreibung des Mönchshofs und der beiden Ortschaften Rodhausen und Trappstadt, umständlicher zu reden Gelegenheit haben. Am Schlusse des gegenwärtigen Vertrags reservirte sich zwar das Hochstift Würzburg die rechtliche Fortsetzung seiner Ansprüche an dem Landgerichte und Blutbanne zu Römhild, unter dem Vorwand, daß diese Gerechtsame in vorigen Zeiten vom dasigen Hochstifte zu Lehn empfangen worden. Diese ist aber eine Behauptung, deren Ungrund sich aus den bekannten Urkunden um so deutlicher veroffenbaret, da die Cent und das Halsgericht zu Römhild, nach dem Zeugnisse der vorhandenen Lehnbriefe, schon seit dem Jahre 1405 dem Kaiser und Reich zu Lehn giengen, y) und nicht die mindeste Spur einer würzburgischen
Lehnsherr-

y) Dieß bezeugen die oben, S. 571. ent. angeführten Kaiserl. Lehnbriefe von 1405. bis 1560, und die Beilage Nr. XXXV.

des Herzogl. Sächsl. gemeinschaftlichen Amtes Römhild. 577

Lehnsherrlichkeit über vergleichen Hoheitsrechte zu entdecken ist. Das Hochstift mag auch wohl die Schwäche seiner Ansprüche von selbst gefühlet haben, weil solche nachher nicht mehr in Bewegung gekommen sind.

Der zwente Rezeß vom Jahre 1660 betraf die Lehnsherrlichkeit, welche dem Stifte Eichstädt über einige römhildische Amtsortschaften zuständig war und zu einem langwierigen Streit Anlaß gegeben hatte. Schon die Grafen von Henneberg Römhild trugen im 14ten Jahrhundert den Weinzehenden zu Schweinfurth, insgemein den Grafenzehend genannt, vom Stifte Eichstädt zu Lehn, und in spätern Zeiten (1423) wurden sie auch von eben diesem Stifte mit den, im Amte Römhild gelegenen, Dörfern und Gütern Gollmuthausen, Eicha, Gleichamberg, Buchen und Neblers beliehen. z) Durch den, bereits oben (S. 569) erzählten, Verkauf der Herrschaft Römhild kamen zwar diese Lehnstücke (1548) an die Grafen von Mannsfeld, und nachher (1555) an das fürstliche Haus Sachsen. Allein die Grafen von Henneberg, Schleusinger Linie, welche, als nächste Agnaten, auf die Erbfolge in die Henneberg-Römhildische Lande Anspruch machten, erklärten die Veräusserung derselben für ungültig und brachten es dahin, daß sie vom Bischof Martin zu Eichstädt mit den vorhin genannten Lehngütern förmlich beliehen wurden.

Als nun endlich auch der Henneberg-Schleusingische Stamm 1583 mit Graf Georg Ernsten erlosche; so glaubte das Hochstift berechtiget zu senn, diese Lehne als eröfnet einzuziehen, und auf deren Abtretung anzutragen. Nichts desto weniger blieb das Haus Sachsen im Besitz und behauptete, daß selbige blos für Erblehen zu achten wären, und folglich ohne Bewilligung des Lehnherrn hätten veräussert werden können. Der darüber entstandene Rechtshandel wurde endlich in einem, zwischen Herzog Friedrich Wilhelmen und dem Stifte Eichstädt im Jahre 1660 errichteten, Rezesse a) dahin verglichen, daß obige Lehnstücke dem fürstlichen Hause Sachsen, gegen Bezahlung eines Aversionalquantums von 2000 fl. in eben der Form, welche bei den Grafen von Henneberg beobachtet worden, vom gedachten Stifte verliehen werden sollten. Wegen des darunter befindlichen Schweinfurther Weinzehends, welcher schon in ältern Zeiten vom Hause Henneberg abgekommen war, b)

traf

z) S. die Urk. de a. 1423 im 1sten Theil der hennebergischen Geschichte S. 542.
a) Ebendas. S. 716.

b) Graf Heinrich VI (XI) von Henneberg Aicha hatte bereits 1338. den Weinzehend zu Schweinfurt, als ein Eichstädtisches Lehnstük, dem

Ersten Theils vierte Abtheil. C

traf man die Auskunft, daß, weil der Besitzer desselben unbekannt sey, die deshalbige Beleihung dem Hause Sachsen zwar nicht zum Nachtheil gereichen, selbiges aber dennoch sich angelegen seyn lassen sollte, das abgekommene Lehnstük wieder beizuschaffen. Solchergestalt kam diese Lehnschaft wieder in Gang, und die fürstlichen Besitzer des Amtes Römhild sind seit jener Zeit vom Stifte Eichstädt mit den genannten Lehnstücken ohnunterbrochen beliehen worden. e)

13. Herzog Friederich Wilhelm starb den 22. April 1669, und da ihm sein hinterlassener einziger Prinz, Friederich Wilhelm III. im Jahr 1672 in die Ewigkeit nachfolgte und die altenburgische Linie beschloß; so fiel der größte Theil dieser Lande mithin auch das Amt Römhild, an den Herzog Ernst, den Frommen zu Sachsen Gotha. Allein, sein bald darauf (1678) erfolgter Tod, und das Unangenehme einer gemeinschaftlichen Landesregierung veranlaßte, unter seinen hinterbliebenen Herrn Söhnen, den bekannten Theilungsrezeß vom 24. Febr. 1680, nach welchem Herzog Friederich I. als Aeltester, einen jeden seiner vier jüngsten Herrn Brüder gewisse Aemter und Oerter erb- und eigenthümlich überließ.

14. Unter ihnen bekam nun Herzog Heinrich das Amt und die Stadt Römhild, nebst den Aemtern Themar, Königsberg, Behrungen, den Hof zu Milz und die Echterische Lehne. Da er die Stadt Römhild zu seiner Residenz wählte und der Stifter der sogenannten S. Römhildischen Linie wurde; so hatte dieses Amt bei dieser

---

dem Grafen Berthold VII (X) von Henneberg Schleusingen verkauft, und dieser übergab denselben sofort dem Stifte Schmalkalden und dem Kloster Veßra. (S. die Urk. im 1ten Th. der henneb. Gesch. S. 467) In der Folge kam der Veßraische Antheil an das Spital zu Schweinfurt, welches dieses Lehnstük mit dem Stifte Schmalkalden gemeinschaftlich inne hatte. Der Eichstädtische Lehnhof wollte nun zwar dasselbe, wegen begangener Lehnsfehler, im J. 1488 einziehen; allein, durch die Verwendung des Hauses Henneberg Schleusingen, ließ sich Bischoff Wilhelm zu Eichstät bewegen, den beiden Correschsuferern den gedachten Weinzehend als Eigenthum zu überlassen und den bisherb-

gen Lehnsherren ganz aufzuheben. (dipl. vom J. 1488. ebendas. S. 631.) Nichts destoweniger wurden die Grafen von Henneberg Römhild mit dem Weinzehend zu Schweinfurt, ob er gleich schon längstens mit des Lehnherrns Bewilligung, von ihrem Hause abgekommen war, immerfort beliehen, und zulezt sogar dem Hause Sachsen angesonnen, dieses Lehnstük beizuschaffen. Es dürfte also doch wohl der Mühe werth seyn die gegenwärtigen Besitzer des Weinzehenden an der schweinfurter Mainseite ausfündig zu machen und selbige zur Angabe des Erwerbs dieses abgekommenen Lehns aufzufordern.

e) Man sehe z. B. die Urk. vom J. 1686, in der Beilage Num. XLV.

des Herzogl. Sächsl. gemeinschaftlichen Amtes Römhild. 579

fer Gelegenheit d.‍as Glük, sein verwelktes Andenken einer ehemaligen Herrschaft wieder von neuem aufblühen zu sehen.

Der Maasstaab, nach welchem man jene Ländertheilung vornahm, gründete sich auf die, aus zwölf jährigen Amtsrechnungen gefertigten, Portionsbücher von 1572, worinn man den damaligen Ertrag der Revenüen eines jeden Amtes, mit Ausnahme der Land- und Trank-Steuer, genau bestimmt hatte. Diesen Anschlägen zu Folge betrugen nun die gewissen Einkünfte des ganzen Herzogthums Gotha, nach seinem damaligen Umfange, 112961 fl. und es kamen also auf einen jeden von den sieben Herrn Brüdern eine Summe von 16137 fl. 16 gl. jährlicher Renten. Weilen aber Herzog Friederich, als Aeltester, nach den Buchstaben des väterlichen Testaments, und der, von sämmtlichen Herrn Brüdern anerkannten, Regimentsverfassung vom Jahre 1672, zu einer eigentlichen Landestheilung nicht verbunden war und solche blos aus freundschaftlichen Gesinnungen bewilligte; so begnügten sich davor dessen vier jüngere Herrn Brüder, statt des gedachten 7ten Theils, nur mit 12142 fl. 18 gl. jährlicher Einkünfte, die ihnen mit portionsmäßigen Landen angewiesen wurden.

Nach diesem Plan bekam nun Herzog Heinrich,

Amt und Stadt Römhild	à 3648 fl.	11 gl.	9 pf.
Amt und Stadt Königsberg	à 2500 —	—	—
Amt und Stadt Themar	à 2544 —	14 —	—
Amt und Kellerei Behrungen	à 1116 —	4 —	—
den Hof zu Milz	à 154 —	14 —	—
die Echterische Lehne	à 75 —	—	—
	10039 fl.	1 gl.	9 pf.

Da der Ertrag dieser assignirten Aemter die vorhin bemerkte Hauptsumme von 12142 fl. 18 gl. noch nicht erreichte, so versprach Herzog Friederich, die ermangelnde 2103 fl. 16 gl. 3 pf. mit den, in diesem Landesantheil eingehenden, ordinär- oder extraordinär Steuern zu ergänzen. Die Landeshoheit und die daraus fliessende Rechte ingleichen die Reichs-Creiß- und Landtagsgeschäfte und was sonst ad statum publicum gehöret, blieben in einer jeden, der vier abgetheilten, Landesportionen und folglich auch in Ansehung der Herrschaft Römhild, Reservata des Herzogs zu S. Gotha. Nur die Iurisdiction in ecclesiasticis und politicis waren die alleinigen Regierungsvorzüge, die den genannten vier jüngern Brüdern eingeräumet wurden, und

C 2 sie

sie gewissermaßen mehr mit der Eigenschaft appanagirter- als würklich unabhängig regierender Herrn bezeichneten.

Indessen war Herzog Heinrich mit seinem loos zufrieden, und er nahm an den vielen Bewegungen, die seine drei andern Herrn Brüder, unter dem Vorwand erlittener Verkürzungen, machten, nicht den mindesten Antheil. Der Besitz von Land und Leuten hatte überhaupt für ihn so wenig Reiz, daß er sogar das, ihm zugetheilte, Amt Königsberg im Jahre 1683, dem Herzog Friedrich zu S. Gotha in der Absicht wieder abtrat, damit es derselbe dem Herzog Ernst zu Sachsen Hildburghausen überlassen und dadurch die, dem letztern gemachte, Entschädigungsforderungen aus dem Wege räumen könnte. d)

Bei solchen Gesinnungen mag es auch wohl, bei Gelegenheit der Coburgischen und Eisenbergischen Länderanfälle, wenig Mühe gekostet haben, den Herzog Heinrich zu bewegen, die ihm daran zuständigen Erbportionen, gegen gewisse Geldsummen, ebenfalls dem Hause Gotha zu überlassen. Zwar hatte er sich in dem bekannten Successionsvertrag vom 6ten April 1699 ausdrüklich vorbehalten, daß ihme dereinsten seine Erbtheil von den bevorstehenden Länderanfällen mit Land und Leuten zugetheilt werden möchte; Er ließ sich aber doch nachher gefallen, den an den Coburgischen Anfall, ihm zugehörigen Antheil am 2ten April 1702 dem Herzog Friedrich II. zu S. Gotha um 100,000 Thaler dergestalt abzutreten, daß ihm diese Summe jährlich mit 6000 Rthlr. von den Revenüen der Aemter Schwarzwald und Georgenthal verzinset werden sollte. e) Auf gleiche Art überließ er seine Ratam an den 1707 ausgestorbenen, Sachsen Eisenbergischen Landen eben diesem Herzog, gegen eine jährliche Revenue von 4761 meißnl. fl. 4 gl. 3 pf. f) und er entfernte dadurch von seinem Hof eine Menge verdrießlicher Streitigkeiten, in welche die übrigen fürstl. S. Häuser, wegen der Coburg- und Eisenberger Erbfolge, mit einander verwickelt waren.

15. Nach dem, am 13ten May 1710 ohne Leibeserben, erfolgten Ableben Herzog Heinrichs, bekamen nun die itzt erwähnten Coburgischen und Eisenbergischen Success.

d) S. die Ueberlassungsurk. im 1sten Th. meiner neuen Beitr. zur Fränk. u. s. Gesch. S. 101.

e) Man sehe den in Arnds Archiv der S. Gesch. Th. 1. mitgetheilten histor. Zusammenhang der Coburg. Eisenberg. und Römhildischen Successionsstreitigkeiten, S. 62, und die kurze, jedoch deut- und gründliche Vorstellung der über die Coburg-Römhild- und Eisenberg. Anfälle entstandenen Differenzen, unter den Beilagen lit. P.

f) Arnd, l. c. S. 77.

des Herzogl. Sächßl. gemeinschaftlichen Amtes Römhild. 581

Successionsirrungen einen neuen Zuwachs. Bei seinen Lebzeiten hatten nemlich die fürstlichen Häuser zu Sachsen Gotha, Coburg, Meiningen und Eisenberg, wegen der künftigen Länderenfälle, am 6ten April 1699 einen provisorischen Vertrag abgeschlossen, worinne unter andern die Abrede genommen wurde, daß Herzog Albrecht zu Sachsen Coburg von dem Römhildischen Anfall, das Amt Themar; Herzog Friedrich zu S. Gotha aber die andern, zur Herrschaft Römhild geschlagenen, Aemter und Güter bekommen sollte, und zwar mit der Bestimmung, daß nach Albrechts Tode, das Amt Themar wieder an Herzog Fridericken zurük fallen, die übrigen fürstlichen Interessenten hingegen, in Ansehung ihrer an der Römhildischen Landesportion habenden Erbansprüche, mit Revenüen oder Geld vergütet werden sollten. g) Allein, von Seiten der Herzoglichen Häuser Saalfeld und Hildburghausen wurde die Verbindlichkeit dieses Recesses nicht anerkannt und Ersteres beschwerte sich hierüber am kaiserlichen Hofe.

Inzwischen verglich sich S. Gotha mit Hildburghausen am 10ten April 1702 dahin, daß lezteres von den bevorstehenden Römhildischen Anfall, die Kellerei Behrungen, die Echterische Lehen und den Hof zu Milz mit aller Hoheit bekommen, und dasienige, was noch an seinem Antheil fehlen möchte, mit nahe gelegenen Revenüen, nach einem 12jährigen Ertrage, ergänzet werden solle. h) Wenig Tage hernach (den 13ten Apr.) überließ auch S. Gotha das, nach dem provisorischen Successionsvertrag vom 6ten April 1699, vorläufig erhaltene Amt Römhild, mit dem darauf ruhenden Kreisveto, dem Hause Meiningen, und bewilligte nicht nur demselben, bei sich begebenden Fall, die gothaische Erbportion in Besiz zu nehmen, i) sondern es erließ auch nachher (am 5ten Sept. 1707) an die fürstliche Dienerschaft zu Römhild den Befehl, der S. Meiningischen Besizergreifung keine Hindernisse im Weg zu legen. k)

In diesen Successionsverhältnissen standen nun die noch vorhandenen vier Herzoglichen Häuser S. Gotha, Meiningen, Saalfeld und Hildburghausen, als mit dem Tode Herzog Heinrichs die römhildischen Lande erlediget wurden. Das fürstliche Haus Meiningen nahm sofort von dem Amte Römhild Besiz, und dehnte solchen
C 3   auch

---

g) Electa jur. publ. T. II. p. 706, u. a. m.
h) S. den Reces in des Hrn. geb. Hofrath Rivers Abhandl. von den Herzogl. Sächß. Reichstagsstimmen, S. 300.
i) Dieser Vertrag stehet in Lünigs Reichsarch. P. Spec. Cont. II. S. 716.
k) Beilage Num. XLVII.

auch auf das Amt Themar aus, obgleich dasselbe in oblge Rezesse nicht mit begriffen war. Hierüber beschwerte sich Herzog Friedrich II. zu S. Gotha anfangs bei dem kaiserlichen Hof; erklärte sich aber nachher (am 2ten Jul. 1710) dahin, daß er dem Hause Meiningen zwar die Interimsadministration im Amte Römhild, so wie dem Herzog zu Sachsen Hildburghausen in Behrungen und in den übrigen zugestandenen Stücken, einräumen, das Amt Themar hingegen mit S. Saalfeld gemeinschaftlich administriren wolle. l) Weil man aber, Meiningischer Seits, bemohngeachtet den Besitz des letztern Amtes zu behaupten suchte: so ließ nicht nur S. Gotha, durch seine Truppen, die Meiningische Mannschaft aus Themar vertreiben, sondern es bemächtigte sich nunmehro auch S. Hildburghausen mit 300 Mann der Stadt Römhild, und traf mit S. Gotha am 17ten Januar 1711 die verbindliche Abrede, den Herrn Herzog zu S. Saalfeld bei dem Mitbesitz und der Coadministration des Amtes Römhild mit vereinigten Kräften gegen S. Meiningen zu schützen. In eben diesem Vertrag wurden noch verschiedene Punkte festgesetzet, welche meistens die gemeinschaftliche Verwaltung dieses Amtes betrafen. m)

Dieses Verfahren veranlaßte die Herrn Herzoge zu S. Meiningen, theils beim Reichshofrath, wiewohl ohne günstigem Erfolg, klagbar zu werden, theils sich an den Kurfürsten von der Pfalz zu wenden und denselben zu vermögen, sie mit Mannschaft zu unterstützen, um den alleinigen Besitz des Amtes Römhild behaupten zu können. Nun machte zwar ein kaiserliches Pönalmandat vom 27. Febr. 1711 den bisherigen Unruhen und faktischen Vorschritten ein Ende, und die pfälzischen Truppen mußten ohne Anstand wieder abzuziehen. n) Allein, das bald darauf (den 17ten April 1711) erfolgte Absterben Kaiser Josephs eröfnete dem Hause Meiningen eine neue Gelegenheit die Sache, wiewohl zum Präjudiz der kursächsischen Vikariatsgerechtsame, bei dem kurpfälzischen Reichsvikariats-Hofgericht anhängig zu machen o) und von daher eine Verordnung auszuwürken, worinne die Herzoge zu S. Gotha, Hildburghausen und Saalfeld angewiesen wurden, das fürstliche Haus Meiningen in der alleinigen Administration des Amtes Römhild zu lassen. p)

Gegen

l) Beilage Num. XLVIII.
m) Beilage Num. XLIX.
n) Grubt am a. o. S. 83.
o) Die Frage: ob die Grafschaft Henneberg zum pfälzischen oder sächsischen Vikariat gehörig sey? war damalen zwischen beiden Reichsvikarien noch streitig. Erst nachher wurde, durch den am 6 Jun. 1750. geschlossenen Vertrag, diese Grafschaft zum Sächsischen Vikariatsbezirk geschlagen. S. Freih. von Lynkers Erläut. des Vikariatsgränzvergleichs §. 1. p. 16.
p) Grubt am a. o. S. 85.

des Herzogl. Sächßl. gemeinschaftlichen Amtes Römhild. 589

Gegen die, auf S. Meiningische Veranlassung, geschehenen Vikariatseingriffe traf nun Kurfürst Friedrich August zu Sachsen die nöthige Vorkehrung und war zugleich bemühet, unter sämmtlichen hohen Interessenten, wegen dem bisherigen Successionsirrungen, eine gütliche Auskunft zu treffen. Es blieb aber die Sache, die sich nunmehr ohnedies zu einer definitiv Sentenz qualificiret hatte, bis zur Besezung des kaiserlichen Throns in ihrer streitigen Lage, bis endlich am 25ten April 1714, die kaiserl. Hauptsentenz erfolgte, worinne die in den Jahren 1699, 1700 und 1702, ohne S. saalfeldische Konkurrenz, errichteten Rezesse, in soweit sie diesem Hause zum Nachtheil gereichten, aufgehoben, und dem Herzog zu S. Saalfeld unter andern auch seine Erbportion an dem Römhildischen Landesanfall zugesprochen wurde. q)

16. Es lieget ausser den Gränzen der gegenwärtigen Beschreibung den fernern Ergang dieser verwickelten Successionsstreitigkeiten zu erzehlen, und es ist genug, hier nur dieses zu bemerken, daß die Stadt und das Amt Römhild der S. Saalfeldischen und Meiningischen Administration, bis zur künftigen Localtheilung und Peräquation, unterworfen blieb, und daß dieses Geschäfte, nach dem Reichshofraths Concluso vom 24ten May 1735, eher nicht, als nach vollendeter Theilung der S. Coburgischen Lande, vorgenommen werden sollte.

Immittelst hatte aber Herzog Anton Ulrich zu S. Meiningen, welcher die, ihm zugehörigen, zwei Dritttheile separatim und ohne S. saalfeldische Konkurrenz administriren lassen wollte, manche, mit der Gemeinschaft in Widerspruch stehende, Thathandlungen vorgenommen, und weil die von S. Saalfeld deshalb ausgewürkten Mandate ohne Würkung blieben; so wurde vom kaiserlichen Hof am 21 May 1757. ein anderweites Conclusum erlassen und die Execution der Paritoriâ auf Kursachsen und Brandenburg-Anspach erkannt r). Im Monat Junius kamen nun zwar die kaiserl. Kommissionssubdelegirten, der damalige Hofrath von Wurm aus Dresden und bee-
Hof

q) Ebendas. S. 93.
r) Der Inhalt des kaiserlichen Befehls gieng hauptsächlich dahin: daß Herzog Anton Ulrich zu S. Meinungen, seine, zu Römhild eingelegte, Miliz abführen, die von ihm alleine angestellte Bedienten abdanken, seine, an das gemeinschaftliche Amt einseitig erlassenen, Befehle zurük nehmen, die weggenommenen Amtsurbarien, Lehnbücher, Hebereghister und andere Urkunden wieder dahin abliefern, sich, in Ansehung der zeither erhobenen Amtsrevenüen, mit S. Saalfeld berechnen, diesem Hause den ihm gebührenden, dritten Antheil restituiren, und alles in denjenigen Stand herstellen solle, wie es vor den entstandenen Irrungen gewesen war. (S. Gruners Gesch. Hz. Johann Casimirs S. 252)

Hofrath Strebel aus Anspach, zu Römhild an, um die bisherigen Mißhelligkeiten zwischen beiden fürstlichen Häusern in Güte beizulegen und alles wieder in vorigen Stand zu stellen. Ihre Bemühungen waren aber umsonst, und bei den fortdauernden faktischen Vorschritten des Herzog Anton Ulrichs wurde die Sache so ernstlich, daß sogar, dem kaiserlichen Befehl gemäß, auf seine Kosten 400 Mann Executionstruppen einrückten und einige S. Meiningische Aemter im Besitz nahmen. Von Seiten der Kommission wurden auch die erledigt gewesenen gemeinschaftlichen Dienste besetzet und S. Saalfeld-Coburg so lange, bis es, in Ansehung seines gehabten Kostenaufwandes und Schadens, von S. Meiningen vergütet seyn werde, nicht nur in zwei Drittheile Römhildischer Amtsrevenüen, sondern auch in die Erhebung der Einkünfte der S. Meiningischen Aemter Sonnenberg und Neuhaus eingewiesen.

17. Bei dieser unangenehmen Lage der Sache legte sich endlich Herzog Anton Ulrich zum Ziel und errichtete mit dem Herzog Franz Josias zu S. Coburg-Saalfeld am 12. Sept. 1753. einen Vergleich, durch welchen das bisher unterbrochene Vernehmen beider fürstlichen Häuser wieder hergestellet, von S. Meiningen dem Hause Saalfeld-Coburg eine friedliche Gemeinschaft des Amtes Römhild zugesichert, einige seit vielen Jahren vakant gewesene Dienste, mit beiderseitiger Zufriedenheit, besetzet, die von der kaiserlichen Kommission immittelst geschehenen Dienstbestallungen anerkannt, auch dem Hause Saalfeld-Coburg zu seiner Entschädigung, die alleinige Administration der Römhildischen Amtseinkünfte, bis zur völligen Wiederherstellung des Ruhestandes, überlassen wurde. Was hingegen die, von kaiserlicher Kommission dem Herzog Franz Josias zu S. Saalfeld-Coburg übertragene, Sequestration der Aemter Sonneberg und Neuhaus betraf; so wurde solche dahin modificirt, daß ihm von den dortigen Rechnungsbeamten jährlich 8000 thlr. so lange abgeliefert werden sollte, bis dieses fürstliche Haus, in Ansehung der geforderten Entschädigung sowohl, als der vorgeschossenen Kommissions- und Executionskosten gänzlich befriediget worden sey. *)

In der Folge gab diese Coburg-Saalfeldische Sequestration des Amtes Römhild zu neuen Mißverständnissen Anlaß. Denn, nach Verlauf einiger Jahre, hatte zwar dieses fürstliche Haus die völlige Entschädigung erlanget; Allein S. Meiningen wollte nun weder die Berechnung der Schäden und Kosten für richtig annehmen, noch die deshalb gemachten Anstalten der kaiserlichen Kommission anerkennen. Während den

*) Beilage Num. L.

den hierüber geführten wechselseitigen Schriften starben die Herrn Herzoge Anton Ulrich und Franz Josias zu S. Meiningen und S. Coburg-Saalfeld, und erstlich im Jahre 1765. traten beide fürstlichen Häuser über diesen Gegenstand in anderweite Unterhandlungen, bei welchen es endlich dahin gedieh, daß von S. Meiningen die von den kaiserlichen Kommissarien getroffenen Verfügungen agnoscirct, und mit dem Hause S. Coburg-Saalfeld, wegen der liquidirten Schäden und Kosten eine Bogenserth getroffen wurde.

In Ansehung der Dienerbesetzungen nahm man die verbindliche Abrede, daß alle und jede geist- und weltlichen Bedienungen in der Stadt und im Amte Römhild, so, wie eine oder die andere, durch Absterben oder Entlassung eines herrschaftlichen Dieners, erlediget werde, nach dem Turno von einem- und respective zweien Jahren, dergestalt besetzet werden sollte, daß S. Coburg-Saalfeld ein Jahr, als vom 30. März 1765 an, bis dahin 1766, — S. Meiningen hingegen zwei Jahre vom 30 März 1766 bis dahin 1768, alle, in diesem bestimmten Zeitraum erledigte Stellen besetzen und in dieser Maase auch künftig ein abwechselnder Turnus von einem- und zweien Jahren, während der Gemeinschaft, beobachtet werden sollte. Jedoch wurden folgende fünf Stellen, als 1) die des Amtshauptmanns, 2) des Forstmeisters, 3) des Superintendenten, 4) des Amtmanns und 5) des Amtsvogts von obigem Turno ausgenommen, und wegen der Wiederbesetzung derselben verglichen, daß auf deren künftigen Erledigungsfall, S. Cob. Saalfeld die Erstere, S. Cob. Meiningen die Andere, S. Cob. Saalfeld die Dritte, S. Cob. Meiningen die Vierte, und S. Cob. Saalfeld die Fünfte, durch Benennung der Subjekte besetzen und in solcher Alternation beständig fortgefahren, die Suspension und Removcion der gemeinschaftlichen Diener hingegen, mit Vorbewußt und Einstimmung der beiden fürstlichen Theilhaber, vorgenommen werden sollte. Ausserdem wurde nicht nur über die Art und Weise, welche man in dergleichen Fällen beobachten wollte, sondern auch wegen Besorgung der Gerichtsbarkeit, der Kammeralangelegenheiten und der Kirchensachen noch verschiedenes reguliret, welches in dem unten s) bemerkten Rezesse weiter nachgelesen werden kann.

17. Von der Zeit an herrschet nun zwischen den beiden herzoglichen Theilhabern des Amtes Römhild das beste Vernehmen. Die gerichtliche Verwaltung desselben

s) Beilage Num. LI.

den ist einem Amtmann anvertrauet, welchem ein Amtsſekretär untergeordnet iſt. In Provokations- und andern Fällen, die von der Entſcheidung der beiderſeitigen Landesregierungen abhangen, wird zuerſt an S. Meiningen Bericht erſtattet und die darauf erfolgte Reſolution nach S. Coburg zur Conformität eingeſendet.

Der Oberbeamte macht auch mit dem jedermaligen Superintendenten das geiſtliche Untergericht aus; doch hat letzterer die Kirchen- und Schulenviſitationen auf dem Lande, ingleichen die Diſpenſationsgeſuche in Eheſachen, die Anordnung der groſſen Buſtäge und der, von den Herrſchaften befohlenen, Fürbitten und Dankſagungen alleine, und ohne Konkurrenz des weltlichen Beamten, zu beſorgen. Dahingegen werden die Vokationen der Pfarrer und Schuldiener auf dem Lande von dem fürſtlichen Amte alleine ausgefertiget und die Konfirmation der Erſtern bei der Landesherrſchaft ausgewürket.

18. Obgleich das Amt Römhild ein Pertinenzſtük der Grafſchaft Henneberg ausmachet; ſo hat doch die bekannte hennebergiſche Landsordnung vom Jahre 1539 hier keine geſetzliche Kraft, weil ſolche nur allein von der Henneberg-Schleuſinger Linie für die dahin gehörig geweſenen Lande erlaſſen und von dem Grafen des Henneberg-Römhildiſchen Stammes nicht reſpiret worden iſt. Man hat daher von jeher, bei Entſcheidung rechtlicher Fälle, die gemeinen kaiſerlichen Rechte angenommen, welche auch von dem fürſtlichen Hauſe Sachſen, nachdem es die Herrſchaft Römhild 1555 acquiriret hatte, beibehalten wurden. u) Jedoch werden die dahin gehörigen Ritterlehne, ſie mögen in- oder auſſerhalb dieſer Herrſchaft gelegen ſeyn, nicht nach dem longobardiſchen, ſondern nach ſächſiſchem Lehnrecht verliehen. v) Unter der Regierung Herzog Heinrichs iſt auch hier (1633) die S. gothaiſche Landes- und Prozeßordnung eingeführet worden.

Im mittlern Zeitalter war die Gerichtsbarkeit in den Henneberg-Römhildiſchen Landen

---

u) In dem zwiſchen dem Hauſe Sachſen und der Krone Böhmen 1579. errichteten Erbvereinigung, (bei Lünigs R. I. ch. V. Sp. Sect IV. p. 102.) wurde unter andern dispoſiret, daß zu Meiſſen und Thüringen nach ſächſiſchen Rechten, und in der Grafſchaft Henneberg und ſelbes Landes in Franken zwar unter der Pflege Coburg und der Herrſchaft Römhild zu verſtehen iſt] nach kaiſerlichen und gemeinen Rechten geſprochen werden ſolle.

v) Man ſehe die Deduktion ſub rubro: Geſchichtserzählung ad causam des Lehnhofs zu Römhild contra die Voite von Salzburg, Eiben; das Ritter-auth Ernſtshauſen betreffend vom J. 1784.

des Herzogl. Sächsl. gemeinschaftlichen Amtes Römhild. 587

landen, durch das bekannte kaiserliche Landgerichte zu Würzburg noch sehr eingeschränkt, indem die dasigen Bischöffe berechtigt zu seyn glaubten, die Bestätigung aller Güterübergaben, Vermächtnisse und anderer wichtigen Verhandlungen für jenen Tribunal zu ziehen. Um diese, der Justizpflege so nachtheilige, Gerichtsverbindung aus dem Wege zu räumen, wirkte Graf Herrmann VIII. vom Kaiser Maximilian I. im Jahre 1498 das Privilegium aus, daß alle und jede vor dem Centgerichte zu Römhild geschehenen, Verhandlungen von der Art eben so kräftig und gültig seyn sollten, als wenn sie vor dem Hofgericht zu Rotweil oder vor dem Landgerichte zu Würzburg geschehen wären. w)

Dergleichen allgemeine Centgerichte, vor welchen alle Unterthanen erscheinen mußten, wurden ehedessen in der Stadt Römhild jährlich Sieben gehalten und auf jedem derselben die vorgefallenen bürgerlichen und peinlichen Fälle kürzlich entschieden. Bei der, in der Folge veränderten, Gerichtsverfassung hat sich zwar diese Einrichtung ganz verlohren; Doch wird noch zu gewissen Zeiten, wenn die Verpflichtung neuer Centschöppen und Rüger erforderlich ist, ein solches Centgericht von dem jedesmaligen Amtssekretär, als Centrichter, in Gegenwart der sämmtlichen Centschöppen und Rüger x) unter verschiedenen, aus der Vorzeit herrührenden, Feierlichkeiten, auf dem sogenannten Centplaz vor dem untern Thor der Stadt öffentlich gehalten y) und diese an sich sehr entbehrliche Handlung mit einer Mahlzeit beschlossen.

D 2   Im

---

w) S. die kaiserl. Urk. vom 22ten Jul. 1498. in Reinhards Beitr. zur Hist. Francent. Th. 3. S. 150.

x) Die Dorfschaften Milz, Haina, Westenfeld, Mendhausen, Gollmuthausen, Rappershausen, Eicha und Gleichamberg, ingleichen die 2 Wüstungen Schwabhausen und Uttenhausen, haben Centschöppen — die Dörfer Hindfeld, Sülzdorf, Rothausen und Zeilfeld aber nur Rüger zu stellen. Der zu Zeilfeld heißet: der stille Rüger und wird bloß durch Angelobung an den Gerichtsstab verpflichtet. Ehedessen sind zwar auch die Schöppen von Gebrungen und von der Wüstung Eichelbrunn bei diesem Gericht erschienen, aber früh dem Jahre 1712, wo S. Hildburghausen zum Besitz von Gebrungen gekommen war, nicht weiter dahin gestellet worden.

y) Das Gericht selbsten, bei welchem sämmtliche aufgeschworne Schöppen und Rüger mit Spiesen und Seitengewehren, in schwarzer Kleidung, erscheinen müssen, wird zuerst auf dem Rathhause, nach einem herkömmlichen Formular, eröffnet; hierauf gehet die ganze Versammlung mit dem neu zu verpflichtenden Schöppen auf den, vor der Stadt gelegenen Centplaz, woselbst 4 bewasnete Schöppen auf die 4 Centsteine treten, die Unterthanen aber einen Kreis formiren, in welchem die Aufschwörer vor einer Bank niederknien, und, mit Auflegung zweier Finger auf die Bank, den gewöhnlichen Schöppeneid ablegen müssen.

Im übrigen erstrecket sich die Gerichtsbarkeit des Amtes Römhild über alle und jede darinne angesessene Unterthanen; und obgleich verschiedene von Adel und andere Personen ingleichen einige würzburgische Klöster und Kirchen in einigen hiesigen Ortschaften viele Lehnschaften und Zinsgüter besitzen; so stehet doch denselben über ihre Lehnleute und Censiten keine Gerichtsbarkeit zu, sondern müssen, vermöge eines Rescriptes vom Jahre 1557, wegen ihrer allenfalsigen Lehnsgebührnissen, bei dem Amte Römhild Recht nehmen und geben. a)

21. Ueber die fürstlichen Kammergüter und andere landesherrlichen Einkünfte führet ein Obereinnehmer die Aufsicht, und neben diesem, ist noch ein besonderer Steuerverwalter angestellt, welcher die Ordinär- und Tranksteuer, ingleichen die Zolleinnahme und den Wildpretsverkauf zu berechnen hat. Von allen und jeden Kammerrevenüen, welche sich jährlich, nach Abzug der Amtsbürden, ohngefehr auf 11600 fl. frkl. belaufen, bekommt S. Meiningen zwei Theile und S. Coburg einen Theil.

22. Die Besorgung des Forst- und Jagdregalwesens ist einem, in der Stadt Römhild wohnhaften, Forstmeister zu der Maase anvertrauet, daß die dahin einschlagenden Geschäfte mit dem jedesmaligen Amtmann gemeinschaftlich expedirt werden. Unter ihm stehen die Forstbedienten zu Gleich am Berg und Gellmuthshausen, deren jeder ein besonderes, ihm angewiesenes, Resier zu besorgen hat.

23. Zu Verwaltung des Steuerwesens sind zwei Commissarien angestellt, von welchen der eine in Sachsen Meiningischen, der andere aber in Sachsen Coburgischen Pflichten stehet. Aus dieser Kasse, in welche jährlich bei 6400 fl. landschaftliche Steuern fliessen, a) werden die gewöhnlichen Reichs- und Kreisprästanda und andere ad statum publicum gehörigen Ausgaben bestritten. Nach dem Reichsmatricularanschlag hat das Amt Römhild 33 fl. rhein. zu einem Römermonat und 101 fl. 41 kr. im 20 fl. Fuß zu einem jeden der gewöhnlichen zwei Kammerzielern zu entrichten. Zum Kreiskontingent hingegen werden, nach dem dreifachen Ansatze 42 Mann Infanterie und 11 Cavalleristen gestellt. Auch befindet sich im Amte eine komplette Landkompagnie von 100 Mann, nebst 3 Officieren und 17 Mann Prima Plana.

24.

---

a) Beilage Num XXXIV.
a) Ein Ordinär-Steuer-Termin beträgt, mit Einschluß der Steuern von Trappstadt, Sternberg und der Riethmühle, — insgemein 841 — 843 fl., ein Extrasteuer-Termin hingegen beläufet sich auf 782 — 783 fl.

des Herzogl. Sächsl. gemeinschaftlichen Amtes Römhild. 589

24. Die so eben angeführten Reichs- und Kreisanlagen geben mir Gelegenheit, hier eine kurze Nachricht von dem Henneberg-Römhildischen Matrikularwesen einzuschalten und dabei die auffallende Ungleichheit bemerklich zu machen, womit dieses Amt, seit zweihundert Jahren, belästiget gewesen ist. Noch zu Anfang des gegenwärtigen Jahrhunderts stand es mit 56 fl. theil. 40 kr. zu einem Römermonat im Anschlag, und man sollte also glauben, daß dieser Amtsbezirk eben so beträchtlich, oder wohl gar noch beträchtlicher sey, als diejenigen fünf Zwölftheile, die das Kurhaus Sachsen an der Grafschaft Henneberg besitzet. Dieser Antheil, welcher 2 ansehnliche Städte, 3 Marktflecken, 48 Dörfer und 3 Kammergüter in sich fasset, kam bei der Landestheilung vom Jahre 1660 mit 17364 fl. Kammereinkünften und mit 1180 fl. 14 gl. 5 pf. Landessteuern in Ansatz, und gleichwohlen bestehet der Matrikularanschlag dieses Landes theils nur in 43 fl. 53¼ kr. Das Amt Römhild hingegen, welches eine mittelmässige Landstadt, 14 Dörfer b) und 3 Kammergüter begreifet, kam im Jahre 1680 nur mit 3648 fl. 11 gl. 9 pf. Kammerrevenüen und 351 fl. 10 gl. Landessteuern in Anschlag, und mußte bemohngeachtet 50 fl. 40 kr. zu einem Römermonat entrichten. Die nehmliche Ungleichheit ist auch bei den übrigen Hennebergischen Landesportionen sichtbar, und wenn man die Steuerverhältnisse derselben, die doch eigentlich bei Bestimmung der Reichsanlagen den Maaßstab ausmachen, c) mit dem Steuerfuße des Amtes Römhild vergleichet; so hätte letzteres, statt der ehemaligen 50 fl. 40 kr., ohngefehr nur mit 15 fl. rhein. in Ansatz kommen sollen.

Der Ursprung eines so großen und dem Amte Römhild sehr nachtheiligen Mißverhältnisses, mag sich von jener Periode herschreiben, wo die Henneberg-römhildische Linie ausstarb, und diese Lande von mehrern benachbarten Reichsfürsten, unter verschiedenen Rechtstiteln, in Besitz genommen wurden. Bekanntlich bestand damalen diese Grafschaft, seit der, zwischen den beiden Brüdern, Bertholden und Albrechten im Jahre 1533 getroffenen, Erbsonderung, in zwei Landestheilen, von
D 3 welchen

b) Darunter befinden sich aber verschiedene Ortschaften z. B. Rothhausen, Zeilfeld und Schmickerhausen, die nicht ganz, sondern nur zu gewissen Antheilen dem Amte Römhild zugehören.

c) In dem henneberg. Landestheil. Receße vom Jahre 1660 S. VI. VII. und VIII.

haben die damaligen fürstl. Vacisccenten die ausdrückliche Abrede genommen, daß alle Reichs- und Kreisanlagen nach dem bennebergischen Landessteuern repartirt, und jedem Theilhaber ein proportionirliches Quantum zugetheilt werden sollte.

welchen der Bertholdische, die zwei Aemter Römhild und Lichtenberg, ⅓ des pfandschaftlichen Amtes Brukenau, ⅓ an dem Schloß Schildek, den vierten Theil der Stadt und des Amtes Münnerstadt und den vierten Theil des Schlosses Henneberg mit den dahin gehörigen Ortschaften in sich faßte. Zu der Landesportion des Graf Albrechts hingegen gehörten die Schlösser und Aemter Schwarza, Kühndorf, Hallenberg, die halbe Cent Benshausen, der vierte Theil vom Schlosse Henneberg, die Kellerei Behrungen, die Hälfte des Amtes Salzungen und der vierte Theil des Amtes Münnerstadt. Da der Reichsmatricularanschlag der ganzen Grafschaft Henneberg-Römhild im Jahre 1535 in 6 zu Roß und 20 zu Fuß, oder, auf einen Römermonat, in 152 fl. bestand; so kamen auf einen jeden dieser zwei Landestheile 3 Reuter und 10 Fußgänger, oder 76 fl. rhein.

Nach dem, im Jahre 1549 erfolgten, kinderlosen Ableben Graf Bertholds und seines Bruders Albrechts, wurden ihre Lande, theils von den Grafen von Henneberg-Schleusingen, als nächsten Agnaten, theils von den Grafen von Mansfeld, vermöge eines mit Graf Bertholden 1548 geschlossen Kaufkontrakts, und theils von den Grafen von Stollberg, als Graf albrechtischen Testamentserben, im Besitz genommen; auch fielen verschiedene einzelne Lehngüter dem Stifte Würzburg anheim, welches in der Folge noch mehrere, zur Herrschaft Römhild gehörige Länderstücke von den Grafen zu Mansfeld und Stollberg, an sich zu bringen wußte.

Eine so vielfache Zerstückelung dieser Grafschaft veranlaßte nun, in Ansehung der darauf haftenden Reichs- und Kreisanlagen, eine um soviel größere Verwirrung, weil nicht nur über die Rechtmäßigkeit der erwähnten Besitzergreifung am Reichskammergerichte mehrere Prozesse entstanden, sondern auch manche Länderstücke, durch Kauf und Tausch, wieder an andere Fürsten übergiengen d) und keiner von den neuern Besitzern sich um eine verhältnißmäßige Uebernehmung der, auf den occupirten Landen haftenden, Reichslasten bekümmerte. Auf diese Art geriethen nun selbige

d) So verkauften z. B. die Grafen von Mansfeld, als Inhaber der Bertholdischen Landesportion, den 4ten Theil von Münnerstadt an das Stift Würzburg, den 4ten Theil vom Schlosse Henneberg an die Grafen von Henneberg-Schleusingen und überließen zuletzt (1555) die Aemter Römhild, Lichtenberg und Brückenau dem Hause Sachsen Ernestinischer Linie. — Die Grafen von Stollberg, als albrechtische Testamentserben verkauften ebenfalls den 4ten Theil von Münnerstadt und noch andere Güter an Würzburg, und traten die Hälfte des Amtes Salzungen, an Sachsen ab.

selbige viele Jahre lang ganz ins Stecken, und der Kammergerichtsfiskal und die kaiserliche Hofbuchhalterei sahen sich deswegen veranlaßt, die Rückstände zu liquidiren und die eine Hälfte von dem Henneberg-Römhildischen Matrikularanschlag, mit 76 fl., den Besitzern der Grafschaft Henneberg-Schleusingen, oder dem kur- und fürstlichen Hause Sachsen —, die andere Hälfte aber den Söhnen des Herzog Johann Friederichs des mittlern, als Inhabern der Aemter Römhild, Lichtenberg und Brückenau, zuzutheilen.

Beide fürstliche Theilhaber fanden sich aber durch diese Repartition um deswillen beschwert, weil das Stift Würzburg dabei ganz außer Ansatz geblieben war, ob gleich dasselbe von der ganzen Grafschaft Henneberg-Römhild ebenfalls einen beträchtlichen Theil acquiriret, und folglich auch einen verhältnißmäßigen Antheil der Reichslasten zu übernehmen hatte. Diese gerechte Forderung kam endlich im Jahre 1594 auf dem Reichstag zu Regensburg zur Sprache und wurde durch den, am 19ten Juny, zwischen den Herzogen Friedrich Wilhelmen zu S. Weimar und den beiden Herzogen Johann Casimirn und Johann Ernsten zu S. Coburg an einem und dem Bischof Jullus zu Würzburg am andern Theil, errichteten Vertrag, (S. 367 f.) dahin ausgemittelt, daß der Bischof sich verbindlich machte, von dem ganzen, in 6 Reutern und 20 Fußgängern bestandenen, Henneberg-Römhildischen Anschlag, 1 zu Roß und 2 zu Fuß oder 20 fl. zu übernehmen.

Nach den Grundsätzen der Gleichheit hätten nun freilich die noch übrigen 5 zu Roß und 18 zu Fuß von dem kur- und fürstlichen Hause Sachsen, als Inhabern der Albrechtischen Landesportion, und dann von den beiden Herzogen Johann Casimirn, und Johann Ernsten als Besitzern der Bertholdischen Herrschaft Römhild, nach dem Größenverhältnisse eines jeden Landestheils, oder doch wenigstens zu gleichen Theilen, übernommen werden sollen. Dies geschahe aber nicht, sondern es wurden die vom Stifte Würzburg übernommenen 1 zu Roß und 2 zu Fuß, aus ganz unbekannten Ursachen, nur dem kur- und fürstlichen Hause Sachsen von dem Henneberg-Römhildischen Matrikularquanto alleine abgeschrieben, so, daß selbiges nunmehr wegen der Albrechtischen Landesportion, mit 2 zu Roß und 8 zu Fuß in Ansatz kam. Die Herzoge Johann Casimir und Johann Ernst hingegen mußten, vermöge obigen Recesses, den ganzen auf den Bertholdischen Antheil vormals haftenden Anschlag, mit 3 zu Roß und 10 zu Fuß oder 76 fl. auf sich behalten, obgleich in der Zwischenzeit manche, zu dieser Landesportion gehörig gewesene Pertinenzstücke davon abgerissen und theils an Henneberg-Schleusingen theils an das Hochstift Würzburg gekommen waren.

Die⸗

Diese, so offenbar vor Augen liegende, Ungleichheit, die sich die Herrschaft Römhild, durch eine ganz unverhältnißmäsige Aufbürdung der Reichslasten, gefallen lassen mußte, bekam in spätern Zeiten noch dadurch eine merkliche Vergrösserung, daß bei der, im Ernestinischen Hause Sachsen (1640) vorgenommenen Erbertheilung, das Amt Lichtenberg nebst der Stadt Ostheim, als ein Zubehör der Henneberg-Römhildischen Landesportion, dem Herzog Albrecht zu S. Eisenach zugetheilet wurde, ohne daß man dabei auf eine verhältnißmäsige Uebernahme der, darauf ruhenden, Reichsanlagen Rüksicht genommen hatte. Das Amt Römhild, als der einzige Ueberrest des bertholtischen Landesantheils blieb daher, nach wie vor, noch mit dem nemlichen Matrikularanschlag der 3 zu Roß und 10 zu Fuß oder der 76 fl. belästiget; mit welchem jene Grafschaft, nach ihrem ehemaligen weit grösern Länderumfang, in der Mitte des 16ten Jahrhunderts beleget gewesen war.

Im Jahre 1678 wurde zwar der Anschlag durch ein Reichsgutachten mit ⅓ moderirt, so, daß gedachtes Amt 2 Reuter und 6⅔ Fußgänger, oder 50 fl. 40 Kr. zu praestiren hatte. e) Allein durch diese Verminderung war der, gegenwärtig gezeigten, Ungleichheit, noch bei weitem nicht abgeholfen; und eben daher sahe sich das fürstl. Haus zu S. Gotha bewogen, in dem, am 5 Aug. 1681 mit S. Naumburg errichteten, Erläuterungsrezeß §. XII. den übermäsigen Römhilder Matrikularanschlag in Erinnerung zu bringen, und, wiewohl vergebens, dahin anzutragen, daß S. Naumburg, auf dessen 1/12 Theile an Henneberg, etwas davon übernehmen möchte. Endlich wendete man sich an den fränkischen Kreis und brachte es, durch wiederholte Vorstellung, dahin, daß die Kräfte des Amtes Römhild, nach der Vorschrift eines Kreisabschieds vom Jahr 1694, durch eine Deputation untersucht, und der Matrikularanschlag desselben 1702 abermals bis auf 33 fl. heruntergesetzt wurde. f)

Indessen ist auch diese Moderation, zu einer vollkommenen Gleichstellung der Reichsabgaben, mit den übrigen fürstlichen Besitzern der Grafschaft Henneberg, noch immer nicht hinreichend. Um diesen Zwek näher zu kommen, müßte nothwendig die ganze Ländermasse, welche die beiden gräflichen Linien bei den, im Jahre 1521 gefertigten, Anschlagsregister, besessen haben, genau untersucht und der damalige Länderbestand bei der Rectificirung des hennebergischen Matrikularwesens zum Grunde

e) Beilage Num. XLIII. f) Mosers fränk. Kreisabschiede Th. I. p. 757.

des Herzogl. Sächsl. gemeinschaftlichen Amtes Römhild. 591

bey geleget werden. Es verstehet sich daher von selbst, daß auch diejenigen Besitzungen, die seit jener Periode, an die benachbarten Reichsfürsten, durch Kauf, Tausch, Lehnsheimfall und Erbrecht übergegangen sind, um so mehr mit in Anschlag gebracht werden, da selbige schon in den Jahren 1422, 1467, 1471 u. 1521, unter den damaligen Reichsmatrikul mit begriffen waren.

Eine genaue Darstellung des successiven Länderverlust, den die beiden henneberglischen Linien, in dem 15ten und 16ten Jahrhundert erlitten und demohngeachtet immer die nemlichen Reichslasten getragen haben, lieget ausser dem Plan der gegenwärtigen Beschreibung; wenn man aber erwäget, daß z. B. das Stift Würzburg beinahe die Hälfte von der alten Grafschaft Henneberg besitzet; g) daß es, unter andern, im Jahre 1542 das wichtige Amt Mayenberg — im Jahre 1552 das halbe Amt Münnerstadt — im Jahre 1586, durch den mit dem Hause Sachsen, wegen des dem Stifte heimgefallenen Amtes Meiningen, errichteten Permutationsvertrag, einen großen Länderdistrikt an sich gebracht, h) auch noch Verlöschung der beiden henneberglischen Linien (1549 und 1583) eine Menge wichtiger Lehnstücke eingezogen, und durch diese und andere Erwerbungen die Stiftslande um ein Beträchtliches vergrößert habe; So lieget es wohl sehr deutlich am Tage, daß derjenige Antheil des henneberglischen Matrikularanschlags, welcher vom Stifte Würzburg zuerst im Jahre 1594 mit 2 zu Roß und 3 zu Fuß oder 36 fl. von den Henneberg-Schleusingischen und Römhildischen Landen übernommen worden, höchstunbedeutend sey, und mit dem großen Umfange seiner henneberglischen Besitzungen in gar keinem Verhältnisse stehe.

Auch das Wenige, was das fürstliche Haus Hessen, wegen der Herrschaft Schmalkalden, an den henneberglischen Matrikularanschlag mit 1 zu Roß und 5 zu Fuß oder 24 fl. im Jahre 1584 übernommen hat, ist, im Gegensaz der übrigen henneberglischen Anschläge, viel zu gering und dürfte wohl einer, der Grösse dieser ansehnlichen Herrschaft angemessenen, Erhöhung fähig seyn. — Die Ursache, warum übrigens die Grafen von Stollberg, wegen des henneberglischen Flecken Schwarza in der Reichsmatrikul ganz ausser Ansaz geblieben und folglich von den übri-

---

f) Ich beziehe mich hier, der Kürze wegen, auf dasjenige, was ich in meinen histor. Schriften u. Urkundensamml. Th. 1. S. 134. über den würzburger Erwerb, so vieler Henneberger Länderstücke angeführet und diplomatisch erwiesen habe.
h) S. den Reces in der 2ten Abtheil, dieser Beschr. Seite 251.

Ersten Theils vierte Abtheil.

übrigen fürstlichen Besitzern dieser Lande zeither übertragen worden sind, mag wohl daher rühren, weil Henneberg-Schleusingen und nachher das kur- und fürstl. Haus Sachsen mit den Grafen von Stollberg, in Ansehung ihres testamentarischen Erbrechtes, (S. 163.) im Prozeß verwickelt waren, und sich, durch die Zulassung ihrer Concurrenz beim hennebergischen Matrikularanschlag, nicht präjudiciren wollten.

Dem äusserlichen Vernehmen nach beschäftiget dermalen die fernere Verminderung der Römhildischen Reichs- und Kreislasten, die Aufmerksamkeit der fürstlichen Theilhaber dieses Amtes, und es ist wohl nicht zu zweifeln, daß die Sache, bei so vielen veranlassenden Gründen, zum Vortheil desselben ausgemittelt werde.

25. Ich beschließe den gegenwärtigen Abschnitt mit einer kurzen Nachricht von dem Henneberg-Römhildischen Kreisvoto, welches den fürstlichen Besitzern dieses Amtes zuständig ist. Schon im 16ten Jahrhundert haben zwar die Grafen von Henneberg, wegen der Herrschaft Römhild, bei dem fränkischen Kreis eine Stimme geführt; i) Aber weder die Grafen von Mansfeld noch die Herzoge zu Sachsen, als nachherige Inhaber dieser Lande, haben sich um die Ausübung jener Gerechtsame bekümmert; denn seit dem Jahre 1549 bis 1590 findet man davon nicht die mindeste Spur. Desto aufmerksamer war die Gräfin Katharina von Henneberg, Graf Albrechts hinterlassene Wittwe, welche aus dem, von ihrem Gemahl errichteten, Testamente auf die Römhildische Lande Anspruch machte, k) und daher, zur Behauptung ihrer vermeintlichen Rechte, in den Jahren 1563 u. 1564 die fränkischen Kreistäge beschikte. l) Allein die fränkischen Kreisstände fanden Bedenken, die Gräfin mit dem anmaßlichen Kreisvoto zuzulassen, weil eigentlich die Herzoge zu Sachsen die Besitzer der Herrschaft Römhild waren, und es das Ansehen hatte, als ob sie sich der darauf haftenden Kreiskontribution ganz entziehen wollten. Dies veranlaßte den Kreis in einem Abschiede vom 6ten Junii 1565 §. 2. die Herzoge zu Sachsen zur Beschickung der Kreistäge aufzufordern und zu zugleich die Bezahlung der

i) Dies bezeugen die von den Henneb. Römhildischen Gesandten, Moritzen von Osterberg, Philipp Häbnern, und Jürgen von Eberen, unterschriebene Kreisabschiede von den J. 1541, 1542, u. 1544, in Mohrs Samml. der fränkischen Kreisabschiede vom J. 1754.

k) S. den 1ten Th. der Henneb. Geschichte S. 724.

l) In der Unterschrift zweier, damalen gefertigten Kreisabschiede stehet unter anderem: Vom wegen der Grafen Catharina Frauen zu Henneberg, Valtin Rüdiger,

des Herzogl. Sächßl. gemeinschaftlichen Amtes Römhild

der rückständigen Beiträge in Erinnerung zu bringen. Indessen geriet die Sache, wegen den bekannten Grumbachischen Händeln und der darauf erfolgten Gefangenschaft Herzogs Johann Friedrichs des Mittlern, wieder ins Stecken.

Erst unter der Regierung Herzog Johann Casimirs zu Sachsen, Coburg kam das Römhildische Kreisvotum wieder in Bewegung und sämmtliche Stände beschlossen, in einem Abschied vom 21ten Junii 1589, daß hinführo der Herzog als Inhaber der Herrschaft Römhild, zu jedem Kreistag beschieden und dabei an den Abtrag der alten und neuen Resten erinnert werden soll. m) Im Monat October 1590 wurde nun der Kreistag zum erstenmal beschikt und damit, bis zum Absterben der beiden Herzoge Johann Casimirs und Johann Ernsts, kontinuiret. Ein gleiches geschahe seit 1640 bis 1672 von der S. Altenburgischen Linie, und noch deren Verlöschung, von Herzog Ernsten zu S. Gotha. Als nun bei der, unter dessen sieben Söhnen (1680) vorgenommenen, Landestheilung, die Herrschaft Römhild dem Herzog Heinrich zufiel; So hätte zwar das darauf haftende Kreisvotum an demselben mit übergehen sollen; Allein, Herzog Friedrich I. zu S. Gotha hatte sich im Theilungsvertrage die Iura sublimia vorbehalten, und hielt sich deswegen für berechtiget, von 1680 – 1710, auch das Stimmrecht, unter der Formul: Für sich und Herrn Herzog Heinrich 2c. beim fränkischen Kreise auszuüben. Während dieser Periode wurde dasselbe von S. Gotha, in dem bekannten Liberationsrezesse vom 10ten April 1702, auf dem Todesfall des Herzog Heinrichs, zur Hälfte an S. Hildburghausen, n) und wenig Tage darauf (den 18ten April) ganz an S. Meiningen abgetreten. o) Indessen gieng weder der eine noch der andere Vertrag in Erfüllung, und obgleich in der kaiserlichen Hauptsentenz vom 25ten April 1714 dieser Gegenstand zur gütlichen Ausmittelung, zwischen den fürstlichen Interessenten, besonders ausgesetzet blieb, auch in der Folge mehrere Conferenzialhandlungen hierüber gepflogen worden sind; So konnte man sich dennoch darüber nicht vereinigen. Insonderheit glaubte S. Saalfeld, welches die Gültigkeit der vorhin erwähnten Ueberlassungsurkunden vom J. 1702, nie anerkannt hatte, an den Römhildischen Kreisvotum

---

m) Die Kreißstände forderten damalen wegen Römhild einen Rückstand von 3078 fl.; sie verglichen sich aber 1592 mit dem S. Coburgischen Gesandten, Humpert von Langen, auf 1064 fl. welche 1593 baar erleget wurden.

n) S. den Recess in Hr. G. M. R. Röders Abhandl. von den Herzogl. S. Reichstagsstimmen S. 300.

o) Königl. R. Arch. F. Spec. Cons. II. von Sachsen, p. 716.

votum um so mehr gegründeten Anspruch zu haben, weil es ⅓ an dieser Herrschaft überkommen hatte, und der staatsrechtliche Satz: daß die Reichs- und Kreis- vota auf dem Territorio haften, hier allerdings in Anwendung kommen müsse. p) Die beiden fürstlichen Häuser Meiningen und Hildburghausen bemüheten sich inzwischen abwechselnd, dieses Stimmrecht zu erlangen; der fränkische Kreis fand es aber, bei so vielen wechselseitigen Widersprüchen, bedenklich, ihren Gesandten den Zutritt bei der Versammlung zu gestatten, und auf diese Art gerieth die Führung des Römhildischen Kreisvotums vom Jahre 1710 bis 1764 in eine gänzliche Unthätigkeit. Bei Gelegenheit der Fischbergischen Reluitionssache, kam endlich die Sache beim fränkischen Kreiskonvent wieder in Bewegung und es wurde damals (1764) festgesetzt, daß gedachtes Kreisvotum von den beiden fürstlichen Häusern S. Coburg-Saalfeld und S. Meiningen, als Innhabern des Amts Römhild, wieder geführet werden sollte.

Zweiter Abschnitt.
Natürliche Beschaffenheit, Bevölkerung und topographische Beschreibung des Amtes.

16. Das Amt Römhild grenzet gegen Morgen an das Amt Hildburghausen, gegen Mittag an das Amt Heldburg und an das würzburgische Amt Königshofen, gegen Abend an das Amt Behrungen und gegen Mitternacht an die Aemter Maßfeld und Themar. Die Größe dieses Landes beträgt in der Ausdehnung von Mittag gegen Mitternacht 1¼ und von Morgen gegen Abend ohngefehr 2 deutsche Meilen. Seine Lage ist größtentheils eben und niedrig, und der Boden ungemein fruchtbar,

---

p) Aus eben diesem Grunde konnte auch wohl S. Hildburghausen an dem Römhildischen Kreisvoto nichts prätendiren, so lange dieses Haus nicht etwas von der alten Hennebergischen Herrschaft Römhild im Besitz hatte. Denn die demselben zuständige Hälfte der Behrungen und die durch den Umtausch erzeugten vom Jahre 1723 acquirirten vier Hennebergischen Dörfer, waren ursprünglich Pertinenzstüke der Grafschaft Henneberg Schleusingen, weswegen S. Hildburghausen bereits einen Antheil an der Henneberg Schleusingischen Reichstagsstimme im Besitz hatte.

des Herzogl. Sächßl. gemeinschaftlichen Amtes Römhild. 597

fruchtbar. Der Feldbau und die Landwirthschaft, nach ihren verschiedenen Zweigen ist daher das vornehmste Erwerbsmittel der Einwohner des Amtes, und wird, nach dem größern Theil zu rechnen, mit Aufmerksamkeit, Fleiß und einem, demselben entsprechenden Vortheil, betrieben. Besonders hat sich der Viehstand seit einigen Jahren sehr vermehrt, wovon der wahre Grund in den Anbau der Futterkräuter zu suchen ist, der in vielen Orten, wo keine Schäfereien anzutreffen sind, einen vorzüglichen Gegenstand der Betriebsamkeit ausmacht.

27. In vorigen Zeiten mag auch der Weinbau in diesem Amte ziemlich beträchtlich gewesen seyn; wenigstens erhellet aus dem Anschlag vom Jahre 1555, daß der gräfliche Weinzehend allein jährlich 15 Fuder betragen habe. q) Die sogenannten Eichel- und Frauenberge, die vorzüglich zum Weinbau geschikt waren, gehörten der Herrschaft und mußten von den Unterthanen zur Frohne bearbeitet werden. In den neuern Portionsanschlägen wurde der Eichelberg mit 60 und der Frauenberg mit 30 Eimer Wein jährlichen Ertrags in Ansatz gebracht; der Werth desselben kam aber im Ganzen nur mit 102 fl. in Anschlag, mithin kostete damalen der Eimer mehr nicht, als ohngefehr einen Thaler. Indessen hat der Luxus, der gegen alles, was vom Auslande herkommt, eine Vorliebe einflößet und dagegen die Landesprodukte herabwürdiget, den Weinbau in dieser Gegend nach und nach vernichtet. Schon im Jahre 1670 wurden die herrschaftlichen Weinberge vererbet, und die darauf haftenden Frohnen den Amtsdorfschaften, gegen eine jährliche Abgabe von 56 fl. 2 gl. 9½ pf. erlassen. r) Dermalen sind selbige theils in Obstgärten verwandelt, theils zur Erzeugung anderer Bedürfnisse bestimmt.

28. Bei dem Römhildischen Amtsdorf Eicha hatte man ehedessen auch ein Eisenbergwerk angeleget, welches, nach einer Urkunde vom Jahre 1500, den Graf Hermann von Henneberg den dortigen Einwohnern, gegen Abgabe des Zehenden, verliehen wurde. s) Man findet aber seitdem keine weitere Nachricht von dessen Anbau, und ohne Zweifel mag dasselbe, weil man es nicht für bauwürdig erkannte, wieder liegen geblieben seyn. — In spätern Zeiten (1695) hat man auch in der Gegend von Römhild ein Kupferbergwerk entdekt, von welchem der hennebergische Historiograph

E 3

q) Beilage Num. XXXIII.
r) Beilage Num. XLII. b.
s) Beilage Num. XXV.

storiograph, Christian Junker, *) aus der Handschrift des dortigen Kammersekretair Johann Güttichs, folgende Nachricht mittheilet:

„Das Bergwerk zu Römhild hat sich 1695 dergestalt angefangen, daß einige „Gewerken auf dem Schwabhäuser Berg bei der Steinsburg, auch darauf, oh„weit des Metzelbacher Teichs, ingleichen an den Rennellern, ferner Anno „1696 neben dem Münnichsholz, Gruben angeleget haben, die sie aber sehr bald wie„der ins Freye haben fallen lassen. Die einzige Grube am Metzelbach gab zur „Ausbeute Hoffnung, indem man im Abteufen ein wenig Sanderz gefunden, davon „der Centner Rohstein, besage einer in Jlmenau geschmelzenen Probe, 4 loth Sil„bers und 4 Pfund schwarz Kupfers gegeben. Wegen starken, in der Fundgrube „aufgegangenen, Wasser, blieb es aber liegen bis 1700, wo es 466 Lachter lang „mit vielen Kosten auf Silber und Kupfer fortgearbeitet worden. In Stollen „zeigten sich schöne Anzeigungen von Quarz, Frauneis, Markfitten und dergleichen „mehr, welches den Kammersecretär Guttig bewog eine Schmelzhütte anzulegen. „Es wurde aber darinne nichts zu Stande gebracht, und weil endlich der Steiger den „Durchschlag in dem 26 Lachter tief abgesunkenen Schacht verfehlte, so mußte dieses „Werk liegen bleiben."

Obgleich diese Nachrichten für die Erneuerung des hiesigen Bergbaues, in so fern Privatpersonen sich damit einlassen wollten, eben keinen großen Reiz haben; so beweisen sie doch wenigstens so viel, daß in einigen Gegenden des Amtes Römhild verschiedene Arten von Metallen und Mineralien anzutreffen sind, die vielleicht der Aufmerksamkeit der Landesregenten, in Absicht auf eine nähere Untersuchung der Beschaffenheit derselben, nicht ganz unwürdig seyn dürften. Die Wissenschaft des Bergbaues war in vorigen Zeiten noch sehr eingeschränkt, und die fehlerhafte Behandlungen desselben waren insgemein die nächste Ursache, weswegen manche entdeckte und vielleicht reichhaltige Fundgruben wieder in Verfall und zuletzt ganz in Vergessenheit gerathen sind. Durch dergleichen mißlungene Versuche, sollte man sich aber in unsern Tagen, wo die Bergwerkskenntnisse so große Verschritte gemacht haben, nicht abschrecken lassen, die vorhin angezeigten Distrikte von neuem zu beschürfen und den, in der Vorzeit aus Mangel zwekmäßiger Behandlung, liegen gebliebenen Bergbau in Flor zu bringen.

In den Flurmarkungen der Dörfer Milz, Hindfeld und Gollmuthausen giebt es Sandsteinbrüche und in der Wüstung Schwabhausen, wie auch in der Gegend
von

*) In seiner ungedrukten hist. Beschreib. der Grafschaft Henneberg.

des Herzogl. Sächs. gemeinschaftlichen Amtes Römhild.

zu Westenfeld und Schwickershausen werden gute Kalk- und Gipssteine gebrochen.

29. Ausserdem sind für die hiesige Gegend die zwei sogenannten Gleichberge merkwürdig, welche sich an der östlichen Grenze der Stadt Römhild ziemlich erheben und sich durch ihre Höhe vorzüglich auszeichnen. Man siehet sie viele Meilen weit, und der entfernte Anblick dieser zwei Berge ist um so schöner, weil sie ganz isolirt da stehen und keinen Nachber haben, mit dem sie um den Vorzug streiten könnten. Von ihrer natürlichen Beschaffenheit habe ich bereits in der ersten Abtheilung der historisch-statistischen Beschreibung der Grafschaft Henneberg S. 23 einige Geschichte mitgetheilet, und ich bemerke hier nur dieses, daß auf dem Gipfel des kleinen Gleichbergs, oder der sogenannten Steinsburg, urkundlichen Nachrichten zu Folge, in mittlern Zeiten eine Kirche gestanden habe, *) wohin von den Einwohnern der umliegenden Ortschaften häufige Wallfahrten angestellet worden sind. Daß aber, wie man insgemein vorgiebt, in den ältesten Zeiten eine Burg gegen die Einbrüche der Sorben und Wenden erbauet worden, läßt sich nicht historisch beweisen.

30. Die Flüsse und Bäche, welche durch den römhilder Amtsbezirk laufen, sind von keiner Bedeutung und zum öftern ist hier der Mangel an fliessenden Wassern so groß, daß die hier angelegten Mahlmühlen, besonders in dürren Sommer- und harten Wintertägen ganz ungangbar bleiben. Die Einwohner müssen daher ihre Früchte meistens in die, an dem Werrafluß erbauten, Mühlen 3–4 Stunden weit zum Mahlen schaffen.

Die Spreng und die Milz sind die zwei Bäche, welche diese Gegend durchfliessen und verschiedene Mühlen treiben. Der erstere entspringt ohnweit Haina, in einem, auf Erdorf zu gelegenen, Thale, unter der sogenannten hohen Leite. Er laufet hinter der Stadt Römhild vorbei und fällt bei dem Dorfe Milz in dem Flusse dieses Namens. Die Milz hat ihren Ursprung bei Bedheim, im Amte Hildburghausen, laufet im Grunde, zwischen den Dörfern Gleichamberg und Linden, auf Hindsfeld und von da auf Milz

*) Das Dasenn einer auf der Steinsburg erbauten Kirche läßt sich aus zwei Urkunden beweisen. In der einen vom Jahr 1511. bekennet Balt. von Bibra, daß einer seiner Unterthanen zu Herbstadt dem Vorsteher der St. Michaeliskirche auf der Steinsburg, einen Erbzinß zu Helberstadt, um 10 fl. verkaufet habe, und in der andern Urkunde vom Jahr 1517 bestätiget Graf Hermann von Henneberg einen ähnlichen Kaufbrief, nach welchem eben diese Kirche auf der Steinburg ½ fl. jährlichen von der Badstube zu Römhild erkaufet hatte.

Milz, wo sie die Spreng aufnimmt und endlich unterhalb Waltershausen sich in die fränkische Saale ergießet. Beide Flüsse sind fischarm und führen weiter nichts, als Gründel, Kressen und Ellritzen. Dieser Fischmangel wird einigermaßen durch drei Teiche ersetzet, welche im Amte anzutreffen sind und der Herrschaft zugehören. Der eine heißt der Metzelbacher Teich von 12 Ackern, ohnweit der Stadt Römhild; der zweite lieget bei dem Dorfe Gleichamberg und enthält 6 Acker; der dritte bei dem Dorfe Eicha, bestehet aus 40 Acker.

31. Im Bezirk des Amtes Römhild, liegen, nebst der Stadt, vierzehen Amtsdörfer, zwei herrschaftliche Kammergüter und sechs Wüstungen, als: Brondorf, Burgstädel, Neblers, Schwabhausen, Zella und Uttenbausen. Die davon entdekte Nachrichten, werde ich in der topographischen Beschreibung der Dorfschaften, denen sie einverleibet sind, kürzlich anführen. Die Größe und der Bevölkerungszustand der Amtsortschaften erhellet aus folgender Tabelle:

Oerter	Einwohner	Häuser
Römhild	1750	314
Milz	680	135
Haina	610	130
Westenfeld	273	78
Mendhausen	280	69
Gleichamberg	373	90
Linden	216	44
Eicha	210	55
Gollmuthausen	230	62
Rothausen	222	47
Sondheim	187	46
Hindfeld	106	27
Zeilfeld	226	52
Sülzdorf	70	19
Schwickershausen	198	45
Buchhof und	20	3
Mönchshof	25	3
	5676	1117

des Herzogl. Sächsl. gemeinschaftlichen Amtes Römhild.

Unter diesen 5676 Menschen zählet man in einem Zeitraum von 6 Jahren, und zwar von 1791 bis 1797, ohngefähr 288 Ehen, 548 Gebohrne und 524 Gestorbene. Im Durchschnitte kann man also auf jedes Jahr 48 Ehen, 93 Gebohrne und 87 Verstorbene rechnen.

Römhild.

Diese ansehnliche Landstadt, die ehemalige Residenz der Grafen von Henneberg Aschacher- oder Römhilder Linie, lieget in einer ziemlich großen Ebene, und ist 5 Stunden von Meiningen, 3 Stunden von Hildburghausen, 3 Stunden von Königshofen und 3 Stunden von Themar entfernet. Ohnweit derselben erblicket man gegen Osten, die zwei bekannten Gleichberge, an deren Füßen eine Menge kleiner Hügel liegen, die, ehedessen zum Weinbau benutzet wurden, dermalen aber meistens mit Obstbäumen angebauet sind. In der Mitte des kleinen Gleichbergs, oder der sogenannten Steinsburg entspringet aus den übereinander liegenden Basaltstücken eine reine frische Wasserquelle, welche hier gefaßt ist und in Röhren nach Römhild geleitet wird. Nahe an der Stadt fließt die Spreng vorbei, welche sowohl die, bei dem Hospital gelegene Mahl- und Schneidemühle, als auch die, mit 3 Mahlgängen und einem Schneidegang versehene, Stadtmühle treibet. Ringsumher sind viele Obst- und Gemüßgärten angeleget, die den Environs der Stadt ein freundliches Ansehen verschaffen und zugleich von der Industrie der Einwohner ein gutes Vorurtheil erwecken.

Die umliegenden Felder und Wiesen haben einen großen Umfang und sind ungemein fruchtbar. Sie grenzen gegen Morgen an die Wüstung Schwabhausen und an die Gleichberge, gegen Mittag an Milz und Hindfeld, gegen Abend an Mendhausen, den Mönchshof und an Sülzdorf, gegen Mitternacht an Hayna. Ein großer Theil der Römhilder Fluren war in ältern Zeiten dem Kloster Wechterswinkel zehendpflichtig und es bezeuget eine Urkunde vom J. 1260, daß Pabst Alexander IV. demselben, unter andern beträchtlichen Besitzungen, auch die Erhebung der Zehenden in den Ortschaften Römhild, Irmelshausen, Eichelbronn, Obernelspe und Aubstat, bestätiget habe. *) Neben dem Kloster besaßen aber auch die Grafen von Henneberg und das

---

*) Die deßhalbige Urkunde stehet in meinen histor. Schriften u. Urk. Samml. 1te Woch, S. 176.

das, in spätern Zeiten gegründete, Kollegialstift zu Römhild in dieser Markung den Zehend, dessen Grenzen, durch einen, zwischen Graf Georg I. und dem gedachten Kloster, 1456 errichteten Vertrag, reguliret und einem jeden Zehendherrn ein gewisser Bezirk angewiesen wurde. w) Nach dieser Uebereinkunft gehörte nun der Zehend auf den, zwischen der Stadt und den Gleichbergen gelegenen, Feldern dem Landesherrn, der ungleich größere Distrikt hingegen, der sich jenseits der Stadt bis an die Milzer und Mendhäuser Fluren erstrekte, war dem Kloster Wechtersweinkel zuständig. Zuerst in neuern Zeiten wurden die Zehendbefugnisse desselben, durch den bekannten Umtauschreceß vom J. 1656, dem Amte Römhild einverleibet, x) so, daß jetzo die ganze Flurmarkung, einige Feldstücke ausgenommen, der Landesherrschaft zehendbar ist. Nur von verschiedenen einzelnen Feldstücken hat die Superintendur den Frucht- und von einigen Häusern in der Stadt den Bluthzehend zu erheben.

Der Ursprung der Stadt Römhild verlieret sich in den dunklen Zeiten des Alterthums, wo die meisten deutschen Städte nur noch unbedeutende Dörfer und Maierhöfe ausmachten und erst im mittlern Zeitalter sich nach und nach zu einem größern Umfange und einer städtischen Verfassung ausbildeten. Unsere ältere vaterländischen Geschichtschreiber, welche ihre Gelehrsamkeit zum öftern mit etymologischen Untersuchungen zu verschwenden pflegten, glaubten zwar in dem Namen: Römhild einen Grund zu finden, die Erbauung dieses Orts bis in das 3te Jahrhundert hinauf zu führen und solche, wegen der Namensähnlichkeit, einen Römischen Helden zuzuschreiben; Man hatte aber nicht überlegt, daß die Römer nie bis in diese Gegend hervorgedrungen waren, und da ohnehin dieser Ort in den ältesten Urkunden keineswegs den Namen Römhild sondern Rotmulti führte, so bleibet für jene historische Hypothese nicht die mindeste Wahrscheinlichkeit übrig. Nach der ungleich beifallswürdigern Meinung Ernst Tenzels y) soll die rothe Erde, welche man hier antrift, die eigentliche Veranlassung zu den alten Namen Rotmulti gegeben haben, weil Muld oder Molt in der alten deutschen Sprache so viel als humus (Erdreich) heiße und durch die Zusammensetzung der Wörter rot und Muld diese Benennung entstanden sey.

Von

w) Beilage Num. XV. — derjenige Antheil des Zehenden der damalen dem Kollegatstifte zuhörte, macht jetzo ein Besoldungsstük der Superintendur aus.

x) Beilage Num. XLII. §. 1.

y) in seinem ersten Henneb. Zehenden, in Reinhards Samml. Th. 1, S. 67.

des Herzogl. Sächsl. gemeinschaftlichen Amtes Römhild.

Von dem Daseyn dieses Orts finden sich eher keine Nachrichten, als im 8ten und 9ten Jahrhundert, wo derselbe in den Fuldaischen Schenkungsbriefen, unter dem Namen Rotmulti oder Rottemulti vorkommt, und zur Provinz des östlichen Grabfeldes gerechnet wurde. z) Dieser Name hat zwar mit der jetzigen Benennung eben keine große Aehnlichkeit; es ist aber dennoch darunter das heutige Römhild um so gewisser zu verstehen, weil die villa Rotmulti in einer Urkunde vom J. 864 ausdrücklich in die Nachbarschaft der Gleichberge gesetzet wird, a) Wahrscheinlich erstrekte sich selbige bis in die Gegend, wo jetzo das, ohnweit der Stadt erbaute, Hospital Altenrömhild anzutreffen ist, welcher Name in den Urkunden des 14ten und 15ten Jahrhunderts niehrmalen vorkommt und daher die Vermuthung erwecket, daß jene Villa in irgend einer Fehde verwüstet und an ihre Stelle die heutige Stadt Römhild erbauet worden.

Nachdem die alte Gauverfassung des Grabfeldes ein Ende genommen hatte, war Römhild mit den umliegenden Ortschaften das Eigenthum der, im 12ten Jahrhundert empor gekommenen, Grafen von Henneberg, und wurde im Jahre 1274 der Hartenbergischen Linie zugetheilet. So lange die Herren aus diesem Hause auf dem, nicht weit davon gelegenen, Schlosse Hartenberg wohnten, war Römhild wohl selten ein Gegenstand ihrer landesherrlichen Fürsorge; wenigstens hat uns die Geschichte, während dieses Zeitraums, keine Nachrichten von den Schiksalen und dem successiven Aufkommen dieses Ortes hinterlassen. Doch ist so viel gewiß, daß derselbe in den Urkunden des 14ten Jahrhunderts eine Stadt, (oppidum) und die Einwohner, Bürger genennet worden.

In spätern Zeiten (1465) verlegten die Grafen von Henneberg Ascha, welche die ganze Herrschaft Römhild von ihrem Vetter, Graf Bertholden X. (XII.) an sich gekauft hatten (S. 564) ihren, bisher auf dem Schloß Hartenberg gehabten, Wohnsitz in die Stadt Römhild, und es ist wohl nicht zu zweifeln, daß sie derselben von der Zeit an manche Vorzüge und Gerechtsame ertheilet haben, wodurch zur bürgerlichen Verfassung dieser Stadt der erste Grund geleget wurde. Die hierüber vorhanden gewesenen Urkunden sind aber, durch den großen Brandschaden,

F 2

z) S. Schannats Tradit. fuld. nr. 104, 105 und 140.

a) Ein gewisser Addlos übergab im J. 864 seine Güter in provincia Grapfelde in fini-bus villas quae vocatur Rotmulti unius Capturae partem jacentem inter montes, qui a quibusdam Similes a quibusdam vero Steinberg et Bernberg vocantur. — dipl. in Schannat. l. c. no. 140.

Historisch-statistische Beschreibung

den — den Römhild 1609 erlitten hat, ganz verlohren gegangen, und es fehlen daher alle Nachrichten, um diese Lücke in der Geschichte auszufüllen.

Nach der Beschreibung, die der damalige Superintendent Otto zu Römhild von jener Feuersbrunst hinterlassen hat, b) wurden nicht nur 338 bürgerliche Wohnungen, sondern auch das kurz zuvor neu erbaute Rathhaus; mit allen daselbst aufbewahrten, Urkunden und andern, die Stadt betreffenden, Nachrichten in die Asche geleget, und es blieb von der Wuth der Flamme weiter nichts verschont, als das herrschaftliche Schloß, die Kirche und die Wohnungen der Geistlichkeit und Schullehrer. Im Jahr 1676 am 1sten Oct. verzehrte das Feuer abermals 11 Wohnungen nebst dem Rathhause und der lateinischen Schule. Das nehmliche Schicksal traf nachher die Stadt Römhild noch verschiedenemalen; indem am 12ten April 1714 etliche 50, und, am 15ten Jul. 1723, wieder 15 Wohnhäuser mit den Schulgebäuden und den beiden Caplans-Wohnungen ein Raub der Flamme wurden. c) Noch im Jahr 1751 brannten 20, vor der Stadt gelegene, Scheuren ab, allwo eine Bürgerstochter Feuer eingeleget hatte. Auſſer diesen Unglücksfällen hat auch Römhild die Unruhen und Beschwerlichkeiten des 30jährigen Kriegs, besonders von den Jahren 1634 bis 1640, gleichfalls sehr lebhaft erfahren, und man berechnet den, durch Plünderung und Contribution, damalen erlittenen Schaden auf 45,314 fl. d)

Die Stadt Römhild ist nicht groß und bestehet nur, mit Inbegriff der zwei Vorstädte und der öffentlichen Gebäude, in 214 Wohnhäusern. Sie hat 2 Thore und 2 Nebenausgänge, 8 Gassen und 7 Thürme. Ringsumher ist sie mit einer Mauer und mit einem, zum Theil ausgetrokneten, Graben umgeben, welcher, auf der mittäglichen Seite, ausgefüllet und in brauchbare Gemüsgärten verwandelt worden ist. Der Marktplaz lieget mitten in der Stadt, und macht ein länglichtes Viereck aus. Auf der nördlichen Seite desselben stehet das Rathhaus, in dessen unterstem Stokwerk die Stadtwage und 4 Feuerspritzen befindlich sind; im 2ten Geschoß legen die Tuchmacher und Kürschner, zu Jahrmarktszeiten, ihre Waaren aus, und im dritten Stokwerk ist die Rathstube anzutreffen.

Die Anzahl der Einwohner beläuft sich dermalen auf 1750 Seelen. Zur Uebersicht

---

b) Sie stehet in Wezels Kirch-Schul- und Brandhistorie der Stadt Römhild S. 225.
c) Ebendas. S. 210.

d) Tenzels 2te Henneb. Zehend, in Reinhards Beitr. Th. I, p. 141.

des Herzogl. Sächsl. gemeinschaftlichen Amtes Römhild. 605

Zur Sicht des Bevölkerungszustandes der letzten 10 Jahre dienet folgendes Verzeichniß. Man zählte nämlich

1788 – 11 Ehen	59 Gebohrne	38 Gestorbene
1789 – 16 —	46 —	42 —
1790 – 12 —	39 —	36 —
1791 – 15 —	42 —	66 —
1792 – 12 —	51 —	38 —
1793 – 15 —	51 —	47 —
1794 – 11 —	34 —	33 —
1795 – 13 —	59 —	51 —
1796 – 26 —	53 —	51 —
1797 – 29 —	62 —	43 —
160	496	445

Es kommen also im Durchschnitte auf ein Jahr 16 Ehen, 50 Kinder und 41 Verstorbene.

Unter den merkwürdigen Gebäuden der Vorzeit verdienet wohl das hiesige Schloß den ersten Platz. Es hat sein Daseyn dem Graf Friedrich II. von Henneberg zu verdanken, der es im Jahr 1465 zu erbauen anfing und seine Residenz dahin verlegte. e) Wahrscheinlich wurde der angefangene Bau von seinem Sohn und Regierungsnachfolger, Hermann VIII. entweder vollendet oder erweitert, indem das Wappen dieses Grafen mit der Jahrzahl 1491, an dem innern Schloßthurm eingehauen ist. Ein Theil des Schlosses hatte im J. 1539 das Schicksal, ein Raub der Flamme zu werden. Graf Berthold XVI. (XIX.) dessen Finanzen schon damalen sehr zerrüttet waren, schämte sich nicht, wegen des erlittenen Brandschadens bei einigen deutschen Fürsten und Städten um eine Beisteuer anzusuchen, f) um die Wiederaufbauung des abgebrannten Schlosses besto leichter zu bewirken. Er gerieth aber dennoch darüber in so große Schulden, daß er sich endlich entschließen mußte, seine ganze Herrschaft den Grafen von Mansfeld zu verkaufen. Während der Regierung Herzog Heinrichs zu S. Römhild, bekam das Schloß in so fern eine etwas veränderte Gestalt, daß es mit ansehnlichen Seitengebäuden erweitert, die innere Einrichtung

J 3

e) Spangenbergs Henneb. Chron. S. 289.
f) Tenzels alte Henneb. Zehend in Reinhards Samml. Th, I. p. 121.

-tung der Zimmer verschönert und zugleich mit einer Schloßkapelle versehen wurde. Bekanntlich wählte es der Herzog zu seiner Residenz und belegte es mit dem Namen Glücksburg. Nach dem, 1764 erfolgten, Tode des Herzogs Franz Josias zu S. Saalfeld Coburg, war es der Wittwensitz seiner hinterlassenen Gemahlin, welche mit ihrem zweiten Prinzen, Christian Franz, dieses Schloß bewohnte und im J. 1780 hier ihr Leben endigte.

Daß übrigens die Bauart des Schlosses noch ganz altfränkisch sey und sich dem Auge eben nicht vortheilhaft empfehle, wird man von dem Zeitalter, in welchem es angeleget wurde, von selbst vermuthen. Es lieget am äussersten Ende der Stadt gegen Osten, und ist auf dieser Seite mit einem Graben umgeben. Der hintere Theil desselben ist ganz maßiv gebauet, bestehet aus drei Stokwerken, und enthält mehrere herrschaftliche Zimmer, die ziemlich modern eingerichtet sind. In dem untersten Geschoß befindet sich ein Theil des Henneberg-Römhildischen Archivs, welches viele merkwürdige Urkunden und Nachrichten enthält. Der vordere, gegen die Stadt zu gelegene, Theil des Schlosses ist dem jedesmaligen Beamten zur Wohnung eingeräumet. Gegenüber aber stehet das eigentliche Amthaus, wo die gewöhnlichen Amtssitzungen gehalten werden. Hinter dem alten Hennebergl. Schlosse lieget der herrschaftliche Garten, welcher in 10½ Acker Wiesen und 7½ Acker Grobland bestehet und erst zu Zeiten des Herzog Heinrichs angeleget wurde. Zur Bearbeitung desselben müssen sämmtliche Amtsdörfer von Petri bis Martini täglich 12 Fröhner stellen. Dermalen ist derselbe um 105 fl. jährliches Pachtgeld an einen Gärtner verpachtet, der darinne seine Wohnung hat und ein gewisses Holzdeputat bekommt.

Nach dem Zeugnisse einer Urkunde vom Jahre 814 hatte Römhild zwar damalen schon seine eigene Kirche; g) sie soll aber, wie man aus einer handschriftlichen Nachricht behaupten will, eine Tochter der Pfarrkirche zu Mendhausen gewesen und zuerst im Jahre 1405 von derselben getrennt worden seyn. h) Die Richtigkeit dieser Angabe wird indessen dadurch, daß schon im Jahre 1347 ein Decanus zu Römhild vorkommt, i) etwas zweifelhaft, und es ist daher sehr wahrscheinlich,

g) Dipl. in Schoettg. et Kreyßig. T. I. p. 10. — in villa vocata Rotmulti; ad Buaha ubi ecclesia edificata est. — Unter dem Namen Buaha ist ohne Zweifel der heutige Buchhof zu verstehen, der nur 1 Stunde von Römhild entfernt ist.
b) Wetzel a. a. O. S. 133.
i) S. die Urk. vom J. 1347 in Gruneri Opuscul. Vol. I. p. 180.

des Herzogl. Sächsl. gemeinschaftlichen Amtes Römhild. 607

ich, daß die dasige Kirche in weit frühern Zeiten zu einer eigenen Parochie erhoben und von dem Stifte Würzburg mit einem Landdechant versehen worden, welcher, nach der damaligen Kirchenverfaßung, über das sittliche Leben und die Amtsführung der, in seinem Sprengel befindlichen, geistlichen Personen die Aufsicht zu führen hatte. Dieses Dekanat stand aber wieder unter dem Würzburgischen Archidiakonat Mellerstadt, dessen geistliche Jurisdiktion sich über einen großen Theil der Graffschaft Henneberg erstrekte und insbesondere auch die Diöces des Amtes Römhild begriff. k)

In jenen Zeiten war überhaupt die Gewalt der Hennebergischen Grafen in Kirchensachen nach so sehr eingeschränkt, daß sie hier nicht einmal das Patronatrecht auszuüben hatten. Zuerst im Jahre 1447 brachte Graf Georg I. diese Gerechtsame, mit Aufopferung einer beträchtlichen Revenüe, von dem Archidiakonat Mellerstadt, an sein Haus und trat demselben davor seinen Zehnd zu Rappershausen ab, l) der noch jezo der Pfarrei zu Mellerstadt zuständig ist. Ohne Zweifel hatte der Graf dabei die gute Absicht, der Kirchenverfaßung in seinen Landen, und der sittlichen Bildung des Volks überhaupt, eine bessere Einrichtung zu geben, und hierzu aus den Eingebohrnen des Landes, Männer zu wählen, die sich sowohl an Einsichten als durch Frömmigkeit des Lebenswandels auszeichneten. Er gründete zu dem Ende J. 1450 das bekannte Kollegiatstift zu Römhild, und besezte es mit 12 Chorherrn, die unter einem Dechant standen und sowohl den Religionsunterricht, als auch alle gottesdienstliche Handlungen, in und ausserhalb der Stadt, nach gewissen, den damaligen Kirchengebräuchen angemessenen, Vorschriften zu besorgen hatten. Zum Unterhalt dieser geistlichen Personen, bestimmte Graf Georg, von seinen Kammergütern beträchtliche Getraide- und Geldeinkünfte, m) und verordnete, daß iedem
Chor-

---

k) Man sehe das Würzburg. Diaconatsregister im Wurdwein subsid. dipl. T. V. p. 382, wo viele Römhildische und andere Hennebergische Ortschaften, die damalen ihre Parochialkirchen hatten, als Zubehöre des Mellerstädter Capitels namhaft gemacht werden.

l) Beilage Num. XIV.

m) Der Stiftungsbrief stehet im 11ten Th. der Henneberg. Geschichte S. 583. und macht folgende Einkünfte und Güter namhaft: 1) 105. Mltr. Waizen, von dem Salzehend zu Heutingen; 2) 16 Mltr. Waizen, 16 Mltr. Korn u. 20 Mltr. Hafer von dem gräflichen Hof zu Haina; 3) 20 Mltr. Kern und 20 Mltr. Hafer, ihrlich Getraide Gülte zu Irmelshausen, ingl. 10 Aker Wiesen daselbst; 4) 9 Mltr. Korn, 9 Mltr. Hafer, 2 Mltr. Waizen und verschiedene Zinsgefälle von dem Hof zu Milz; 5) 12 Mltr. Korn und 12 Mltr. Hafer nebst einigen Geldzinsen, von dem Hof zu Colmuthhausen; 6) 7 Mltr. Korn und 7 Mltr. Hafer von dem Hofe zu
Exdorf;

Chorherrn jährlich 20 Mltr. Korn und 10 Mltr. Hafer, täglich aber etwas gewisses an Geld, verabreichet werden sollte. Nicht nur Bischof Gottfried zu Würzburg, sondern auch der Römische Hof, ertheilten dem neuen Stifte eine feierliche Bestätigung, und Ersterer, begabte es mit den nemlichen Rechten und Freiheiten, die die Würzburgischen Kollegiatstifter Haug und Neumünster zu geniessen hatten. s)

Dieser frommen Anordnung hat nun eigentlich die, noch gegenwärtig vorhandene, Stadtkirche zu Römhild ihr Daseyn zu verdanken. Sie war im Jahre 1450 auf alleinige Kosten des Grafen vollkommen ausgebauet, und ist noch jetzo ein schätzbares Denkmal jener Zeiten, wo der Landesherr noch so wenig eignes Bedürfniß hatte, daß er im Stande war, einen guten Theil seiner Kammereinkünfte, zur Erbauung neuer Kirchen und zum Unterhalt der Klerisei anzuwenden, ohne das Volk, dessen Wohlfarth dadurch beabsichtiget wurde, zur Mitleidenheit zu ziehen.

Zur Zeit der Reformation wurde nun zwar das Collegiatstift eingezogen, aber die Güter und Einkünfte desselben hat man, dem ursprünglichen Endzwek gemäß, theils zur Besoldung der hiesigen Geistlichkeit und Schullehrern, theils zur Erhaltung der Kirchen- und Schulgebäude bestimmt. — Die Kirche ist übrigens im ächt gothischen Geschmak, ganz masiv von lauter grossen Quadern, gebauet und hat die Gestalt eines Sechsekes. Von aussen ist sie mit 24 Pfeilern versehen, die ihr zwar ein solides Ansehen geben, aber auf der einen Seite dem sichte den Eingang erschweren. Ueber der Hauptthür lieset man folgende Inschrift:

Anno dnni MCCCL. qui fuit Iubileus temporibus divine providencie Nicolai Pape V. Friderici Romanorum Imperatoris, Gotfridi Schenken de Limpurg, Episcopi Herbipol. Georgii Comitis et dom. in Hennenberg et Iohannet ejus Contoralis de Naſsaw Fundatorum, Iohannis Wickert S. Theol. profeſsoris primi decani inchoatum eſt Collegium et sanctificatum in honorem gloriose Virg. Marie et Iohannis Baptiſte. Magiſter Albertus Lepicida.

Mit

Eisdorf; 8) 1 Mühle und 3 Ecker Wiesen bei alten Römhild, mit den darauf haftenden Geld- und Fruchtzinnſßen; 9) 4 Malter Waizen von einigen in der Römbilder Flur gelegenen Feldern; 10) 44 Mltr. Korn und 4½ Mltr. Hafer von 1 Guthe zu Hinsfeld; 11) 160 fl. jährliche Geldeinkünfte aus verschiedenen Römbildischen Amtsdörfern, und 12) den 4ten Theil des Heuneb. Zehenden zu Boppenlauer.

s) S. die hierin not. m) angeführte Urkunde, und die päbstliche Bestätigungsbulle vom Jahre 1461 in der Beilage Num. XVI.

des Herzogl. Sächßl. gemeinschaftlichen Amtes Römhild. 609

Mit dieser Kirche stehet eine kleine Kapelle in Verbindung, welche seit dem Jahre 1465 das Erbbegräbniß der gräflich hennebergischen Familie ausmachte. Man findet hier ein schönes, in Erz gegossenes, Monument, welches zum Andenken Graf Herrmanns VIII. von Henneberg († 1535) und seiner Gemahlin Elisabeth, einer Tochter Kurfürst Albrechts zu Brandenburg († 1507), errichtet worden ist. Der Deckel des Sargs, stellet die Bildnisse beider Personen in Lebensgrösse vor, und auf den 4 Ecken stehen die Zeichen der Evangelisten; auch sind auf jeder Seite 6 - zum Haupte und zu Füßen aber 2 Vertiefungen anzutreffen, worinne die 16 Geschlechtswappen des Grafen und seiner Gemahlin befindlich sind. o) Die übrigen Epitaphien stehen auf den beiden Seiten der Kirche in der Wand, und stellen folgende, theils in Stein gehauene, theils in Erz gegossene, gräfliche Personen in Lebensgrösse mit ihren Familienwappen, vor: 1) Graf Georg I. † 1465. 2) Johannetta seine Gemahlin, † 1481. 3) Graf Friedrich II. † 1488. 4) Elisabeth, seine Gemahlin, † 1501. 5) Graf Otto IV. (V.) † 1502. 6) Graf Herrmann VIII. † 1535. 7) die beiden Gräfinen Elisabeth und Anna, knieend vor einem Crucifix, in Stein gehauen. Erstere starb 1507 den 25ten April und war die Gemahlin Graf Herrmanns VIII. von Henneberg; und die zweite, eine Tochter Graf Ernsts von Mannsfeld, war die Gemahlin Graf Bertholds XVI. (XIX.) und starb 1542. Sehr zu bedauern ist es, daß diese sieben Monumente bei einer, vor mehrern Jahren geschehenen, Ausweisung der Kirche, überdüncht und ihnen, durch allerhand Farbenanstriche, die originellen Kennzeichen des Alterthums entzogen worden sind.

Ausser diesen Epitaphien findet man hier zwei Gemählde, wovon das eine den Herzog Johann Casimir, und das andere dem Herzog Heinrich, zu S. Römhild im Sarge liegend vorstellet. Unter der Emporkirche stehet auch das Bildniß Albrechts von Waldenstein, welcher zu Zeiten Graf Georgs I. lebte und dem neuen Stifte 5000 fl. vermachte. Die Umschrift heißt Anno MCCCCLXX in die Lucie obiit Albertus de Waldenstein, cujus anima requiescat in pace. — Die Altartafel verdienet besonders die Aufmerksamkeit des Kenners. Herzog Heinrich, hat sie 1686 nach Wenzel Form fertigen lassen, wie sie in der Peterskirche zu Rom von Metall anzu-

o) Von diesem Monumente sowohl, als von den übrigen Epitaphien der Henneb. Grafen, Römhilder Linie, sind in dem 1ten Theil meiner Hennebergischen Geschichte die Abbildungen nebst den Inschriften, in 8 Kupfertafeln anzutreffen.

anzutreffen ist. Sie stellet, in sehr künstlicher Bildhauerarbeit, theils die Taufe Christi am Jordan, theils sein Abendmahl mit den 12 Jüngern vor. Der Bildhauer hat davor 300 fl. und der Mahler 600 fl. bekommen. — Hinter der Kirche, hatten die ehemaligen Chorherrn ihre Wohnung, die aber jetzo für die Kirchen- und Schullehrer bestimmt ist. — Ausserhalb der Stadt lieget die Gottesackerkirche. Sie wurde im Jahr 1708 vom Herzog Heinrich angeleget, und hierzu das, von ihm in einem, ohnweit Römhild gelegenen, Walde, erbaute Lustschloß, Merzelbach genannt, angewendet.

Dermalen bestehet die Geistlichkeit in dem Superintendent und zwei Diakonen. Ersterer hat an den Sonntagen Vormittags und an den großen und halben Bußtagen den Gottesdienst zu versehen, auch die Hochzeit und Leichenpredigten zu halten. Der Archidiakonus prediget auf den, in der Woche fallenden, ganzen und halben Feyertagen und besorget den Feyertagsgottesdienst; Der Diakonus hingegen hat die Nachmittagspredigten zu versehen. Von den Casualverrichtungen hat der Superintendent die Copulationen und Kindtaufen der herrschaftlichen Diener, zu besorgen; Alle übrigen geistlichen Handlungen aber, gehören den beiden Diakonen, welche darinne sowohl, als in Besorgung der wöchentlichen Betstunden, abwechseln. Die Besetzung dieser geistlichen Aemter hängt, nach dem oben (S. 585) angeführten Reglement vom Jahr 1765, ganz von den beiden Landesherrschaften ab; doch wird den, hierzu ernannten, Subiekten, vom fürstlichen Amte und dem Stadtrath, eine gemeinschaftliche Vocation ausgestellt. Die Einführung des Superintendenten geschiehet durch einen fürstlichen Commissarium; dahingegen die beiden Diakoni jedesmalen vom geistlichen Untergericht präsentiret und investiret werden.

Die hiesige Knabenschule ist in 4 Klassen eingetheilet, und die Schullehrer bestehen aus dem Rector, Cantor, Subcantor und dem Organisten. Die Mädchenschule hat einen eignen Lehrer. Zu Anschaffung der Schulbücher, welche die Kinder ohnentgeldlich erhalten, werden jährlich 18 fl. aus dem Kirchkasten bezahlt. Daß man in der Knabenschule noch lateinische und griechische Gramatiken, Hutteri comp. Theol. Ciceronis Episteln und den Corn. Nepos zu treiben pfleget, hingegen aber auf den Unterricht andrer, dem künftigen Bürger und Handwerker nöthigen und nützlichen, Kenntnisse zu wenige Rüksicht nimmt, sind leider! die gewöhnlichen Gebrechen, die man in den meisten Trivialschulen kleiner Städte antrifft und worüber in öffentlichen Zeitschriften sehr oft declamiret wird. Doch hat man in Römhild angefangen hierinne manche zwekmäßigere Einrichtung zu treffen. — Die Ephorie über die

Schulen

des Herzogl. Sächsl. gemeinschaftlichen Amtes Römhild.

Schulen hat der Superintendent, und das Präsentationsrecht der Schullehrer, jedoch mit Ausnahme des Rectors, behauptet der Magistrat.

Zur Unterhaltung der Kirchen- und Schulämter sowohl, als zur Reparatur der geistlichen Gebäude, ingleichen zur Unterstützung Hülfsbedürftiger Personen, sind verschiedene milde Stiftungen vorhanden, die größtentheils noch aus dem mittlern Zeitalter herrühren. Denn in unsern Tagen, sind dergleichen wohlthätige Anordnungen sehr selten, und wenn man sich die Mühe geben wollte die vorigen Zeiten mit den gegenwärtigen hierinne zu vergleichen; So würde unser aufgeklärtes Jahrhundert in der Gallerie der menschenfreundlichen Wohlthäter eben keine glänzende Figur machen. Um so viel mehr ist es Pflicht, das Andenken jener veralteten Stiftungen zu erneuern, um dadurch bei unsern Zeitgenossen eine edle Nacheiferung zu erwecken. Die wichtigste darunter ist:

1) das ehemalige Collegiatstift, welches, wie ich bereits oben (S. 607) erwähnet habe, im Jahr 1450 vom Graf Georg I. von Henneberg gegründet und mit vielen Einkünften und Gütern ausgestattet wurde. Zur Zeit der Gründung hatte daßelbe, ausser dem Besiz vieler Grundstücke und Zehenden, jährlich 127 Mltr. Waizen, 75½ Mltr. Korn, 72½ Mltr. Hafer und bei 300 fl. Geldberzinsen zu erheben. Aber bei der Secularisirung des Stifts mag ein beträchtlicher Theil dieser Einkünfte, besonders derjenige, der aus dem Würzburgischen Gebiete bezogen wurden, verlohren gegangen seyn; denn jezo bestehen die Früchte, die in die Stiftsverwaltung geliefert werden, nur in 24 Mltr. 2 Achtel Waizen, 41 Mltr. 6 Achtel Korn, 54 Mltr. 2 Achtel Hafer und 50 fl. Erbzinsen. Ueberdies besitzet das Stift bei 9700 fl. aussenstehende Capitalien, deren Zinsen zur Besoldung der Kirchen und Schuldiener verwendet werden. Die nemliche Bestimmung haben auch die jährlichen Getraideeinkünfte, von welchen nur 2½ Mltr. Waizen und 24 Mltr. Hafer, zum Verkauf übrig bleiben. Die Aufsicht über das gesammte Stiftsvermögen, ist einem besondern Stiftsverwalter anvertrauet, der die, über die Einnahme und Ausgabe geführte, Rechnung, jährlich den beiden herzogl. Kammern zur Justification, zu überreichen hat. Unter eben dieser Aufsicht stehet

2) das Hospital Sancti Liborii oder Alten Römbild, welches ¼tel Stunde von der Stadt, gegen Hanna zu, lieget und sich sowohl durch seinem Reichthum, als durch seine wohlthätige Absicht, vorzüglich auszeichnet. Es ist daher zu bedauren, daß uns die Geschichte von dem Ursprung und der Stiftung desselben, nicht die mindeste Nachricht hinterlassen hat. In den Würzburgischen Archidiakonatsregister, des

Mellerstädtischen Capitels vom Jahr 1454 p) wird es vicaria fraternitatis corporis Christi Altenrömhild genannt, und es ist daher zu glauben, daß irgend eine fromme Gesellschaft sich in ältern Zeiten, zur Verpflegung dürftiger Personen, verbunden, und dieses Hospital in der ehemaligen villa Rotmulti erbauet habe. Dem sey indessen wie ihm wolle, so verdienen die unbekannten Stifter, noch immer den lebhaftesten Dank der leidenden Menschheit. Denn noch jetzo werden von den Einkünften des gedachten Hospital 24 alte und gebrechliche Personen, männlichen und weiblichen Geschlechts, mit den nöthigsten Lebensbedürfnissen versehen und einer jeden derselben jährlich 5 fl. an Geld, 3 Achtel Weitzen, 2 Mltr. Korn, 4 Achtel Gerste, 2 Achtel Erbsen und Linsen, ¼ Elster. Holz und 1 Schok Reißig abgeführet. Die Collatur dieser 24 Pfründen hängt von den beiden Herrschaften ab, so, daß von S. Melningen 16. und von S. Coburg 8 Stellen vergeben werden, wobei man vorzüglich auf Landesunterthanen Rüksicht nimmt. Fremde Personen hingegen, müssen für die Reception 50 fl. sekl. bezahlen.

Das Vermögen dieses Hospitals ist sehr beträchtlich. Es bestehet theils in vielen, in der Römhilder und Sulzdorfer Flur gelegenen, Feldgütern, theils in Holzungen, Zehenden, und Getraidegülten, von den unten benannten Ortschaften r) die, im Ganzen genommen, 228 Mltr. Getraide abwerfen. Ausserdem besitzet dasselbe bei 5200 fl. — aussenstehenden Capitalien, von deren Interessen einige Besoldungszulagen für die Geistlichkeit, und die Baukosten des Pfarrhauses zu Rodhausen bestritten werden. Zum Unterhalt der 24 Pfründner sind mehr nicht, als ohngefähr 80 Mltr. Getraide erforderlich; es bleibt daher noch ein beträchtlicher Vorrath übrig, welchen aber die fürstlichen Kammern beziehen. Uebrigens bestehet dieses Hospital, in einer Pachters Wohnung, mit den dazu gehörigen Oekonomiegebäuden und in einer, an der Spreng gelegenen, Mahlmühle, welche dem Hospital lehne

---

p) Wärdwein subf. dipl. T. V. p. 334.

q) Das Hospital besitzet zu Römhild einen Hof von 180 Acker Feld und Wiesen, der vormals um 120 Mltr. Getraide verpachtet wurde, jetzo aber ohne Zweifel weit mehr rentiren mag. Ausserdem hat dasselbe folgendes Säligetraide zu erheben, als: 53 Mltr. Korn und 14 Mltr. Hafer von dem Mönchshof; 11 Mltr. Korn und 11 Mltr. Hafer, Königshöfer Gemäß, von den Besitzern des Ruthofs zu Trappstadt, und 19 Mltr. Korn, Römhilder Gemäß von dem Dorfe Gottmuthausen.

r) Nach einer Urk. vom Jahr 1401 verkaufte

des Herzogl. Sächsl. gemeinschaftlichen Amtes Römhild. 613

sehnbar und an einem Privatmann vererbet ist. 1) Die alte Kirche, worinne vormals die Stadtgeistlichen zu Römhild auf den hohen Festtagen den Gottesdienst zu versehen hatten, und deswegen noch jetzo aus der Hospitalkasse, einige Besoldung bekommen, dienet jetzo dem Pachter zum Heumagazin.

3) Der Kirchkasten zu Römhild, der sein Daseyn ebenfalls den mildthätigen Gesinnungen der Vorzeit zu danken hat, besitzet ein Vermögen von 3600 fl. aussenstehenden Capitalien, deren Zinsen und andere, von Hochzeiten, Kindtaufen ꝛc. einkommende, Gefälle, theils zur Besoldung des Ministeriums, theils zu Bestreitung der Baukosten und anderer kirchlichen Ausgaben, angewendet werden. Mit diesem Aerario ist noch ein besonderer Stiftungsfond von 5198 fl. verbunden, von dessen Ertrag, nach der Verordnung der verschiedenen Stifter, 93 fl. zur Besoldung der Kirchen- und Schullehrer, 119 fl. zur Austheilung unter die Stadtarme, 21 fl. zur Anschaffung der nöthigen Schul- und Gesangbücher auch Papiers 15 fl. zu einem Stipendium für studirende Bürgerssöhne und 10 fl. zur Unterstützung armer Knaben, die ein Handwerk lernen wollen, verwendet werden. Die Verwaltung dieses Aerariums besorget ein Rathsglied, unter der Aufsicht des geistlichen Untergerichts.

4) Das Rathsallmosen, welches der jedesmalige Rathskämmerer zu verwalten hat, ist aus verschiedenen Vermächtnissen gestiftet, und bestehet ebenfalls in Capitalien, deren Zinsen zur Aushülfe armer Personen, und zur Besoldung der Schullehrer und gemeiner Diener, bestimmt sind. Ausserdem werden davon jährlich 20 fl. zum gemeinen Stadtbauwesen und 12 fl. zu einem Stipendio für Studirende abgegeben.

5) Das sogenannte *Stipendium nobile* wurde vom Herzog Heinrich zu S. Römhild im Jahre 1693, zur Unterstützung der studirenden Jugend, gestiftet s) und zu dem Ende ein Capital von 2000 Rthlr. mit der Bestimmung ausgesetzet, daß, nach einem Erleuterungsrescripte von 19ten Juni 1700, von den davon abfallenden 120 fl. Juli-

kaufte Otto von Helbritt diese Mühle mit dem darauf haftenden Gültschwein, als ein Henneberg. Lehn „dem Goßhusmeister von dem Goßhus sand Peterskirchen zu Mittenrömhild" dipl. in Zempels 2ten Henneberg. Zehenden, ap. Reinhardt Th. I. pag. 105.

s) Der hierüber vorhandene Stiftungsbrief stehet in meinen dipl. Beitr. zur sächs. Sächß. Gesch. Th. 1, S. 388.

Interessen, 40 fl. an ein adeliches Subjekt, und 75 fl. — an drei Studirende, bürgerlichen Standes, drei Jahre nach einander, ausgezahlet werden sollte. Die übrigen 5 fl. erhält der jedesmalige Stipendiatverwalter.. Neuerer Zeiten haben sich die beiden Landesherrschaften über die Collatur dieser Stipendien dahin vereiniget, daß das adeliche Stipendium 6 Jahre nach einander von S. Meiningen, und sodann 3 Jahre von S. Coburg, — von den drei bürgerlichen Stipendien hingegen, 2 von S. Meiningen und 1 von S. Coburg für beständig vergeben werden sollen. Nach dem Innhalt des Stiftungsbriefs haben nur die, in der damaligen Römhildischen Landesportion, mithin in den Aemtern Römhild, Themar und Behrungen, befindlichen adeliche und bürgerliche Landeskinder, die sich den Studiis widmen wollen, diese Stipendien zu genießen, und es ist daher wider die Absicht des hohen Stifters, wenn selbige, wie bisher zum öftern geschehen ist, auch an Fremde, und in der Herrschaft Römhild nicht einheimische, Subjekte vergeben werden. Bei dem Gesuch, um die Collation eines dieser vier Stipendien, ist erforderlich, daß der Competent sich wirklich auf Akademien befinde und sich mit vortheilhaften Zeugnissen seiner vorherigen Lehrer legitimire. — Noch ist auch zu bemerken, daß vor Kurzen 160 Personen aus der Bürgerschaft eine Leichenkasse unter sich errichtet haben, aus welcher, bei dem Absterben eines Mitgliedes, 10 fl. zu dessen Beerdigung bezahlet werden.

Was die politische Verfassung in Römhild betrift, so hatte dieser Ort ohne Zweifel schon zu Anfang des 14ten Jahrhunderts eine städtische Obrigkeit, von deren damaligen Einrichtung keine zuverlässigen Nachrichten mehr vorhanden sind. Jetzt bestehet der Stadtrath, mit Inbegriff des Bürgermeisters, aus 12 Rathsgliedern und einem Stadtschreiber, der zugleich das Rechnungswesen zu besorgen hat. Wenn eine Stelle vacant wird, so hat der Stadtrath, nach vorgängiger Wahl, dem fürstlichen Amte drei Subjekte in Vorschlag zu bringen, über deren Diensttähigkeit dasselbe an die höchste Behörde gutachtlichen Bericht erstattet. Eins davon wird sodann zur Besetzung der erledigten Stelle ernennet und die Verpflicht- und Einweisung desselben vom fürstlichen Amte vollzogen. Ehedessen war auch noch ein Unterrath von 12 Personen vorhanden, von welchen jährlich nur Sechse wechselsweise den Rathsversammlungen beizuwohnen und gewisse Unterämter zu bekleiden pflegten. Seit dem Jahre 1791 ist aber derselbe ganz aufgehoben und dabei die Einrichtung getroffen worden, daß die Unterämter aus der Bürgerschaft besetzet werden. Der Stadtrath ist übrigens amtssäßig und hat, in allen bürgerlichen Sachen, mit dem

Amte

des Herzogl. Sächsl. gemeinschaftlichen Amtes Römhild 615

Amte eine konkurrende Gerichtsbarkeit sowohl über die Bürger als über rathslehnbare Grundstücke.

Die Stadt besitzet ein, mit dem Braurecht privilegirtes, Rathswirthshauß, die Stadtmühle, eine Schäferei von 1000 Stück mit dem Huthrechte in der ganzen Römhilder Flurmarkung, mehrere Felder, Wiesen und Huthräsen, ingleichen ein beträchtliches Gehölz am großen Gleichberg, und ein Stück Nadelholz im sogenannten Grausenbach, hinter dem kleinen Gleichberg. Aus dieser Waldung werden nicht nur die jährlichen Deputathölzer, sondern auch für jede bürgerliche Wohnung, ¼ Klafter Holz und 1 Schock Reißig ohnentgeldlich abgegeben. Die Braugerechtigkeit haftet auf den bürgerlichen Wohnhäusern oder Hofrechten, so, daß jeder Besitzer derselben in einer Verloosung 4 Mltr. Gerste entweder selbst oder durch einen andern verbrauen darf. — Die Einkünfte des Stadträrariums bestehen aus verschiedenen Artickeln, und belaufen sich jährlich, im Durchschnitt auf 14 — 1500 fl. Ausser, den gewöhnlichen Grund-Nahrungs- und Trankfteuern, ist die Bürgerschaft mit keinen ausserordentlichen Abgaben belästiget. Auch ist sie von allen herrschaftlichen Jagd- und andern Frohnen frei, und stellet blos 39 Mann zum Landausschuß. Obgleich die ganze Stadt, der Centgerichtsbarkeit des fürstlichen Amtes unterworfen ist; so stellet sie doch keinen Schöppen zum Landricht, und träget auch nichts zu den Centkosten bei, von welchen sie sich, vermöge eines Recesses vom 10ten Juny 1751, mit einem, an die Amtspflege bezahlten Capital, von 250 fl. losgekaufet hat. Nach eben diesem Recesse trägt die Bürgerschaft an allen Kriegskosten, die das ganze Amt betreffen, nur Antheile, weswegen von Zeit zu Zeit, zwischen der Stadt und den Amtsdörfern, die nöthigen Berechnungen gehalten werden.

Das Marktrecht hat Römhild schon im mittlern Zeitalter hergebracht und im Jahr 1498 vom Kaiser Maximilian I. deshalb ein erneuertes Privilegium auf drei Jahrmärkte und einen Wochenmarkt ausgewürket. u) Dermalen werden jährlich deren acht und vier besondere Viehmärkte gehalten, von welchen man die Tage in den gewöhnlichen Kalendern angezeigt findet. —

Fabricken und Manufacturen sind hier nicht anzutreffen; dahingegen giebt es einige Kaufleute, Materialisten und eine Menge Handwerker aller Art, die für die vorzüglichsten Bedürfnisse der Einwohner sorgen. Zur Uebersicht des hiesigen Nahrungs-

*) Beilage Num. XXII.

Historisch-statistische Beschreibung

rungsstandes theile ich folgendes alphabetisches Verzeichniß der alhier befindlichen Künstler und Professionisten mit:

2	Apotheker	6	Maurer
1	Barbier	1	Messerschmied
2	Bader	3	Müller
13	Becker	3	Nadler
1	Beutler	3	Perukenmacher
1	Blechschmidt	3	Posamentirer
3	Buchbinder	4	Riemer
1	Buchdrucker	13	Rothgerber
8	Büttner	1	Sattler
4	Drechsler	9	Schloßer
2	Färber	1	Schleifseger
48	Fleischer	43	Schneider
9	Gärtner	38	Schuhmacher
5	Glaser	4	Schreiner
1	Goldarbeiter	10	Seiler
9	Grobschmiede	4	Strumpfwirker
1	Gürtler	2	Tuchmacher
5	Häfner	1	Uhrmacher
3	Hutmacher	2	Wagner
1	Knopfmacher	7	Weisgerber
1	Kürschner	4	Zimmerleute
1	Kupferschmied	1	Zinngießer
22	Leineweber		

Für die Gesundheit der Menschen sorgen vier promovirte Aerzte und zwei Chirurgi, unter welchen einer die Badestube besitzet, die schon in mittlern Zeiten, zu den damaligen Sanitätsanstalten gehörte und unter dem Namen eines Seelenbads existirte. Von dem Ursprung und der Einrichtung desselben, habe ich bereits in der vorhergehenden Abtheilung S. 359 einige Nachrichten mitgetheilet und ich füge daher nur einen, von dem Graf Hermann zu Henneberg 1499 ausgestellten, Lehnbrief bei, worinne die Zubehöre dieses Badehauses und die Schuldigkeit des Baders dahin bestimmt werden, daß derselbe, neben dem gewöhnlichen Erbzinse, verbunden seyn sollte, den Grafen und seine Gemahlin oder auch dessen Hofgesinde alle 14

Tage

des Herzogl. Sächßl. gemeinschaftlichen Amtes Römhild. 617

Tage umsonst zu baden. v) Dermalen wird dasselbe vom Fürstl. Amte in der Maße verliehen, daß dessen Besitzer berechtiget ist, aus dem darzu gehörigen Gehölze, der Sünnerberg genannt, 6 Klafter Brenn = und das benöthigte Bauholz zu schlagen.

Uebrigens befinden sich hier 6 Gasthöfe, wovon nur einer in der Stadt, die übrigen aber in den beiden Vorstädten, gelegen sind. In der obern Vorstadt lieget das herrschaftliche Forsthauß und ein Kammerguth, der Schabhof genannt, zu welchem 293 Acker Feld und 68 Acker Wiesen gehören. Zur Beförderung der Korrespondenz ist hier eine Station der kaiserlichen reitenden Post angeleget, die wöchentlich zweimal von Neustadt an der Saale hieher kommt und das Felleisen nach Melningen und von dorten wieder hieher und nach Neustadt zurük bringt. Auch kommt wöchentlich viermal eine reitende Post von Hildburghausen hieher.

Ohnweit der Stadt Römhild gegen Osten, lag das alte hennebergische Stammschloß Hartenberg auf einer, vor dem großen Gleichberg befindlichen, Anhöhe. Von der Zeit seiner Erbauung läßt sich weiter nichts sagen, als daß es schon im J. 1187 existiret habe, wo es der Aufsicht eines Hennebergischen Burgmanns anvertrauet war, der davon den Namen führte. w) Die ältern Geschichtschreiber haben, in der Meinung gestanden, daß dieses Schloß vormals das Eigenthum des Pfalzgraf Hermanns von Stahleck gewesen und von demselben im Jahre 1156 an Graf Poppen III. (X.) von Henneberg verkaufet worden sey. x) Diese Angabe ist aber, unrichtig und gründet sich auf einen Schreibfehler in Friesens Würzburgischer Chronik, wo man statt Habsberg, (ein ohnweit Meiningen gelegenes Bergschloß) Hartenberg gelesen hatte. y)

Seit der, im Jahre 1274 geschehenen, hennebergischen Landestheilung wurde Harten=

v) Beilage Num. XXIV.
w) In einer Würzb. Urkunde vom J. 1187 kommt Albertus de Hartinberc unter den Zeugen vor. Neue dipl. Beitr. zur Fränk. Gesch. Th. I. p. 223.
x) Tolner. hist. palat. p. 297 und Tenzel in dem 2ten hennebergischen Zehenden ap. Reinhardt l. c. Th. I. S. 6.
y) In dem nachherigen Abdruck dieser Chronik, ap. Ludewig S. R. Wurzburg p. 418. wo der oben angeführte Kauf bemerket ist, stehet nicht Hartenberg, sondern Habsberg. Die Richtigkeit dieser Lesart verbürget eine Urkunde vom Jahr 1156, worinne Graf Poppo zur Bezahlung des, von dem Pfalzgrafen Hermann erkauften, Castri Habesberg, vom Kloster Wechterswinkel 120 Mark Silbers erborgte. S. die Beil. Num. I.

H

Hartenberg der Wohnsitz einer abgetheilten gräflichen Linie, die sich in den damaligen Urkunden zum öftern: Herrn zu Hartenberg, zu nennen pflegten. Nach ihrem Aussterben (1378) war diese Burg noch ein Jahrhundert hindurch, nicht nur die Residenz der Grafen von Henneberg Aschach, sondern auch der Sitz eines gräflichen Hofgerichtes, vor welchem die Hennebergischen Vasallen Recht zu geben und zu nehmen verbunden waren und mit ihren Lehngütern beliehen wurden. a) Graf Friederich I. erbaute im Jahre 1417 daselbst eine Capelle, zu deren Aufkommen Bischof Johann zu Würzburg allen denienigen, die darinne ihre Andacht verrichten und zur Verschönerung derselben etwas beitragen würden, einen Ablaß auf 40 Tage ertheilte. a) Diesem Schlosse mangelte aber ein vorzügliches Bedürfniß des menschlichen Lebens, nämlich das Wasser; weswegen Graf Friederich I. die Leitung eines Brunnen veranstaltete, und diese Arbeit im Jahre 1408 einem Bürger zu Hildburghausen, mit der Zusage, verdingte, daß, wenn er einen Brunnen dahin bringen würde, ihm und seinen Nachkommen eine jährliche Pension von 14 fl. ausgezahlet werden sollte. b) Dieses Projekt scheint aber nicht gelungen zu seyn, und der fortdauernde Wassermangel war ein beitretender Grund, der die nachherigen Grafen veranlaßte, ihre Residenz (1465) in die Stadt Römhild zu verlegen, und das Schloß Hartenberg ihren Forstbedienten zur Wohnung einzuräumen.

Unter der Regierung Herzog Heinrichs zu S. Römhild wurden die noch übrig gebliebenen Rudera dieser alten Burg 1681 vollends abgebrochen, und zur Erbauung der neuen Schloßkirche zu Römhild angewendet. Der Herzog ließ nachher (1701) auf diesem Berg ein prächtiges, und mit vielen emblematischen Statüen und Gemählden geziertes, Lusthaus anlegen und zu dessen Andenken eine besondere Münze ausprägen.

*) In einer ungedruckten Urkunde d. d Mittwoch vor Pfingst n 1404 heißt es: Ich Berz am Berge Amtmann zu Hartenberg, bekenne öffentlich ꝛc. daß ich als ein Frager in meines gnädigen Herrn Graue Friederich von Henneberg Hofgerichte saß, das für Gericht kam Herr Friederich von Bibra, Ritter, mit Fürsprechen seiner Vettern wegen, und bat — von aller ir Lehen wegen, die sie von meinem obgenannten Herrn hatten, daß er ihn die, von ir aller wegen, als den ältesten, Lihen wolte ꝛc.

a) Beilage Num IX.
b) Ich Hanß Muench Bürger zu Hilpurghausen bekenne gein Graue Frauerich zu Henneberg, daß ich mich underwunden ein Brunnen zu leiten uf das Schloß gein Hartenberg, darumb er mir vnd meinen Erben — alle Jahr zu Zinse geben sol vierzehen Gulden. — Iet ich das nicht, so wolte ich verloren haben vnd nicht vergeben aller miner Arbeit vnd Kosten, was ich daran gewonnet hatte ꝛc. dipl. Mspt. de dato in die vici modesti et crenegonii a MCCCCVIII.

ausprägen. Auf der ersten Seite derselben stehet das Sinnbild des Vogels Phönix aus dessen Asche, durch Hülfe der Sonne, die Jungen hervorkommen sollen; der Revers hingegen stellet das neuerbaute Schloß Hartenburg vor. Die Umschrift auf beiden Seiten heisset: ut Phoenix e Cineribus: sic Hartenberg e Ruderibus. An dem Berge stehen die Worte: Henrico duce sax. restaurante anno MDCCL. c) Von diesem Lustbause ist aber dermalen nicht die mindeste Spur seines Daseyns mehr anzutreffen.

Am Fuße des kleinen Gleichberges lieget eine, dem Rothgerber Handwerk zu Römhild zuständige, Lohmühle, und in eben dieser Gegend stand vormals eine Ziegelhütte welche aber dermalen, wegen Mangel des erforderlichen Materials, wieder eingegangen ist. d)

Milz.

In den ältesten Zeiten stand dieses, ohnweit Römhild gelegene, Dorf in großen Ansehen und wurde in den damaligen Urkunden bald ein vicus publicus, bald eine villa basilica genennet. e) Beide Benennungen beweisen, daß hier, zur Zeit der Gauverfassung, die allgemeinen Landgerichte gehalten worden, bei welchen sich die vornehmsten Herrn der Provinz des östlichen Grabfeldes zu versammlen und Recht und Gerechtigkeit zu Hand haben pflegten. Insgemein gehörten dergleichen Dörfer zu den königlichen Reichsgütern, und von Milz kann man dieses um so gewisser behaupten, da es noch im J. 907 das Eigenthum des deutschen Königs Ludwigs war, und mit dessen Bewilligung von dem damaligen Graf Adelberten, der den Gau Grab-

H 2 feld

c) Man findet einen Abdruk dieser Medaille in Tenzels saxon. numismat. Lin. Ernest. p. 962.

d) Nach einer Urk. vom Jahr 1411 verliebe schon damalen Gr. Friedrich von Henneberg eine Ziegelhütte unter dem Schlosse Hartenberg gelegen, einem Bürger zu Römhild, mit der Bestimmung, daß nicht nur jährlich 1000 Ziegeln zum Erbzinns entrichtet, sondern auch der Herrschaft nöthigen Zolls, die Bedürfniß an Ziegeln und Kalk, und zwar 1000 Stück um 1½ fl. ein Malter Kalkstein um 8 gl. und 1 Mltr. Kalkmehl um 4 gl. abgegeben werden sollte.

e) Man sehe die, in den folgenden Not. g. und h. angeführten Urkunden de a. 783 u. 800. Ein vicus publicus hatte mit den Städten gleiche Vorzüge und Rechte. In den Capitularien der fränkischen Könige de a. 805 ap. Baluz. T. 1. p. 793 heißt es: — ut festivitates praeclarae non nisi in civitatibus aut in vicis publicis teneantur.

feld zu verwalten hatte, an das Stift Fulda gegen Stotzheim, vertauschet wurde. *f*)

Lange zuvor (783) hatte eine vornehme und im Grabfelde begüterte Dame, Namens Emhild, zu Milz ein Benediktiner Nonnenkloster gestiftet und dasselbe nicht nur mit vielen nahe gelegenen Gütern zu Hendingen, Höchheim, Eckzdorf, Züchsen, Berkach u. a. m. begabet, sondern auch darinne selbst die Stelle einer Aebtissin übernommen *g*) Im J. 800. übergab sie dasselbe mit allen dazu gehörigen Gütern und Einkünften, die sich inzwischen sehr vermehret hatten, dem Stifte Fulda mit der Bestimmung, daß selbiges, nach ihrem Tode, dem Schutz und Schirm der dortigen Aebte unterworfen seyn sollte. *h*) Dies ist aber auch alles was von diesem Kloster bekannt ist. Wahrscheinlich war dasselbe von kurzer Dauer, weil es, einer urkundlichen Nachricht zu Folge, schon um das J. 805 von den Slaven, die aus Böhmen bis in die hiesige Gegend streiften, verwüstet *i*) und nicht wieder hergestellet wurde.

Indessen blieb das Stift Fulda im Besitz der Emhildischen Güter zu Milz und übertrug nachher die Schutzvogtei darüber den Grafen von Orlamünda, die aber selbige im J. 1290 dem Grafen Heinrich IV (IX) von Henneberg Hartenberg abtraten. *k*) Nach der, im Jahre 1378 erfolgten, Verlöschung dieser Linie, kam die

f) dipl. in Schannat. Tradit. Fuld. p. 214. nr. 343. — Tradidit Abbas (Hunogerus) quod in Stocheim habuit in dominium Regis — Comes autem Adalbertus quicquid in villa — — in Regis potestate habuit, in termino Miliziacensi, — tradidit ad sanctum Bonifacium. Facta sunt hae traditiones in villa Adelberti Comitis Rouefuvindeshusen. (Flitzhenhausen im Amte Maßfeld) IV. Cal. May, a. Regni Ludovici junioris. VII.

g) Dipl. de ano vico publico et villa quae dicitur Milize anno DCCLXXXIII. Unter den Zeugen stehen die Gaugrafen Eborcar und Rogo, welche zugleich ihre Güter in villa basilica ad Milires dem neuen Kloster zueignen. Pistor. S. R. Germ. T. III. p. 361 und im Tenzel l. c. p. 7. seq.

h) S. die Urk. de dato in vico publico. qui dicitur Miliza a. DCCC, in Schannat. Tradit. Fuld. p. 63. nr. 104. u. in Tenzel l. c. p. 16.

i) Brower in antiq. fuld. L. III. C. XVI. liefert ein Fragment einer, vom K. Karl dem großen, über das Kloster zu Milz, ausgestellten Urkunde, worinne es unter anderm heisset: — Quae (sc. Emhilta) eum in propria domate sibi Monasterium fecisset — in loco qui Mileze nuncupator, cuderaque praedia sua — ob incursu paganorum, Slavorum videlicet, qui e regione Boemiae saepius eruptionem facere — solebant praepediens, omnia praedia Simul eam ecclesia, quam construxerat, St. Bonifacio contradidit. —

k) Nach einer Urk. vom J. 1290 in Schannat. Fuldaischen Lehnhof p. 224. verleihet

des Herzogl. Sächßl. gemeinschaftlichen Amtes Römhild.

Vogtei über das Dorf Milz an das gräfliche Haus Henneberg-Römhild, und die Urkunden von den Jahren 1473, 1530, 1537 u. 1542 bezeugen, daß die dasigen Grafen diese Gerechtsame vem Stifte Fulda zu lehn getragen haben. *l)* In dem Jahre 1549 wurden zwar auch die Grafen von Mannsfeld, welche damals die Herrschaft Römhild von Graf Bertholden an sich gekauft hatten, von gedachtem Stifte mit eben diesem Rechte beliehen; *m)* Aber seit dem verschwindet diese Lehnsverbindung ganz aus der diplomatischen Geschichte, ohne daß man mit Zuverläßigkeit weiß, wodurch solche aufgehoben worden. Wahrscheinlich sind die zwei Berlingischen Höfe zu Milz, die auf dem Platz des ehemaligen Klosters stehen und dem Stifte Fulda zu lehn gehen, noch die alleinigen Ueberbleibsel dieser vormaligen Fuldaischen Besitzung, welche gedachtes Stift der Emhildischen Uebergabe zu verdanken hatte.

Von diesem Orte nannte sich auch in mittlern Zeiten die adeliche Familie der Herrn von Milz, welche in dieser Gegend stark begütert waren und in den gräflich-Hennebergischen Urkunden sehr oft als Zeugen verkommen. Sie trugen verschiedene Güter zu Milz, Gleichamberg Behrungen u. a. m. vem Hause Henneberg zu lehn, und starben zu Anfang des 16ten Jahrhunderts aus.

Die Milzer Flurmarkung hat einen weiten Umfang und begreift ohngefehr 3500 Acker Feld und 570 Acker Wiesen. Gegen Morgen grenzet sie an Hindfeld und Gleichamberg, gegen Mittag an Breitensee, gegen Abend an die beiden Dörfer Iremels- und Mendhausen und gegen Mitternacht an die Markung der Stadt Römhild. Das Dorf bestehet, mit Inbegriff der öffentlichen Gebäuden, in 135 Wohnhäusern, 5 Hofstätten und 680 Einwohnern, unter welchen sich 2 Schmiede, 3 Wagner, 3 Leinweber, 4 Schneider, 4 Zimmerleute, 4 Maurer, 3 Schreiner und 4 Böttner befinden. Vom Jahre 1790 bis 1795 gab es hier 22 Ehen, 104 Gebohrne und 69 Gestorbene; mithin kann man auf 1 Jahr, 4 Ehen, 20 Kinder und 14 Tode rechnen.

Abt Heinrich zu Fulda die Vogtei zu Milz, welche die Grafen Herrmann und Heinrich von Orlamünda resigniret hatten, dem Graf Heinrich von Henneberg.

l) Der Lehnbrief vom J. 1473 stehet in Schannats Fuldaischen Lehnhof p. 224 die übrigen sind gleichen Inhalts und liegen in dem Archiv zu Römhild.

m) Schannat, Eleuch, Vasall, fuldenſ. p. 14.

Die Gemeinde besitzet ein, mit dem Brau- und Schenkrecht privilegirtes, Wirthshaus, eine Schäferei, beträchtliche Wiesen und Hutplätze und einen Distrikt Waldung an den großen Gleichberg. Nahe an dem Dorfe fliesset ein Bach, die Milz genannt, und treibet drei, in hiesiger Flurmarkung gelegenen, Mühlen, als: Die canzleilehnbare Geyermühle, die Brundorfs- oder Oehlmühle und die Brettermühle. letztere gehöret der hiesigen Gemeinde und ist, so wie die Brundorfsmühle Amtslehn.

Neben der Landesherrschaft besitzen hier verschiedene in- und ausländische Lehnherren, als: das Stift Römhild, das Amt Behrungen, die Freyherrn von Bibra zu Irmelshausen, das Kloster Bildhausen, die Würzburgische Amtskellerei Breitensee, die Pfarrei und die Kirche zu Milz, und die Grunerischen Erben zu Römhild beträchtliche Lehnschaften, welche jährlich bei 64 Malter Korn, 7½ M. Waitzen und 238 M. Hafer abwerfen. n) Zu diesen Getraideabgaben kommt nun noch der Frucht- und Blutzehend, welchen theils der hiesige Rittergutsbesitzer, theils die Gemeinde zu erheben hat. Ohngeachtet dieser Abgaben befinden sich dennoch die Einwohner in guten Vermögensumständen und ihr Nahrungsstand ist eine der blühendsten im Amte. — In Ansehung der Zehendpflichtigkeit werden hier jährlich, unter dem Vorsitze des Amtssecretärs, zwei Zehendgerichte gehalten, wobei ieder Nachbar verbunden ist, entweder zu schwören, daß er keinen Zehendunterschleif begangen habe, oder für die Erlassung dieses Eides 1 Schilling zu erlegen. Die Wahl dürfte also wohl, bei demienigen, der kein gutes Gewissen hat, eben nicht schwer fallen.

Es befindet sich hier ein Schloß mit zwei Freihöfen, welche dem Stifte Fulda zu Lehn rühren und im J. 1514 der adelichen Familie von Sternberg zugehörten. o) In spätern Zeiten kamen diese Güter an die Grper von Giebelstadt und nachher an die Herrn von Berlichingen, die selbige erst vor kurzen dem Reichsgraf, Herr Julius von Soden zu Sassenfurth, verkauften. Ausser dem Wohnsitze und den Oekonomiegebäuden, gehörten zu diesem Rittergut 500 Acker 38 R. Feld, 100 Acker 30 R. Wiesen, 4½ Acker Krautland, 10 Acker Baum- und Grasgärten, 4 Hofstätten,

n) Von obigem Getraide bekommt die Landesherrschaft 182 Mltr. Hafer, unter dem Namen Herbstfutter; — 17 Mltr. Korn, 6 Mlt. Waitzen, die Superintendentur zu Römhild; — 9 Mltr. Korn, 2½ Waitzen, und 9 Mltr. Hafer, das Stift Römhild; — 32 Mltr. Korn, 5 Mltr. Waitzen und 32 Mltr. Hafer, die Herrn von Bibra zu Irmelshausen; 15 Mltr. Korn; und 15 Mltr. Hafer, die Pfarrei zu Milz, für die Frühmeß.

o) Beilage Num. XXVI.

des Herzogl. Sächsl. gemeinschaftlichen Amtes Römhild. 623

sen, 1 Söldenhaus und der halbe Zehend in der Milzer Flurmarkung. Leztern verkaufte der Graf am 26ten Nov. 1796 der dortigen Gemeinde um 26000 fl. und das nemliche geschahe auch bald nachher mit der Hälfte der, zum Rittergut gehörigen, Feldgüter, welche mit Bewilligung des Fuldaischen Lehnhofs, unter die Einwohner zu Milz, gegen Erlegung 23067 Kaufsumme, vertheilet wurden. Die andere Hälfte nebst dem Rittersiße und den sämmtlichen Lehnschaften kauften die beiden fürstlichen Häuser zu S. Coburg und S. Meiningen, im Monat Januar 1799, dem Graf von Soden um 26000 fl. ab, und trafen mit dem Fürstbischof zu Fulda, als Lehnherrn die Uebereinkunft, daß die künftige Lehnsfolge sich nicht weiter, als auf ihre fürstliche Descendenz erstrecken, die Lehn durch einen Bevollmächtigten adelichen Standes empfangen, und die, bei diesem Rittergute hergebrachte, gesammte Hand nicht nur auf dem Fall eines zeitlichen Lehnherrns, sondern auch eines jeden Mitbelehnten in der gewöhnlichen Ferni erneuert werden sollte. Uebrigens stehen diese Güter unter der Gerichtsbarkeit des Amtes Römhild und haben weiter keine Vorzüge, als die Steuerfreiheit.

  Ehedessen besaß auch das Kloster Rora im Dorfe Milz einen ansehnlichen Frohhof nebst den halben Fruchtzehend und 5 Zinsgütern, welche alles, nach dem Zeugnisse eines alten Zinsregisters vom J. 1460, jährlich 6 Pfund am Gelde, 28 Hühner, 5 Gänsen und bei 300 Mltr. Getraide rentirte. Zur Zeit der Reformation wurde dieser Klosterhof secularisiret und in ein Kammergut verwandelt, dessen Ertrag bei der, (1680) im Hause Sachsen geschehenen, brüderlichen Erbsonderung, nach Abzug der Bürden, nur mit 154 fl. 8 gl. 1 pf. in Anschlag kam und als ein Pertinenzstük der Herrschaft Römhild, dem Herzog Heinrich mit zugetheilet wurde. (S. 579.) Es gehörten zu denselben einige Geld- und Getraideerbzinsen, die Hälfte des großen und kleinen Zehends in der Milzer Flurmarkung und 159¼ Acker Feld und 19 Acker Wiesen. Nach dem Ableben des Herzogs kam dieser Hof an das fürstliche Haus zu Sachsen-Hildburghausen, welches aber denselben, mit den dazu gehörigen halben Zehend, am 29ten Januar 1721 um 13000 fl. Kaufsumme und 250 fl. Gönnegeld der Gemeinde zu Milz verkaufte. Die landesfürstliche Hoheit und Lehnsgerechtsame ingleichen 40 fl. jährlichen Erbzins, welches alles dieses fürstliche Haus schon vorher, unterm 20ten März 1719, dem Herzog Ernst Ludwig zu S. Meiningen für 1800 fl. käuflich überlassen hatte, gehören jeßo den beiden fürstlichen Inhabern des Amtes Römhild gemeinschaftlich zu. Von diesen sogenannten Rorhof besißet die Gemeinde dermalen nichts, als die Hälfte des Frucht- Heu- und Blutzehends nebst einigen Erbzinsen; die darzu gehörig gewesene Felder und
                     Häuser

Häuser hingegen sind unter die Nachbarn des Orts vererbet worden, und werden in Veräusserungsfällen mit 5 vom Hundert verhandlohnt.

Ueber die Kirche zu Milz hatte das Stift Fulda, vermöge der Emhildischen Ueberlassungsurkunde vom J. 800, das Patronatrecht. Abt Konrad übergab aber daßelbe dem Kloster Rora, welches im Jahre 1249 hierüber vom Erzbischof Konrad zu Kölln eine Bestätigung auswürkte *p)* und sich bis zur Zeit der Reformation im Besitz dieses Rechts erhielte. Im Jahre 1417 schenkte Graf Friedrich I. von Henneberg der Frühmesse zu Milz 1 Haus und Garten hinter dem Kirchhof, 10 Acker Feld an den Rödern, 9 Acker in der Lohe, 5 Acker Wiesen in der Milzer Flut und 2 Acker dergleichen zu Hindsfeld. *q)* Uebrigens besitzet diese Kirche ein zureichendes Vermögen und ist die Mutter von der Kirche zu Hindsfeld, woselbst der Milzer Pfarr, jedesmalen den 4ten Sonntag und die 3ten Feiertage, ingleichen auf dem Trinitatisfeste, den Gottesdienste zu versehen hat.

Ohnweit dem Dorfe Milz lieget die Wüstung Brundorf, allwo vormals ein Dorf gestanden hat, welches in einer Urkunde vom J. 1323, unter dem Namen Brungendorf angeführet wird, dessen Markung an den großen Wald, Weigler genannt, angrenzte. *r)* Im Jahre 1339 schenkte Fritz von Herbelstadt seine Güter und Einkünfte daselbst dem Kloster Trestadt, *s)* und im Jahre 1404 wurde Apel von Milz von Graf Friedrichen I. von Henneberg mit einem Hof und den dazu gehörigen Gütern zu Brundorf auf Söhne und Töchter beliehen. **)* Von den spätern Schicksalen dieses Dorfs, welches in einem alten Erbbuch vom J. 1493 als eine Wüstung vorkommt, finden sich keine Nachrichten. Gegenwärtig sind die Feldgüter desselben der Milzer Flurmarkung einverleibet.

Haina.

p) S. die Urk. in der 2ten Abth. dieses Werks S. 181.
q) dipl. Mspt. de a. 1414 an St. Kilianstage.
r) Nach der Urkunde vom J. 1323 (Sie stehet im Frnkf. Merkur 1797 S. 450) verkaufte Conrad von Waltershausen dem Kloster Bildhausen das campum vulgariter dictum Weigeler, cui ex una parte Marchia villae Brungendorf ex parte vero alia nemus f. silva dicta Seleth confiniant.

s) dipl. de a. 1339 in den Dreßd. gel. Anzeigen, (1754) St. 44. S. 379.
*) dipl. Mspt. de dato 1404, am St. Johannistag.

Haina.

Dieses ansehnliche Dorf lieget ¼ Stunde ostwärts von Römhild und kommt in den alten Urkunden von den Jahren 883 und 920 unter den Namen Hagenowa vor. t) Daß darunter das jetzige Dorf Haina, keinesweges aber, wie Schannat und Eckard vorgeben, der Ort Heimbach bei Stadt Lengsfeld, zu verstehen sey, darf man um so gewisser behaupten, weil jene Urkunden die Dörfer Schwabbhausen und Zella, (dermalen zwei, in dieser Gegend gelegene, Wüstungen) ausdrüklich in die Nachbarschaft der Villa Hagenowa setzen. Damalen gehörte dieser Ort zu den Domänen der fränkischen Könige, unter welchen Karl der Dicke im Jahre 883 dem Stifte Würzburg neun Huben Landes übergab, die zwar in der Hainaer Markung gelegen waren, eigentlich aber den Einwohnern zu Schwabhausen zugehörten. u)

In mittlern Zeiten besaßen die Herrn von Herbelstadt allhier zwei Schlösser, wovon das eine dem Hause Henneberg, und das andere dem Stifte Würzburg lehnbar war. Schon im J. 1317 hatten sie ihr Gut zu Haina dem Graf Bertheld VII. (X.) von Henneberg-Schleusingen lehnbar gemacht v) und im J. 1334 reversirte sich Fritz von Herbelstadt gegen Graf Poppen IX. (XV) hartenbergischen Stammes, auf seinem

---

t) S. die folgende Note s).
u) Anno DCCCLXXXIII. V. Id. Ianuar. Karolus Imper. Rom. concedit ad ecclesiam Wirceburg. in Hagenowowa Marcha ad Luabinehusen pertinentes huobos IX. cum omnibus ad eosdem huobos aspicientibus aedificiis, terris, agris, campis etc. — dipl. in Eckart Comment. de Reb. franc. or. T. II. p 390. — Nach einer Urk. vom J. 920 in Schannat. Trad. Fuld. p. 231 nr. 561, übergab eine adeliche Dame dem Stifte Fulda ihr Eigenthum in provincia Grabfeld in finibus Hagenowa in loco quidicitur Cella — In Absehung der Lage dieser zwei Dörfer, haben Schannat sowohl als Eckart manchen Irrthum begangen. Ersterer hält das Dorf Zella (in Buch. vet. p. 406) für die heutige Fuldaische Probstei Cella im Amte Fischberg. Diese lag aber im pago Tullifeld, und darf mit der heutigen, zwischen Westenfeld und Haÿna gelegenen, Wüstung Cella in pago Grabfeld nicht verwechselt werden. Ueber eben dem Grunde widerleget sich auch die Schannatische Angabe von dem Dorfe Hagenowa oder Heina, welches er l. c. p. 406 bei Stadt Lengsfeld suchet. — Herr von Eckart in in animadverf. ad Schannat. dioeces. fuld. p. 80 setzet sogar das Dorf Cella bei Vach und erkläret Hagenowa für Heimbach ohnweit Lengsfeld. Wenn man aber die Grenzen des Grabs und Tullifelds etwas genauer untersuchet, so wird man sich bald überzeugen, daß unter den Worten: in finibus Hagenowa das Dorf Heina und unter dem Dorf Cella die dermalige Wüstung Zell im Amte Römhild zu verstehen sey, indem letztere unmittelbar an die Hainaer Fluren angrenzet.
v) Beilage Num. IV.

seinem dasigen Hof keine steinern Gebäude, zum Nachtheil des Schlosses Hartenberg und der Stadt Römhild, anzulegen. w) Dieser Zusage blieben aber die folgenden Besitzer nicht getreu, denn sie fiengen im Jahre 1373 an, ihre Behausung zu Haina mit neuen Meuern und Bollwerken zu umgeben. Graf Hermann V. hatte allerdings Ursache sich diesem Unternehmen mit Ernste zu widersetzen, weil dergleichen Befestigung, die der Adel sehr oft zur Ausübung der Räuberei mißbrauchte, der Sicherheit seines Landes gefährlich waren. Die von Herbelstadt wandten sich deswegen an den Bischof Gerhard zu Würzburg, trugen seinem Stift ihre neue Burg zu Lehen auf und glaubten, durch die Unterstützung eines so mächtigen Lehnherrens, ihr Vorhaben desto leichter auszuführen. Hierüber entstand nun zwischen sämtlichen Interessenten eine heftige Fehde, die im J. 1374 von Burggraf Friedrichen zu Nürnberg, Landgraf Ulrichen zu Leuchtenberg und den Grafen Günthern und Johannsen von Schwarzburg, durch einen zu Schweinfurth ertheilten schiedsrichterlichen Spruch, beigeleget wurde. Sie untersagten nun zwar den Rittern von Herbelstadt die neue Befestigung ihres Schlosses, aber, in Ansehung der Lehnbarkeit desselben, wurde erkannt, daß Graf Hermann von Henneberg diese Burg vom Stifte Würzburg zu Mannlehen empfangen und solche den von Herbelstadt in der Eigenschaft eines Söhne- und Töchterlehns wieder verleihen sollten. x)

Auf diesen Ausspruch gründete sich nun die würzburg. Lehnherrlichkeit über das Herbelstädter Schloß zu Haina, womit die Grafen von Henneberg Römhild ohnunterbrochen beliehen wurden. y) Im J. 1441 errichteten die Herrn von Herbelstadt, als ganerbliche Besitzer desselben, einen Burgfrieden, welcher theils die innere Ruhe und Sicherheit unter sich und ihren Knechten, theils die Vertheidigung ihrer Burg zur Absicht hatte. Hierbei wurde festgesetzt, daß derjenige von den Ganerben, welcher den andern mit Schelworten oder Verwundung beleidigen würde, sogleich 2 bis 3 Monat lang den Ort räumen und sodann den Burgfrieden von neuem beschwören sollte. Aber im Fall eines begangenen Todschlags mußte der Ganerbe sich 3 Meilen weit von Haina entfernen, und er durfte eher nicht wieder dahin kommen, bis er die That, nach dem Erkenntnisse dreier Schieds-richter, verbüßet und gebessert hatte. z)

Seit dem Jahre 1374 besaßen die Herrn von Herbelstadt dieses Schloß als ein henne-

w) Spl. Mspt d d 1354 sexta feria in paraseeve. y) Ebendas. S. 509. 579 und 676.
x) dipl. de a. 1374 im 1sten Th. der Henneb. Gesch. S. 311. z) Beilage Num. XII.

des Herzogl. Sächsl. gemeinschäftlichen Amtes Römhild.

Henneberg. Söhn- und Töchterlehn; Aber im Jahre 1531 bekam dasselbe die Eigenschaft eines Rittermannlehns, womit Philipp von Herbelstadt von Graf Bertholden zu Henneberg-Römhild zum erstenmal beliehen wurde. a) Als nun im Jahre 1596 dieses adeliche Geschlecht mit Veit Ulrichen von Herbelstadt ausstarb, fiel gedachtes Rittergut dem Herzog Johann Casimir zu Sachsen, als Afterlehnherrn und damaligen Inhaber der Herrschaft Römhild, anheim; worauf derselbe das, dem Stifte Würzburg zuständige, oberherrliche Lehnrecht, gegen Abtretung anderer, im dortigen Gebiete gelegenen, sächsischen Lehnstücken, im Jahre 1604 eintauschte und dadurch die würzburgische Lehnsverbindung auflößte. b) Bald nachher verkaufte der Herzog dieses Guth, in der Eigenschaft eines Mannlehns, seinem Amtshauptmann Thomas Mollee zu Römhild um 2500 fl, c) und in spätern Zeiten kam dasselbe an die adeliche Familie Schott von Schottenstein, die es (1765) dem Obristlieutenant Friedrich Wilhelm von Borberg zu Hildburghausen um 12000 fl. verkauften. Beide Landesherrschaften traten aber, als Lehnherren, in dem Kauf, und behielten zwar die zum Gute gehörigen Lehnschaften und Waltungen nebst der Jagdgerechtigkeit; die Feldgüter hingegen überließen sie der Gemeinde zu Haina, die selbige unter die Einwohner vereinzelte und den adelichen Wohnsiz in ein Wirthshaus verwandelte.

Das zweite herbelstädtische Gut war ursprünglich Eigenthum und wurde im J. 1374 von den damaligen Besitzern dem Stifte Würzburg zu Lehen aufgetragen. d) Nach Erlöschung dieser Familie (1596) fiel es dem dasigen Stifte, als eröfnet, anheim; und obgleich Herzog Johann Casimir sich bewogen fand dieses Lehngut, aus landesherrlicher Macht, in Sequestration zu nehmen; so wurde es doch bald darauf, (am 17ten Oct. 1597) mit Vorbehalt der Landeshoheit, Steuern und andern Regalien, dem Bischof Julius wieder eingeräumt. Sein Nachfolger Philipp Adolph, verliehe zwar dasselbe mit allen im Lehnbriefe genannten Zugehörungen, im J. 1623 seinem Amtmann zu Lauda, Reinharden von Berlichingen, zu Mannlehn; e) als aber dasselbe in spätern Zeiten zum zweitenmal vermannte, wurde es vom Stifte Würzburg eingezogen und der dortigen Juliusuniversität überlassen. Dieses Gut ist der Gerichtsbarkeit des Amtes Römhild unterworfen und stehet

J 2 unter

---

a) Dipl. Mspt. d. d. 1551 am Montag St. Johannes Convendientag.
b) Beilage Num. XXXVII.
c) Beilage Num. XXXVIII.

d) S. die Urk. im 1sten Th. der henneb. Gesch. S. 312.
e) Beilage Num. XXXIX.

unter der Aufsicht eines würzburgischen Untervogts, der eigentlich die Stelle eines Lehenschultheißens vertritt und von gedachtem Amte, auf vorhergängige Vorstellung, verpflichtet wird.

Neben diesen zwei mannlehnbaren Rittergütern war auch der herbelstädtischen Familie alhier noch ein Allodialgut zuständig, welches Anna Maria von Thüngen, gebohrne von Herbelstadt im Jahre 1632 an Thomas Mollen verkaufte. Seine Erben überließen es 1696 dem Haupt- und Amtmann Felix Rauschart zu Römhild, von welchem es noch jetzo den Namen des Rauschardischen Guts führt. Nach verschiedenen Abwechselungen der Besitzer, kam dasselbe an einen Einwohner zu Haina, Christian Treublg, der es im Jahre 1788 von den grunerischen Erben zu Coburg um 6500 fl. käuflich an sich brachte. Es bestehet aus einer centfreien Wohnung, 33½ Acker Artfeld, 6¼ Acker Wiesen und 1¼ Acker Gehölz.

Auch die Grafen von Henneberg besaßen in diesem Orte ein Kammergut, der Bauhof genannt, welches in dem Anschlag über die Herrschaft Römhild, vom Jahre 1555 als ein gräfliches Eigenthum angeführet wird und damalen nur mit einem Werthe von 11430 fl. in Ansaz kam f) Es gehören zu demselben 283½ Acker Feld, 53½ Acker Wiesen und eine Schäferei von 600 Stücken. Jetzo rentiret der Hof, an jäherlichen Pachtsrevenüen, 20 Mltr. Waizen, 70 Mltr. Korn, 20 Mltr. Gerste, 71 Mltr. Hafer und 278 fl. 10 gl. 6 pf. für die Schäferei.

Außer den bisher angeführten Gütern und Höfen begreifet die hainaer Flur noch immer 27 Huben, 52 Sölden 15 Güter und verschiedene einzelne Feldstücke, die aber sammt und sonders der Zehendpflichtigkeit unterworfen sind. Das herzogliche Amt Behringen hat ⅔ und das Hospital zu Römhild ⅓ von den Getraide- und Heuzehenden zu erheben; den Kleinodzehenden hingegen besitzen beide, mit der Pfarrei zu Haina, zu drei gleichen Theilen. Einzelne Grundstücke sind der Landesherrschaft zehendbar. Es werden daher hier, eben so wie zu Milz, jährlich im Beiseyn der sämmtlichen Zehendbesitzer zwei Zehendgerichte gehalten.

Das Dorf Haina bestehet übrigens aus 130 Feuerstellen und 610 Einwohnern, worunter verschiedene Professionisten anzutreffen sind. Es befindet sich hier ein gutes trinkbares Quellwasser, welches man für das reinste im ganzen Amte hält. Durch den Ort fließet die Spring und treibet zwei, außer dem Dorfe, und zwei in demselben gelegene, Mahl- und Lohmühlen. Die sogenannte Gutschmühle lieget ⅛ Stunde

f) Beilage Num. XXXIII.

von Haina gegen Westenfeld und wird von einem kleinen Bach getrieben der unter dem Dorf in die Spring fließet. Alle diese Mühlen, die im Orte gelegene amtslehnbare Schloßmühle ausgenommen, sind würzburgische Zinslehne. — Zum Landgerichte stellen die Einwohner einen Schöppen und zum Landausschuß 12 Mann.

Die Gemeinde besitzet, ausser einigen Feldgütern, ein, mit dem Braurechte privilegirtes, Wirthshaus, ein Stük Waldung, das Tiefthal genannt und einen Distrikt dergleichen, von 85 Acker 15¾ Ruthen, welcher in dem Territorio des Amtes Themar und zwar in der Obendorfer Flurmarkung lieget. Die Gemeinde kaufte diesen Strich Holz, den Wolfzagel genannt, im J. 1699 von dem Graf von Tettenbach zu Weikersroth um 80 fl., gerieth aber nachher, nicht nur mit der Steuerkasse zu Themar, wegen verweigerter Entrichtung der Steuern, sondern auch mit den beiden Gemeinden Dingsleben und Oberndorf ingleichen mit dem Kammergute Trostadt, wegen der Rind- und Schaafviehshuth in einen weitläufigen Prozeß, welcher am 23ten Sept. 1744 dahin verglichen wurde, daß die Gemeinde Haina auf jedem Steuertermin 3 gl. 6½ pf. zu entrichten, auch zu den Einquartirung- und Durchmarschkosten verhältnißmäßig beizutragen habe, dahingegen von der gewöhnlichen Bezahlung des Jorenser- oder Schutzgeldes befreiet seyn sollte. In Ansehung der, den drei Gemeinden, Dingsleben, Oberndorf und Haina wie auch dem Cammergute Trostadt in dieser Waldung zuständigen, Keppelshuth behielte es bei den, am 11ten May 1719 deswegen getroffenen, Rezesse sein Bewenden, doch wurde sämmtlichen Hutbberechtigten die Ziegenhuth bei 10 fl. Strafe untersaget. Uebrigens machte sich die Gemeinde Haina verbindlich den ganzen Wolfzagel als Holz zu benutzen und den zum Feldbau gebrauchten Distrikt mit Holzsaamen zu bestreuen, auch überhaupt sich deshalb der Forst- und Waldordnung des Amtes Themar zu unterwerfen.

Die Kirche zu Haina, deren Daseyn schon in ältern Urkunden vorkommt, g) hat ihren Ursprung den Herren von Herbelstadt zu verdanken, unter welchen im J. 1361 Berthold von Herbelstadt die Stelle eines dasigen Pfarrers bekleidete. Mit diesem geistlichen Amte wollte derselbe auch den Genuß der Pfarrei zu Schmalkalden verbinden und würkte deshalb vom römischen Hof eine Bulle aus. Er wurde aber, wegen seiner Zudringlichkeit, von den Grafen von Henneberg-Schleusingen gefangen

genommen,

---

g) In einer hennebergl. Urkunde von 1315. *Conradus vice plebanus in Heyn*. Dipl. Beitr. findet man einen Pfarr zu Haina als Zeugen, zur Fr. und S. Gesch. Th. l, p. 352.

genommen, und mußte seinem Ansprüchen entsagen. h) Im J. 1443 stifteten Dittrich und Andreas von Herbelstadt in der Pfarrkirche zu Haina eine Vicarei, welche sie mit ansehnlichen Gütern und Einkünften zu Haina, Schwabhausen und Herbelstadt begabten und sich das Patronatsrecht vorbehielten. i) Wie ansehnlich im mittlern Alter die dasige Kirche gewesen, läßt sich aus den fünf Altären schliessen, die alda, zur Ehre verschiedener Heiligen, erbauet und stark bepfründet waren. Das Stift Würzburg ertheilte selbigem im Jahre 1498 eine förmliche Einweihungs- und Ablaßbulle, worinne man allen denienigen, die sich an gewissen Tagen daselbst zum Gebet einfinden und ihre milde Hand aufthun würden, einen Ablaß von 80 Tagen zusicherte. k) Nach der Reformation wurde ein Theil dieser geistlichen Einkünfte zum Stifte Römhild geschlagen. Die gegenwärtige Pfarrkirche besitzet, ausser einigen geringen Lehnschaften, kein Vermögen.

An die Hainaer Flurmarkung stößet die Wüstung Schwabhausen, woselbst schon in ältesten Zeiten (883) ein Dorf stand, welches Kaiser Karl der Dicke dem Stifte Würzburg zurignete, l) nachher aber vom leztern dem Hause Henneberg Römhild verliehen wurde. m) In einer Urkunde vom Jahre 1423 wird dasselbe eine Wüstung genannt, n) womit noch heut zu Tage die Grafen von Stollberg, als Inhaber des Dorfs und Schlosses Schwarza, vom gedachten Stifte beliehen werden, o) ob sie gleich nichts davon im Besiz haben. Diese Wüstung bestehet aus 16¼ Huben Feldgüter, wovon dermalen 12½ der Herrschaft und die übrigen 3¾ Huben dem Stifte Römhild zu lehn gehen. Wegen des würzburgischen Guts zu Haina hat die Kellerei zu Breitensee von 11 Huben den Fruchtzehend zu ⅔, die Pfarrei zu Haina hingegen nur ⅓ zu erheben. Von 1¼ Hube beziehet die Herrschaft den Zehend, und 3¼ Hube sind ganz zehendfrei. Alle Schwabhäuser Güter gehören den Einwohnern zu Haina, die als Besitzer derselben eine besondere Gemeinde ausmachen, ihren eignen Schultheißen haben, und einen Schöppen zum Landgericht stellen.

Diese

h) Beilage Num. VI.
i) Beilage Num. XIII.
l) Beilage Num. XXIII.
l) S. oben S. 625 not. e)
m) S. die Urk. im 1sten Th. der henneb. Gesch. S. 503.

n) Bischof Johann zu Würzburg belehnet Gr. Georgen von Henneberg mit dem Schlosse Schwarza u. der Wüstung des Dorfs Schwabhausen etc. dipl. Mspt. nach Ostern 1423.

o) S. den Lehnbrief in Erks Anmerk. über Glaf. Henneberg. Chron. S. 90.

des Herzogl. Sächßl. gemeinschaftlichen Amtes Römhild.

Diese Gemeinde besitzet neben dem, auf den Schwabhäuser Berg befindlichen, Gehölz ein ansehnliches St. Waldung am kleinen Gleichberg, wovon jährlich ein gewisser Distrikt unter die Güterbesitzer ausgetheilet wird. — Die Schäferei des herrschaftlichen Kammerguts zu Haina hat in der Flurmarkung der Wüstung das alleinige Huthrecht auszuüben.

Westenfeld

ein großes Dorf an der nördlichen Grenze des Amtes Römhild. Seine Nachbarn sind, gegen Morgen Haina, gegen Mittag Sülzdorf, gegen Abend Wolmuthausen und Quevenfeld, und gegen Mitternacht die Dörfer Jüchsen und Erdorf, ingleichen den Adelshäuser Hof.

Im mittlern Zeitalter besaß hier das Kloster Weßra beträchtliche Einkünfte, die es durch fromme Schenkungen der Grafen von Henneberg, nach und nach erworben hatte. Dahin gehöret besonders der dasige große und kleine Zehend, p) weswegen Graf Georg I. von Henneberg-Römhild im Jahr 1454 eine Zehendordnung errichtete, worinne die Rechte und Befugnisse des Klosters und die Abgabe der Zehendpflichtigen genau bestimmt wurden. q) Zur Zeit der Reformation kamen die Weßraischen Besitzungen zu Westenfeld an die Grafen von Henneberg-Schleusingen, und nach deren Verlöschung an das Fürstliche Haus Sachsen, welches selbige dem Amte Themar einverleibte. Letzteres ist nun zwar noch jetzo im Besitz des ehemaligen Weßraer Zehenden und Lehnschaften zu Westenfeld; r) es muß aber auch davor nicht nur die dortige Pfarrwohnung im baulichen Wesen erhalten, sondern auch die, dem Pfarrer geordnete, Besoldung abreichen.

Schon im 14ten Jahrhundert hatte der Ort seine eigene Kirche, die aber 1574 zusammenstürzte und 1579 von neuem erbauet wurde. Dem Kloster Weßra gehörte,

---

p) Graf Poppo VI. (XII.) übergab 1285 den Zehend zu Westenfeld, den er vom Stifte Würzburg zu Lehn trug, dem Kloster Weßra, und machte davor dem Stifte einige Güter zu Schwickershausen und Mellerstadt lehnbar, S. die Urk. in Schöttg. et Kreyß diplomatar. T. II. p. 587.

q) S. die Urkunde in der dritten Abtheil. S. 460.

r) Von diesem Zehend bekommt der Pfarrer das sämmtliche Stroh und den ganzen Kleinenzehend, wovor derselbe den Faselochsen zu halten hat.

hörte vormals das Patronatrecht, welches eben so, wie dessen übrige Gerechtsame an die Fürstlichen Besitzer des Amtes Themar übergieng. Allein, nach dem Absterben Herzog Heinrichs zu S. Römhild, kamen die Fürstlichen Theilhaber dieser Herrschaft in Besiz des Kirchensazes zu Westenfeld, welches noch jezo von S. Meiningen und S. Coburg ausgeübet wird. Der ohnweit davon gelegene Ort Sülzdorf ist dahin eingepfarrt.

Das Dorf enthält, mit Einschluß der öffentlichen Gebäude, 78 Feuerstellen und 273 Einwohner. Von dem Jahre 1790–1795 zählet man hier 15 Ehen, 36 Gebohrne und 28 Verstorbene. Im 30jährigen Krieg wurde der Ort (1634) von den Croaten ausgeplündert und in Brand gestecket. Auch in den Jahren 1657 und 1765 ist er von Feuersbrünsten heimgesuchet worden, welche jedesmalen die Hälfte der Wohnungen in Asche legten.

Die hiesige Flurmarkung bestehet größtentheils aus den beiden Wüstungen Zell und Pfalz. Erstere kömmt nicht nur im Jahre 920 als eine Villa vor, r) sondern es bezeuget auch eine spätere Urkunde, s) daß hier ein Dorf gestanden habe, dessen Schiksale aber ganz unbekannt sind. Dermalen ist diese Wüstung in 15 Huben eingetheilet, die verschiedene Lehnherrn haben. Von 12 Huben erhebet das Stift Würzburg einen Getraidegült, u) den die Nachbarn zu Welfmannshausen abholen und in die Kellerei Mellerstadt liefern müssen. — Die Wüstung Pfalz, die blos dem Namen nach bekannt ist, enthält 7 Huben, 14 Lehen, 10 Güter und 4 Frohnhofsriethe, welche unter die Einwohner vertheilet sind und theils der Landesherrschaft, theils verschiedenen andern Personen zu Lehn gehen.

Die Gemeinde besizet eine, ausserhalb dem Dorf gelegene Mühle und ein Wirthshaus, welches aber kein Braurecht hat, sondern das nöthige Bier aus der Stadt Römhild hohlen muß. Die beträchtlichen Waldungen, die in der Westerfelder

---

r) Um das Jahr 920 wurden einige Güter in der villa Cella in Grapfeld in finibus Hagenowae (Hain) dem Stifte Fulda zugeeignet. Schannat. trad. fuld. nr. 161. p. 131.

s) S. das Diplomat. monast. Veller. in dem neuen Beitr. zur Fränkl. und Sächßl. Gesch. S. 241.

u) Im Jahre 1487 verkaufte Eckarius von Bibra, auf Rentwertshausen den Salzzehend zu Zella, bei Westenfeld, als ein Würzburgl. Lehn, an Bartholomeus von Herbelstadt, und nach Verlöschung dieser Familie, fiel derselbe dem Stifter heim.

felder Flurmarkung liegen, gehören den Güterbesitzern, die selbige, nach der Anzahl der Huben und Güter, zu benutzen haben. Uebrigens stellet das Dorf 1 Schöppen zum Landgericht und 8 Mann zum Landausschuß.

Mendhausen.

Dieses ansehnliche Pfarrdorf grenzet gegen Morgen an Römhild, wovon es eine Stunde entfernet ist, gegen Mittag an Jrmelshausen, gegen Abend an Rodhausen und die Wüstung Eichelbrun, und gegen Mitternacht an den Mönchshof. Seine Fluren enthalten bei 3200 Acker, worunter aber 300 Acker Gemeinde-Waldung und 150 Acker Huthräsen befindlich sind. Der Boden bestehet meistens aus schwarzer Thonerde, die hin und wieder mit Mergel vermischt und ziemlich fruchtbar ist. Auf den umliegenden Anhöhen, die vormals verödet waren, bauet man jetzo viel Esparsett, wodurch der Mangel des Wiesenfutters ersezt und der Viehstand verbessert wird. Auch wird hier viel Gyps gegraben und auswärts verkauft.

Ehedessen waren sämmtliche Feldgüter, die in 24½ Huben bestehen, dem Kloster Wechterswinkel lehn-zins- und zehendbar. Diese Gerechtsame gründete sich auf die, schon mehrmalen angeführte Urkunde, vom Jahre 1156, worinne Poppo von Jrmelshausen den Zehend zu Mendhausen dem gedachten Kloster für eine gewisse Geldsumme abtrat. v) Eher nicht als im Jahre 1656 brachte Herzog Friedrich Wilhelm zu S. Altenburg diesen Zehend, nebst den Lehnschaften und Erbzinsen, durch den, mit dem Stifte Würzburg errichteten, Umtauschvertrag an das Amt Römhild.

Gegenwärtig bestehen die Abgaben, außer dem Getraide-Zehend, in 6 Mltr. Kern und 72 Mltr. Hafer, wovon 60 Mltr. unter dem Namen Herbstfutter, an das Amt Behrungen geliefert werden. In Veräusserungsfällen wird zwar von den Gütern kein Handlohn entrichtet, dahingegen ruhet auf selbigen das theuerste Haupt, welches aber im Jahr 1771 in eine jährliche Abgabe von 12 fl. 7 gl. 6 pf. verwandelt worden ist.

Das Dorf enthält, mit Jnbegriff der Pfarr- und Schulwohnung, 69 Feuerstellen und 280 Einwohner. Unter leztern gab es von 1790-1795, 20 Paar Getraute, 50 Gebohrne und 28 Verstorbene. Der Gemeinde gehören 300 Acker Gehölz, 150 Acker Huthplätze, ein Wirthshaus ohne Braurecht und eine Schäferei, leztere

v) Beilage Num. I.

leztere hatte vormals neben der herrschaftlichen Schäferei zu Mönchshof, die Dorfs- und Kammerguthsfelder gemeinschaftlich zu betreiben; neuerer Zeiten ist aber diese wechselseitige Koppelhuth aufgehoben und der Gemeinde die alleinige Huth in ihrem Flur, gegen ein gewisses Pachtgeld, überlassen worden. Ausser dem hat sie auch das Recht hergebracht, von denienigen Kaufgeldern, die aus Mendhäuser Grundstücken gelöset und aus dem Amte exportiret werden, 5 Procent Abzuggeld zu erheben. — Bei dem Mangel an fliessendem Wasser und wegen Entlegenheit der Mühlen hat man ohnweit Mendhausen eine Windmühle angeleget, die aber, wegen ihrer fehlerhaften Einrichtung, wenig gangbar ist.

Mendhausen hatte schon in den ältern Zeiten seine eigene Kirche, die dem heiligen Urban zu Ehren erbauet war. Sie machte in dieser Gegend eine Hauptparochie aus, mit welcher mehrere umliegende Ortschaften in Verbindung standen. Von den beiden Dörfern Irmelshausen und Hochheim kann man dieses mit Gewißheit eingeben. Ersteres hatte zwar schon im 14ten Jahrhundert seine eigene Kirche, sie war aber eine Tochter von Mendhausen, und wurde im Jahre 1466 vom Bischof Rudolf zu Würzburg davon getrennt und zu einer eignen Parochie erhoben. In der hierüber vorhandenen Urkunde wurde unter andern festgesezt, daß die separirten Einwohner dem Mendhäuser Pfarrer zur Entschödigung, nicht nur 3 Morgen Wiesen abtreten, sondern auch derselben jährlich die gewöhnlichen Weinachtsleibe abgeben sollten. w) Eben daher kommt es, daß noch lezo der hiesige Schuldiener jährlich 36 Leib Brod von dem Orte Irmelshausen zu erheben hat. In spätern Zeiten (1511) wurde auch die Kirche zu Hochheim von Mendhausen abgesondert, und das Patronatrecht über selbige vom Stift Würzburg dem Herrn von Bibra zu Irmelshausen verliehen. x)

Die hiesige Pfarrbesoldung bestehet theils in Feldgütern, theils in Gültgetraide, welches von den umliegenden Ortschaften Höchheim, Behrungen, Rappershausen, Sülzdorf, von der Wüstung Eichelbrun und von dem Kammerguth Mönchshof abgegeben wird. An den Mendhäuser Fruchtzehenden und an dem kleinen Zehenden zu Höchheim, hat die Pfarrei ebenfalls einen gewissen Antheil, auch besizet sie 200 fl. Capital, von welchem die Hälfte der Zinsen zu kleinen Reparaturen der Pfarrwohnung verwendet werden. Wichtige Reparaturen hat die
Amts-

w) Beilage Num. XVII.   x) Beilage Num. XXV.

des Herzogl. Sächßl. gemeinschaftlichen Amtes Römhild. 635

Amtsvoogtei zu Römhild, wegen des, bei der Eintauschung des Mönchshofs, erhaltenen Westerwinklers Zehends zu Mendhausen, zu bestreiten.

Zu den Merkwürdigkeiten der Kirche gehöret noch dieses, daß selbige mit Mauern umgeben ist, welche überall mit sogenannten Gaden überbauet sind, wodurch der Kirchhof mehr einer bevestigten Burg, als einem, zur Gottesverehrung, bestimmten Sammelplatze, ähnlich siehet. Diese Burgwehre rühret noch aus den geharnischten Zeiten des Faustrechtes her, wo die Geistlichkeit zur Verwahrung ihrer Früchte und anderer Haabseligkeiten dergleichen Behältnisse oder Gaden anlegten, und hierzu die Kirchhöfe wählten, weil selbige, während einer Fehde, für feindliche Behandlungen gesichert waren. y) Zu eben dieser Absicht gestattete auch Bischof Johann zu Würzburg im Jahre 1429 dem damaligen Pfarrer zu Mendhausen, den dasigen Kirchhof mit Mauern und Gebäuden zu umgeben und ertheilte allen denienigen, die darzu hülfliche Hand leisten würden, einen 20tägigen Ablaß. z) Dies ist der eigentliche Ursprung des noch ietzo verhandenen Gadens, dessen sich vormals das Kloster Wechterswinkel, zur Aufbewahrung seines Zehendgetraides bediente und von demselben, in dem Umtauschvertrag vom Jahre 1656, unter dem Namen eines Schütbodens, dem Herzogl. Hause Sachsen überlassen wurde. a) Dermalen gehörte derselbe den Einwohnern, die in diesen Gebäuden nicht nur ihr Getraide, sondern auch andere Effecten aufzubewahren pflegen.

Manche meiner Leser können hier mit Recht eine etymologische Erklärung des Namens Gaden, erwarten, womit noch heut zu Tage dergleichen Behälter des mittlern Alters beleget werden. Diese Benennung ist eigentlich Celtischen Ursprungs, b) und bedeutete bald eine Kammer, bald ein, auf einem steinern Fuße stehendes, Gebäude, welches die Stelle einer Burgwehre vertreten sollte. Unter der erstern Be-

K 3 deutung

---

y) Diese Sicherheit gründete sich auf gesetzliche Vorschriften und auf die Ehrfurcht, die man für die Kirchhöfe hatte. So verordnet z. B. der Schwabenspiegel C. 64. §. 82. „Tut er ain Fravil in der Kirchen oder in dem Vrithofe (Freihofe) er mus geistliche Gerichte busen."

z) Beil. Num. XI.
a) Beilage Num. XXXVIII. §. r.
b) S. Gripens deutsche Alterthümer. S. 44 und des Devisii Dictionar. Latino-Britannicum, wo Cadio für servare oder custodire erkläret wird. Noch ietzo heißt das bürgerliche Gefängniß zu Westminster in London, Gade-House. Uebrigens hat Herr Hofrath Bodemann zu Mainz, ein gründlicher Alterthumsforscher, vom Rechte der Gaden u. Gadenlehn, eine fürtreffliche Abhandlung geschrieben und selbige in Siebenkees Beitr. zum T. Recht Th. V. p. 89 einrücken lassen.

beutung kommt der Name Gaden schon in den Capitularien Karls des Großen vor, wo die Gadales (Kammerjungfern) und Meretrices (Freudenmädgen) in eine Klasse gesetzt werden. c) Eine alte Strasburgische Bibelübersetzung verdolmetscht die Stelle: Röm. XIII. 13. anstatt: „nicht in Kammer:" niet in Gaden. In zweiten Sinn, verstand man unter dem Namen: Gaden, ein Gebäude, welches zur Bevestigung eines Orts angelegt war. Nach einer Urkunde vom Jahre 1366 erlaubte Abt Konrad zu Fulda den Gebrüdern von Ufhausen, auf ihrem Gute einen Gaden zu bauen mit einem steinernen Fuß, der aber nicht höher, als 8 Fuß seyn sollte. d) Ein gleiches geschahe im Jahre 1384, wo der Ritter Diezel von Ertal und sein Sohn von eben diesem Stifte die Erlaubniß bekommen, ihren Hauegaden, der auf einem steinernen Fuß erbauet war, zu erweitern und zu bevestigen. e) Hieraus erkläret sich nun von selbst, warum die Herrn des mittlern Alters sich in den damaligen Urkunden das Oeffnungsrecht der Kirchhöfe so sorgfältig vorbehielten; denn in jenen unruhigen Zeiten war es schon ein großer Vortheil, einen, mit Mauern und Gaden bevestigten, Kirchhof im Besitz zu haben, den der eindringende Feind, ohne Verletzung des heiligen Gottesfriedens, und ohne Verlust seiner Ehre und Guths, nicht angreifen durfte.

Ohnweit Mendhausen gegen Norden lieget das, dahin eingepfarrte herrschaftliche Kammerguth, der

Mönchehof

genannt, der aus zwei Pachterswohnungen und verschiedenen Oekonomiegebäuden bestehet. In ältern Urkunden kommt derselbe unter den Namen Hochheim vor und war ohne Zweifel einer von den drei Dörfern dieses Namens, die die Gräfin Emhild im J. 783 dem, von ihr gestifteten, Nonnenkloster zu Milz zueignete. f)

In

c) In dem Capit. de ministerial. palatii, ap. Baluz T. I. p. 343 heißt es: — Similiter de gadalibus et meretricibus volumus, ut apud quemcumque inventa fuerint, ab eis portentur usque ad mercatum, ubi ipsae flagellandae sunt.

d) dipl. in Schannats Jutzaischen Lehaschaft. p. 342. nr. 505.

e) Ebendas. p. 290. nr. 265. — „Dizel

und seine Erbin mugen ire Husunge Gaden zu Ertal, als das itzund steht auf einen Stremsen gebauet, fürdas bauwen und bevestern vor Strem, Gewalt und zu Were, als sie es kennen etc.

f) dipl. in Pistorii Trad. Fuld. Lib. II. nr. XI, die Emhilo übergab dem Kloster Milz ihre Güter in Hendingen, et in tribus Hoheimis, in Sulzdorf, et nibus Geochafs (Jach-ſen)

des Herzogl. Sächsl. gemeinschaftlichen Amtes Römhild.

Im 12ten Jahrhundert war dieser Hof das Eigenthum Graf Poppens von Irmelshausen, welcher im Jahre 1156 von dem Pfalzgraf Hermann bei Rhein das Schloß Habsberg bei Meiningen erkaufte, und, zur Bezahlung der Kaufsumme, bei dem Kloster Wachterswinkel 120 Mark Silber, aufnahm. Für diese Aushülfe überließ Poppo dem Kloster nicht nur die Zehenden zu Irmelshausen, Großhöchheim und Mendhausen, sondern vermachte auch der dortigen Kirche seinen Hof (praedium) zu klein Höchheim *g*) worunter der gegenwärtige Mönchshof zu verstehen ist.

Dieses vormalige Klostergut lag nun zwar mitten in der Grafschaft Henneberg Römhild und war nicht nur der Landeshoheit und centbarlichen Gerichtsbarkeit derselben unterworfen, sondern hatte auch noch überdies die Verbindlichkeit auf sich, den Grafen von Henneberg ein, mit 4 Hengstpferden bespanntes, Frohngeschirr zu stellen und andere Dienstleistung zu verrichten. Als aber das Kloster Wechterswinkel, welches im Bauernaufruhr eine gänzliche Verwüstung erlitten hatte, vom Stifte Würzburg secularisiret und in ein Probsteiamt verwandelt wurde, *h*) fieng man Würzburgischer Seits an, den Hennebergischen- und nachher Sächsischen Hoheits- und Jurisdictionsgerechtsamen auf mancherlei Art zu nahe getreten. Bei den immerwährenden Streitigkeiten, die dadurch veranlasset wurde, sahe sich endlich Herzog Friedrich Wilhelm zu S. Altenburg bewogen, mit dem Bischof Johann Philipp zu Würzburg den, bereits oben (S. 576) angeführten, Umtauschvertrag vom J. 1656 zu errichten, vermöge dessen der Hof Höchheim, mit den dazu gehörigen zwei Zehenden zu Römhild und Mendhausen, dem Hause Sachsen abgetreten, dem Stifte Würzburg hingegen verschiedene im dortigen Gebiete befindliche Lehnschaften, Zinsgefälle und

K 3   Zehen-

---

fen) et in tribus Perculiis (Berlach) ic. Von den damaligen drei Höchheimer Dörfern, ist nur das, bei Irmelshausen gelegene ritterschaftliche Dorf Höchheim, und der Hof Höchheim bei Mendhausen, als der sogenannte Mönchshof, übrig geblieben. Die Lage des dritten Orts gleichen Namens ist eben so unbekannt, als die von den drei Dörfern Jüchsen (Geochusis) und Berkach, von deren jeden nur noch eins existiret. In jenen Zeiten war überhaupt die Anzahl der Dörfer und Höfe ungleich größer als jetzo; Sie bestanden aber meistens in einzelnen Häusern und sind mit unsern heutigen Dörfern in keine Vergleichung zu stellen. Wahrscheinlich hat man in spätern Zeiten diese zerstreuten Höfe und Flecken, durch den successiven Anbau mehrerer Wohnungen, zusammen gezogen und in ein Dorf verwandelt, welches seinen ursprünglichen Namen beibehalten hat. Bei Jüchsen und Berkach mag wohl dieser Fall um so mehr statt finden, weil in jener Gegend weiter kein Ort oder Wüstung dieses Namens anzutreffen ist.

g) Beilage Num. I.
h) Ußermanns Episcopat. Wurzburg. p. 481.

Zehenden, die vormals den Grafen von Henneberg zuständig waren, überlassen wurden.

Auf diese Art kam nun der sogenannte Mönchshof an das fürstliche Haus Sachsen und wurde, in der Eigenschaft eines Kammerguts, zum Amte Römhild geschlagen. Herzog Heinrich verkaufte aber denselben im Jahre 1705, mit Vorbehalt der Wiedereinlösung und der Landeshoheit, um 20000 thlr. an die Juliusuniversität zu Würzburg, jedoch mit der Bestimmung, daß sie diesen Hof nebst den Zehenden blos für die jährlichen Zinsen von 1000 thlr. benutzen, auch dem Hospital zu Altenrömhild ein bestimmtes Getraidequantum jährlich abgeben, den allenfallsigen Ueberschuß hingegen an die Herzogliche Rentkammer zu Römhild liefern sollte. i) Die leztere Bedingung blieb aber unerfüllt, und obgleich die Pachtseinkünfte des Mönchshofs, bey den in der Folge erhöhten Fruchtpreisen, die bestimmten 1000 thlr. Interesse bei weitem überstiegen, so blieb dennoch die Juliusuniversität im Genuß dieser Revenüe, ohne nur daran zu denken, hierüber eine antichrerische Rechnung abzulegen, und die Uebermase, dem Vertrage zu Folge, an die Amtsvogtei zu Römhild abzuliefern. Sie bezog daher, statt der Zinsen, jährlich 30 Mltr. Waitzen, 270 Mltr. Korn, 25 Mltr. Gerste, 110 Mltr. Hafer und 200 fl. Schäfereipacht, von dem nachherigen S. Meiningischen Antheil k) an dem Mönchshof; und wenn man diese Getraideeinkünfte um den geringsten Preis anschläget, so ergiebt sich eine jährliche Uebermase von ohngefähr 300 thlr., die die Juliusuniversität, über die gebührenden Zinsen, erhoben hatte, und mithin lebesmalen von dem Capital der 20000 thlr. hätte abgekürzet werden müssen.

Solchergestalt mochte nun wohl dieses Anlehn, nach einem Umlaufe von 60 Jahren, nach und nach ganz getilget worden seyn; und dennoch war man von Seiten des Herzoglichen

---

i) Beilage Nom. XL. Den, in diesem Wiederkaufscontract in Subsidium überlassenen, Antheil an den Gleichenberger Zehenden, hat die Juliusuniversität nicht erhoben, weil schon die Pachteinkünfte des Mönchshofes mehr als hinreichend, waren, die stipulirten Zinsen zu berichtigen.

k) Zur Erläuterung dieses Umstandes ist zu bemerken, daß man von Seiten des fürstlichen Hauses zu S. Saalfeld den erforderlichen Agnatenconsens zu dem, vom Herzog Heinrich 1705 geschlossenen, Wiederkaufscontracte verweigert hatte, und nach dessen Ableben davon keine Notiz nahm. Sachsen Meiningen hingegen hatte in diesen Vertrag gewilliget, und mußte daher in der Folge der Juliusuniversität nicht nur den Genuß des Mönchshofes einräumen, sondern auch die Wiedereinlösung desselben, ohne S. Saalfeld Coburgs. Concurrenz, alleine bewerkstelligen,

des Herzogl. Sächßl. gemeinschaftlichen Amts Römhild.

zoglichen Hauses zu S. Meiningen so billig, der gedachten Universität im Jahre 1769 die Offerte zu machen, ihr die stipulirten 1000 thlr. Interessen fernerhin im baaren Gelde zu entrichten, und dafür die Mönchshöfer Pachteinkünfte zu erheben. Dieses Anerbieten wurde aber nicht angenommen, sondern man bestand schlechterdings auf der fernern Abgabe der vorhin genannten Getraidesorten. Die Sache kam daher zum Proceß, der anfänglich bei der Austrägalinstanz des Reichsgrafen zu Castell-Rüdenhausen, nachher aber beim Reichshofrath ventiliret und zuletzt (1791) dahin verglichen wurde, daß S. Meiningen sich verbindlich machte, der Juliusuniversität nicht nur das Capital der 20000 thlr., sondern auch noch überdies, statt der seit 1769 rückständig gebliebenen Zinsen, ein Aversualquantum von 10500 thlr. zu bezahlen.

Dermalen ist dieses Kammergut gegen einen jährlichen Pacht von 60 Mltr. Waitzen, 380 Mltr. Korn, 80 Mltr. Gerste, 440 Mltr. Hafer und 534 fl. an Gelde, an einige Wiedertäufer verpachtet, die seit einigen Jahren sich häufig in hiesiger Gegend eingefunden haben, und der Landökonomie, besonders durch die Erweiterung des Kleebaus, eine vortheilhaftere Richtung zu geben glauben. — An der, um den Mönchshof herumgehenden, Mauer stehet das adeliche Geschlechtswappen der längst ausgestorbenen Herrn von der Kehre, woraus man vormals hat behaupten wollen, daß dieses Guth iener Familie zugehöret habe. Diese Angabe ruhet aber auf keinem sichern Beweis, sondern es ist wahrscheinlicher, daß ehedessen ein Herr von der Kehre im Kloster Wechterswinkel die Würde eines Probstes bekleidet habe und, bei der Reparatur der Mauer, sein Wappen daran hat setzen lassen.

Gleichamberg.

Dieses ansehnliche Dorf führet seinen Namen von dem großen Gleichberge, an dessen Fuße es gleichsam angelehnt ist. Gegen Morgen grenzt es an den Buchhof und Gleicherwiesen, gegen Mittag an Linden, gegen Abend an Eicha, und gegen Mitternacht an Hinnfeld und Milz. Die sämtliche Länderei belaufet sich ohngefähr auf 1200 Acker Feld und Wiesen, die ungemein fruchtbar sind. Der Ackerbau und die Viehzucht sind also der Hauptnahrungszweig der Einwohner, welche besonders einen starken Handel mit Ochsen treiben. Auch wird hier sehr vieles und gutes Obst gebauet und meistens im Auslande verkaufet.

Der ganze Flur ist in 25 Güter und 22 Sölden eingetheilet, die der Herrschaft größtentheils zu Lehn gehen und 35 fl. 5 gl. Erbzins, 84 fl. Frohngeld und

Historisch-statistische Beschreibung

13 Malter Korn und eben so viel Hafer, als Gültgetraide zu liefern haben. Die darunter befindlichen 9 Heßbergischen Güter und 4 Sölden müssen in Veräusserungsfällen, 16 von Hundert Handlohn entrichten, die übrigen Güter aber geben nur 5 von Hundert. Ausserdem erhebet die Herrschaft von sämmtlichen Feldgütern 60 Malter Hafer, als Herbstfutter, und von verschiedenen einzelnen Feldstücken, Korn- und Waitzengült. Das sogenannte Antoniusgut ist der Pfarrei zu Eicha lehnbar, wohin dessen Besitzer 8 Malter Korn- und 8 Malter Hafergülte abzugeben haben. Auch das Kloster Bildhausen, die hiesige Pfarrei und das, im Dorfe gelegene, Brennerische Freiguth besitzen hier verschiedene Lehnschaften. — Von den Getraidezehend gehöret der Herrschaft ein Theil, und der Juliusuniversität zu Würzburg drei Theile; der Heuzehend hingegen ist beiden Zehendherren zu gleichen Theilen zuständig. l) Einige Weinberge zehenden der Herrschaft alleine, auch sind alle Häuser im Dorfe dem Blutzehenden unterworfen. Von Zeit zu Zeit wird hier, unter dem Vorsitz des Beamten, ein Zehendgericht gehalten.

Das Dorf bestehet in 90 Wohnhäusern, und die Anzahl der Einwohner beläuft sich auf 373 Seelen. Unter diesen hat es, von 1791 bis 1796, 10 Ehen, 62 Geborne und 53 Verstorbene gegeben. Schon in mittlern Zeiten war hier eine Parochialkirche vorhanden, die zu dem Würzburgischen Landkapitel Mellerstadt gehörte. m) Nach einer Urkunde vom Jahre 1411 war ihr die Kapelle zu Eicha unterworfen; Sie wurde aber vom Graf Friedrichen L von Henneberg davon abgesondert und dem, zur Diözeß Basel gehörigen, Kloster Isenheim übergeben. n) Dermalen muß der hiesige Pfarrer allemal auf den dritten Sonntag und, an den hohen Festen, auf den 2ten Feiertage, den Gottesdienst in dem Filial Einden versehen.

Die Gemeinde besitzet beträchtliche Wiesen und eine ansehnliche Waldung an dem großen Gleichberg, woraus nicht nur die Gemeinderechte an Brennholz, gegen eine gewisse Abgabe, sondern auch jedem Nachbar, zu neuen Gebäuden, die nöthigen vier Schwellen ohnentgeldlich abgegeben werden. Die hiesige, aus 400 Stük bestehende, Schäferei gehöret ebenfalls der Gemeinde und empfiehlet sich besonders durch die vorzügliche Güte ihrer Wolle. Das Wirthshaus ist einem Privatmanne zuständig

---

l) Von der Zehendpflichtigkeit ist nur das, nach Kloster Bildhausen zinsbare, Werthenguth ausgenommen.

m) Dies bezeuget das Würzburgische Ar- chidiaconatsregister vom J. 1453 in Wurdweins Subsid. dipl. T. V. p. 382.

n) Beilage Num. VIII.

des Herzogl. Sächsl. gemeinschaftlichen Amtes Römhild. 641

tig und war, so wie das ganze Dorf, dem Bierzwang der Stadt Römhild unterworfen. Im Jahre 1791 hat aber dasselbe das Brau- und Schenkrecht erlanget.

Im Dorfe lieget ein kanzleisäßiges Guth, der Schrikelische oder Rabische Hof genannt, welcher ehmals die Herren von Marschall zu Marisfeld, als ein hennebergisch Lehn, inne hatten. Die dazu gehörige Burg wurde im Jahre 1395, wegen der vielen Räubereien, deren sich die adelichen Besitzer schuldig gemacht hatten, von den Bundesgenossen des Landfriedens zerstöhret. o) Dermalen gehöret es dem Hofrath Brenner zu Schweinfurth und bestehet aus 64 Acker Feld und 36 Acker Wiesen, die zwar keine Abgaben entrichten, aber doch der Zehendpflichtigkeit unterworfen sind. Es hat sein eigenes Brauhaus und darf das benöthigte Bier tranksteuerfrei brauen, aber nicht verzapfen.

Oberhalb des Orts, am Gleichberge, sind zwei Mahlmühle angeleget, welche von einigen, aus dem Berge entspringenden, Quellen getrieben werden. Aus der nemlichen Gegend bekommen auch die Einwohner ein gutes trinkbares Wasser. Eine Viertelstunde vom Dorfe, in dem Wiesengrunde gegen Eicha, lieget die sogenannte Wiesenmühle, die aber unbedeutend ist und sehr oft Mangel an Wasser leidet. Dieses Dorf stellet 8 Mann zum Landausschuß und 1 Schöppen an das Landgericht. In der Gleichamberger Flur besitzet die Herrschaft einen fischreichen Teich, viele, im Milzgrunde gelegene, Wiesen und eine beträchtliche Waldung von 3620 Acker Laubholz. lextere ist, nebst den umliegenden Gemeindehölzern, unter dem Namen des Gleichamberger Forsts, der Aufsicht eines besondern Försters anvertrauet, welcher im Dorfe wohnet und die Hohe- und Niederjagd in dem ganzen Revier zu besorgen hat.

Buchhof;

Ein herrschaftliches Kammerguth, lieget anderthalb Stunden von Römhild und grenzet mit seinen Feldern an die Fluren der Dörfer, Gleichamberg, Gleicherwiesen, Simmershausen und Roth. Außer den herrschaftlichen Oekenomiegebäuden und der Pachterswohnung sind hier keine Privathäuser anzutreffen. Die Anzahl der Menschen beläuft sich nur auf 20, die nach Gleichamberg eingepfarret sind. In ältesten Zeiten stand hier ein Dorf, welches eine Urkunde vom J. 814 mit dem Namen *Dunahu* bezeichnet und in die Nachbarschaft der Stadt Römhild setzet. p)

Die

---

o) Histor. Norimb. dipl. Period. l. p. 311.
p) In einem, zwischen den beiden Stiftern Würzburg und Fulda, 814 getroffenen Vergleich, überläßt Bischof Wolfger dem

Historisch-statistische Beschreibung

Die Geschichtsforscher haben diesen Ort nirgends finden können, und ihn bald für Baunach q) im Isgrunde, bald für den Stammsitz der Herren von Bünau gehalten. r) Man kann aber wohl mit Zuverlässigkeit annehmen, daß darunter der heutige Buchhof zu verstehen sey, weil derselbe nicht weit von Römhild entfernet ist und die Urkunden des 14ten Jahrhunderts eines Hennebergischen Dorfs unter dem Namen: zu der Buchen, erwähnen, s) welches, sowohl der lage als dem Namen nach, mit jenem alten Bunahu, die größte Aehnlichkeit hat.

Die Zeit, in welcher dieser Ort verwüstet und in einen Herrschaftshof verwandelt worden, ist nicht bekannt. Nach dem Zeugnisse eines, im J. 1555 über die Herrschaft Römhild gefertigten, Anschlags, t) hatte dieselbe schon damals die Eigenschaft eines Kammerguths, dessen Werth auf 16440 fl. geschätzet wurde. Es gehörten zu demselben 320 Acker land, 100½ Acker Wiesen und eine Schäferei von 1000 Stücken. u)

Im J. 1699 verkaufte zwar Herzog Heinrich zu S. Römhild den Buchhof dem General von Bibra um 11000 thlr., aber im J. 1721 wurde derselbe, als ein, zum Amte Römhild gehöriges, und den Portionsanschlägen einverleibtes, Kammerguth, von den übrigen Sächsischen Häusern, Gothaischer linie, wieder eingelöset. Gegenwärtig rentiret dasselbe 1212 fl. jährliches Pachtgeld. Ehedessen waren die umliegenden Dörfer, Gleichamberg, Hindfeld, Eicha und Linden verbunden, auf diesem Kammergute zur Erndezeit die Schnitt- und in der Heu- und Grummeternde

---

q) Abte Ratgar die Zehnden in villa vocata Rothumulti (Römhild) ad Bunahu ubi ecclesie edificata est. Schöttg. et Kreyß. dipl. T. I. p. 10.

r) Ja diesem Irrthume siehet Eccard in Commentar. de R. F. orient. T. II. p. 111.

s) Tenzel l. c. S. 65 und Weirichs Kirchen- und Schulenstaat. S. 31. — Junker in seiner Geogr. m. aevi p. 530, ist sogar der Meinung, daß der Ort Bunahu ein, bei Mildberg gelegenes, Schloß gewesen sey; aber alle diese Muthmaßungen widerlegen sich aus der vorhin Note p) angeführten Urkunde von selbst.

t) Gr. Poppe von Henneberg-Hartenberg überließ unter andern im J. 1334 dem Kloster Veßra 15 Mlter. Korn und 12 Mlter. Haser jährl. Einkünfte in villa dicta zu den Buechen, um 45 Pfand Heller. dipl. Mße. de dato MCCCXXXIIII. fer. IIda ante puriticat. Virg.

t) Beilage Num. XXXIII.

u) Da die, dem Kammergute zuständige, Schaafshuth in den umliegenden Fluren, Gleichamberg, Hindfeld, Eicha, Linden und Zeilfeld den dasigen Gemeinden (1650) käuflich überlassen worden ist, so kann dermalen der Pachter mehr nicht als 300 Stük Schafe halten.

des Herzogl. Sächsl. gemeinschaftlichen Amtes Römhild. 643

ernde die Fuhrfrohnen zu verrichten; beide sind aber dermalen den gedachten Ortschaften, gegen eine jährliche Abgabe von 25 thlr., erlassen.

Linden,

lieget zwei Stunden von Römhild, an der Landstraße, die aus Thüringen nach Franken gehet. Es grenzet gegen Morgen an Gleicherwiesen und Streufdorf, gegen Mittag an Haubinda und Schlechtsart, *v*) gegen Abend an Trappstadt und Eicha, und gegen Mitternacht an Gleichamberg. Die Fluren dieses Dorfs sind in 27 Güter eingetheilt, die weder Handlöhn entrichten noch der Zehendpflichtigkeit unterworfen sind. Davor haften aber auf selbigen beträchtliche Getraidedbgaben, indem die Güter-Besitzer verbunden sind, der Herrschaft jährlich 43 Malter 6 Maas Korn und 43 Malter 6 Maas Hafer, Gültgetraide, ingleichen 40 Malter Hafer (Römhilder Gemäs) 100 Maas Waitzen und 100 Maas Gerste (Sülzfelder Gemäs) unter dem Namen: Herbstfutter zu liefern. *w*) Auch das S. Hildburghäusische Amt Behrungen hat hier 43 Malter 6 Maas Korn und eben so viel Hafer Gültgetraide zu erheben.

In vorigen Zeiten gehörte dieses Dorf dem Stifte Würzburg, welches dasselbe der adelichen Familie von Neurieth wiederkäuflich überlassen hatte. letztere verkaufte es nebst dem Dorfe Ischertshausen, im J. 1401, mit Bewilligung des Bischofs Johann, dem Graf Friederich I. von Henneberg-Römhild, jedoch mit Vorbehalt

§ 2 des,

v) In Ansehung der Grenze zwischen Linden und Schlechtsart ereigneten sich vormals zwischen Graf Hermann VIII. von Henneberg und dem Hause Sachsen, als Inhabern der Pflege Koburg, einige Streitigkeiten, die in einem Vertrage von 1518 dahin verglichen wurden, daß die Hennebergische Landwehre bis an das Sächsische Gebiete ausgedehnet und mit dem dortigen Landgraben vereiniget werden sollte. (Beilage Num. XXVII.) Noch jetzo vertritt diese Landwehre in verschiedenen Gegenden die Stelle der Landgrenze, zwischen dem Amte Römhild und den Aemtern Heldburg und Hildburghausen, ohne daß selbige mit Grenzsteinen verwarkt ist.

w) Die Abgabe des so genannten Herbstfutters ist ohne Zweifel noch ein Ueberbleibsel des bekannten Atzungsrechtes, welches die Landesherrn des mittlern Zeitalters in ihren Landen auszuüben pflegten. Vermöge dieses Rechts waren die Unterthanen verbunden, den Landesherren mit seinen Pferden und Gefolge oder auch dessen Beamten und Jäger, auf eine unbestimmte Zeit, aufzunehmen und frei zu halten. Als diese Gewohnheit, durch die veränderte Gerichtsverfassung, nach und nach ablam, und die Dörfer von der bisherigen Atzungspflicht befreiet wurden, so mag wahrscheinlich, statt derselben, eine gewisse Getraideabgabe eingeführet worden seyn, die als ein Surrogat jener Verbindlichkeit angesehen werden kann.

des, dem gedachten Stifte daran zuständigen, Einlösungsrecht. x) Nach dem Umlauf eines ganzen Jahrhunderts gieng endlich dieser pfandschaftliche Besiz in einem Erbkauf über, indem Bischof Lorenz zu Würzburg im J. 1506 seinem Reluitions-rechte entsagte und davor den Hennebergischen Antheil an den Dörfern Ettenhausen und Werbrichshausen bekam. y)

Das Kloster Bildhausen besaß ehedessen zu linden einen Frelhof, dessen nuzbares Eigenthum den hiesigen Einwohnern mit dem Beding zu lehen gegeben war, daß sie davon eine jährliche Getraidegülte von 5 Malter Gemang, 1 Mlt. Waitzen und 5 Mlt. Hafer dem Kloster zu entrichten hatten. Diese Lehnschaft wurde aber durch einen, zwischen dem Herzog Heinrich und dem Abte Robert zu Bildhausen, am 13n December 1686 errichteten Umtauschvertrag, mit der Herrschaft Römhild vereiniget und dem gedachten Kloster davor die Lehnsherrlichkeit über den Zehend zu Nikersfelden (im Würzburgischen Amte Neustadt) abgetreten, den die Vögte von Salzburg im Besiz hatten und in der Eigenschaft eines Hennebergischen Söhn- und Töchterlehns, vom Hause Sachsen zu lehn trugen.

Der ökonomische Zustand dieses Dorfes war vormals eben nicht der beste, weil ein großer Theil der Felder, wegen Mangel an Wiesenwachs und Viehzucht, nicht gehörig gebauet werden konnte. Erst seit einigen Jahren haben die Einwohner angefangen ihre wüsten Weinberge und unfruchtbaren Anhöhen mit Esparsett anzubauen und dadurch jenem Mangel, mit so glüklichen Erfolg, zu ersezen, daß der Feldbau und die Viehzucht sich dermalen in ungleich besserm Zustande befindet.

Der Gemeinde gehören einige Felder und Hutpräfen auch etwas Waldung, ingleichen eine Schäferei von 300 Stücken und ein Wirthshaus, welches aber keine Braugerechtigkeit hat, sondern das benöthigte Bier aus der Stadt nehmen muß. Von dem jedesmaligen Amtsvogt zu Römhild wird, jedoch unter dem Vorsize des Beamten und in Beiseyn des Schultheißen und der Zwölfer, ein sogenanntes Kirmes- oder Dorfsgericht unter freiem Himmel gehalten, z) an welchem die Gemeindediener gewählet

x) Dipl. Mspt. d. d. an dem Jahrsabend anno Domini MCCCCI.
y) Dipl. Mspt. d. d. Donnerstag nach St. Simonis und Judaotaa 1506.
z) Zu den Feierlichkeiten dieses Gerichts gehört unter andern dieses, daß die Eröfnung desselben von dem Dorfsknecht, mit den Worten: "Ho! kommt alle zur Mallo" ausgerufen wird, und daß der herrschaftliche Jäger zu Gleichamberg, während des Gerichts, am Fenster des Wirthshauses, vor welchem es gehalten wird, stehen muß.

des Herzogl. Sächsl. gemeinschaftlichen Amtes Römhild. 645

wählet und verpflichtet, auch die angebrachten Klagen und Rügen entschieden werden. Von den erkannten Strafen bekommt die Herrschaft ⅔ Theile und die Gemeinde ⅓ Theil.

Im übrigen stehet das ganze Dorf Linden unter der Landeshoheit und Jurisdiktion des Amtes Römhild; Nur die Cent auf die vier hohen Rügen, als Mord, Nothzucht, Nachebrand und Dieb am Strik (qualificirter Diebstahl) ist davon ausgenommen und gehöret an die Würzburgische Cent Königshofen. Letztere hat aber hier weder einen Schöppen, noch darf sie die Nachbarn zum Centgericht fordern. Im Fall eines Verbrechens muß der Schultheiß den zur Haft gebrachten Delinquenten zuförderst durch den Fluhrer an das, in dem Wirthshause hierzu befindliche, Geschmelde anschließen lassen und dem Amte Römhild davon Anzeige thun. Wenn nun dieses das Verbrechen für centmäßig anerkennt; So wird alsdann der Missethäter von einigen Nachbarn, nebst einem Malter Waitzen, nach Königshofen in den Stok geliefert und der Cent übergeben, jedoch ohne einige Kosten zu bezahlen. Sie müssen aber, wie es im Centwelsthum heißet, — „ungegessen und ungetrunken wieder heraus vor das Thor gehen, will aber ihrer einer umwenden, mag er es thun."

Das Dorf bestehet aus 44 Wohnungen und 216 Einwohnern, unter welchen man von 1791–1796, 7 Ehen, 42 Gebohrne und 25 Gestorbene zählet. Es giebt hier wenig Wasser und zum öftern sind die Einwohner genöthiget, ihr Bedürfniß in Fässern bei der, ¼ Stunde entlegenen sogenannten, Wiesenmühle zu holen. In einem Theil der Lindaer Fluhr gehört den Besitzern des Ritterguths Bedheim die Niederkoppeljagd; Auch haben die Nachbarn das Recht der Haasenlausche hergebracht. Die hiesige Kirche ist eine Tochter von der Kirche zu Gleichamberg, deren Pfarrer alle 3 Wochen zu Lind den Gottesdienst zu besorgen hat. Davor ist die Gemeinde verbunden an den Bau- und Reparaturkosten der dortigen Pfarrwohnung den dritten Theil zu tragen.

Elcha (insgemein Träg.)

Ein mittelmäßiges Pfarrdorf, welches 1½ Stunde von Römhild gegen Mittag an der Landstraße lieget und gegen Morgen, an Gleichamberg, gegen Mittag an Linden und Trappstadt, gegen Abend an Breitensee und gegen Mitternacht an Hindfeld grenzet. Es enthält, mit Inbegriff der öffentlichen Gebäude, 55 Feuerstellen und 210 Einwohner, unter welchen sich 6 Leinweber, 1 Wagner, 2 Töpfer, 1 Maurer, 2 Schmiede und 2 Schreiner befinden. Leztere sind besonders durch ihre fournirte Arbeit so berühmt, daß sie selbige sogar bis Schweinfurth liefern. Vom Jahr 1790–1795 gab es hier 16 Ehen, 54 Geborne, nemlich 26 Knaben und 28 Mädgen, und 39 Verstorbene.

In ältern Urkunden, führte dieser Ort den Namen zu der Eicha und war mit einer Kapelle versehen, die dem heiligen Antonio gewidmet war und der Kirche zu Gleichamberg zugehörte. Aus Ehrfurcht für diesem Heiligen übergab sie aber Graf Friedrich I. von Henneberg im Jahre 1411 mit allen ihren Einkünften und Rechten, unter Bewilligung des Bischofs zu Würzburg, des Abts zu Bildhausen und des Pfarrers zu Gleichamberg, dem, im Bißthum Basel gelegenen, St. Antonsklofter zu Isenheim und gestattete demselben, die Präbenden dieser Kapelle nach Gutdünken zu vergeben. a) Die Verbindung mit einem so weit entfernten Kloster, dauerte bis zur Zeit der Reformation, wo alsdann die Kapelle zu Eicha in eine Parochialkirche verwandelt, auch zu Anfang dieses Jahrhunderts von neuen erbauet und den 22ten May 1772 eingeweihet wurde.

Der Flur bestehet aus 30, der Herrschaft lehnbaren, Gütern und dem so genannten Antoniusgut, welches der Pfarrei daselbst zu lehn gehet. Sämmtliche Güter geben aber in Veräusserungsfällen kein Handlohn und entrichten weiter nichts als Erbzins, Korngült und Herbsthafer. Das Kloster Bildhausen hat von 3 Gütern jährlich 3 gl. Erbzins zu erheben. Die Gemeinde besitzet eine Schäferei von 300 Stücken, 9 Acker Feld, 37 Acker Wiesen und etwas Gütergehölz, welches aber zu ihrer Bedürfniß nicht zureicht. Im J. 1695 wurde sie mit dem Braurechte privilegiret, so, daß jedem Nachbar erlaubet ist, Bier zu brauen und zu verzäpfen, wovon er jedoch eben so wenig, als von dem eingeführten fremden Bier einige Tranksteuer entrichtet, sondern nur von jedem Malter Malz 6 gl. Braujins in die Amtsvogtei bezahlet. Zum Landgericht stellet dieses Dorf einen Schöppen, giebt jährlich 18 gl. Centeinlage, und stellet 4 Mann zum Landausschuß. Der ganze Flur ist der Herrschaft zehendpflichtig, weswegen jährlich von dem Beamten und Amtsvogt hier ein Zehendgericht gehalten wird, welchem auch die Hindfelder Nachbarn, wegen des Meblerzehenden, beiwohnen müssen. Da es hier wenig Wiesen, und gar keine Huthplätze giebt, so ist der Viehstand nicht beträchtlich, und zur nöthigen Kultur des

Feldes

a) Beilage Num. VIII.

des Herzogl. Sächsl. gemeinschaftlichen Amtes Römhild. 647

Feldes bei weitem nicht hinreichend. Doch fängt man iezo an, Futterkräuter zu bauen, um jenem Mangel dadurch abzuhelfen.

Gollmuthausen b)

liegt am äussersten Ende des Amtes gegen Südwest drei Stunden von der Stadt Römhild, und grenzet gegen Morgen an Höchheim, gegen Mittag an Aubstadt, gegen Abend an die, zum Theil dem Kloster Bildhausen gehörige, Waldung den Weigler genannt c) und gegen Mitternacht an die Wüstung Uttenhausen. Dieser Ort welcher dem Stifte Eichstädt zu lehen rühret, begreifet 62 Häuser und 230 Einwohner. Die Kirche ist ein Filial von Rothausen, dessen Pfarr hier alle 3 Wochen den Gottesdienst versehen muß. Vom J. 1790-1795 zählet man 9 Ehen, 54 Gebohrne und 34 Gestorbene.

In diesem Dorfe liegt der sogenannte Schülershof, welcher in den ältern Zeiten das Eigenthum des Stifts Herzfeld war und im J. 1192 an das Kloster Herrnbreitungen übergieng. d) Nach einem Weißthum vom Jahre 1504 Convers. pauli waren die dasigen Aebte berechtiget, jährlich, im Beiseyn des Römhildischen Amtmanns und Centgrafen, zu Gollmuthausen ein Lehngericht zu halten und (wie es in der Urkunde heißet) um alle erbliche Güter, die dem Abte zu Lehn gehen, zu helfen und zu entbelfen. e) Bei der Sekularisirung des gedachten Klosters wurde dieser Hof zur Vogtei Herrnbreitungen geschlagen, welche bekanntlich den beiden Häusern Hessen

---

b) Junker erkläret zwar in seiner Geogr. medii aevi p. 232, die, in Pit. Trad. fuld. nr. 378 vorkommende, villam Gillismuotehusen für das im Amte Römhild gelegene Dorf Gollmuthausen; es ist aber weit wahrscheinlicher, daß darunter das im Amte Gerstach befindliche Dorf Giesmuthausen zu verstehen seyn möchte.

c) Von der Lage und dem Umfange dieser großen Waldung liefert der Fränk. Merkur vom J. 1797 p. 450 folgende Beschreibung: Sie ist 2 Stunden lang und 1 Stunde breit. Der Länge nach, nimmt sie bei einer, zum Marktflecken Behrungen gehörigen, Mahlmühle ihren Anfang und lauft gegen Süden bis an die Flurmarkung von Waltershau-

sen, fort. Gegen Osten stößt sie an die Fluren der Dörfer Rappershausen und Gollmuthausen, und gegen Westen an die Markungen der Dörfer Bahra und Mergoltshausen. Letzteres, ingleichen das Dorf Hendingen und das Amt Behrungen besitzt an dieser Waldung gewisse Antheile; aber der größte Theil derselben, ist dem Kloster Bildhausen zuständig, welches derselben, nach einer beigefügten Urkunde vom J. 1323, von Conraden von Waltershausen erkaufet hat.

d) dipl. in Kuchenbecker. anal. Hass. Coll. XII. p. 327.

e) S. die Urk. in Meusels Gesch. Forsch. Th. 7 S. 167.

Historisch-statistische Beschreibung

Hessen und Henneberg gemeinschaftlich zugehörte und in einem provisorischen Theilungsvertrag vom 3ten August 1583, dem Hause Hessen, jedoch mit Ausnahme des Hofes zu Gollmuthausen, zugetheilet wurde. Letzterer fiel damalen dem Hause Sachsen zu *f*) und wurde bald darauf (1585) unter die Einwohner des Dorfs, gegen Entrichtung eines jährlichen Geld- und Fruchterbzinses, vererbt.

Nach verschiedenen Abwechselungen kam dieser Hof, bei Gelegenheit der Römhildschen Succession, an das fürstl. Haus zu S. Hildburghausen, welchem darüber die Lehnsherrlichkeit zustehet, und weswegen von dem benachbarten Amte Behrungen alle Jahr auf dem heil. drei Königstage allhier das sogenannte Ritz oder Lehngericht gehalten wird. *g*) Uebrigens stehet der Schülershof unter der hohen und niedern Gerichtsbarkeit des Amtes Römhild und hat, ausser den gewöhnlichen Steuern, jährlich 10 fl. Hundtagung, 4 Fastnachtshühner, 100 Stük Eyer und 4 Mltr. Korngülte in die Römhildische Amtsvogtei, — 12 Mltr. Korn und eben so viel Hafer hingegen in das Hildburghäusische Amt Behrungen, zu liefern. Nächstdem sind dessen

f) dipl. im 2ten Theil der Henneb. Geschichte S. 502 des Urkundenbuchs.

g) Das alte deutsche Wort Rauz, oder Ritz, bedeutet im mittlern Zeitalter einen Ort, wo man das Gericht zu halten pflegte. (Haltaus in Glossar. voce. Kauze, p. 1073.) Von den sonderbaren Gebräuchen, die bei diesem Ritzgerichte beobachtet werden, lieset man in Meusels Geschichtsforscher Th. 7 p. 165 folgende Beschreibung: Es versammlen sich nämlich sämmtliche Lehnleute auf dem heil. drei Königstage nach der Kirche in dem Schülershof, und entrichten dem Behringischen Beamten, als Lehnherren, ihre Geld- und Fruchterbzinsen, worauf von dem Hofbauer eine Mahlzeit gegeben wird. Während derselben erscheinen alle Mädchen und Weiber des Dorfs vor der Thür des Speisezimmers, und stimmen ein Neujahrslied an, nach dessen Endigung eine ledige Weibsperson, die Ritz-Jungfer genannt, dem Beamten einen, mit Nüssen, Zukerwerk und Obst geputzten, Buchsbaum mit einem Neujahrs-

wunsche überreichet, und ihn um Gestattung eines Tanzes ersuchet. Nachdem sie nun von denselben die Antwort erhalten: daß er diese Bitte eher nicht gewähren könne, bis sie gethan, was das alte Recht mit sich bringe; so setzet sich eine, von dem Beamten ernannte, Mannsperson auf den, in der Mitte der Stube gestelleten, Dreh- oder Ritzstuhl, und erhält zuerst von der Ritzjungfer, sodann aber von den übrigen Weibspersonen einen Kuß, worauf sodann Musik und Tanz verstattet werden. Ob diese Farce schon in jenen Zeiten, als die Mönche zu Herrnbreitungen in dem Hof das Erb-gericht gehabten, gewöhnlich gewesen, läßt sich mehr vermuthen als beweisen. Nach einer, in dem Fränkischen Merkur vom J. 1790. S. 455 eingerükten Nachricht, soll zu den Feierlichkeiten des Ritzgerichtes auch dieses gehöret haben, daß jedes Bauernmädchen dem Beamten habe küssen müssen, welches aber neuerer Zeiten, wiewohl zum Mißvergnügen der Gollmuthäuser Bauern, abgestellet worden wäre.

des Herzogl. Sächßl. gemeinschaftlichen Amtes Römhild.

deſſen Beſitzer verbunden, der Herrſchaft, erforderlichen Falls, 3 Meilen weit eine Geſchirrfrohne zu leiſten, den 7ten Theil an den Baukoſten der hieſigen Kirchen- Schul- und andern öffentlichen Gebäuden beizutragen, und mit dem ſogenannten Hummelshof zu Haina einen gerüſteten Heerwagen zu ſtellen. Dahingegen werden, vermöge eines, zwiſchen S. Meiningen und S. Hildburghauſen am 11ten April 1789, errichteten Receſſes, den Beſitzern nicht nur jährlich 5 Acker Brennholz, ſondern auch das benöthigte Bauholz aus der herrſchaftlichen Waldung, ohnentgeldlich abgegeben.

Die Gelmuthäuſer Flurmarkung begreifet, auſſer den zum Schülershof gehörigen Feldgütern, noch 15 Huben, die zwar dem gedachten Hofe lehnbar ſind, und demſelben jährlich das ſogenannte Kitzgeld zu entrichten haben, aber demohngeachtet auch zu andern herrſchaftlichen Abgaben, an Erbzinſſ, Bannweingeld, Herbſtfutter und Korngülte verpflichtet ſind. — Der Getraidezehend gehöret theils der Herrſchaft, theils dem Schülershof, größtentheils aber den Herrn von Bibra zu Irmelshauſen und Höchheim, die ſelbigen nebſt ⅔theile des hieſigen Blutzehenden als ein Würzburgiſches Mannlehn beſitzen. Der übrige ⅓theil iſt der Gemeinde zuſtändig, die ihn aber dem Pfarr zu Rodhauſen, ſtatt der Beſoldung, eingeräumet hat. —

Die forſteiliche Gerichtsbarkeit und die hohe Jagd im ganzen Bezirk gehöret den beiden Landesherrſchaften; nur in einigen Diſtrikten haben die Rittergutsbeſitzer zu Aubſtadt und Waltershauſen die Niederjagd mit der Landesherrſchaft gemeinſchaftlich, auch hat jeder Dorfsnachbar das Recht, Haaſen und Füchſe zu fangen, ſo viel er kann.

Durch den Ort flieſſet die Milz, und treibet zwei, der Herrſchaft zins- und lehnbare, Mahlmühlen, wovon die eine der Gemeinde, die andere aber Privatperſonen zugehöret. Uebrigens hat Gelmuthauſen einen Schöppen zum Landgerichte zu ſtellen und jährlich 13 gl. Gemeinlage zu erlegen.

Rodhauſen.

Dieſes mittelmäſſige Pfarrdorf lieget 2 Stunden weſtwärts von der Stadt Römhild und grenzet gegen Morgen an Mendhauſen und Irmelshauſen, gegen Mittag an den ritterſchaftlichen Ort Höchheim, gegen Abend an Rappershauſen, und gegen Mitternacht an Behrungen. Es beſtehet, mit Inbegriff der öffentlichen Gebäude, in 47 Häuſern und 222 Einwohnern, unter welchen es verſchiedene Profeſſioniſten giebet, die aber ſelten das Meiſterrecht erlangen; auch treibt jeder ſein erlerntes

lerntes Handwerk, ohne daß er die, in andern Orten herkömmliche, Nahrungssteuer zu erlegen hat. — Vom Jahre 1790–1795 zählt man 10 Ehen, 37 Gebohrne und 36 Gestorbene.

Die Rothhäuser Flurmarkung ist in 15 Höfe oder Huben eingetheilt, die ohngefähr 600 Acker Feld und 200 Acker Wiesen ausmachen, und größtentheils dem Kloster Bildhausen zins- und lehnbar sind. Einige derselben gehen der hiesigen Pfarrei zu Lehn. Diese Grundstücke sind sehr belästiget, indem ihre Besitzer folgende Abgaben zu entrichten haben: 1) dem Kloster Bildhausen 143 Mltr. Kern und 140 Mltr. Hafer; — 2) dem Amte Behrungen 32 Malter Hafer als jährliches Herbstfutter; — 3) 10 Malter Kern, 11 Malter Hafer, 1 Malter Waizen und 1 Mltr. Erbes an die Pfarrei zu Rothausen, welche ausserdem auch den Zehend von den, auf den Brachfeldern erbauten, Früchten, ingleichen den Zehend von Schweinen und Gänsen, nicht weniger von jedem Hause einen Rauchhahn zu erheben hat; die Felder im Winter- und Sommerbau hingegen sind ganz zehendfrei. — Die Steuern haben vormals monatlich 11 Thlr. 2½ Bz. betragen, sie sind aber jetzo auf 22 Thlr. 5 Bz. erhöhet und werden an den Bildhäuser Kastner zu Königshofen geliefert.

Die Gemeinde besitzet einiges Gehölz, eine Schäferei von 400 Stücken, jedoch ohne Pferchschlag, und ein Wirthshaus mit der Braugerechtigkeit. Jeder Nachbar hat das Recht Bier zu brauen und dasselbe Tranksteuerfrei Eimerweis zu verkaufen. Vor dem Dorfe lieget ein grosser Teich, welcher dem Kloster Bildhausen zugehöret. Der Forst- und Wildbann im ganzen Dorfsdistrikt ist der landesherrschaft zuständig und der Aufsicht des Gollmuthäuser Forstbedienten übergeben. Doch haben die Freiherrn von Bibra zu Irmelshausen in der Rothhäuser Flur und Waldungen die Niederkoppeljagd auszuüben.

Dieser Ort war im 16ten und 17ten Jahrhundert der Gegenstand heftiger Streitigkeiten, die zwischen dem Hause Sachsen und dem Bisthum Würzburg über die Landeshoheit und Episkopalgerechtsame obwalteten, und zu manchen faktischen Auftritten Anlaß gaben. Zur nähern Kenntniß dieser streitigen Verhältnisse dürfte wohl folgende kurze Nachricht hier nicht überflüsig seyn.

In mittlern Zeiten war Rothausen das Eigenthum einer adelichen Familie, die von diesem Orte den Namen führte und zu Ende des 14ten Jahrhunderts ausstarb. Wieger von Rothhausen erscheinet schon im Jahre 1152 als Vasall des
Stifts

Stifts Fulda *h*) und sein Sohn gleichen Namens, verewigte sein Andenken badurch, daß er um das Jahr 1190 seinen Stammert dem Kloster Bildhausen schenkte. Eine Urkunde vom Jahre 1212 setzet diese Uebergabe ausser Zweifel und bezeuget, daß sie damalen nicht nur erneuert, sondern auch vom König Otto IV. in Gegenwart verschiedener Grafen und Herren, feierlich bestätiget wurde. *i*) Nach der Verfassung damaliger Zeiten konnten aber die Herrn von Rodhausen weiter nichts besitzen, als den Dienstzwang und den Genuß gewisser Güter und Gefälle; die richterliche Gewalt hingegen gehörte den Grafen von Henneberg, deren Verfahren, zur Zeit der Gauverfassung, die Gerichtsbarkeit in der großen Provinz des Grabfeldes, mithin auch zu Rodhausen, *k*) als kaiserliche Beamten, ausgeübet, und bei der nachherigen Erblichkeit der Gauen, auf ihre Nachkommen gebracht hatten. Eben daher befande sich das Haus Henneberg noch im Jahre 1358 im Besitz der dasigen Gerichte, welche Eyelar und Dietrich von Rodhausen von denselben zu Lehn empfiengen. *l*)

Hieraus folget nun von selbst, daß die Gerichtsbarkeit in diesem Orte ursprünglich den Grafen von Henneberg, als unbezweifelten Landesherrn, zugehöret habe, und daß selbige, durch obige Schenkung, dem Kloster Bildhausen nicht mit überlassen werden konnte. Der nähere Beweiß dieser Angabe, lieget auch in dem Theilungsvertrag vom Jahre 1468, nach welchem unter andern, das Dorf Rodhausen nebst den Gerichten dem Graf Otto von Henneberg zugetheilet wurde. *m*)

Demohngeachtet suchte das Hochstift Würzburg, in dessen Gebiete das Kloster Bildhausen gelegen ist, nicht nur die Landeshoheit, sondern auch eine unbeschränkte Gerichtsbarkeit über das, im ohnstreitigen hennebergischen Territorio gelegene, Dorf Rodhausen zu behaupten, und gründete seine desfalsigen Anmaßungen theils auf ein kaiserliches Privilegium vom Jahre 1534, vermöge dessen dem dortigen Bischof Konrad der Schutz und Schirm nebst allen landeshoheitlichen Rechten, über die, den

---

h) dipl. in Schoettg. et Kreyßig. diplomatar. T. 1. p. 50.
i) Beilage Num. III.
k) Im Jahre 857 übergab ein gewisser Uppo dem Kloster Fulden sein Eigenthum in vico Rodahusen in pago Grapfeld. Schannat, Trad. Fuld. p. 194. nr. 478. Junker in seiner mittl. Geogr. S. 236 erkläret das, im Schannat l. c. nr. 542. vorkommende Dorf Ruoswindershusen, zwar auch für Rodhausen, es ist aber wahrscheinlicher, daß darunter das Dorf Rüdschenhausen im Amte Maßfeld zu verstehen sey.
l) Beilage Num. V.
m) S. Urk. im 1sten Th. der Hennebergl. Gesch. S. 610.

Historisch-statistische Beschreibung

den würzburgischen Stiftslanden befindlichen Klöster und Gotteshäuser ertheilet worden waren, *n)* theils auf einem, von dem Kloster Bildhausen im Jahre 1478 ausgestellten Revers, worinne sich daßelbe gegen das Hochstift verbindlich gemacht hatte, seine Dörfer und Güter in keines fremden Herrns Verspruch oder obrigkeitlichen Schutz zu geben. *o)* Die, aus beiden Uckunden hergeleiteten, Jurisdiktions- und Hoheitsansprüche widerlegen sich aber aus den unten *p)* angeführten Umständen von selbst, und es ist daher genug, hiervon nur noch dieses bemerklich zu machen, daß der deshalb beim Reichskammergericht anhängig gewesene Prozeß, durch einen, zwischen dem Herzog Johann Casimir zu Sachsen und dem Bischoff Julius zu Würzburg, im Jahre 1599 errichteten Vertrag, seine Endschaft erreichte. Nach dem Inhalt desselben wurde nun die centbarliche Obrigkeit über Rodhausen, in allen Fällen die Leib und Leben betreffen, dem Amte Römhild, die vogteilichen Gerichte dem Kloster Bildhausen, und die Erhebung der Steuern dem Stifte Würzburg zugestan-

n) Beilage Num. XXX.
o) Beilage Num. XVIII.
p) In den, von Seiten des Stifts Würzburg, zum Behuf der prätendirten Landeshoheit über Rodhausen, angezogenen Documenten vom Jahr 1478 und 1534, ist bloß die Rede von dessen Hebungsgerechsamen über die, in den Stiftslanden befindlichen, Klöster und über die zu selbigen gehörigen Dörfer und Güter, die in dem Bezirk des Bißthums gelegen waren. Es versteht sich also von selbst, daß die, in andern fürstlichen und gräflichen Gebieten befindlichen Klosterbesitzungen, soviel nemlich die weltliche Superiorität betrift, darunter keines weges mit begriffen seyn könnten. Denn, obgleich nicht zu leugnen ist, daß vor der Reformation dem Stifte Würzburg die Jurisdictio ecclesiastica über die ganze Grafschaft Henneberg zuständig gewesen; so läßt sich doch aus dieser alten Diöcisanverfassung, die ebenhin durch den bekannten Religionsfrieden, in den protestantischen Landen, verjährt worden ist, weder ein Territorialrecht, noch sonsten eine

weltliche Hoheit über dieienige Dörfer und Güter herleiten, die, als ein dieses ausnießliches Eigenthum, den würzburgischen Albstern, in dem Territorio eines andern Landesherrn, zugehörten. Die nemliche Bewandniß hat es nun auch mit dem Dorfe Rodhausen, welches zwar schon im Jahre 1190 mit dem angemäßlichen Eigenthum an das Kloster Bildhausen übergieng, (Beil. Num. III.) aber dennoch der Gerichtsbarkeit und Landeshoheit der Grafen von Henneberg unterworfen blieb. Der nähere Beweiß dieser Angabe und die Ferttauer jener Hoheitsrechte entwickeln sich auch aus folgenden Umständen: 1) lieget dieser Ort innerhalb der alten henneburgischen Landwehre, die in verschiedenen Gegenden die Laadgrenze zwischen dieser Grafschaft und dem Bißthum Würzburg ausmachet; 2) wird in den Lagerbüchern des 15ten und 16ten Jahrhunderts das Dorf Rodhausen, namentlich, als ein, zum Amte Römhild gehöriges, Dorf beschrieben; 3) sind die dasigen Einwohner verbunden, jährlich 32 Mltr. Hafer, unter der Rubrik:

Herbst-

des Herzogl. Sächsl. gemeinschaftlichen Amtes Römhild.

gestanden; die Landes- und Heeresfolge hingegen blieb beiden fürstlichen Theilen zum gemeinschaftlichen Gebrauch vorbehalten. q)

Dieser Vertrag wurde im Jahre 1656, zwischen dem Bischof Johann Philipp und dem Herzog Friedrich Wilhelm, nicht nur erneuert sondern es bekam auch derselbe dadurch eine nähere Bestimmung, daß die Unterthanen zu Rodhausen demjenigen fürstlichen Theilhaber, der sie zuerst aufbieten werde, die Landesfolge zu leisten, verbunden seyn sollten. Doch blieb die Musterung, Enrollirung und Auflegung der Gewehre dem Hause Sachsen alleine vorbehalten. Daferne aber beide Herrn mit einander in Krieg verwickelt würden, sollten die Rodhäuser keinem Theile folgen, sondern stille sitzen. Wegen der Fornikationsfälle, welche Bildhausen zur vogteilichen Jurisdiktion rechnen wollte, traf man die Auskunft, daß, wenn bei der Schwängerung ein Eheversprechen vorgegangen sey, die Cognition und Bestrafung derselben dem Amte Römhild, — im entgegengesetzten Fall aber, ingleichen wenn keine Schwängerung daraus entstanden, mithin keine Anerkennung und Versorgung des Kindes erfolget, — die Sachen der Klostervogtei überlassen seyn sollte r)

Zu den Römhildischen Land- und Centgerichten, auf welchen die Nachbarn zu Rodhausen erscheinen und einen Schöppen stellen müssen, zahlt der Ort jährlich 15 gl. 9 pf. Einlage, auch ist derselbe zur Erhaltung des Landwehrgrabens die nöthigen Handfrohnen zu leisten, nicht weniger, mit Konkurrenz der Dörfer Mendhausen und Gollmuthausen, einen Heerwagen zu halten, und endlich 5 Mann zum Landesausschuß zu stellen verbunden. Lauter Kennzeichen der sächsischen Landeshoheit, zu deren Beweiß noch zum Ueberfluß, an dem Eingange des Dorfs das sächsische Wappen angeheftet ist.

Nichts bestoweniger fehlt es noch immer nicht an Gelegenheit zu neuen nachbarlichen Irrungen. Denn obgleich die von dem Stifte Würzburg hergebrachte Erhebung

Herbstfutter zu entrichten, eine Abgabe, die, als ein Surrogat der ehemaligen Azungspflicht, nur dem Landesherrn gebührte und einem unfehlbaren Kennzug der Territorialhoheit ausmachte. Da nun übrigens gedachtes Dorf q) mit den angrenzten römhildischen Ortschaften Mendhausen und Gollmuthausen einen gemeinschaftlichen Heerwagen zu stellen hat, mithin schon während der Kriegsverfassung des mittlern Zeitalters zur henneberg'schen Landes- und Heeresfolge verpflichtet war; so dürften wohl, bei diesen vorliegenden Gründen, die sächsischen Landes- und Hoheitsrechte über Rodhausen keinem Zweifel mehr unterworfen seyn.

q) S. den Rezeß vom Jahr 1599 in Lünigs R. Arch. Spic. eccl. Cont. I. p. 766.
r) Beilage Num. XLIIa.

bung der Steuer, als eine servitus iuris publici, für keinen Ausfluß der Landeshoheit angesehen werden kann; s) so glaubt man doch dortiger Seits darinne einen Grund zu finden, sich mancher Befugnissen anzumaßen, die den sächsischen Hoheitsrechten nachtheilig sind. Dahin gehöret z. B. die, in neuern Zeiten von dem Dorfe Rodhausen, verlangte Stellung der Rekruten zum würzburgischen Reichskontingent und die, den dasigen Einwohnern angesonnene, Mitleidenheit zu den angesetzten Kriegslieferungen. Da aber Rodhausen, als ein, im römhildischen Amtsbezirk gelegener, Ort, einen integrirenden Theil der Grafschaft Henneberg ausmachet, und von jeher, sowohl bei Einquartirungen als bei Kriegsbeiträgen, vom Amte Römhild zur Konkurrenz gezogen worden ist; so werden dergleichen Anmaßungen jedesmalen mit standhaften Gründen von der Hand gewiesen.

Neben den bisher bemerkten Jurisdiktionsirrungen entstanden auch, zur Zeit der Reformation, über den Kirchensaz zu Rodhausen, zwischen Sachsen und Würzburg mancherlei Zwistigkeiten, die man dem Charakter jener intoleranten Zeiten zuschreiben muß. Schon im 12ten Jahrhundert hatte der Ort seine eigene Kirche, welche in ältern Zeiten unter dem würzburgischen Diakonat Mellerstadt stand t) aber im Jahre 1194, mit den dazu gehörigen Zehenden und Gütern, dem Kloster Vildhausen überlassen wurde. u) lezteres kam nun zwar dadurch zum Besiz des Patronatrechts zu Rodhausen; allein die allhier eingeführte evangelische Lehre gab dieser Verfassung eine veränderte Gestalt; und obgleich gedachtes Kloster den Kirchensaz, nach wie vor, zu behaupten suchte, und noch im Jahre 1568 einen katholischen Priester

s) Die Lehrer des deutschen Staatsrechts sind durchgehends einverstanden, daß der Schluß vom jure collectandi auf die Territorialhoheit keinesweges für bündig zu achten sey, weil in einem fremden Territorio die Steuern auch von einem andern, der eben nicht Landesherr ist, erhoben werden können, und in dieser Hinsicht nur bles eine servitutem juris publici ausmachen. Selbst der kaiserliche Reichshofrath hat die Meinung angenommen, jus collectandi non arguere Superioritatem territorialem, (v. Werner Sel. observat. Tom. III. P. IV. obs. 173) und der Kammergerichtsassessor von Ludolf obs. 102 saget ausdrüklich, daß zwar von dem jure superioritatis, ad jus collectarum, — keinesweges aber vom jure collectarum ad jus territoriale geschlossen werden könne. Viele Beispiele, welche dieser bisher bestrittenen Behauptung das Wort reden, findet man in Achat. L. C. Schmidii Comment. de juris collectandi cum territoriali superioritate nexu haud necessario, Sect. II. §. XII. und in Lincker de Superioritate territor. p. 72 f. f.

t) S. Wurdwein subsid, dipl. T. V. p. 382.

u) S. die Urk. vom Jahre 1194 im 1sten Th. der henneb. Gesch. S. 81, nr. V.

des Herzogl. Sächßl. gemeinschaftlichen Amtes Römhild. 655

ster daselbst einsezte; so mußte doch Herzog Johann Wilhelm zu Sachsen, als Inhaber des Amtes Römhild, die ihm, nach der Analogie des passauischen Vertrags, zuständigen Episkopalgerechtsame über Rodhausen mit so vielem Ernste zu behaupten, daß er sogar den, vom Kloster Bildhausen eingesezten, Kaplan gefangen nehmen und nach Römhild führen lies. Bischof Friedrich zu Würzburg beschwerte sich über diese Gewaltthätigkeit am kaiserlichen Hofe und wirkte deswegen ein Pönalmandat aus, *v*) von dessen Befolgung sich keine weitern Nachrichten finden, als daß der Streit über das Patronatrecht in dem bekannten Trappstädter Rezeß. vom Jahre 1599 dem kaiserlichen Kammergericht zur Entscheidung überlassen wurde.

Inzwischen suchte man würzburgischer Seits die, in Rodhausen eingeführte, lutherische Lehre wieder zu vertilgen. In dieser Absicht untersagte Bischof Philipp Adolph am 16ten Aug. 1628 dem, daselbst angestellten, evangelischen Pfarr die Verrichtung aller gottesdienstlichen Handlungen und befahl der Gemeinde sehr nachdrüklich, einen bildhäuser Ordensbruder zum Prediger anzunehmen. *w*) Zur Vollziehung dieses Befehls lies der Bischof zugleich ein Heer von 50 Reutern und 1300 Mann bewaffneten Fußgängern in Rodhausen einrücken um den lutherischen Geistlichen, unter vielen harten Bedrohungen, zu entfernen und sämmtliche Einwohner zu zwingen, die römisch-katholische Lehre wieder anzunehmen und das Stift Würzburg für ihre alleinige landesfürstliche Obrigkeit zu erkennen. Herzog Johann Casimir sahe sich dadurch veranlasset, beim kaiserlichen Hof über dergleichen gewaltsame Vorschritte Beschwerde zu führen und gegen dem Bischof ein Mandat auszuwürken, worinne demselben bei Strafe 10 Mark Goldes aufgegeben wurde, den, in Verhaft genommenen, evangelischen Pfarr auf freien Fuß zu sezen, der Gemeinde zu Rodhausen das ihr abgenöthigten Handgelöbnisses zu entlassen und alles wieder in vorigem Stand zu sezen. *x*) Diese Streitigkeiten wurden endlich durch den mehrmalen angeführten Vertrage vom Jahre 1656 ebenfalls beigeleget, und dem Hause Sachsen das Patronatrecht und die geistliche Jurisdiktion zu Rodhausen, nach Maasgabe des westphälischen Friedens, unbenommen zugestanden. *y*)

In der, ohnweit Rodhausen befindlichen, Waldung lieget die Wüstung Burgstädel, allwo in alten Zeiten ein Schloß gestanden haben soll, *z*) wovon aber keine

t) Beilage Num. XXXVI.
u) Beil. Num. XL.
x) Beilage Num. XLI.
y) Beilage Num. XLIIa.
z) Tenzels 1te henneb. Zehenden, S. 26.

ue Rudera mehr anzutreffen sind. Wahrscheinlich ist diese vormalige Villa die nemliche, welche im Jahre 800 unter den Namen Duristodla in pago Grabfeld, von der Gräfin Emhild dem Kloster Milz zugeeignet wurde. a)

Sondheim.

Dieses mittelmäßige Dorf lieget 3 Stunden von Römhild gegen Abend und ist von den übrigen Amtsdörfern ganz abgesondert. Zum Unterschied des, im Eisenachischen Amte Lichtenberg gelegenen, Sondheims vor der Rön, wird dieser Ort mit dem Namen: Sondheim im Grabfelde, beleget. Sein Alter beweiset eine Urkunde vom Jahr 857, nach welcher verschiedene Güter in villa Sundheim in pago Grabfeld dem Stifte Fulda zugeeignet wurden. b) Dermalen bestehet dasselbe in 46 Feuerstellen und 257 Einwohnern.

Es befindet sich hier der sogenannte Henneberger Hof, welcher unter die Nachbarn vererbet ist und dem fürstlichen Hause zu S. Hildburghausen zu Lehen rühret. In Erledigungsfällen, sowohl in manu dominante als serviente, muß derselbe durch zwei bestellte Lehnträger von S. Hildburghausen zu Lehen genommen werden. Dieser Hof ist Zehend-Cent-und Sendfrei und die Besitzer der, dazu gehörigen und abgesteinten, Grundstücke entrichten 5 proCent Handlehn und liefern eine jährliche Getraidegülte von 10 Malter Waitzen 20 M. Korn 28 M. Hafer und 2 M. Erbsen, alles Mellerstädter Gemäß, in das Amt Behrungen. Auſſer diesem erbet auch dasselbe vom ganzen Dorfe nach 4 Malter Korn und 40 M. Hafer, als ein jährliches Herbstfutter.

Unter den übrigen zu Sondheim befindlichen Lehngütern herrschet, seit dem 30jährigen Kriege, eine gänzliche Verwirrung, so, daß man nicht ausfindig machen kann, welchem Lehnherrn selbige eigentlich zugehören. Es wird daher bei allen Veräuſſe-

---

a) Schannat. Trad. fuld. p. 69. — Höu in seinem topograph. Leric. S. 25. hält dieses Duristodla irrig für das, bei Staffelstein gelegene Dorf Duringstadt, welches nicht zum östlichen Grabfeld sondern zum Radenzgau gehörte.

b) Schannat. Trad. fuld. p. 195, nr. 480. Dasienige Sundheim welches die Urk. von den Jahren 789, 812 u. 823 in Schannat. nr. 88, 268 u. 374 in dem Gau Baringewe, einem Untergau des Grabfeldes, legen, ist das im Amte Lichtenberg gelegene Sondheim vor der Rön; dahingegen der Markfleken Kaltensondheim, dessen die Fuldaischen Traditiones nr. 337, 402 u. 500 erwähnen, im Gau Tullifeld lag.

äusserungsfällen das Lehngeld in zwei Theile vertheilet, wovon die eine Hälfte der Landesherrschaft zukommt, die andere aber unter die unten e) benannte Lehnherrn, nach dem Verhältnisse der, ihnen lehnbaren, Hubenzahl, ausgetheilet wird. Der Getraidezehend gehöret dem Amte Behrungen; den kleinen Zehend aber beziehet die Landesherrschaft und die Pfarrei zu Sondheim zu gleichen Theilen. Jährlich wird daher, unter dem Vorsitze des Amtsaktuarii, im Beiseyn der Interessenten ein Zehendgericht gehalten und die vorgefallenen Verbrechen bestrafet. — Die Gemeinde hat im Jahr 1701 die Braugerechtigkeit erlanget, auch besitzet sie eine ansehnliche Waldung, woran aber auch die Güterbesitzer einen gewissen Antheil haben.

Im ganzen Sondheimer Flur stehet die hohe Jagd der Landesherrschaft alleine zu; die Niederjagd hingegen hat sie mit den Freiherrn von Stein, als Besitzern des Rittergutes zu Rosrieth, gemeinschaftlich auszuüben. Auch dem Amte Behrungen ist in einen kleinen Distrikt, das Hammerfeld genannt, die Niederkoppeljagd zuständig.

Die Kirche zu Sondheim, welche in vorigen Zeiten ein Filial von Behrungen war, bekam zwar 1618 ihren eignen Pfarr; als aber dieser Ort im Jahr 1632, durch den Einfall der Croaten, eine gänzliche Verwüstung erlitten hatte, so wurde die Besorgung des Gottesdienstes den benachbarten Geistlichen zu Berkach, Rodhausen und Behrungen übertragen. Diese Einrichtung dauerte bis 1669, wo endlich die Pfarrei wieder hergestellet wurde.

Vermöge der, zwischen dem Hause Sachsen und dem Hochstifte Würzburg, in den Jahren 1585 und 1599 errichteten, Rezesse, gehöret dem würzburgischen Amte Mellerstadt allhier die Cent auf die 4 hohen Rügen; auch ist der Ort verbunden einen Schöppen an das dortige Centgericht zu stellen und dasselbe mit 4 Mann zu besuchen.

Hind-

e) An der Hälfte der einkommenden Lehngelder participiren:
1) die Kirche zu Hendingen von 1½ Huben
2) das Kloster Wechterswinkel von ½ —
3) der Freih. von Stein zu Nordheim v. 1 —
4) der Freiherr von Bibra zu Irmelshausen von 2 —
5) die Pfarrei zu Queyenfeld von 9½ —

6) das Amt Kühndorf, wegen Kloster Rora, von 1 Hube
7) der Kirchkasten zu Sondheim 1½ —
8) die Pfarrei daselbst ½ —

Ausser dem besitzet auch die Pfarrei zu Eussenhausen in dem Sondheimer Flur noch verschiedene einzelne Lehnstücke, und die um die hiesige Kirche herum gestandene Gaden, was ren dem Kirchkasten lehnbar.

Hindfeld.

Ein kleines Dorf, von 27 Häusern und 106 Einwohnern, lieget 1 Stunde von Römhild, an dem Fuße des großen Gleichbergs, und grenzet gegen Morgen an das Dorf Gleichamberg, gegen Mittag an Eicha, gegen Abend an Breitensee, und gegen Mitternacht an Milz. Die Flurmarkung bestehet aus 10½ Huben, die der Herrschaft zins- und lehnbar sind. Darunter befinden sich 4½ sogenannte Neblers Lehne, welche einen besondern Distrikt ausmachen und in mittlern Zeiten dem Stifte Eichsfelde zugehörten. Der dasige Bischoff verkaufte sie nebst andern Gefällen zu Linden, Gleichamberg, Buchenhof und Eicha im Jahr 1433 dem Graf Georg von Henneberg, mit Vorbehalt der Lehnsherrlichkeit, die dem gedachten Stifte noch jetzo zuständig ist.

Diese Neblers Lehne sind der Herrschaft zehendbar und entrichten ausserdem dem Stifte zu Römhild eine jährliche Getraidegülte von 5 Mltr. Korn und 4 Mltr. Hafer, die Graf Hermann von Henneberg im Jahr 1378 der dortigen Kirche um 300 Pfund Heller verkaufte. d)

Die Gemeinde besitzet ein Stük Waldung am großen Gleichberg, eine Schäferei von 200 Stücken, und eine Mahlmühle, die vor dem Dorfe lieget und von der Milz getrieben wird. Die hiesige Kirche ist eine Tochter von der Kirche zu Milz, deren Pfarrer alle 3 Wochen allhier das Amt zu halten hat. Es befindet sich im Orte ein Freihof, welchen vormals (1560) die Herren von Sternberg zu Kalenberg, in der Eigenschaft eines Henneberg-Schleusingischen Mannlehns, inne hatten. Nach einigen Abwechselungen seiner Besitzer kam derselbe 1680 an den ehemaligen Kammersekretär Güttig zu Römhild und wurde vom Lehnhof nicht nur in ein Erblehn verwandelt, sondern auch, als ein kanzlei- und schriftsäßiges Gut, von der Amtsjurisdiktion befreiet. Im Jahre 1747 verkauften es die Güttigischen Erben dem Rath und Amtmann Grözner zu Römhild um 7700 fl. frkl. dessen Erben es jetzo im Besitz haben. Vermöge eines, zwischen dem Kammersekretär Johann Güttig, und der Gemeinde Hindfeld, errichteten Rezesses vom 11ten May 1706, haben die Besitzer dieses Hofs einen gewissen Antheil an der nachbarlichen Holz- und Grasnutzung zu geniesen, auch 4 Stük Zugvieh auf die Weide zu treiben.

d) S. die Urk. in Tenzels 2ter hennb. Zehnden, in Reinhards Samml. seltener Schriften Th. 1. S. 103.

ben. Sie sind aber davor verbunden, an den Gemeindefuhren sowohl, als an den Transport- und Speisungskosten des Pfarrers einen verhältnißmäßigen Antheil zu tragen. Von den übrigen real- und personal Beschwerden, z. B. von Einquartirungen, Dorfswachen und andern nachbarlichen Obliegenheiten ist das Gut frei.

Zeilfeld.

Von diesem Dorfe ist nur ein gewisser und zwar der größere Theil der Hoheit und Jurisdiction der Herrschaft Römhild unterworfen; der geringere Theil gehöret zum fürstlichen Amt Hildburghausen. Es lieget jenseits der Gleichberge 1¼ Stunden von Römhild gegen Morgen und grenzet auf dieser Seite an Pfersdorf und Laimrieth. Seine übrigen Grenznachbarn sind gegen Mittag das Rittergut Frankenberg und die Ortschaften Bedheim und Roth; gegen Abend das herrschaftliche Gehölz am kleinen Gleichberg und gegen Mittag die Dörfer Dingsleben und Neurieth. Der Ort bestehet, mit Inbegriff einer ohnweit davon gelegenen Mühle, aus 52 Häusern und die Zahl der Einwohner beläuft sich auf 236 Seelen.

Die Flurmarkung ist in 30 Feldgütern eingetheilet, von welchen

   17½ Güter dem Amte Römhild
   2 — dem Amte Themar
   4½ — dem Rittergut Bedheim
   3 — dem Gute Weikersroth
   2 — der Pfarrei zu Eicha
   1 — der Kirche zu Zeilfeld

lehnbar sind, und theils 5 theils 10 Prozent Handlohn entrichten. e) Verschiedene einzelne Stücke gehen der hiesigen Kirche und Gemeinde zu Lehen. Von 29 Gütern, mit Ausnahme des, der Kirche lehnbaren, Guts, wird jährlich ein Satzzehend von 20 Mltr. 1 Achtel 1 Mtz. Korn, 40 Mltr. 2 Acht. 2 Mz. Hafer und 4 Achtel Erbsen, ingleichen Michelshühner, Flachs und der Zehend von Füllen, Kälbern und Gänsen entrichtet, wovon das Amt Themar die eine Hälfte, f) die Amtskellerei

e) Die Bedheimer und Weikersröther Lehngüter geben 10, die Römhilder und Themarer aber nur 5 Procent. Die Eichaer Pfarrlehn sind ganz frei, und die Kirche zu Zeilfeld erhebet von 1 fl. nur 9 pf. Lehngeld.

f) Vormals besaßen hier die Herrn von Erdorf den großen und kleinen Zehend, wovon sie die Hälfte 1334 dem Kloster Veßra um 90 Pfund Heller verkauften. dipl. Mspt. d. d. Slusingen MCCCXXXIV, in die b. Agathe)

zu Breitensee, wegen der herbelstädtischen Güter zu Haina, und die hasischen Erben zu Hildburghausen die andere Hälfte zu zwei gleichen Theilen zu erheben haben.

In Ansehung der, zwischen der Herrschaft Römhild und dem fürstlichen Hause zu S. Hildburghausen getheilten, Landeshoheit und Jurisdiction über das Dorf Zeilfeld und dessen Fluren, hat es diese Beschaffenheit, daß 41 Häuser und 20 Güter dem Amte Römhild, 11 Häuser und 10 Güter hingegen dem Amte Hildburghausen steuerbar sind. Die centbarliche Gerichtsbarkeit bestimmt die, durch das Dorf gehende, Grenze, nach welcher 26 Häuser und 10 Güter auf der Römhilder, und 26 Häuser und 20 Güter auf der Hildburghäuser Centseite gelegen sind. Die zu jedem Antheil gehörigen Unterthanen müssen die Cent- und Landgerichte desjenigen Amts besuchen, dem sie unterworfen sind.

Von dem Ursprunge dieser, zwischen Sachsen und Henneberg, getheilten Verfassung sind keine Nachrichten vorhanden. Indessen siehet man aus zween, in den Jahren 1521 und 1536 errichteten Verträgen, daß der gemeinschaftliche Besiz des Dorfs Zeilfeld bereits in mittlern Zeiten existiret und schon damalen zu manchen Hoheits- und Jurisdictionsirrungen Anlaß gegeben habe. g) leztere dauerten bis in die neuesten Zeiten fort und es entstanden daraus viele unangenehme Weiterungen, die endlich beiden fürstlichen Theilhabern den Wunsch natürlich machten, dem Ende dieser veralteten Streitigkeiten näher zu kommen.

Es wurde daher am 11ten April 1789 zwischen S. Meiningen und S. Hildburghausen deshalb ein Interimsvergleich dahin abgeschlossen, daß einem ieden fürstlichen Besizer die Landeshoheit sowohl, als die Erb- und Vogteigerichtsbarkeit über die ihm steuerbaren Güter und Unterthanen allein zustehen; die Cent hingegen, und zwar sowohl auf die 4 hohe Rügen, als auch auf sämmtliche, in der Herzogl. Ernestinischen Landesordnung specificirten Fälle, ienseits der unstrittigen Centgrenze, vom Amte Hildburghausen, diesseits derselben aber vom Amte Römhild ausgeübet werden

―――――――――

che) Da die Klostereinkünfte, nach dessen Secularisirung, zum Amte Themar geschlagen wurden; so kam dasselbe dadurch auch zum Besiz des halben Zehenden zu Zeilfeld.

g) Man sehe die Beilagen Num. XXIX.

und XXXI. Ich halte es für überflüssig, den Inhalt dieser zwei Recesse im Texte weitläufig zu detailliren, weil die damalige Verfassung eine wesentliche Abänderung erlitten, und durch den neuesten Vertrag von 1789 eine ganz andere Gestalt bekommen hat.

des Herzogl. Sächßl. gemeinschaftlichen Amtes Römhild.

ben sollte. Doch wurde zugleich festgesetzt, daß ieder fürstliche Theil, bei vorkommenden Fällen, die Inculpaten, auf geschehene Requisition, in foro delicti commissi zu stellen habe. — Wegen der gemeinschaftlichen Zollerhebung nahm man die Abrede, daß die Amtsvogtei Römhild zwar den Zoll zu Zeilfeld allein erheben, iedoch aber verbunden seyn sollte, die Hälfte desselben, iährlich mit 6 fl. 16 gl. 2¼ pf. an das Amt Hildburghausen zur Abfindung zu bezahlen.

Die Dorfsherrschaft, mithin auch die Bestellung des Schultheißen und der gemeinen Diener, die Abhörung der Gemeinde-Rechnungen, die Erhebung des Einzuggeldes, der Tranksteuer, des sogenannten Kuhgeldes und des Herbstfutters, gehören dem Amte Römhild; das Einzuggeld hingegen hat derienige fürstliche Theil zu erheben, unter dessen Gerichtsbarkeit das exportirte Vermögen gestanden hat.

Die hiesige Kirche ist ein Filial von Bedheim und der dasige Pfarr ist verbunden, hier iedesmalen den 6ten Sonntag das Amt zu halten. Soviel die Episcopal- und Patronatgerechtsame betrifft, so gehören selbige, so wie überhaupt alle iura ecclesiastica beiden fürstlichen Inhabern des Amtes Römhild, welche auch, ohne hildburghäusische Konkurrenz, die Präsentation und Investitur eines neuen Pfarrers durch das geistliche Untergericht verrichten lassen. — Die Gemeinde besitzet ein, mit dem Braurechte, privilegirtes Wirthshaus und ein beträchtliches Stük Waldung an dem großen und kleinen Gleichberg. — In dem, diesseits der Landwehre gelegenen zeilselder Flur, ist die hohe Jagd der Herrschaft Römhild allein zuständig; die Niederiagd aber wird von dem Amte Hildburghausen, wegen des 1712 erkauften heßbergischen Ritterguts zu Krurieth, ingleichen von dem Besitzer des Rittergutes Bedheim, mit Römhild gemeinschaftlich ausgeübet, iedoch gebühret dem leztern die Woriagd.

Vermöge eines zwischen dem Herzog Johann Casimir und den Rittergutsbesitzern zu Bedheim, im Jahre 1605 errichteten Recesses ist den leztern auch die Niederiagd in dem, diesseits der Landwehre gelegenen, Römhildischen Revier, an dem sogenannten Röther Knopf und Aleeberg, unter gewissen, auf die Schonung der hohen Jagd abzwekenden, Einschränkungen zugestanden und ihnen davor die iährliche Verabreichung eines Hirsches und eines Stük Wildes aus dem Gleichenberger Forste versprochen worden. *h*) — Eben dieses Rittergut hat auch in einem Distrikt ienseits der Landwehre, der Hannerts genannt, die Keppelhuth mit der Schäferei auszuüben, doch nicht weiter als das Gemeinde-Vieh gehet.

Sülzdorf.

h) Beilage Num. XXXVII.

Sülzdorf.

Ein kleines Dorf von 17 Häusern und 70 Einwohnern. Seine Fluren grenzen gegen Morgen an Römhild und Haina, gegen Mittag an den Mönchshof, gegen Abend an das würzburgische Dorf Wolfmannshausen und an die Wüstung Eichelbrun, und gegen Mitternacht an Westenfeld. Nicht nur in den Fuldaischen Schenkungsbriefen, [r] sondern auch in den Beßraischen Urkunden kommt dieser Ort zwar sehr oft als eine Villa vor; aber in der Folge erlitte derselbe, ohne daß man weiß, wodurch? eine gänzliche Zerstörung und wird daher seit dem Jahre 1510 ausdrüklich eine Wüstung genennet. [s] Erst zu Anfang dieses Jahrhunderts (1715) wurde sie nach und nach wieder angebauet, und bekam dadurch die gegenwärtige Dorfsverfassung. Die Landesherrschaft besitzet hier eine Schäferei von 200 Stücken, welche der Gemeinde, gegen Entrichtung eines jährlichen Pachtgeldes, überlassen ist. Die ganze Flurmarkung enthält 16 Huben und 1 Gut, [t] nebst einigen Waldungen, die theils der Gemeinde, theils den Güterbesitzern zuständig sind. Von dem größten Theil der hiesigen Feldgüter, und zwar von 14 Huben und 1 Gute erheben die Herrn von Bibra von Irmelshausen und Höchheim den Fruchtzehend, welchen sie zu ⅔ vom fürstlichen Hause zu S. Gotha zu Lehen tragen, den übrigen ⅓ aber als Eigenthum inne haben. — Zum Landgerichte stellet der Ort einen Rüger und zum Landausschuß 2 Mann.

Die hiesige Kirche ist ein Filial von der Parochie Westenfeld, deren Pfarrer alle 4 Wochen hier den Gottesdienst zu versehen hat.

Schwickershausen.

Dieses mittelmäßige Dorf grenzet gegen Morgen an Nordheim, gegen Mittag an Beckach und Roßrieth, gegen Abend an Mühlfeld, und gegen Mitternacht an Har-

---

r) Schannat. Trad. Fuld. nr. 489. u. 607.

s) Graf Berthold von Henneberg-Römhild entscheidet 1510 die, zwischen dem Kloster Beßra und dem Heiligen-Meister zu Haina entstandenen, Streitigkeiten, wegen der Zehnbarkeit über 2 Wiesen in der Wüstung Sülzdorf bei Römhild. Spl. Mspt. am Freitag des heil. Kreuztags 1510.

t) Jede Hube enthält 16 Acker Feld und 12 Acker Wiesen, das Gut aber bestehet nur in 4 Acker Feld und 4 Acker Wiesen, in jeder Flur. Alle, innerhalb der Dorfsmarkung gelegene, Gärten und einige einzelne Stücke sind Zehendfrei.

des Herzogl. Sächsl. gemeinschaftlichen Amtes Römhild. 669

Harles. In ältern Zeiten kommt es unter dem Namen Suiggevishusen, als eine Besitzung der Grafen von Henneberg vor, m) die ihre dasige Burg, nebst einem gewissen Antheil des Dorfs, an die adeliche Familie von Marschall zu Wallbach als Mannlehen verliehen, den größern Theil hingegen für sich behalten haben. Diesen getheilten Besitz hat man neuerer Zeiten etwas genauer bestimmt, so, daß ⅖ Theile von Schwickershausen dem Landesherrn, ⅗ Theile aber den adelichen Rittergutsbesitzern zugetheilet worden.

Das Dorf bestehet in 52 Wohnungen und 200 Seelen. Vom Jahre 1790 bis 1796 gab es hier, mit Inbegriff der eingepfarrten Höfe, 50 Gebohrne, 29 Verstorbene und 11 Paar Getraute. Der Römhildische Antheil an Schwickershausen bestehet in 31 Wohnungen, welche mit ihren Einwohnern der Gerichtsbarkeit des Amtes unterworfen und dahin steuerbar sind; die übrigen 21 Häuser gehören, nebst der Vogtei, zu dem allda befindlichen Rittergute, und sind in Ansehung der Landeshoheit, zu dem hildburghäusischen Amte Behrungen geschlagen. n) Nach eben diesem Verhältnisse sind auch, vermöge eines Rezesses vom Jahre 1686, die Episcopalgerechtsame getheilet, und es werden daher selbige von den fürstlichen Besitzern des Amtes Römhild über drei, und von Sachsen Hildburghausen über zwei Fünftheile des Dorfs ausgeübet. Wegen der allgemeinen Kirchendisciplin hat man in dem nemlichen Rezesse die Uebereinkunft getroffen, daß ein, alle drei Jahre abwechselndes, Directorium statt finden sollte, nach welchem der jedesmalige Director die dahin gehörigen Fälle, z. B. Kirchen- und Schulvisitationen, Anordnung der Bußtäge u. d. m. allein zu besorgen hat; Doch blieb das Patronatrecht und die Absetzung und Annahme eines Schuldieners der Herrschaft Römhild ausschließlich vorbehalten. o) Von Ostern 1797 bis 1800 stehet das Directorium bei den fürstlichen Inhabern des Amtes Römhild.

Die

---

m) Nach einer Urkunde vom Jahre 1185 vertauschte Graf Poppo von Henneberg 2 Talente zu Suiggershusen dem Stifte Würzburg, für zwei Theile des Zehenden zu Otelwernshausen und den ganzen Zehenden zu Werfenfeld, dipl. in Schörg. et Kreyßig diplomatar. T. II. p. 187.

n) Vormals war Schwickershausen, so viel nemlich die Landeshoheit über die ⅖ Theile und über das Rittergut betrift, dem Fürstlichen Hause zu S. Meiningen zuständig; es wurde aber im Jahre 1723, durch den bekannten Schalkauer Umtausch-Rezeß, an S. Hildburghausen abgetreten.

o) Beilage Num. XLIV.

Die centbarliche Gerichtsbarkeit über das ganze Dorf ist dem Hochstifte Würzburg zuständig und zum dortigen Amte Mellerstadt geschlagen. Vormals schränkte sie sich nur auf die vier hohen Rügen ein; Würzburgischer Seits wollte man aber behaupten, daß auch alle andere Criminalfälle, die eine Leibes- und Lebensstrafe nach sich ziehen, vor der Cent Mellerstadt gerüget und bestrafet werden müßten. Diese Prätension wurde nun zwar im Jahre 1698 von dem Herzog Bernhard zu Meiningen, als damaligen Landesherrn über den Rittergutsantheil, oder über ⅔ Theile an Schwickershausen, dem gedachten Hochstifte zugestanden; *p*) Der Römhildische Antheil an diesem Dorfe ist aber darunter nicht mitbegriffen, daher auch in demselben der Cent Mellerstadt mehr nicht, als die vier hohen Rügen eingeräumet und alle andere, dahin nicht zu rechnende, Criminalfälle, vor das Amt Römhild gezogen werden.

Zu dem diesseitigen Antheile an Schwickershausen gehören, ausser den oben erwähnten 31 Häusern, auch noch 15 Güter, welche der Herrschaft Römhild steuerbar, 12 derselben aber dahin lehnbar sind. Die 3 übrigen giengen vormals dem Kloster Rora zu Lehen, und werden ietzo von dem Churfürstlichen Amte Kühndorf verliehen. Zu dem Landzuschuß muß der Römhildische Antheil zwei Mann stellen. Vermöge einer alten Dorfsordnung, welche im Jahre 1586 von dem Amtmann Arnold von Heldritt zu Römhild, und von dem Rittergutsbesitzer Hanß Brensart, errichtet worden, sollten hier jährlich vier sogenannte Helfgerichte gehalten werden, die sich nur auf geringe Güld- und Schuldsachen einschränken; es sind aber selbige, bei der, nachher veränderten, Gerichtsverfassung, wo ieder Unterthan vor seiner Obrigkeit belanget werden kann, längstens abgekommen und es werden statt derselben, von beiden Dorfsherrn nur zu gewissen Zeiten allgemeine Dorfsgerichte gehalten, welche blos auf Erhaltung der Polizei und auf Abstellung der Feldgebrechen abzwecken. Die, über das Vermögen der Kirche und der Gemeinde geführten, Rechnungen werden wechselsweise von dem Amte Römhild und den adelichen Gerichten abgehöret.

Die Gemeinde besitzet ein Wirthshaus und ansehnliche Waldungen, aus welchen die Einwohner jährlich ihr nöthiges Brennholz bekommen. In Ansehung der gemeinschaftlichen Verhältnisse zwischen den Rittergutsbesitzern und der Gemeinde sind

---

p) Der hierüber vorhandene Reyeß vom trägen zur Fränk. und Sächß. Gesch. Th. I. Jahre 1698 stehet in den neuern diplom. Bel. S. 189.

des Herzogl. Sächsl. gemeinschaftlichen Amtes Römhild.

sind in den Jahren 1618, 1654 und 1725 gewisse Verträge errichtet worden, welche genau bestimmen, wie es mit Abgebung des Bau- und Brennholzes aus der Gemeindewaldung, mit der Auszehndung der Feldfrüchte, Verschüttung des Viehes, Brau- und Schenkgerechtigkeit und der Schäferei gehalten werden soll. So hat z. B. das Rittergut fünf sogenannte Brennrechte, auch wird demselben sowohl, als den Nachbarn das, zu neuen Gebäuden und Reparaturen erforderliche, Bauholz, ohnentgeldlich abgegeben, weswegen zwei gemeinschaftliche Baumeister angestellt sind, die über die gemeine Waldungen die Aufsicht haben. Jeder Römhilder Unterthan ist berechtigt, jährlich drei Mltr. Gerste, gegen Entrichtung 12 gl. Pfannengeld und eine Butte Treber, in dem adelichen Brauhause zu verbrauen.

Im 14ten Jahrhundert war das Schloß zu Schwickershausen der adelichen Familie von Marschall zu Wallbach zuständig, q) kam aber nachher, als ein Hennebergisches Ritterlehn, an die Herrn von der Kehre r) und fiel, nach Verlöschung dieses Geschlechtes, (1580) dem Hause Henneberg heim. Graf Georg Ernst verliehe es bald darauf (1583) an Fuchsen von Binenbach, der es aber (1587) an Hanns Bronsarten verkaufte, dessen Nachkommen dasselbe bis in das Jahr 1747 im Besitz hatten, wo es, Schulden wegen, an dem Hofrath von Zanthier zu Schleusingen um 28922 fl. käuflich überlassen wurde. Im Jahre 1752 kam dieses Gut, um eine Kaufsumme von 32500 fl. an den Hofrath Keb zu Hildburghausen, und nach dessen Tod an den würzburgischen General von Drachsdorf, von welchem es 1797 der Freiherr von Stein zu Nordheim, nebst den darzu gehörigen Hof Debertshausen, um 69000 fl. an sich gekauft hat.

Dermalen sind das Schloß und die Kemmate dem fürstlichen Hause zu S. Hildburghausen lehnbar und werden auf Söhne und Töchter verliehen; die Feldgüter hingegen sind Mannlehen. letztere bestehen in 29 Acker Wiesen, 225 Acker Aertland und

q) Nach einer Urkunde vom Jahre 1333, bestätiget Heynricus Marschalcus de Walpach den, von seinem Bruder Friedrich geschehenen, Verkauf einiger Güter zu Schwickershausen an das Kloster Veßra. dipl. Mspt. de dato MCCCXXXIII. in die Kathed. S. Petri.

r) Graf Berthold von Henneberg verliehe 1536 Jacoben von der Kehre, einen Hof zu Schwickershausen mit dessen Zugehörungen zu Mannlehen, und in eben der Maße, wie sein Vater Reinhard von der Kehre denselben besessen hatte. Dipl. Mspt. auf Dienstag nach St. Veitstage 1536. — An der Schloßmauer stehet die Aufschrift: „Jacob von der Kehre, Julia, sein eheliches Gemahl, geb. von Hammelberg, haben dies Haus erbauet.

und 2 Obstgärten. Ausserdem gehören zu dem Gute der Zehend in der hiesigen Flur, eine Schäferei, das Brau- und Schenkrecht, die privative Niederjagd in der Schwickershäuser und Debertshäuser Markung, und die Koppeljagd in den Mellerstädter und Eisenhäuser Flurbezirken. Die adelichen Lehensuntersassen sind verbunden, dem Rittergutsbesitzer gemessene Hand- und ungemessene Jagdfrohnen und Paschengänge zu leisten. Die Römhildischen Unterthanen hingegen haben für die Landesherrschaft Bau- und Gartenfrohnen zu verrichten.

Die hiesige Kirche, welche im Jahre 1793 wieder ganz neu erbauet wurde, ist ein Filial von dem, zum Amte Behrungen gehörigen, ganerblichen Dorfe Berkach, dessen Pfarrer jederzeit am dritten Sonntage und an jedem Feiertage allhier den Gottesdienst zu besorgen und davor, unter andern Besoldungsstücken, den dritten Theil des kleinen Zehnden in Schwickershausen zu beziehen hat. Eben daher ist auch die hiesige Gemeinde verbunden, an den Bau- und Reparaturkosten der Pfarrwohnung zu Berkach ⅓ Theil beizutragen.

Der Hof Unterharrles, im S. Meiningischen Amte Maßfeld, ingleichen das freiherrliche von Stein'sche Guth Debertshausen sind in die hiesige Kirche eingepfarret. Das Patronatrecht stehet den fürstlichen Inhabern des Amtes Römhild zu, von welchen der Pfarrer zu Berkach, als Pfarrer zu Schwickershausen berufen und consirmiret wird. Doch geschiehet die Präsentation und Investitur desselben, vermöge des bereits angeführten Rezesses vom Jahre 1686 §. V. (Beil. Num. XLIV) von demjenigen fürstlichen Hause, welches zu eben der Zeit in ecclesiasticis das Directorium führet.

Ohnweit dem Dorfe lieget der Hof Debertshausen, der ein mannlehnbares Pertinenzstück des Ritterguts zu Schwickershausen ausmachet. Es bestehet derselbe, neben den Oekonomiegebäuden, nur in einer Pachterswohnung, und begreifet 300 Acker Feld, 11 Acker Wiesen und 450 Acker Gehölz.

Rappershausen.

Dieses Dorf lieget zwar im Bezirk des Amtes Römhild, es ist aber der fränkischen Reichsritterschaft Orts Rhön und Werra einverleibet und gehöret dermalen dem kaiserl. Kammerherrn, Freiherrn von Stein zu Nordheim, in der Eigenschaft eines saldaischen Mannlehns. Es grenzet mit seinen Fluren gegen Morgen an Rothausen, gegen Mittag an die Wüstung Uttenhausen, gegen Abend an den Weigler und an das würzburgische

des Herzogl. Sächßl. gemeinschaftlichen Amtes Römhild.

glische Dorf Hendingen, und gegen Mitternacht an den Flecken Behrungen. Der Ort bestehet aus 69 Wohnungen und 270 Einwohnern, welche, ausser den Getraide-Erbzinsen von 25¼ Malter Waitzen und 6¼ Mltr. Hafer, jährlich zweimal die gewöhnliche Ritterſteuer mit 150 fl. zu entrichten haben.

Die Flurmarkung begreifet 22½ Huben; zwei derselben heißen die Bonifacius Huben, weil sie ohne Zweifel in ältern Zeiten dem Stifte Fulda zugeeignet wurden, wohin sie noch ietzo einiges Getraide abgeben müſſen. Vormals gab es hier auch Weinberge; sie wurden aber im J. 1757 durch ein heftiges Gewitter gänzlich ruinirt, und seitdem hat man den Weinbau eingestellet und diese Berge mit Esparsett angebauet. In und bei Rappershausen ist weder ein Springbrunn noch ein Bach anzutreffen, daher die Einwohner ihr Getraide in den benachbarten Mühlen mahlen laſſen. Doch findet man fast in iedem Hofrechte einen Ziehbrunn.

Die Gemeinde besitzet ein ansehaliches Gehölz, eine Schäferei von 700 Stük, ein Gemeindehaus und zwei Bakofen, deren sich die Nachbarn theils zum bakken, theils zum Obst- und Flachsdörren bedienen können. — Eine Einrichtung, die man wegen ihres unverkennbaren Nutzens, in iedem Dorfe einführen sollte. — Auch hat ieder Nachbar das Recht, in dem allhier befindlichen herrschaftlichen Brauhauſe, das benöthigte Bier, gegen Erlegung eines gewissen Brauzinses, zu brauen und zu ½ oder ¼ Eimern, aber nicht im Einzeln, zu verkaufen.

In ältern Zeiten gehörte Rappershauſen dem Pfalzgrof Hermann am Rhein, welcher daſſelbe dem, von ihn im J. 1156 geſtifteten, Kloſter Bildhauſen zueignete. s) Aber wahrscheinlich mag dieses Dorf in der Folge, durch Kauf oder Tauſch, an die Grafen von Henneberg übergegangen seyn; wenigstens erhellet aus dem hennebergiſchen Lehnsverzeichniſſe vom J. 1317, daß Heinrich von Troſchendorf ein Vorwerk zu Rappershauſen vom Graf Berthold VII. (X.) zu Lehn getragen habe. t) Auſſerdem besaß auch hier das gräfliche Haus Henneberg Römhild den Fruchtzehend, welchen Graf Georg I. im J. 1447, mit Bewilligung des Stifts Würzburg, der Parochie Mellerſtadt für das Patronatrecht zu Römhild abtrat. u) Auf diese Ueberlaſſungsurkunde gründet sich nun das Zehendrecht, welches die Mellerſtädter Pfarrei

D 2   noch

r) Dies bezeuget die vom K. Friedrich I. dem Kloſter Bildhauſen ertheilte Beſtätigungsurk. vom J. 1158, in der Beilage Nr. II.

s) S. den 2ten Th. der Henneb. Geſch. S. 45 des Urkundrb.

u) Beilage Num. XIV.

noch ietzo in der Rappershäuser Flur besetzet und von allen Feldern, die Weinberge ausgenommen, den kleinen und großen Zehend zu erheben hat.

Zu Anfang des 17ten Jahrhunderts waren die Herrn von Heßberg im Besitz dieses Orts; aber in der Folge kam derselbe, durch Heirath und Erbschaft, an mehrere adeliche Familien, welche ihre Antheile an Albrechten Truchseß von Wetzhausen verkauften, v) dessen Nachkommen endlich das ganze Dorf im J. 1757 den beiden Gebrüdern Karln und Philipp Augusti Freiherrn von Stein zu Nordheim um 26000 fl. käuflich überlassen haben. Das allda befindliche adeliche Vorwerk, oder die sogenannte Junkershube, welche aus 75 Acker 3 Ruthen Artfeld und 4½ Acker Wiesen bestehet, ist im Jahre 1788, nebst dem herrschaftlichen Wirthshause, um 4200 fl. der dasigen Gemeinde verkauft und unter die Einwohner zerschlagen worden.

Die bürgerliche Gerichtsbarkeit ist dem Freiherrn von Stein, als Dorfsherrn, die Criminaljurisdiction hingegen dem Amte Römhild zuständig. Nach dem Zeugnisse des Saalbuchs muß daher das Dorf Rappershausen die Cent- und Landgerichte zu Römhild besuchen und einen Schöppen dahin stellen. Neuerer Zeiten haben aber die adelichen Besitzere diese Gerechtsame streitig gemacht, und die Römhildische Cent blos auf die vier hohen Rügen einzuschränken gesucht. Der hierüber entstandene Rechtshandel, der schon 1748 seinen Anfang nahm, ist noch unentschieden.

Rappershausen hat seine eigne Kirche, die im mittlern Zeitalter zum Würzburgs. Diakonat Mellerstadt gehörte, w) und als ein Filial zur Parochie Hendingen geschlagen war. Nach einer Urkunde vom J. 1488 entstanden zwischen dem dasigen Pfarr und der hiesigen Gemeinde, wegen des Meßhaltens und anderer gottesdienstlichen Verrichtungen, mancherlei Irrungen, die aber damalen von dem Würzburgs. Demprobst, Kilian von Bibra, entschieden und dabei gewisse Vorschriften gemacht wurden,

---

v) Im J. 1633 verkaufte Veit von Salzburg sein halbes Dorf Rappershausen sammt 2 Huben zu Behrungen, alles Fuldaisch Lehn, wie er solches von Ursulen von Heßberg, ererbt hatte, um 2000 fl. rhnl., an Philipp Albrecht Truchseß von Wetzhausen zu Sternberg und Schwickershausen, mit aller Botmäßigkeit, ausgenommen der freiherrlichen Obrigkeit, welche Ihro Fürstl. Gnaden zu Coburg zuständig ist ꝛc. — Eben dieser Truchseß erkaufte die andere Hälfte dieses Dorfs nebst dem Filial Bara im J. 1637 von Hanns Caspar von und zu Bibra, Rudolfen von Haustein auf Einberg und Georg Rudolf Mellen zu Hains.

w) S. das Würzb. Diakonatsregist. in Wurdtwins Subsid. dipl. V. p. 383.

des Herzogl. Sächsl. gemeinschaftlichen Amtes Römhild.

ben, wie oft und zu welchen Zeiten der Hendinger Pfarr in der hiesigen Kirche Messe lesen und andere geistliche Handlungen vornehmen sollte. x) Zur Zeit der Reformation bekam der Ort nicht nur seinen eignen Pfarr, sondern es wurde auch das Dorf Bara, welches ebenfalls zur Pfarrei Hendingen gehörte, der Parochie Rappershausen, als ein Filial einverleibet. Das Patronatrecht und die geistliche Gerichtsbarkeit ist dem Freiherrn von Stein zuständig.

Zwischen den Rappershäuser, Rodhauser und Gellmuthauser Flurmarkungen lag das ehemalige Dorf Otten- oder Uttenhausen, welches von jeher einen integrirenden Theil der Herrschaft Römhild ausmachte, und wahrscheinlich im 15ten Jahrhundert eine gänzliche Verheerung erlitten haben mag. Die Feldgüter dieser Wüstung bestehen aus 12 Huben und 3 Höfen, welche unter die Einwohner zu Rappershausen und Gollmuthshausen vertheilet und der Römhildischen hohen und niedern Gerichtsbarkeit unterworfen sind. Eine von den 12 Huben ist dem Freiherrn von Stein lehnbar und entrichtet jährlich 2 fl. an Gelde und 100 Eyer; die übrigen 11 Huben aber sowohl als die drei Höfe, gehen dem Kloster Bildhausen zu lehen, und zinsen dahin 27 Malter Korn und Hafer, 930 Stük Eyer und 14 fl. an Geld. Auch besitzet dasselbe hier eine grosse Wiese und den Heuzehend; Der Pfarrei zu Rodhausen hingegen gehöret, vermöge des Rezesses vom Jahre 1656, der grosse und kleine Zehend von den Feldfrüchten.

Das Amt Römhild hat jährlich 18¾ Malter Cent- und Vogthafer, ingleichen 3 fl. Kuh- und 10 ggl. Landwehrgeld von dieser Wüstung zu erheben. Aus dem Nachbarn zu Rappershausen, als Inhabern der Wüstungsgüter, müssen jährlich 8 Mann mit Hauen und Schaufeln zur Zegung der Landwehre gestellt werden; auch bekommt der Landknecht zu Römhild von jedem Erbe jährlich einen Leib Brod. — Diese Abgaben und Dienstschuldigkeiten verdienen um deswillen angemerkt zu werden, weil sie die bisher bestrittenen Römhildischen Hoheitsrechte über Uttenhausen ausser Zweifel setzen.

Von dem ältern Schiksale dieses ehemaligen Dorfs findet sich weiter keine Nachricht, als daß es im Jahre 1156 vom Pfalzgraf Hermann von Stahlek dem Kloster Bildhausen zugeeignet wurde. y) In der Folge kam es, ohne daß man weis wie? an die Grafen von Henneberg, unter welchen Berthold X. (XII.) Hartenberger Linie

---

x) Beilage Num. XX. y) Beilage Num. L.

Linie um das Jahr 1350 bei Uttenhausen eine Vestung anlegte. Er gerieth aber darüber mit dem Bischof Albrecht zu Würzburg in eine heftige Fehde, und mußte geschehen lassen, daß die neue Burg gänzlich zerstöhret wurde. a) Indessen blieb das Dorf Uttenhausen noch eine geraume Zeit eine Besitzung des Hauses Henneberg Römhild, und zuerst im Jahre 1379 kam Graf Hermann V. auf den frommen Gedanken, diejenigen Güter, die Wilhelm von Masbach vom Graf Bertholden X. (XII.) zu Lehn getragen hatte, dem Kloster Bildhausen zuzueignen. a)

Auf diese Uebergabe gründen sich nun die Lehnsgerechtsame, die dem Kloster über den größten Theil der Uttenhäuser Güter zustehen. Zwar glaubet dasselbe auch berechtigt zu seyn, auf die bürgerliche Gerichtsbarkeit über die Wüstung Anspruch zu machen und dem Amte Römhild mehr nicht als die vier hohen Rügen einzuräumen; Allein diese Anmaßung widerlegt sich schon dadurch, daß Graf Hermann V. bei der vorhin erwähnten Schenkung, sich alle landesherrliche Rechte und Gewohnheiten, welche seine Vorfahren, von ihres Gerichts wegen zu Römbild, in dem damaligen Dorfe gehabt haben, ausdrüklich vorbehalten hat. Es wird daher jener Behauptung, von Seiten des Amtes Römhild, mit guten Gründen widersprochen; und da diese Wüstung nicht nur innerhalb der hennebergischen Landwehre gelegen ist, sondern auch, bei dem, im Jahre 1555 gefertigten, Anschlag über die Herrschaft Römhild, für ein Pertinenzstük derselben angesehen wurde; b) So dürften wohl die uneingeschränkten Hoheits- und Jurisdictionsgerechtsame des Amtes keinem Zweifel unterworfen seyn.

Daß auch in mittlern Zeiten die Grafen von Henneberg berechtiget waren, die Uttenhäuser Güter mit Steuern zu belegen, beweiset eine Urkunde vom Jahre 1498; worinne das hennebergische Steuerquantum auf 15 fl. in der Maaße bestimmt wurde, daß dieser Ansaz den, Grafen für die Zukunft nicht nachtheilig seyn sollte. c) Demohngeachtet ist es dem Kloster Bildhausen gelungen, von den Wüstungsbesitzern jährlich 20 fl. Charitativ- oder Quatembergelder, wiewohl ohne Vorbewußt der Landesherrschaft, zu erheben. Als aber im Jahre 1730 das Hochstift Würzburg sich dieser Revenüe, als einer Landessteuer anmaßen wollte, und zugleich eine Territorial-

---

a) Frieses Würzb. Chron. S. 368, verglichen mit der Urk. vom J. 1350, im itten der Henneb. Gesch. S. 306,

a) Beilage Num. VII.
b) Beilage Num. XXXIII.
c) Beilage Num XXI.

torialhoheit über diese Wüstung zu behaupten suchte; So wurde den Güterbesitzern die fernere Bezahlung iener Gelder untersaget.

Diese, zur Erhaltung der dießseitigen Hoheitsgerechtsame abzweckende, Vorsicht erwiederte Würzburg mit factischen Vorschritten; indem die Amtskellerei zu Königshofen am 7ten August 1731 mit bewaffneter Mannschaft in die Wüstung Uttenhausen einfiel und den Besitzern sechs Schock Korn abpfändete. Das Amt Römhild sahe sich dadurch veranlasset, den Würzburgischen Zehend in Gleichamberg davor in Beschlag zu nehmen, um den Unterthanen ienen Schaden zu vergüten. Seitdem sind von gedachtem Hochstift keine weitere Ansprüche gemacht worden, vielmehr hat das Kloster Bildhausen, als dasselbe im Jahre 1747, wegen der projectirten Wiederanbauung der Wüstung Uttenhausen, mit dem Amte Römhild in Communication trat, die dießseitige Landeshoheit und Centbarkeit nicht bezweifelt und sich nur die Vogteigerichtsbarkeit ausbedungen.

Neuerer Zeiten hat auch der Freiherr von Stein zu Nordheim, als Inhaber des Dorfs Rappershausen, dem Amte Römhild die uneingeschränkte Cent über diese Wüstung streitig zu machen gesuchet und die vormalige Stellung des dortigen Centschöppen zum Römhildischen Landgericht geradezu aufgehoben.

Dritter Abschnitt.

Historisch-statistische Nachrichten von den Ganerblichen Orten Trappstadt und von einigen, in der Nachbarschaft des Amtes Römhild gelegenen, ritterschaftlichen Dörfern.

Trappstadt.

Dieses ansehnliche Dorf liegt 2½ Stunden von Römhild südwärts, wo es an Gumpertshausen und Alschleben grenzet. Gegen Osten hat es die Dörfer Alsleben und Schlechtsart, gegen Westen Ebertshausen und gegen Norden Breitensee und Eicha zu Nachbarn. Von dem dasigen Ganerbiat und dessen Ursprung hat uns die Geschichte keine Nachricht hinterlassen. So viel ist gewiß daß dem Hause Henneberg schon

schon im J. 1317 ein beträchtlicher Theil von Trappstadt nebst der Gerichtsbarkeit zugehörte, welche damalen an einige vom Adel verliehen war. *d*)

Zu Anfang des 16ten Jahrhunderts waren daselbst folgende 12 Ganerben, als: Graf Herrmann von Henneberg, die Klöster Theres, St. Michelsberg bei Veilsdorf, und Veßra, der Deutschorden zu Münerstadt, das St. Anthonius Haus zu Würzburg, die beiden Pfarreien zu Eicha und Eisfeld, die Herrn von Schott zu Engelsdorf, die Herrn von Zufraß und das Spital zu Römhild. Sämmtliche Theilhaber an Trappstadt errichteten im J. 1524 eine umständliche Dorfsordnung *e*) wodurch die ganerbliche Verfassung dieses Orts in Absicht auf das Justiz- und Policeywesen, eine bestimmte Einrichtung bekam, die noch ietzo in vorkommenden Fällen, zur Richtschnur dienet. Die ganze Ganerbschaft wurde damals in vier Abtheilungen gebracht und dabei festgesetzet, daß aus einer ieden derselben, ein Jahr um das andere, ein Ganerbenschultheiß gewählet und von demselben, nach den, in der Dorfsordnung enthaltenen, Vorschriften jährlich vier, mit 12 Schöppen besetzte, Dorfgerichte gehalten werden sollten.

Diese vier Ganerbentheile bestanden 1) aus dem Hennebergischen, worunter die Lehnschaften des Klosters Veßra, des Deutschordens und des Spitals zu Münerstadt, der Pfarreien zu Eicha und Eisfeld, der Herr von Zufrassen zu Althausen und des Spitals zu Römhild begriffen sind; 2) aus dem Antheil des Klosters Theres, den ietzo das Hochstift Würzburg besitzet; 3) aus dem Antheil des ehemaligen Klosters Veilsdorf, der aber von S. Hildburghausen 1699 dem Domkapitel zu Würzburg verkaufet wurde, und 4) aus der Schottischen, ietzt gräflich Elzischen Viertheil. Dermalen sind also die Herrschaft Römhild, das Hochstift Würzburg, das Domcapitel daselbst und der Graf von Elz, genannt Faust von Stromberg, die alleinigen Ganerben, welche zu Trappstadt alle landeshoheitliche Gerechtsame, mit Ausnahme der Cent, gemeinschaftlich auszuüben haben.

Das

---

d) Nach dem Hennebergsl. Lehnregister vom J. 1317 trugen Hermann von Sternberg, zu Trappstadt die Vogtei über 11 Huben, und die Herrn von Heßberg 3 Huben, 3 Söldnershäuser und ein gewisser Acker Geld vom Gr. Berthold zu Henneberg zu Lehen, dipl. Gesch. des Hauf. Henneb. Th. I. p. 36 und 40 des Urkundenbuchs.

e) Man sehe die Beilage Num. XXXII.

des Herzogl. Sächsl. gemeinschaftlichen Amtes Römhild 673

Das Dorf bestehet, mit Inbegriff der öffentlichen Gebäuden, in 141 Feuerstellen und 607 Einwohnern, worunter 35 Juden befindlich sind.
Hiervon gehören:
18 Häuser, 53 christliche und 21 jüdische Unterthanen zum Römhildischen.⎫
59 — 248 — — zu dem Würzburgischen. ⎬ Antheile.
28 — 129 — — zu dem Domcapitulischen. ⎪
25 — 111 — 14 zu dem Gräflich-Elzischen. ⎭

Die noch übrigen 11 Häuser, welche von 31 Seelen bewohnt werden, sind zum Theil der Gemeinde zuständig, und stehen unter der gemeinschaftlichen Jurisdiction der sämmtlichen Ganerben.

Von Zeit zu Zeit werden Ganerbentage gehalten, auf welchen der ökonomische Zustand der Gemeinde untersuchet, die Dorfsgebrechen abgestellt und zur Verbesserung des Polizeywesens die nöthigen Anordnungen getroffen werden.

Ueber die Führung des Direktoriums in gemeinschaftlichen Angelegenheiten sowohl, als auf den Ganerbentägen, wurde ehedessen zwischen Sachsen und Würzburg heftig gestritten, endlich aber dasselbe, durch den Königshöfer Rezeß vom Jahr 1656, dem Hause Sachsen zugestanden. f) Es werden daher von dem Amte Römhild nicht nur die Ganerbentäge ausgeschrieben, sondern auch von demselben der Vorsitz und das Direktorium dabei ohne Wiederrede behauptet. Die Gemeinderechnungen werden von denjenigen Ganerben abgehört, aus dessen Viertheil der gemeinschaftliche Schultheiß erwählet worden ist. Auch hat jeder Ganerbe in seinem Viertheil einen beständigen Lehn- und Vogteischultheißen, welcher die Lehns- und andere Gefälle einzunehmen und die sonstigen Angelegenheiten zu besorgen hat.

Die, unter der Römhildischen Gerichtsbarkeit stehenden, Häuser und Güter sind der Herrschaft nicht nur lehn- und zinsbar, sondern entrichten auch jährlich 15 fl. 10 gl. Steuer auf 2 Termine. Von dem sogenannten Rußhof bekommt das Stift Römhild einen Getraidegült, und von dem Antoniusguth erhebet die Pfarrei zu Eicha nur noch einige Zinsgefälle, weil die darauf haftende Getraidegült, nach dem Rezeß von 1656, bei dem Umtausch des Mönchhofs, an das Kloster Wechterswinkel abgetreten wurde.

Außer den gewöhnlichen Ganerbentagen, wird alle Vierteljahr von dem Ganerben-

f) Beilage Num. XLII. §. 8.

erben-Schultheißen das, in der Dorfsordnung vorgeschriebene Helsgericht gehalten, welches mit 12 Schöppen besetzet ist, deren aus jedem Ganerbenviertel 3 gewählet werden. Auf diesem Gerichte, bei welchen der Schulmeister die Stelle des Gerichtsschreibers vertritt, werden geringe bürgerliche Sachen entschieden auch Wald- und Feldfrevel gerügt und bestraft.

Das Einzuggeld von neu angenommenen Nachbarn, ingleichen die Gerichtsbußen gehören halb den 4 Ganerben und halb der Gemeinde; das Abzuggeld hingegen hat jeder Ganerbe von den, seiner Gerichtsbarkeit unterworfen gewesenen, Gütern und Häusern zu erheben.

Was die Centgerichtsbarkeit anbelanget; so ist solche dem würzburgischen Amte Königshofen zuständig und erstrecket sich, nach der Centgerichtsordnung von 1447 und nach dem Trappstadter Weißthum von 1527, weiter nicht, als auf Mord, Dieberei, Nothzucht, fließende Wunden und was Hals und Hand, Rein und Stein antrifft. Die Gemeinde ist daher verbunden nach Königshofen einen Schöppen zu stellen und mit 2 Mann die Centgerichte, mit der ganzen Mannschaft aber die Halsgerichte besuchen. Würzburgischer Seits, will man zwar jene Centbefugnisse auch auf geringere Verbrechen ausdehnen und überhaupt, vermöge des, mit dem Herzogthum Franken verknüpften, allgemeinen Landgerichts, sich der Jurisdiktion über sämmtliche Unterthanen zu Trappstadt anmaßen; es wird aber von den Ganerben und besonders vom Amte Römhild dem Hochstifte an dergleichen Prätensionen um so weniger etwas eingeräumet, da diese Herrschaft schon in mittlern Zeiten mit einem eigenen Land- und Centgerichte privilegiret und vom Kaiser Maximilian I. im Jahr 1498 von dem Zwange des würzburgischen Landgerichts befreiet worden ist. g)

Außer den herkömmlichen Gefällen, die die Einwohner den Ganerben zu entrichten haben, ist dieses Dorf von allen Reichs- und Kreisanlagen frei auch weder der Musterung noch der Heeresfolge unterworfen. Im Jahr 1778 haben sämmtliche Ganerben dem Orte die Erlaubniß gegeben, 4 Jahr- und Viehmärkte zu halten, wovon besonders die letztern ziemlich ansehnlich sind.

Der Graf von Elz besitzet hier ein Rittergut, welches zum Canton Baunach gerechnet wird und dem Stifte Würzburg zu Lehn rühret. Zu demselben gehört unter andern auch der Getraidezehend nebst der hohen und Niedernjagd in der ganzen

Trapp-

---

g) S. die Urkunde in Reinhards Beitr. zur Histor. Frankenl. Th. III. p. 150.

des Herzogl. Sächßl. gemeinschaftlichen Amtes Römhild. 675

Trappstädter Flur, wiewohl von Seiten Würzburg die hohe Jagd in Anspruch genommen und ausgeübet wird.

In vorigen Zeiten waren die Einwohner zu Trappstadt größtentheils der evangelischen lutherischen Religion zugethan, und in Kirchensachen der Gerichtsbarkeit des Hauses Sachsen unterworfen. Im Jahr 1592 wurde aber der dasige Pfarrer, wegen eines, in seinem Beiseyn, auf der Jagd unvorsichtiger Weise erschossenen, Menschens, von Würzburg arretiret, und seine Stelle so fort mit einem katholischen Priester besetzet. Von der Zeit an hat man Würzburgischer Seits sich der Episkopalgerechtsame, Bestellung der Pfarrei und Schule auch Abhörung der Kirchkastenrechnungen, alleine unterzogen; und obgleich die geistliche Gerichtsbarkeit von dem Hause Sachsen, als Mitganerben, in Anspruch genommen worden, so ist dennoch die Sache bis ietzo unerörtert geblieben.

Sternberg.

Dieses ritterschäftliche Dorf lieget vier Stunden von Römhild südwärts im würzburgischen Amte Königshofen und gehöret dem Freiherrn von Guttenberg. In mittlern Zeiten hatte es seine eignen Herrn die von der dasigen Burg den Namen führten und sich im 13ten Jahrhundert an den hohen Adel anschlossen. h) Ihre Besitzungen rührten dem Stifte Eichstädt zu Lehn, und als mit Albrechten von Sternberg dieses Dynastengeschlecht um das Jahr 1263 ausstarb, wurten seine Güter von dem Bischof Hainrich, als eröfnet, eingezogen, und bald darauf dem Graf Hermann I. (II) von Henneberg und seinem Bruder, Berthold IV. (VII.) verliehen. i) Von der Zeit an war nun das Schloß Sternberg mit seinem Dörferdistrikt eine Besitzung der, von Hermann I. gestifteten und 1291 ausgestorbenen, Nebenlinie, deren Lande in der Folge, unter den Namen der neuen Herrschaft, verkommen und an das Haus Henneberg Schleusingen übergiengen. Bei der, in demselben (1353) vorgenommenen, Ländertheilung fiel Sternberg mit andern Schlössern an die hennebergische Erbtochter Elisabeth, die Gemahlin Graf Eberhards zu Wittenberg, der diese Erblande 1354 dem Stifte Würzburg verkaufte. k)

---

h) Dies bezeuget die in der folgenden Note angeführte Urkunde vom Jahre 1264, worinnen Albrechten von Sternberg der Ehrentitel: Vir nobilis, beigeleget wird.

i) S. den Henneberg. Lehnsrevers vom Jahre 1264 in Falkenst. ant. nordgav. cod. dipl. Eychst. p. 42 u. in Gruneri opusc. Vol. II. p. 191.

k) Friesens Würzb. Chronik, ap. Ludewig. p. 642.

Nach einer spätern Urkunde vom Jahre 1400 machte Sternberg damalen zwar einen eigenen Würzburgischen Amtsbezirk aus, so wurden aber nachher die dahin gehörigen Ortschaften zum Amte Königshofen geschlagen; das Schloß Sternberg hingegen kam, ohne Zweifel durch Kauf, an die adeliche Familie von Schaumberg, die bald nachher im Besitz desselben vorkommt. Hannß von Schaumberg verkaufte nemlich im Jahre 1424 ein Burggut und drei Sölden zu Sternberg, nebst einem dabei gelegenen Hof, die Hummelstadt genannt, ingleichen die sogenannte Riethmühle, und noch andere Güter und Zehenten in jener Gegend, dem Graf Georg I. von Henneberg-Römhild um 1000 fl. in der Eigenschaft eines würzburgischen Lehns. m) Auf diesen käuflichen Erwerb gründen sich die, noch jetzo fortdauernde, Besitzungen und Gerechtsame, die der Herrschaft Römhild zu Sternberg zugehören. Es bestehen solche in einem Burggut und drei Sölden, worauf sich vier Häuser befinden, deren Bewohner der uneingeschränkten Vogteigerichtsbarkeit des hiesigen Amtes unterworfen sind, und jährlich 2 fl. 5 gl. 6 pf. Steuern dahin zu entrichten haben. Auſser einigen Zinnsgefällen hat auch das Amt von seinen Vogtei-Unterthanen, Handlohn, Schutz-Verspruch- und Abzuggeld zu erheben, weswegen hier ein besonderer Vogtei- und lehnschultheiß angestellet ist. Jedes von den vier Häusern hat das Recht Getränke zu verzäpfen. — Der vorhin genannte Hof Hummelstadt kam im Jahre 1536 an die Herrn von Truchseß, als ehemalige Besitzer von Sternberg, die vom Hause Henneberg-Römhild mit demselben zu Mannlehn beliehen wurden. Gegenwärtig tragen ihn die Freiherrn von Guttenberg von Sachsen Hildburghausen zu Mannlehn.

In Ansehung der peinlichen Gerichtsbarkeit gehöret Sternberg zwar an die Cent Königshofen; letztere hat aber daselbst weder einen Schöppen noch das Angriffsrecht, sondern es gebühret der Vogteiherrschaft die erste Untersuchung, und nur dann, wenn das Verbrechen für centmäßig erkannt wird, muß der Delinquent vor dem Dorfe an die Cent ausgeliefert werden. — An dem, zwischen der Zimmerauer, Albingshäuser und Riether Flurmarkung gelegenen und in 180 Acker bestehenden Gehölz, Selbach genannt, gehöret dem Amte Römhild die eine, und den Freiherrn von Guttenberg, die andere Hälfte. Es lieget in der Jagd- und Centgrenze des Amtes Heldburg, und wird alle 14 Jahre Ackerweiß abgetrieben und verkauft.

Die

l) Dipl. im 1 Th. der henneb. Gesch. S. 505. m) Beilage Num. I.

des Herzogl. Sächßl. gemeinschaftlichen Amtes Römhild. 677

Die Riethmühle, welche Graf Georg von Henneberg 1424 ebenfalls käuflich an sich brachte, lieget zwischen Königshofen und Eißfeld. Sie gehöret noch jetzo mit der Steuer, Vogtei und Ehnherrlichkeit dem Amte Römhild und entrichtet dahin jährlich 2 fl. 8 gl. 5 pf. Steuern. Was aber die übrigen, in dem Schaumbergischen Kaufbriefe genannten, Güter, Zehenden und Gülten betrift, so wurden selbige, bei Gelegenheit des, im Jahre 1656 mit Würzburg errichteten, Umtauschvertrags, an das Kloster Wechterswinkel abgetreten.

Roßrieth.

Ein, zwischen Sondheim, Mühlfeld und Berkach gelegenes Dorf und Rittergut, s) welches schon in mittlern Zeiten ein Activlehn der Herrschaft Römhild ausmachte, und im Jahre 1548 von den Grafen, Hanß Georg und Hanß Albrecht von Mannsfeld, als damalige Inhaber dieser Herrschaft, an Simon von Tüngen verliehen wurde. Als aber dasselbe im Jahr 1588, nach dem Absterben Cunzens von Tüngen zu Waizenbach, vermannte und dem Herzog Johann Casimir zu Sachsen heimfiel, verkaufte es derselbe bald darauf (den 9ten Januar 1589) an Valtin von Bibra Schwebheimer Linie um 18000 fl. In der Eigenschaft eines Mannlehns. Bei dieser Familie blieb gedachtes Gut bis in das Jahr 1681, wo Christoph von Bibra dasselbe an Hilmarn von Grappendorf, Kurbrandenburgischen Regierungsrath zu Minden, um 9000 rthlr. verkaufte. In dem hierüber ertheilten Lehnbriefe wurde vom Herzog Heinrichen zu S. Römhild verwilliget, daß dieses mannlehnbare Gut, so lange es bei der Grappendorfischen Familie, absteigender Linie, verbleiben würde, die Qualität eines Söhn- und Töchterlehns haben, nach deren Abgang aber wieder in ein manulehnbares Gut verwandelt werden sollte.

Dermalen besitzet es der Freiherr von Stein zu Nordheim; dessen Vater dasselbe im Jahre 1768 von Wilhelm Hilmar von Groppendorf um 36000 fl. käuflich an sich brachte. Dieses Gut bestehet in 650 Acker Artfeld, 130 Acker Wiesen, 200 Acker Huthrasen, 39 Acker Baumgarten, 172 Acker Holz und eine Schäferei von 200 Stücken. Auch gehöret zu demselben die Hohe- und Niederjagd in dem Roßriether Flur, und die Koppeljagd in der Sondheimer Markung. Die Gerichtsbarkeit

P 3 in

---

s) Wölker in seiner Histor. Norimberg. dipl. p. 318 erzählet, daß im J. 1402 die Burg zu Roßrieth, wegen manchen, daraus verübten Raubereien, von den Hauptleuten des damaligen Landfriedens erobert und zerstöret worden ist.

in Civil- und Criminalfällen wird von dem Gutsbesitzer ausgeübet, jedoch sind die 4 hohen Rügen davon ausgenommen, indem solche vor das Amt Römhild gehören, welchem die Verbrecher, nach vorgängiger Requisition, auf der Grenze ausgeliefert werden müssen.

Uebrigens ist das Rittergut von allen Abgaben frei und obgleich dessen Besitzer sich, wiewohl mit Widerspruch des fürstlichen Lehnherrns, zum fränkischen Ritter-Canton Rhön und Werra rechnen, so sind doch weder sie noch ihre Unterfaßen zu Entrichtung der Rittersteuern, Charitativ-Gelder und andern Abgaben verbunden.

Die hiesige Kirche war ehedessen ein Filial von Mühlfeld, bekam aber um das Jahr 1683 einen eignen Pfarrer, zu welchem Ende der damalige Besitzer, Christoph Hilmar von Grappendorf, aus seinen Mitteln 2800 fl. aussetzte, wovon das Pfarrhaus erbauet und der Ueberrest zur Besoldung angewendet wurde. Der Kirchensatz sowohl, als die Bestellung des Schulamtes gehöret dem iedesmaligem Inhaber des Guts, und es stehet ihm frei, das, zum Pfarramte erwählte, Subiect ordiniren zu lassen, wo er will.

Gleicherwiesen.

Dieses ritterschäftliche Dorf ist dem Canton Rhön und Werra incorporiret, und gehöret dermalen dem Herzoglich-Wirtenbergischen Cammerherrn Wilhelm Ernst Lothar von Bibra. Es grenzet gegen Morgen an Simmershausen, gegen Mittag an Streufdorf und Haubind, und gegen Abend und Mitternacht an die Römhildischen Amtsdörfer Linden und Gleichenberg. In den Urkunden des mittlern Zeitalters hieß es Glychen uf den Wiesen, und war größtentheils der Landeshoheit, oder, nach dem damaligen Sprachgebrauch, der Vogtbarkeit der Grafen von Henneberg unterworfen, welche über 8 Huben Feldgüter das Vogteirecht auszuüben und davon gewisse Einkünfte zu erheben hatten. o) Noch ietzt hat hier das Amt Römhild die Lehnsherrlichkeit über verschiedene Güter p) und erhebet

o) In dem alten Hennebergischen Urbario v. J. 1317 werden die Gerechtsame die dem Graf Berthold VII. (X.) hier zuständig waren, folgendermaßen bezeichnet: „Zu Gliechen uffe der Wysin ist myn Herre Voyt vber achte Hube, du gultia des Jars zen pfunt Hellere und alfo vil Huner alfo man

„von yn nymit. Ouch gehyn sie fur das Lantding (Landgericht) eyn Walter Kese." Dipl. im 1ten Th. der Henneberg. Geschichts. S. 211.

p) Es bestehen selbige in 1 Hube, 1 Söldern, 1 Hofstädte, 7 Ucker Wiesen und 6 Ucker Feld, weswegen ein besonderer Lehnschultheiß

des Herzogl. Sächßl. gemeinschaftlichen Amtes Römhild. 679

erhebet von selbigen nicht nur die gewöhnlichen Lehnsgefälle, sondern auch die Landsteuern.

Die Herrn von Bibra besitzen diesen Ort, nebst der vogteilichen Gerichtsbarkeit, in der Eigenschaft eines Würzburgischen Mannlehns, jedoch mit einer Ausnahme von 19 Unterthanen daselbst, welche ihre Vorältern, besage einer Urkunde vom J. 1484. von den beiden Klöstern Trostadt und Veßra erkauft und nebst den Huben und Gütern, die iene 19 Männer besassen, dem Hause Sachsen zu Mannlehn aufgetragen hatten. q) Diese Lehnschaft ist dermalen den beiden fürstlichen Häusern zu S. Meiningen und Coburg zuständig. Vermöge eines, am 13 May 1670 zwischen Sachsen und Würzburg errichteten, Recesses, ist die vormals in Contestation gewesene Vogteilichkeit über alle Einwohner und Hintersaßen, ohne Unterschied des Lehnsverhältnisses, den Herrn von Bibra überlassen worden; dem Amte Römhild hingegen wurde die Lehnsherrlichkeit über die, dahin gehörigen, theils unmittelbaren theils Hesbergischen, Lehn- und Zinsleute, nebst der hergebrachten Steuer vorbehalten. r) Die centbarliche Gerichtsbarkeit gehöret mit den vier hohen Rügen in das Würzburgische Amt Königshofen, wohin ieder Verbrecher mit 1 Mltr. Waizen eingeliefert wird; doch haben die Einwohner weder einige Centkosten zu tragen, noch einen Schöppen zu stellen.

Der Ort bestehet, mit Ausnahme des adelichen Sitzes und der Kirchen- und Schulgebäude, in 60 Häusern, welche von 214 christlichen Unterthanen und 14 Judenfamilien bewohnet werden. Letztere haben hier ihre eigene Synagoge und sind zu einem iährlichen Schuzgelde verbunden, welches ieder Jude dem Dorfsherrn mit 8 fl. zu entrichten hat. Die christlichen Einwohner zahlen die gewöhnlichen Rittersteuern und Charituivlogelder an die Rittercruhe zu Schweinfurth.

Ackerbau und Viehzucht macht ihre vornehmste Nahrung aus; auch giebt es unter ihnen einige Professionisten, als Schumacher, Leineweber, Schreiner, Metzger, Büttner und Zimmerleute. Unmittelbar an dem Dorfe fliesset die Miz vorbei, die bei plözlichem Thauwetter oder häufigem Regen zum öftern grosse Ueberschwem-

selbst angestellet ist und im Amte Römbild verpflichtet wird. Ausserdem befindet sich hier ein Hesbergisches Gemeraid- und ein Sächsisches Hildburghäusisches Amtslehn; Alles übrige ist den Herrn von Bibra lehnbar.
q) Beilage Num. XIX.
r) S. den Receß in meinen Beitr. zur Fr. und S. Gesch. Th. I. p. 172, §. 10.

schwemmungen verursachet. Die Gemeinde besitzet eine Schäferei, ein, mit dem Braurechte privilegirtes, Wirthshaus, und beträchtliche Huthräsen. — Kaiser Karl VII. ertheilte im Jahre 1743 diesem Orte, auf Ansuchen Heinrich Karls von Bibra, das Marktrecht und zwar in der Maße, daß jährlich daselbst auf Dienstag nach Trinitatis und Dienstag vor Martini zwei Jahrmärkte gehalten werden sollten. *)

Die hiesige Kirche, worüber der Dorfsherrschaft das Patronatrecht zuständig ist, war ehedessen ein Filial von der Kirche zu Gleichamberg, wurde aber im Jahre 1493 durch einen Vergleich zwischen Graf Friederich II. von Henneberg und Valentin von Bibra zu Irmelshausen davon getrennet und zu einer eignen Parochie erhoben. Davor hat aber die Pfarrei zu Gleichamberg von der hiesigen Gemeinde noch eine jährliche Besoldung von 3 fl. an Geld und 2 Malter Hafer zu erheben, überdieß auch einige Feldgüter in der hiesigen Flur zu benuhen.

Die hohe Jagd in dem ganzen Dorfsdistrikt hat das Amt Römhild auszuüben; die Mittel- und Niederjagd hingegen gehört dem Herrn von Bibra.

Vierter Abschnitt.

Tabellarische Uebersicht der Henneberg-Römhildischen Ritterlehne im 16ten und 17ten Jahrhundert.

Ich beschliesse die gegenwärtige Beschreibung mit einer kurzen Nachricht von den Henneberg-Römhildischen Ritterlehnen, welche sowohl vor, als bei der Regierung Herzog Heinrichs zu S. Römhild, zu dieser Herrschaft gehörig waren, größtentheils aber ausser dem Bezirk des Amtes gelegen sind. Für die Vollständigkeit des hierüber mitgetheilten Verzeichnisses kann ich freilich nicht bürgen, und eben so wenig bin ich im Stande, überall die gegenwärtigen Besitzer der, in fremden Territorien befindlichen, Lehngüter, namhaft zu machen. Es sind aber auch zuweilen mangelhafte Nachrichten nicht ganz ohne Nutzen und geben demjenigen, der hievon mehrere

---

*) dpl. Mspt. de dato Frankfurt am Mayn den 29 Nov. 1743.

des Herzogl. Sächsl. gemeinschaftlichen Amtes Römhild 681

cere Wissenschaft hat, Anlaß, selbige zu berichtigen und einen noch unvollständig bearbeiteten Gegenstand eine größere Vollkommenheit zu verschaffen. —

In mittlern Zeiten mag zwar der Lehnhof der Grafschaft Henneberg-Römhild ungleich beträchtlicher gewesen seyn, als er ietzo ist; wenigstens siehet man aus der Ländertheilung vom J. 1468, daß die Anzahl der Vasallen, die damalen die zwei Brüder Friedrich II. und Otto IV. einander wechselseitig überwiesen haben, sich auf etliche siebenzig Ritter belaufen habe. *) Allein die nachherige Zerstückelung dieser Grafschaft und die öftere Abwechselung des Lehndirektoriums haben ohne Zweifel Anlaß gegeben, daß viele Lehne verlohren gegangen sind und die Zahl der Vasallen sich um ein merkliches vermindert habe. Ich will sie hier in alphabetischer Ordnung kürzlich anzeigen:

Vasallen	Lehngüter	Lage	Ritterpferd	Lehnsteigenschaft
Hannß Caspar von Bibra zu Irmelshausen, 1640.	1) Das Schloß Roßrieth mit seinen Zugehörungen; dermalen ist es dem Freiherrn von Stein zu Nordheim zuständig. (S. oben S. 677.)	Fränkl. Ritterschaft.	1	Mannlehn.
	2) Eine Hube zu Sondheim im Grabfeld, welche jährlich 4 Pfund an Geld, 2 Mltr. Waizen, 5 Mltr. Korn und 5 Mltr. Hafer zinset.	Amt Römhild.	—	Desgl.
	3) Eine Hube zu Oberstreu mit 8 verschiedenen Hofstädten; (Erstere ist ungangbar und das Lehn nicht zu finden.)	Stift Würzburg.	—	Desgl.
	4) Neunzehen Männer mit ihren Huben zu Gleicherwiesen; (S. oben S. 679)	Fränkl. Ritterschaft.	1	Desgl.
	5) Der 4te Theil an dem Dorf Bara bei Hendingen; dermalen	Fränk. Ritterschaft.	—	Desgl.

*) S. den 1ten Th. der Henneb. Gesch. S. 616 f.

Ersten Theils viertes Stücks. Q

Vasallen	Lehngüter	Lage	Ritterpferd	Lehnpferdgeld
	gehöret das ganze Dorf dem Freiherrn von Stein zu Nordheim. 6) Der neue Sitz nebst der Kirche und 2 Söldengütern zu Gemünd und 21 Acker Holz im Roßbach unter dem Sobenstein gelegen.	Stift Würzburg	—	Desgl.
	Ferner gehören zu den neuern Bibraischen Lehnstücken: 1 Hube zu Poppenlauer, die vormals die Grafen von Haßfeld besessen haben; — ⅓ des Zehnten zu Sülzdorf; — ¼ des Schlosses zu Bibra nebst etlichen Gütern, und die erblehnbaren Erbzinßen, Getraidegült und Lehnschaften zu Erdorf und Bernhard.	Ebendas. A. Röm-bild A. Maß-feld A. Themar		
Voite von Salzburg.	Das Rittergut Eichenhausen mit seinen Zugehörungen. Nachdem, ohne männliche Erben erfolgten, Absterben des Besitzers kam dasselbe 1742 an Ludewig von Boyneburg und nach dessen Tode 1759 an den Herrn von Borie. Als nun auch dieser Besitzer den Mannsstamm beschloß, fiel gedachtes Rittergut den beiden fürstlichen Häusern zu S. Koburg und S. Meiningen heim, und wurde vor einiger Zeit dem Hrn. Reichsgraf von Soden in der Eigenschaft eines Ritternamnslehns käuflich überlassen.	Stift Würzburg	1	Desgl.

Vasallen

des Herzogl. Sächsl. gemeinschaftlichen Amtes Römhild. 683

Vasallen	Lehngüter	Lage	Ritterpferd	Lehnseigenschaft
von Bronsart.	1) Der Bauhof und die Kemnate zu Schwikershausen; die dazu gehörigen Feldgüter sind Mannlehen;	Amt Römhild.	1	Söhn- und Töchterlehn.
	2) Die Wüstung Debertshausen; Beides gehöret dermalen dem Freiherrn von Stein zu Nordheim. (S. oben S. 665)	Ebendas.		Mannlehn.
Die von Buttlar, genannt von der Neunburg.	Ein Antheil an Aeckern, Wiesen und Holz in der Wüstung Pfarsenhausen und 18½ Acker Feld am Danzberg zu Ostheim.	A. Lichtenberg.	–	Mannlehn.
Hartmann Wolf von Carlsbach; Amtmann auf Salzel, 1626.	1) Der dritte Theil des Wein- und Getraidezehenden zu Oberelsbach,	Stift Fulda.	1	Mannlehn.
	2) Ein Güldhof und ein Theil an zwei Theilen des Zehenden zu Niedererlsbach, bei Hammelburg.			
Die Echter von und zu Mespelbrun 1652.	Etliche Höfe und Güter sammt allen und ieglichen Zinsen, Getraidegülten und Nutzungen zu Schakenwerde großen Barbdorf ꝛc. — Dieses Lehn ist heim gefallen, und wurde 1680 zur S. Römhildischen Landesportion geschlagen.	Schweinfurth.	1	Mannlehn.
Die von Eberstein.	Ein Hof zu Sondheim von der Röhn.	A. Lichtenberg.	–	Mannlehn.
Die von Erfa	Einige Güter zu Helmershausen.	A. Lichtenberg.	–	Mannlehn.
Die von Erthal 1599	Zehend zu Langendorf.	Stift Würzburg.	1	

D 2   Vasallen

Vasallen	Lehngüter	Lage	Ritterpferd	Lehnseigenschaft
Die von Forstmeister, 1558.	Ein Gut zu Schnackenwerth, 1 Burggut zu Salek, 1 Hof zu Niedereschenbach, 1 Hof zu Aschfeld, ⅓ an dem Zehend zu Obereschenbach	St. Fulda.	1	Mannlehn.
Die von Fuchs, 1536.	Das halbe Schloß Dippach, mit Vorbehalt des Oefnungsrechtes; einige Güter, Zinsen, Gülten und Unterthanen zu Rommerskofen; eine Mühle zwischen Oberbärer und Ramerskofen, verschiedene Erbzinsen zu Holzhausen, Mehrer und Münster.	Stift Würzburg.	1	Söhn- und Töchterlehn.
Kaspar Grossen, 1549.	Ein halber Hof zu Helmershausen, drei laßgüter daselbst und eine Schaaftrift auf 300 Stük.	A. Lichtenberg.	1	Söhn- und Töchterlehn.
Von Grumbach zu Estenfeld.	Ein Viertheil des Zehenden und andere Güter zu Werth	St. Würzburg.	1	Mannlehn.
Die von Hanstein.	Ihre drei Rittergüter zu Henfstädt gehörten eigentlich nicht zur Grafschaft Henneberg-Römhild, sondern wurden zuerst im Jahre 1680 zur römhildischen Landsecretion geschlagen. Dermalen werden solche von den beiden fürstlichen Häusern zu S. Gotha und S. Keburg verliehen. S. oben S. 410)	A. Themar.	2	Das hintere und mittlere Gut ist mannlehn, das vordere aber Söhn- und Töchterlehn.
Graf Melchior zu Gleichau, † 1646.	Der vierte Theil des Zehenden zu Poppenlauer und einige Höfe zu Maßbach.	St. Würzburg.	1	Mannlehn.

Vasallen

des Herzogl. Sächßl. gemeinschaftlichen Amtes Römhild. 685

Vasallen	Lehngüter	Lage	Ritterpferd	Lehnseigenschaft
Von Herbelstad 1551 nachher G. Siegmund Moll, 1688.	Das Schloß zu Haina sammt dem umgehenden Graben und zugehörigen Gütern. Dieses Geschlecht vermannte im J. 1596 und deßen heimgefallene Güter sind neuerer Zeiten unter die Einwohner zu Haina vereinzelt worden. S. oben S. 627)	A. Römhild.	1	Mannlehn.
Philipp von Heßberg zu Bedheim, 1588.	1) Drei Theile an den Zehenden zu Gleichamberg und 2 Theile an den Heuzehend daselbst. Beide Lehnstücke sind iezt der Juliusuniverstät zu Würzburg zuständig; die Lehnsherrlichkeit aber, wurde von dem Hause zu S. Hildburghausen, bei Gelegenheit des Bedheimer Lehnsumtausches, dem Hochstifte Würzburg überlaßen.	A. Römhild.	1	Söhn- und Töchterlehn.
	2) Den See zwischen Milz und Breitensee, der iezo in Wiesen verwandelt ist; dermalen gehöret dieser See zum Gröznerischen Gut zu Hindfeld.			Mannlehn.
Wolf Dietrich von Heßberg, 1648.	Das Schloß Reurieth mit dem halben Dorf und den dazu gehörigen Lehnsunterthanen. Dieses Lehnstük besitzet dermalen das fürstliche Haus zu S. Hildburghausen, als ein Chatullgut (S. oben S. 372)	A. Themar.	1	Mannlehn.
Heinrich Philipp von Heßberg	Sieben Huben und 4 Selden zu Gleichamberg; (gehören iezo der Landesherrschaft) ingleichen	A. Römhild.	–	Mannlehn.

Q 3   Vasallen

Vasallen	Lehngüter	Lage	Ritterpferd	Lehnseigenschaft
	1 Hube zu Haina, einige Güter zu Römhild, (vermalen sind diese Stücke den Güterichischen Erben zu Römhild zuständig) und einige Zinsen zu Hosenpreppach			
Haußlein von Eisenheim	Ein Vorwerk, Zehend und einzelne Güter zu Niedlingen.	St. Märzburg	1	Mannlehn.
Voit Ludwig von Hutten für sich und seine 4 unmündige Brüder, 1644.	1) Das Dorf Ermershausen bei Birkenfeld; von dem Heimfall dieses Guts werde ich am Schlusse dieses Verzeichnisses nähere Nachricht mittheilen.	Fränkl. Ritterschaft	1	Söhn- und Töchterlehn.
	2) Ein Theil an dem wüsten Dorf Großenhausen; Nach Ableben des Herrn von Hutten zu Birkenfeld wurde das Lehen von S. Koburg eingezogen und dem Hrn. von Hutten zu Walchenfeld verkauft;	St. Märzburg	1	Mannlehn.
	3) Ein Weinberg am Wolfert, 22 Huben- und Sölden Güter und 28 Acker Weingarten zu Oberlautingen. Dieses Lehnstük ist dermalen dem Herrn von Truchses zu Wetzhausen zuständig und wird von S. Hildburghausen verliehen;		1	Mannlehn.
	4) Etliche Güter und Zinsen zu Römershofen, Mechenried und Altenmünster, die von Sebast. Fuchßen zu Schweinshaupten erkaufet worden;			Mannlehn.
	5) verschiedene Güter und	Ebendas.	1	Mannlehn. Vasallen

des Herzogl. Sächsl. gemeinschaftlichen Amtes Römhild. 687

Vasallen	Lehngüter	Lage	Ritterpferd	Lehenörigen-schaft
	Zinsen zu Pfarrweisach; und ein Fischwasser zu Usendorf. Diese Lehnstücke wurden, nach Ableben des Herrn von Hutten zu Birkenfeld, von S. Koburg eingezogen und an die Hrn. von Rotenhan verkauft; 6) 1 Mühle zu Junkersdorf und ein Weinberg bei Hofheim unter der Bettenburg, die ebenfalls dem fürstl. Hause zu S. Koburg heimgefallen sind.			
Christoph von Rohlhausen, 1549.	Eine Kemnate nebst 2 Huben Landes und 3 Hofstätte zu Helmershausen, 1½ Hube zu Schaafhausen und ½ Hube zu Ostheim.	Amt Lichtenberg	1	Mannlehn.
Die von Langen	Das Rittergut Oberstadt;	A. Themar	1	Ebbn- und Töchterlehn.
Marschalk von Ostheim zu Mariafeld	Das Schloß und Dorf Mariofeld. Beide Lehngüter gehörten nicht ursprünglich zur Grafschaft Henneberg Römhild, sondern wurden 1680, mit dem Amte Themar, zur römhildischen Landesportion geschlagen. Dermalen werden sie von S. Gotha und S. Koburg verliehen. (S. oben S. 401)	Ebendas.	1	Mannlehn.
Marschalk von Ostheim zu Waltershausen	Das Schloß und Rittergut Waltershausen, 1 Gut zu Jechersheim, ⅓ an Alrbausen bei Königshofen, mit den Schaaf-	Fränkl. Ritterschaft u. St. Würzburg	1	Ebbn- und Töchterlehn.

Vasallen

Vasallen	Lehngüter	Lage	Ritterpferd	Lehnseigenschaft
	trieb daselbst, und 3 Güter zu Trappstadt. Als diese marschallische Linie im Jahre 1782, mit Friederich Christ. Egidius, ausstarb, fielen diese Lehngüter an seine 4 Schwestern, die solche 1789 an den königl. französischen Major Julius Alexander von Kalb und dessen Bruder den S. Weimarischen Kammerpräsidenten Joh. Alexander von Kalb verkauften.			
Albrecht Ludewig u. Philipp Julius von Ostheim zu Friesenhausen, 1649.	1) Das halbe Schloß mit dem Vorhof und der Mühle des Ritterguts Schenkenau;	St. Würzburg.	1	Mannlehn;
	2) Eine Behausung zu Iptshausen nebst 11 Acker Wiesen. Dieses Lehnstük hatte Georg Adam von Ostheim 1640 an den Amtskeller zu Königshofen, als Erblehn verkauft, weswegen die Beleihung ausgesetzet und dem von Ostheim aufgegeben wurde, das Lehnstük wieder einzulösen, oder zur Veräusserung desselben lehnsherrlichen Konsens auszuwürken.		1	Mannlehn;
	3) Der halbe Zehend zu Sappertshausen.			Söhn- und Töchterlehn.
Marschalk von Ebeneth von Münster zu Breitenbach	Neun Sölden Güter und 9 Eimer Wein zu Gatheim.	St. Bamberg.	1	Söhn- und Töchterlehn.
	1) 8 besetzte Güter zu Berbersdorf, Pfandhausen, Holzhausen und Meydebach;	Fränkl. Ritterschaft.	2	Mannlehn.

des Herzogl. Sächßl. gemeinschaftlichen Amtes Römhild.

Vasallen	Lehngüter	Lage	Ritterpferd	Schadelgerschaft
Von Oeppen, 1670.	2) Das Schloß Bettenburg, welches jetzo dem Herrn von Truchses gehöret. Sieben Güter und Männer zu Willmars. Nach verschiedenen Abwechselungen kam dieses Lehnstück 1687 an die Hrn. von Stein, die es von S. Meiningen zu Lehn empfangen.	Amt Maßfeld.	1	Mannlehn.
Christoph von Ostheim, 1553.	1) Der halbe Zehend zu Rappertshausen; 2) ½ Hube in der Wüstung Schwabhausen; 3) Ein Hof zu Sellmershausen, 3 Viertheil an dem Hof daselbst bei der Linden, 1 Erbe und eine ganze Hüttenstadt in dem Kirchhofe daselbst.	Amt Römhild. Amt Lichtenberg.	1	Söhn- und Töchterlehn. Mannlehn. Erblehn.
Die von Pöllnig.	Das Rittergut Aspach.	Stift Bamberg.	1	Söhn- und Töchterlehn.
Die von Rotenhan zu Eyringshofen.	Das Fischwasser von der Eyringsmühle bis an das Ebraer Wasser und von da bis ans Rubacher Wasser; Eine große Wiese und etliche Lehen zu Ebern und einige Feldgüter zu Frickendorf und Greußdorf.	Stift Würzburg.	1	Freilehn.
Joh. Georg Rußwurm zu Greifenstein, 1665.	1) Drei Viertheil am Schlosse Dippach mit allen Zugehörungen. Vormals besaßen es die Füchse von Schweinshaupten als ein Henneberg-Römhildisches Mannlehn, nach deren Aussterben dasselben eröffnet und 1665	Stift Würzburg.	1	Söhn- und Töchterlehn.

Vasallen	Lehngüter	Lage	Ritterpferd	Lehnbarkeit
	vom Herzog Friedrich Wilhelm zu S. Altenburg dem Generalmajor Rußwurm, mit Vorbehalt des Oeffnungsrechtes, um 2000 fl. in der Eigenschaft eines Söhn- und Töchterlehns, verkauft wurde. Dermalen besitzen die Voit von Salzburgische Erben diese ⅔ des Schlosses und Dorfes Dippach. Nach Herzog Heinrichs zu S. Römhild Ableben, gieng zwar die Lehnsherrlichkeit an S. Hildburghausen über; Es wurde aber selbige neuerer Zeiten vom dasigen Herzog Joseph an das Hochstift Würzburg, gegen dessen Lehnsherrlichkeit über das Rittergut Bedheim, vertauschet.			
	2) Der Zehend zu Aubenhausen.			
Die Schöpperische Erben zu Schweinfurth.	Der halbe Zehend zu Berbiedorf.	Stift Würzburg.	1	Mannlehn.
Schmid zu Ostheim.	Ein Hof zu Ostheim, der Schafhof genannt.	Amt Lichtenberg.	1	Söhn- und Töchterlehn.
Die von Spessart zu Aschenhausen.	1) Das Rittergut Aschenhausen;	Amt Sand	1	Mannlehn.
	2) Ein Antheil an der Wüstung Pfaffenhausen;			
	3) Der Zehend zu Mittelstreu;			

Vasallen

des Herzogl. Sächßl. gemeinschaftlichen Amtes Römhild.

Vasallen	Lehngüter	Lage	Ritterpferd	Lehnseigenschaft
	4) 2 Hufen Land und 1 Mühle zu Unsleben.			
Wolf Adam von Steinau genannt Steinrük zu Euerbach, 1623. und 1644.	Ein Hof zu Burglauer; Ein Gut zu Sigersdorf, 2 dergleichen zu Faßbühel, 2 dergleichen zu Werth, 2 dergleichen zu Greßthal, 2 Acker Weingarten zu Mutesheym, 7 Güter und 1 Schenkstadt und 11 Acker Wiesen zu Mädenbach.	Stift Würzburg.	1 1 2	Söhn- und Töchterlehn. Mannlehn.
Die von Stein zu Nordheim.	Das Dorf Rupprechts; der halbe Theil des Burgwalls und Dorfs Völkershausen; eine Behausung nebst Hofreth und Stadel, ingleichen einige Zinsgüter und Wiesen zu Sondheim vor der Rhön und zu Kaltensondheim.	Amt Maßfeld und Lichtenberg.	1 1	Mannlehn.
Georg Pankraz von Buttenheim zu Beerfeld.	Der halbe Zehend zu Retten Egelofeld.	Stift Würzburg.	1	Mannlehn.
Von der Thann.	Das Dorf Oberwaldbehrungen, 1 Hof und 4 Reitgüter zu Schafhausen; ingleichen einige Zinslehne zu Sladungen, Leubach, Süflars und Frankenheyn.	Stift Fulda.	1	Söhn- und Töchterlehn.
Julius Albrecht von Thüngen.	Einige Güter und Getraidgülten zu Seßlar, als: etliche Morgen Weingarten, jährlich 40 Malter Korn- und 6 Malter Hafer-	Stift Würzburg.	—	Söhn- und Töchterlehn.

Vasallen	Lehngüter	Lage	Ritterpferd	Erbfolgerschaft
	gült, ein Hamsbauch und 8 Hühner. Nach einer in den Lehnsakten befindlichen Anmerkung ist das Lehen heimgefallen und an das Stift Würzburg verkauft worden.			
	½ Hof zu Düngen, der Düngeshof genannt.	Fränkl. Ritterschaft.	1	Mannlehn.
Die von Truchseß zu Sternberg und Wetzhausen.	Drei Theile des Hofes zu Himmelstadt, unter Sternberg gelegen; ingleichen 1 Hof zu Zimmerau. Jener bestehet aus 12 Acker Feld, gehöret dem Herrn von Guttenberg zu Sternberg und wird von S. Hildburghausen zu Lehen empfangen. Den Hof zu Simmerau hingegen besitzet der Herr von Truchseß zu Oberlauringen, ebenfalls als ein S. Hildburghäusisches Lehn.	Stift Würzburg.	1	Mannlehn.
Die von Truchseß zu Uletleben.	Die Hälfte des Zehenden zu Sapperteshausen; die Hälfte einer Behausung zu Ipthausen; 8 Acker Wiesen bei Königshofen, und 4 Acker Feld daselbst.	Ebendas.		Mannlehn.
Die Vasolde, 1537.	Ein Hof zu Stetten und 1 Kemmaten nebst 1 Hof zu Santheim vor der Rhön.	Amt Lichtenberg.	1	Mannlehn.
Hannß von Velhers, 1549.	Der halbe Theil des Burgguts zu Münnerstadt, wovon die andere Hälfte dem Stifte Würzburg zu Lehn gehet.	Stift Würzburg.		Mannlehn.

Vasallen

des Herzogl. Sächsl. gemeinschaftlichen Amtes Römhild.

Vasallen	Lehngüter	Lage	Ritterpferd	Erbneigenschaft
Hannß Wilh. Hannß Ernst u. Hannß Heinrich, die Zobel von Giebelstadt zu Friesenhausen, 1640.	1) Die Kemmate und Behausung im See zu Friesenhausen, mit allen Zugehörungen, mit Vorbehalt des Oefnungsrechtes;	Stift Würzburg	1	Mannlehn
	2) Ein Hof zu Friesenhausen;			Söhne und Töchterlehn
	3) Ein Viertheil des Flecken Großmannsdorf.		1	Mannlehn

Ausser diesen, zu der Herrschaft Römhild gehörigen, lehn- und Rittergütern sind auch noch einige Erblehne zu bemerken, die im Amte Römhild gelegen sind. Es sind folgende:

1) Die Grögnerischen Erben zu Römhild; Ein Hof und Zehend zu Hindfeld und ein Getraidegült zu Haina.

2) Die Brennerischen Erben zu Schweinfurth; Das Schrikelische- nachher Rabische Gut zu Gleichamberg.

3) Herr Rentsekretär Muth zu Römhild; Ein Getraidegült nebst der Lehnschaft von dem sogenannten Zöllershof, in der Flurmarkung der Stadt Römhild.

4) Die Straußische Erben zu Schleusingen; Lehnschaften und Getraidegült von 7 Huben und 1 Gütlein zu Sülzdorf.

5) Heinrich Christian Treubig zu Haina; Ein Haus und einige Feldgüter zu Haina, ingleichen die Lehnschaft über 3 Huben und 1 Gütlein daselbst und über 1 Hube zu Westenfeld.

6) Johann Caspar Günter zu Milz; Die sogenannte Geyersmühle zu Milz.

Alle diese Lehnstücke rühren von den beiden fürstlichen Häusern zu S. Coburg und S. Meiningen zu lehn, und müssen, in vorkommenden Veränderungsfällen, bei den Herzogl. Regierungen ordentlich gemuthet werden.

So weit reichen meine Nachrichten von den Henneberg-Römhildischen Aktenlehnen des 16ten und 17ten Jahrhunderts. Die spätern Schiksale der vielen, derunter befindlichen, ausländischen Lehngüter sind mir größtentheils unbekannt geblieben, und eben so wenig kann ich mit Gewißheit angeben, ob alle diese Lehnschaften noch iezo im Gange sind und wie ihre gegenwärtigen Besitzer heissen? Aber vielleicht gelingt es mir, von dem neuesten Zustand des ganzen Hennebergischen Lehnhofs bei der Fortsetzung dieses Werks, nähere Nachrichten mittheilen zu können. Für iezo will ich nur noch eines merkwürdigen Lehnsheimfalls erwähnen, der sich im Jahre 1783 mit dem, in der sogenannten Lederhecke gelegenen, Rittergute Ermershausen ereignete und manches Aufsehen erregte.

Das Schloß und Dorf Ermershausen war ursprünglich eine Besitzung der Grafen von Henneberg und machte im 14ten Jahrhundert ein Zubehör der neuen Herrschaft oder der, nachher sogenannten, Pflege Coburg aus. *) Im Anfange des 16ten Jahrhunderts erscheinet die adelich Heßbergische Familie im Besiz dieses Ritterguts, **) ohne daß man weis, auf welche Art sie dasselbe erworben habe. Nach Wilhelm von Heßberg Tode fiel es, als ein Söhn- und Töchterlehn, an seine, mit Hanß Barthold von Roßau vermählte, Tochter, deren vier Söhne, Hanß Ernst, Georg Wilhelm, Christoph und Georg Wolf, in der Folge ihre sämmtliche Güter dergestalt unter sich theilten, daß Ermershausen an Georg Wilhelm von Roßau zu Brennhausen übergieng. Dieser verkaufte aber gedachtes Rittergut im J. 1587 an Georg Ludewig von Hutten zu Birkenfeld um 23500 fl. fränkl., welcher im J. 1598 vom Herzog Johann Casimirn zu Sachsen Coburg mit dem Dorfe Ermershausen auf Söhne und Töchter beliehen wurde.

In der hierüber vorhandenen Urkunde wird seines Bruders, Bernhards von Hutten, als eines Mitbelehnten erwähnet, und das nemliche geschahe auch in einigen neuern Lehnbriefen; — ein Umstand, der hier um deswillen merkwürdig ist, weil er zugleich den triftigen Beweis in sich fasset, daß alle sächsischen, auch extra currem gelegene, Lehne in Franken, nicht nach longobardischen, sondern nach sächsischen Lehnrechte verliehen werden, und daß auch die Besitzer dieses Ritterguts die

---

*) S. den 1ten Th. der Dipl. Gesch. des Hauses Henneb. S. 163 und die Urk. vom J. 1374, S. 261, wo die Burg und Stadt Ermershausen, der Gemahlin Landgraf Balthasars zu Thüringen, als ein hennebergisches Erbgut, zugetheilet wurde.

**) Ungedruckten Nachrichten zu Folge, ertheilte Wilhelm von Heßberg im J. 1512 Montags nach Lätare den Einwohnern zu Ermershausen eine Dorfordnung, die noch iezt beobachtet wird.

die gesammte Hand- und Mitbelehnschaft, wodurch sich das sächsische Lehnrecht besonders auszeichnet, schon damals anerkannt hatten. Es kann daher, sowohl bei den Coburgischen- als Henneberg-Römhildischen Lehnen, keiner der Agnaten oder Kollateralerben, ob er gleich von dem primo acquirente mit abstammet, zur Succession gelassen werden, wenn er nicht die Mitbelehnschaft erlanget, und solche bei allen, in manu dominante et serviente sich zugetragenen, Fällen gewahret und erneuert hat.

Als nun am 12ten Febr. 1783 der letzte Besitzer, Johann Philipp von Hutten, ohne Leibeserben und Mitbelehnte verstarb, so glaubte zwar seine Schwester, Juliana Charlotta Wolt von Salzburg, berechtigt zu seyn, die Erbfolge in dem erledigten Rittergut Ermershausen behaupten und dasselbe im Besitz nehmen zu können. Da sie aber mit dem Defuncto in keiner Mitbelehnschaft stand, mithin, nach den anerkannten Grundsätzen des sächsischen Lehnrechts, keinesweges zur Succession qualifiziret war; so wurde gedachtes Lehngut von den beiden Lehnsherrschaften zu S. Coburg und S. Meiningen, für heimgefallen erkläret, und dem gemeinschaftlichen Amte Römhild der Auftrag gegeben, dasselbe im Besitz zu nehmen.

Ueber dieses Verfahren beschwerte sich die genannte Wolt von Salzburg bei beiden fürstlichen Lehnhöfen und suchte ihre Successionsrechte hauptsächlich darauf zu begründen, daß bei dem Gut Ermershausen, als einem hennebergischen, mithin fränkischen Lehn, die sächsische Mitbelehnschaft um so weniger statt finden können, weil das fürstliche Haus Sachsen, bei Gelegenheit der mit den Grafen von Henneberg 1554 errichteten Erbverbrüderung, den hennebergischen Vasallen die ausdrückliche Versicherung gegeben hätte, daß der künftige Anfall dieser Grafschaft an Sachsen, ihren Rechten und Lehnsgewohnheiten nicht präjudicirlich seyn sollte. v)

Von Seiten der beiden fürstlichen Lehnhöfe, fand man für billig, der Frau Implorantin, zur weitern Ausführung ihrer vermeintlichen Ansprüche, coram curia feudali communi den Weg Rechtens zu eröfnen und ihr die Versendung der Akten zum auswärtigen rechtlichen Erkenntniß zuzusichern. Allein, nach ihrem bald nachher, am

---

v) Der hier angeführte Revers, welcher von den Herzogen zu Sachsen im Jahre 1554 ausgestellet wurde, betraf nur die, zur Grafschaft Henneberg Schleusingen gehörigen Va-sallen, und konnte daher auf die henneberg. Herrschaft Römhild nicht in Anwendung kommen.

am 6ten Januar 1784, erfolgten Wlebeu wendeten sich ihre Töchter und Enkelinnen an den Kaiser und würkten unterm 23ten März desselben J. ein Mandatum C c. poenale aus, worinne den beiden fürstlichen Lehnsherrschaften aufgegeben wurde, die Jmploranten im Besitz dieses Ritterguts nicht weiter zu stöhren, die eingelegte Mannschaft abzuführen und alles im vorigen Stand zurück zu stellen.

Dies veranlaßte den gemeinschoftlichen Lehnhof, die Heimfälligkeit des Henneberg-Römhildischen Lehnguts Ermershausen und die Rechtmäsigkeit der Besitzergreifung desselben dem Reichshofrath, durch eine mit Urkunden belegte Deduktion (*w*) vorzulegen, auf die Wiederaufhebung des erkannten Mandats anzutragen und zugleich mit Beifall der Rechte zu behaupten, daß die Voit von Salzburgischen Erben, nach Vorschrift der kaiserlichen Wahlkapitulation, Art. 12, §. 1, ihre vermeintlichen Successionsansprüche keinesweges bei den höchsten Reichsgerichten, sondern bei dem fürstlichen Lehnhofe rechtlich auszuführen hätten.

Inzwischen blieb Ermershausen unter der Administration des Amtes Römhild bis in das Jahr 1786, wo endlich die Sache am 30ten März verglichen und dieses Rittergut von den beiden fürstlichen Lehnsherrschaften zu S. Coburg und S. Meinungen den Voit von Salzburgischen Erben, in der Eigenschaft eines Söhn- und Töchterlehns, unter gewissen Bedingungen wieder vom neuen verliehen wurde. Letztere machten sich nemlich verbindlich, um die Belehnung desselben ex nova gratia, unterthänigst nachzusuchen, — für die Aufhebung der, von beiden herzoglichen Häusern gemachten, Ansprüche ein Abfindungsquantum von 5000 Gulden rheinischer Währung zu bezahlen; — dem gemeinschaftlichen Lehnhof, in Rüksicht des gehabten Kostenaufwandes, die, bis auf den 16ten März 1786 erhobenen, sämmtlichen Rittergutsrevenüen zu überlaßen, auch für die Aussenstände 1000 fl. rheinl. zu legen; und wegen Anerkennung der sächsischen Lehnrechte, in Ansehung der Mitbelehnschaft oder gesammter Hand, einen Revers auszustellen.

Dahla

w) Sie hat den verstorbenen Herrn geheimen Rath Gruner zu Coburg zum Verfasser und führet die Aufschrift: „Wahre, mit Urkunden und Gründen unterstützte, Erzählung „des von beiden höchsten Lehnsherrschaften — „zu S. C. Saalfeld und S. E. Meiningen, „nach Absterben des ultimi vasalli J. P. Fr. „von Hutten — in Ansehung des nach S. „Römhild zu Lehen reservirenden und apert „gewordenen Dorfs und Ritterguts Ermers„hausen ergriffenen rechtmäsigen Besitzes; „ad causam des Herzogl. S. C. Saalfeld. u. „Meiningischen Lehnhofs zu Römhild contra „die Voit von Salzburg. Erben, Mandati s d. „des Rittergut Ermershausen betreff. Mit „Beil. von Lit. A. — X. incl. 1784.

des Herzogl. Sächsl. gemeinschaftlichen Amtes Römhild. 697

Dahingegen wurde ihnen, von Seiten der Lehnsherrschaft, die Versicherung ertheilet: daß dieser Revers nur die Michelehnschaft concerniren, und weder auf das sonstige Herkommen noch auf eine, von dem Vasallen zu leistende Erbhuldigungspflicht ausgedehnet, sondern die, vormals bei dem Rittergute Ermershausen gebräuchlich gewesene, Lehnspflicht beibehalten, auch die Beleihung durch einem adelichen Bevollmächtigten, nach Maßgabe der ältern Lehnbriefe, empfangen werden sollte.

Einige Zusätze
und Verbesserungen zu den in diesem Band befindlichen vier Abtheilungen der historisch-statistischen Beschreibung der Grafschaft Henneberg.

Bei einem Werke, wo man, wie in dem gegenwärtigen, genöthiget ist, in das kleinste Detail zu gehen, und wo es oft schwer hält, überall bestimmte und genaue statistische Angaben zu erlangen, ist es nicht wohl möglich, auch nur einen scheinbaren Grad der Vollständigkeit und durchgängigen Richtigkeit zu erreichen. Man wird also auch in dieser Beschreibung noch manche Fehler entdecken, die theils aus dem Mangel der Lokalkenntnisse, theils aus andern zufälligen Umständen entstanden sind, und die nur derjenige entschuldigen wird, der entweder in diesem Fache selbst gearbeitet hat, oder doch wenigstens mit der Menge von Schwierigkeiten bekannt ist, die mit dergleichen Arbeiten verbunden sind, und die oft der unermüdeste Fleiß des Topographen nicht zu überwinden vermag.

Ein gelehrter und sachkundiger Recensent der zwei ersten Abtheilungen dieses Werks, äussert hierüber, in dem 13ten Band der neuen allg. deutschen Biblioth. S. 8, am Schlusse seiner belehrenden Anzeige, ein so treffendes Urtheil, daß ich mich nicht enthalten kann, dasselbe meinen Lesern — und zwar denjenigen, die vielleicht so unbillig sind, die ganze Masse meiner Bemühungen zu verkennen und manche kleine Fehler auf meine Rechnung zu schreiben, — hier mitzutheilen: „Wer den Werth „einer Topographie gehörig beurtheilen will, muß aus eigner Erfahrung bei ähnli„chen Geschäften wissen, wie viel Mühe es kostet, einzelne Nachrichten dieser Art „zusammen zu bringen; wie oft ein, dem Leser kaum bemerkbarer Umstand, Briefe „veranlasset; Briefe die nicht, oder unvollständig beantwortet werden und wieder „andere Erkundigungen nothwendig machen; wie oft die unverfänglichsten Nachrich„ten aus falscher Vorsicht zurückgehalten werden. Dieses und vieles andere muß

„man

„man bedenken, wenn man über eine Topographie ein unpartheiisches, billiges Urtheil
„fällen will. — Eine möglichst fehlerfreie Topographie ist vielleicht nie zu erwar-
„ten: der Topograph müßte denn, — wie jener Mahler, seine Gemählde, — sei-
„ne Arbeit lange Zeit zur Schau aushängen und Jedermann zu Berichtigungen auf-
„fordern; — und doch würde man sie ihm vielleicht verschweigen, um, wenn das
„Werk erschienen ist, nur das Vergnügen zu haben, sich mit entdekten Fehlern zu
„brüsten. Und so ist denn auch des Verfassers Beschreibung von Henneberg, aber ge-
„wiß ohne seine Schuld, nicht ganz frei von kleinen Flecken und Fehlern, und er wird
„wohl thun, wenn er am Ende seines Werks, alle ihm zugekommene Verbesserungen
„anhängen wird."

Bis iezo habe ich freilich, auſſer einigen in dieser Recension angeführten Bemerkungen, noch sehr wenige, auf die Berichtigung statistischer Angaben abzweckende, Nachrichten erhalten, wodurch ich wäre im Stand gesezet worden, der sehr bil-
ligen Forderung des Herrn Recensenten, eine volle Gnüge zu leisten. Um indessen
zu zeigen, wie viel mir daran gelegen sey, der gegenwärtigen Beschreibung die möglichste Vollständigkeit zu verschaffen; so will ich hier einsweilen nur einige Zusäze
und Verbesserungen beifügen, auf welche ich nach und nach aufmerksam gemacht worden bin. Kenner und vielleicht ich selbst möchten deren wohl mit der
Zeit noch ungleich mehrere nöthig finden; und es wird mir daher ein jeder Wink und
eine jede Berichtigung willkommen seyn, wodurch ich veranlasset werde, der Errei-
chung ienes Zweks näher zu kommen.

Wenn ich, bei der Fortsetzung dieser mühevollen und — ich möchte wohl sagen
— undankbaren, Arbeit, von den hennebergischen Beamten, die nemliche Unter-
stüzung erwarten darf, die ich von meinem Freunde, dem Herrn Amtmann
Döbner zu Römhild, soviel die Beschreibung dieses Amtes betrift, genossen habe;
— wovor ich demselben hiermit öffentlich danke, — dann könnte ich wohl der Mühe
überhoben seyn, am Schluſſe dieses Werks viele Zusäze und Berichtigungen zu liefern. Doch glaube ich berechtiget zu seyn, von der Thätigkeit und den patriotischen Gesinnungen solcher Männer, denen die Verwaltung der noch übrigen hennebergischen
Aemter sowohl, als der adelichen Gerichtsbezirke anvertrauet ist, und denen daran
gelegen seyn muß, daß von ihrem Wirkungskreise und deſſen politischen und kirchlichen Verhältniſſen richtige und vollständige Nachrichten ins Publikum gebracht werden, mir vorläufig eine gleichmäßige Unterſtüzung versprechen zu können.

Blos von der Willfährigkeit iener Männer wird es abhangen, die angefangene
Beschreibung unsers gemeinschaftlichen Vaterlandes zu vollenden. Es sollte mir
leid

des Herzogl. Sächßl. gemeinschaftlichen Amtes Römhild.

leid thun, wenn ich mich in meiner Erwartung getäuscht finden, und dadurch in die unangenehme Nothwendigkeit versezt würde, die, aus dem Gegentheile entstandenen, Fehler der Unvollkommenheit und Unrichtigkeit, oder vielleicht gar die unterbliebene Fortsetzung des Werks selbst, mit dem Mangel einer tadelswürdigen Undienstfertigkeit entschuldigen zu müssen. Nur unter jener Voraussetzung kann ich meinen Lesern die historisch-statistische Bearbeitung des übrigen Hennebergs zusichern; denn ausserdem dürften meine hierüber gesammelten Nachrichten, so interessant sie auch immer für das historische Fach seyn mögen, wohl ungedrukt liegen bleiben, und einen günstigern Zeitpunkt abwarten.

Nach dieser kurzen Bemerkung, die ich dem Publikum schuldig zu seyn glaubte, füge ich nun folgende Zusätze und Verbesserungen bei, die sich über sämmtliche vier Abtheilungen erstrecken:

§. VIII.
Gegenwärtige Eintheilung der Graffschaft Henneberg.

Seite 17, ist das herzogliche Haus zu S. Gotha nur, in Ansehung der $\frac{7}{12}$ Theile an dem Amte Themar, als Theilhaber der Graffschaft Henneberg angegeben worden: Es besitzt aber auch ausserdem noch den Flecken Mehlis bei Blasienzella am thüringer Wald, dessen Hälfte ehemals ein Pertinenzstük der Graffschaft Henneberg Römhild ausmachte, und, urkundlichen Nachrichten zu Folge, zu dem Amte Hallenberg geschlagen war. x) Die andere Hälfte dieses Flecken, war in ältern Zeiten meistens das Eigenthum des Klosters Reinhardsbrunn, welches aber seine dasigen Besitzungen schon im Jahr 1357 an die Marggrafen zu Meissen, gegen andere Güter vertauschte. y) Seitdem besaßen leztere, als nachherige Herzoge zu Sachsen, das Dorf Mehlis mit dem Hause Henneberg Römhild in Gemeinschaft, welche, wie aus archivalischen Nachrichten erhellet, im Jahre 1521 zu manchen Jurisdiktions- und Jagdirrungen Anlaß gab.

Als nach Verlöschung des Henneberg-Römhildischen Stammes, dessen Lande (1549) an die Henneberg-Schleusingische Linie und zulezt (1583) an das Haus

---

x) S. die, im 1ten Th. der henneb. Gesch. S. 671 befindliche Urkunde vom Jahr 1536, worinne Gr. Berthold seinem Bruder Albrecht unter andern das Am* Hallenberg mit den dazu gehörigen Dörfern Mehlis, Steinbach, Herges u. a. m. überweiset.

y) Dipl. de a. 1357 in Brükners Gothal. Kirchen- und Schulen Staat Th. II. St. I. S. 6.

Sachsen übergiengen; wurde zwar das Amt Hallenberg, nachher (1619) an das fürstliche Haus Hessen, gegen dessen hennebergische Hälfte an der Cent Benshausen, vertauschet; (S. 158) der dahin gehörige halbe Flecken Mehlis hingegen, blieb ausdrüklich davon ausgenommen und wurde nunmehro mit Benshausen vereiniget. z) Bei der bekannten hennebergischen Ländertheilung vom Jahre 1660 kam nun gedachtes Centgericht, mithin auch der hennebergische Antheil an Mehlis, an den Herzog Moriz zu S. Naumburg; weil aber dem Hause Gotha, an der, demselben zugetheilten, Landesportion noch etwas an Einkünften ermangelte, so wurde diesem fürstlichen Theile, durch einen Nebenvertrag vom 17ten August 1661, *a)* von der Uebermaße Herzog Morizens, die hennebergische Hälfte des Flecken Mehlis abgetreten und dadurch jener Mangel ergänzet.

Auf diese Art kam das fürstliche Haus S. Gotha zum Besiz von ganz Mehlis, und hat, wegen der hennebergischen Hälfte, an den ganzen (S. 57 angeführten) Matrikularanschlag, 47 Kreuzer zu tragen, welche jedesmalen aus der Steuerkasse des Amtes Themar von dem S. gothaischen Antheil, bezahlet werden. Dermalen macht dieser Ort ein Zubehör des Amtes Schwarzwald oder Blasienzella aus und bestehet aus 280 Häusern. Die dasigen Einwohner, deren Anzahl sich auf 1209 Seelen beläufet, sind meistens Schlosser, Schäfter, Hammerschmiede u. d. m. welche viele Eisenwaaren verfertigen und mit der zellaer Gewehrfabrik in Verbindung stehen. Mehrere topographische Nachrichten von Mehlis stehen in Hen. Prof. Gallen's Beschreib. des Herzogth. Gotha Th. III. S. 277.

§. IX.
Lage, Grenzen, Flächeninhalt ꝛc.

Zu dieser Rubrik gehöret auch noch eine Notiz von den hennebergischen Landcharten, von welchen ich hier ein kurzes Verzeichniß liefere:

1) Hennebergensium Principum quondam ditionis vera et integra delineatio. Anno 1593. Diese Charte ist ohne Zweifel die älteste, und hat sich äusserst rar gemacht. Ich habe ein Exemplar davon in dem gemeinschaftlichen hennebergischen Archiv zu Meiningen gesehen, auch soll sie sich in der von Ponikauischen Samm-

---

z) Man sehe den Tauschvertrag vom J. 1619 in der 2ten Abth. dieses Werks S. 271.   a) Er stehet in Glafey's Kern der sächsischen Gesch. vierte Ausg. (1753) S. 1107.

des Herzogl. Sächßl. gemeinschaftlichen Amtes Römhild.

Sammlung befinden, welche an die Universität Wittenberg gekommen ist. Sie ist auf einen gewöhnlichen Bogen gestochen, an dessen Ende eine gedrukte Genealogie der, 1583 ausgestorbenen, Grafen von Henneberg anzutreffen ist. Unten stehet: In Schmalkalden bey Mich. Schmük 1593. Die ganze Charte trägt übrigens alle Spuren, daß die Geographie damalen noch in ihrer Kindheit war. So ist z. B. die Lage der vier Weltgegenden hier verkehrt angegeben und die Grade der Länge und Breite fehlen ganz.

2) Hennebergensis ditionis vera delineatio, 1594. Ein halber Bogen in Ortelii Theatro orbis terrarum. Sie ist blos eine Copie der vorhergehenden Charte, nur mit dem Unterschied, daß die Lage der vier Weltgegenden, hier verbessert ist.

3) Principatus Hennebergensis. Amstelod. sumtibus Io. Iansonii; mit Heinrich Hondii Zuschrift an Salamo Dickens. Sie ist auch eine Copie der sub nr. 1. bemerkten Charte, und zwar mit Beibehaltung der fehlerhaften Lage der vier Himmelsgegenden. Die nemliche Charte ist

4) unter den Titel: Comitatus Hennebergensis, in Bloeu großen Atlaß vom Jahr 1663 anzutreffen, wo aber nicht einmal die verkehrte Lage verbessert ist.

5) S. R. I. Comitatus Henneb. secundum praefecturas et modernas dynastias una cum confini Pr. coburgensi geographice consignatus et in hac tabula editus, studio et opera Homann. haeredum. 1743. Oben querüber stehet noch ein deutscher- und unten ein französischer Titel. Sie hat das gewöhnliche Landcharten-format und ist zwar, im Verhältnisse der übrigen Charten von Henneberg, noch immer die brauchbarste, aber nicht überall die richtigste und vollständigste. Nach einer beigefügten Nachricht ist sie von J. G. Rüsel, unter der Aufsicht des S. Meiningischen Hofraths Joh. Jac. Zinck, gezeichnet worden.

6) Die gefürstete Graffschaft Henneberg in Thüringen; zu finden bei Joh. G. Schreibern. Ein halber Bogen.

7) Comte de Henneberg, auf einen halben Bogen in Le Rouge Atlas portatif des militaires. Paris 1758. — Ist eine bloße Copie der homannischen Charte.

8) Die Graffschaft Henneberg. Ein kleiner Bogen in des von Reilly Büschingischen Atlas vom J. 1759, nr. 215.

Ausser diesen generellen Landcharten giebt es auch noch einige Specielle, die nur einzelne Theile der Graffschaft darstellen. Dahin gehören:

a) accurate geographische Delineation der gefürsteten Graffschaft Henneberg, Chursächsischen Antheils, bestehet in den Aemtern Schleusingen, Suhla, Kündorf und Benshgusen. Amsterdam bey P. Schenck, 1755.

b) Geo-

b) **Geographischer Plan der gefürsteten Grafschaft Henneberg, Churſächſiſchen Antheils**, gezeichnet 1774 von Fr. Gott. Gläſer. Dieſe Charte gehöret eigentlich zu des Verfaſſers mineralogiſchen Beſchreibung des Churſächſiſchen Hennebergs und iſt daher zur mineralogiſchen Kenntniß dieſes Landes brauchbar. Den nemlichen Zwek hat auch

c) **die Charte über einen Theil der Gebirge im hennebergiſchen, S. Weimariſchen Antheils**; gefertiget in den Jahren 1776 und 1777 von Joh. Gott. Schreiber, Churf. S. Markſcheider. Gezeichnet von J. L. Güſefeld.

d) **Environs de Fulda et Henneberg.** Ein Quartblatt, im Theatre de la Guerre preſente. Paris 1759.

e) **Grundriß von dem Ilmenauiſchen Bergwerke 1737.** Ein halber Bogen.

f) **Fiſch- und Pflanzenſchiefer zu Ilmenau.** L G. *Krüger*, zwey 4 Blätter in G. F. Mylii Memor. Sax. ſubteran.

g) **Grund- und Saigerriß der Sturmheider Berggebäude 1737**, in Folio.

h) **Proſpekt des alten Schloſſes Henneberg** in 8., in Weinrichs henneb. K. und Schulen Staat, 1720.

i) **Dergleichen von der Stadt Schmalkalden;** ½ Bogen, in Merians Topographie von Heſſen. k) **Dergleichen von Hirſchbach bei Schleuſingen**, ein Kupferſtich auf 1 Bogen.

So weit das Verzeichniß der, im Kupferſtich vorhandenen, hennebergiſchen Landcharten, Grundriſſe und Proſpekten, für deſſen Vollſtändigkeit ich aber nicht bürgen kann. Ich bemerke hier nur noch dieſes, daß auch der bekannte hennebergiſche Geſchichtſchreiber Chriſtian Junker von der ganzen Grafſchaft Henneberg ebenfalls eine geographiſche Charte entworfen habe, welche nebſt ſeinen hinterlaſſenen Manuſcripten, in dem herzogl. Archiv zu Gotha aufbewahret wird. Auch der ſchmalkaldiſche Topograph Johann Conrad Geisbier hat von der heſſiſchen Herrſchaft Schmalkalden im Jahr 1730 eine geographiſche Handzeichnung hinterlaſſen, die in einen halben Bogen beſtehet, und ſich durch ihre Genauigkeit empfiehlet. Neueer Zeiten, (1782) entwarf der Herr Hofrath und Amtmann Ton zu Oſtheim eine Beſchreibung der Rhönberge, und verfertigte zugleich eine Charte, welche das Amt Lichtenberg mit ſeinen Environs darſtellet und mit vielem Fleiße bearbeitet iſt.

Unter den oben (S. 701) angeführten Landcharten iſt nun freilich die Sohmanniſche die einzige und gewöhnlichſte, welche bisher dem Geographen, in Anſehung der hennebergiſchen Lande, zum Wegweiſer gedienet hat; Sie iſt aber nichts weniger als vollständig und fehlerfrei, und hat überdies noch das Sonderbare, daß die benachbarten, zum obersächsischen Kreis gehörigen, Fürstenthümer Hildburghausen und Coburg, so genau mit der fränkischen Grafschaft Henneberg verbunden sind, daß man selbige, beim ersten Anblik der Charte, für henneberg. Pertinenzstücke halten kann. Auf der mittäglichen Seite hingegen ist der Umfang dieser Grafschaft zu sehr eingeschränket, und derienige länderstrich, den das Hochstift Würzburg davon besitzet, ganz weggelassen worden. Da aber derselbe nicht nur im 16ten Jahrhundert, einen integrirenden Theil der hennebergischen Grafschaft ausmachte, sondern auch, wegen der darauf haftenden und vom gedachten Stifte übernommenen Reichs- und Creisabgaben, b) noch ietzo für ein Zubehör derselben angesehen wird; so hätten iene länderstücke, z. B. die Aemter Münnerstadt, Waldaschach, Mayenberg u. a. m. in der Charte von Henneberg allerdings mit aufgenommen werden sollen.

Bei Verfertigung einer neuen und vollständigen Charte von diesem zerstückelten lande, dürfte es daher wohl gethan seyn, wenn man sie nach demienigen Umfange zeichnen würde, den die Grafschaft, bei der Eintheilung der deutschen Kreise, oder wenigstens bei der nachherigen Fertigung der Reichsmatrikel vom Jahr 1521, gehabt hat.

Seite 20) Die Angabe, daß man im Hennebergischen noch nicht an Veredlung der Wolle durch ausländische Böcke gedacht habe, bedarf ebenfalls einer Berichtigung. In den beiden kurfürstl. sächsischen Kammergütern, Kloster Vessra und Kühndorf, haben die dasigen herrschaftlichen Pachter, seit verschiedenen Jahren, angefangen, durch ächte spanische Böcke ihre Schaafzucht zu veredeln. Das nemliche ist auch im Jahr 1795 auf dem Todenwardischen Gute geschehen.

§. X.

Waldungen, Forste.

Seite 28 nr. VI.) In der Herrschaft Schmalkalden sind acht Forste, und zwar: 1) der Seligenthaler Forst, in welchem der Stahlberg, wegen seiner reichhaltigen Stahl- und Eisenminen merkwürdig ist. 2) der Brotteröder Forst, worin

---

b) Vermöge der oben (S. 267 f.) abgedruckten Verträge, und nach der Usualmatrikel, träget das Stift Würzburg, wegen der henneberg. Besitzungen 36 fl. zu einem Römermonat und 50 thlr. 41¼ Kr. Kammerzieler,

worinne der bekannte Inselberg lieget; 3) der Steinbacher, und 4) der Breitenbacher Forst; In jenem zeichnet sich der Hermannsberg und in diesem der sogenannte Ratzenstein, durch eine vorzügliche Höhe, aus; 5) der Herrnbreitunger oder Jambacher Forst; Zu diesem gehöret der Abtswald, der unrichtig als ein besonderer Forst angeführet worden ist; 6) Der Trußner und Wallenburger Forst gehören zusammen und enthält viel Eisenbergwerke; 7) der Schönauer Forst, worinne der Ruppertsberg der höchste ist, und in röthlichen Porphyrfelsen bestehet; 8) Der Stadtforst oder Bürgerwald, in welchem die sogenannte bloße Laube, die schon in einer Urkunde vom Jahr 1039 unter dem Namen Loiba vorkommt e) den höchsten Berg ausmachet.

§. XII.
Bergwerke.

S. 31. In dem kursächsischen Antheil an Henneberg ist der Bergbau wieder im Zunehmen. Dermalen giebt es 13 gangbare Gruben, die auf Eisenstein gebauet werden und meistens bei Suhla, Schmiedefeld und Albrechts anzutreffen sind. Im Jahre 1793 wurden 3310 Tonnen Eisenstein gewonnen.

Auch in der Herrschaft Schmalkalden beträget der Stahl- und Eisenstein Jährlich von den Stahlbergwerken 15000, und bei der sogenannten Mommel 8000 Tonnen, wovon aber der größte Theil roh ins Ausland versendet wird. Derjenige, welcher im lande bleibet, wird auf 3 Hohenöfen zu Rohstahleisen, und auf 8 hohen und 3 Blauöfen zu Roheisen verblasen, worauf ersteres auf 12 Stahlhämmern zu Stahl, und letzteres bei 8 Kaltfrischfeuern und 3 Löschfeuern zu Stabeisen ausgeschmiedet wird.

Seite 32.) Das Bergwerk am Rühberg, über dem Dorfe Asbach ist zwar zu verschiedenenmalen aufläßig geworden; doch sind bei einem neuen Anbau desselben in den Jahren 1758 bis 1793 mehrere 100 Centner Kobolt und Pecherze gewonnen worden. Da man aber den Bau eben nicht ganz zwekmäßig betrieb und die natürliche Lage dieses Gebirges, zum anhaltenden Bau, nicht günstig ist; so ist dieses

---

e) Kaiser Conrad II. schenket dem Graf Ludewig von Thüringen partem vastae solitudinis Loibae nostrae dominationis subjacentem — dipl. de a 1039 in Ther. sacra p. 41. u. in andern Sammlungen.

des Herzogl. Sächsl. gemeinschaftlichen Amtes Römhild. 705

ses Bergwerk wieder in Abnahme gekommen und wird gegenwärtig nur noch mit einem Mann betrieben.

§. XIII. und XIV.

Flüsse und Teiche.

Seite 35. Fehlet der Bach, die Floh genannt, welcher oberhalb dem Dorfe Schnellbach entspringt, und sich mit der Schmalkalden unter dem Dorfe Floh vereiniget.

Seite 37. Die Schmalkalden entspringet nicht am Fuße des Inselberges, sondern auf der sogenannten kalten Halde oberhalb dem Dorfe Schmalkalden gothaischer Seits.

Seite 40. Von den hier angeführten acht Teichen in der Herrschaft Schmalkalden, sind drei derselben in Wiesen verwandelt worden, worunter sich auch der Jambacher (nicht Farnbacher) befindet. Die Teiche, die noch iezo als solche benuzt werden, sind der Weinteich beim Dorfe Weine, der neue Teich, der Sauteich, das Kaltebad und der Rückenteich, die sämmtlich nicht weit von der Stadt Schmalkalden liegen. Ausserdem giebt es auch noch in verschiedenen Privatwaldungen einige Teiche, worinne besonders gute Forellen gezogen werden. Doch liefern die Felsenwasser zu Brotteroda, Steinbach und Oberschönau ungleich schmakhaftere Forellen.

§. XVI.

Salzquellen.

Seite 43. Bei der Saline zu Schmalkalden sind gegenwärtige zwei Salzbrunnen im Gange, aus welchen die Soole durch Saugwerke heraus und auf die Gradierhäuser gehoben wird. An und für sich enthalten 2 Pfund roher Soole mehr nicht als 1½ bis 2¼ Loth reines Salz; Die übrigen Bestandtheile bestehen aus Gyps-Kalk- und Blättererde und etwas Eisenocher. Die Veredelung dieser rohen Soole geschiehet zuerst durch Luft und Sonne und durch fleißiges lecken mit den lekschaufeln auf den Gradierhäusern. Es sind deren eilfe, welche gegen 5300 Fuß lang sind. Im Durchschnitt wird die Soole bis auf 18—20löthig gradirt, worauf sie in 3 Siedpfannen versotten wird. Bei dieser Saline werden jährlich gegen 250 Werke fertig

fertig gemacht, deren iedes 25 Malter reines Salz ausmacht, und wovon iedes Malter 168 Pfund am Gewicht enthält. Man kann also den wahren Salzertrag iährlich auf 10500 Centner schätzen. Nach Abzug aller Ausgaben beträgt die reine Ausbeute bei diesem Werke gegen 5—6000 Thaler.

§. XVII.
Fabricken und Manufacturen.

Seite 44. Die Gewehrfabrik zu Suhla, deren auch bei der topographischen Beschreibung dieser Stadt S. 172 erwähnet worden, hat im Jahre 1795 ins Ausland geliefert: 3579 Karabiner, 15515 Mousqueten, 105 Jagdflinten, 661 Büchsen und 1158 Pistolen, ohne die einzeln Flinten-Pistolen- und Büchsenläufte, Schlosse und Bajonette. In dem Wolfgang Kummerischen Stahlrafinerie- und Feilenwerke sind 4883 Bajonette, 11083 Ladstöcke, 1193 Karabinerstangen und 153 Duzend Feilen verfertiget worden. Das neue Ehrhard Kummerische Klingen-Schleif- und Polierwerk hingegen hat 4450 Bajonette und 2970 Stük Klingen geliefert.

Von der dasigen Barchendmanufactur ist hier eine Unrichtigkeit zu bemerken, welche in Bruns geographischem Handbuch (1793) S. 176 anzutreffen und in der Recension desselben bereits öffentlich gerüget worden ist. d) "Die hennebergische "Manufacturstadt Suhl (heißt es) soll zu den 6000 Stük Barchend, die sie iährlich "liefert, größtentheils Holzmindener Afterbaumwolle, die aus Werk oder Heede "gefertiget wird, verarbeiten." Diese Unwahrheit ist zuerst in der gothaischen Handelszeitung 1790 St. 47 verbreitet und daraus in Gatterers technoleg. Magazin 1 Bd. wiederholt, derselben aber auch in besagter Handelszeit. 1790, St. 50, ingleichen im Reichsanzeiger 1791, Nr. 2, und im Wittenbergischen Wochenblatt 1792, Nr. 37, widersprochen worden. Die Suhlaer Barchendfabtikanten verarbeiten lauter levantische Baumwolle, die größtentheils aus Smirna und Triest bezogen wird. Im Jahre 1785 schikte zwar ein auswärtiges Handelshaus eine geringe Quantität solcher Afterbaumwolle an einem Barchendhändler zu Suhl, um daraus Barchend zu verfertigen: Es geschahe aber blos zur Probe und mit dem Beding, daß das nemliche Handelshaus die daraus gefertige Barchende wieder abnähme.

_____
d) Neue allgem. deutsche Bibliothek XIV. Band, S. 34.

des Herzogl. Sächßl. gemeinschaftlichen Amtes Römhild.

ine. Seitdem ist nicht ein Pfund dergleichen unächter Baumwolle mehr nach Suhl gekommen noch weniger zur dortigen Barchendmanufaktur verbrauchet worden.

Seite 44. In der Herrschaft Schmalkalden befinden sich 17 Zainhämmer, 7 Drathzieherwerke, 113 Ahlen- und Zwekschmiede, 40 Feilenhauer, 53 Lothschlosser, 8 Freinbergerschlosser, 6 Scheerenschmide, 3 Schueidemessermacher, 17 Klingenschmiede, 56 Bohr- und Zangenschmiede, 9 Striegelmacher, 35 Messerschmiede, 3 Spitnadelmacher, 25 Ring- und Kettenschmiede und über 100 Huf- und Nagelschmiede. Diese Profeßionisten verarbeiten jährlich gegen 3000 Centner Stahl und 4—5000 Centner Eisen zu mancherlei Arbeiten von Stahl- und Eisenwaaren. Auch befindet sich ohnweit der Stadt eine Gewehrfabrik und in der Stadt sind 3 Zinnknopffabricken, deren iede täglich bei 144 Dutzend Zinnknöpfe verfertiget.

II. Histor. statist. Beschreibung des Kursächsis. Antheils an Henneberg.

Seite 94. Die Volksmenge dieses Antheils belief sich, nach einer 1795 vorgenommenen Zählung, auf 25000 Seelen, und hat sich also seit 1791, wo sie in 21922 Menschen bestand, um 3078 vermehret.

Seite 95. Die herrschaftlichen Waldungen sind gemessen, und betragen 80000 Acker; Die Gemeinde- und Güterhölzer hingegen belaufen sich ohngefähr auf 40000 Acker. Die Benutzung der leztern wird aber den Eigenthümern, durch das ausschließliche Einkaufsrecht der herrschaftlichen Floßpachter gar sehr erschweret. Diese Floßgerechtigkeit ist dermalen für 3100 Thlr. verpachtet.

Ebendas. In diesem hennebergis. Antheil sind auch 18 Eisen- und Blechhämmer, 2 Stahl- 1 Sensen- und 1 Drathhammer im Gang, die jährlich ohngefehr 9000 Tonnen, größtentheils auswärtigen, Eisenstein verarbeiten, dazu aber auch 27000 Klafter Holz consumiren. Im Ganzen werden hier bei 10780 Centner Blech und 22827 Centner Eisen verarbeitet und dadurch gegen 63000 Laubthaler ins Land gebracht.

Seite 96. Muß statt Kammerkollegium, Rentereikollegium gelesen werden. Auch ist die Oberaufsicht nur ein einziges Kollegium, besorget aber in unterschiedenen Seßionen, die Regierungs- Konsistorial- und Renterei- (nicht Kammer) Geschäfte.

Seite 99. Nicht das Oberkonsistorium in Dreßden, sondern das Konsistorium zu Schleusingen besorget die Prüfung und Ordination der Pfarrer: Nur die Kandidatenexamina geschehen zu Dreßden.

Seite 100. Das Postwesen ist von der Oberaufsicht völlig getrennt, und hängt blos vom Oberpostamt in Leipzig ab.

Seite 122. Die Hospitalkasse zu Schleusingen stehet nicht unter dem Stadtrath, sondern unter dem Konsistorium.

Seite 123. Zu den Fabricken der Stadt Schleusingen gehöret noch ein Kupferhammer, der jährlich über 250 Centner Ungarisches und Mansfelder Kupfer in Platten und Kesseln verarbeitet. Auch ist in dem Jahre 1795, zwischen Schleusingen und St. Kilian noch eine Pulvermühle, und über Hirschbach ein Drathhammer angeleget worden.

III. Historisch-statistische Beschreibung des Amtes Themar.

Seite 320. verdienet noch, bei Gelegenheit der angeführten hennebergischen Landestheilung, bemerkt zu werden, daß, sehr bald nach diesem wichtigen Geschäfte, zwischen dem Amte Themar und den anliegenden, damaligen S. Naumburgischen, Aemtern Schleusingen und Kühndorf, mancherlei Grenz- Jagd- und andere Irrungen entstanden sind, weswegen zwar beide fürstlichen Theilhaber in den Jahren 1673, 1676, 1678, 1681 und 1697 zu Konferenzialhandlungen schritten, aber nie zur vollkommenen Berichtigung der streitigen Objekte gelangen konnten. Von vorzüglicher Bedeutung waren die Jagd- und Hoheitsansprüche, die man Schleusinger Seits in einem beträchtlichen Stük Waldung machte, welches den hiesigen Amtsdörfern Siegritz und Ehrenberg zuständig ist. In den nemlichen Verhältnissen stand man auch mit dem Amte Kühndorf, in Ansehung der beiden Wüstungen Sieholz und Eitersfeld, von welchen man diesseits zu behaupten suchte, daß sie, bei jener Landestheilung, mit allen und jeden Hoheitsrechten, dem Amte Themar einverleibet worden wären. Auch die Wildbahn in der Wüstung Dörfles, und das, oberhalb derselben gelegene Gehölz, der Oldenberg genannt, wollte man dem Amte Themar streitig machen, ob gleich beides ganz ohnwidersprechlich in dessen Territorio gelegen ist. Andere, minder beträchtliche und zum Theil nunmehr berichtigte, Differenzien nicht zu gedenken.

Diese und andere Irrungen wurden nun durch die, von beiden fürstlichen Theilen nach Meiningen abgeordneten, Kommissarien am 5ten August 1681, bis auf höchste Ratifecation, verglichen, und dem Herzog Moriz zu S. Naumburg nicht nur die Landeshoheit und die Jagd in dem Ehrenberger- und Siegritzer Gehölz unbedingt abgetreten, sondern auch, in Ansehung der beiden Wüstungen Syhritz und Eytersfeld

die

des Herzogl. Sächßl. gemeinschaftlichen Amtes Römhild.

die Abrede genommen, daß Erstere dem Amte Kühndorf cum jure territoriali, letztere aber mit gleichmäßiger Gerechtigkeit, nebst der Cent über diese Wüstungen, verbleiben sollte. Wegen der Wildbahn in Dörfles kam man dahin mit einander überein, daß sich zwar kein Theil derselben bedienen, jedoch aber der Otterfang in der Werra, dem Hause S. Naumburg überlassen seyn sollte. Indessen kam dieser Vertrag, dessen Inhalt sich über weit mehrere streitige Punkte verbreitet und zur Erläuterung des hennebergischen Theilungsrezesses abzwecket, nicht zur Vollziehung, und es entstanden daher, durch wechselseitige Beeinträchtigungen, von Zeit zu Zeit mancherlei Mißhelligkeiten, welche zum öftern zu faktischen Auftritten Gelegenheit gaben.

Diese unangenehmen Verhältnisse machten nun bei den kur- und fürstlichen Besitzern dieser Aemter den Wunsch vom neuen rege, jene veralteten Streitigkeiten vom Grund aus zu heben und die verworrene Land- und Jagdgrenze in Ordnung zu bringen. Zu dem Ende wurde zwischen dem Kurhause Sachsen und den beiden fürstlichen Häusern zu S. Gotha und S. Coburg-Saalfeld eine nochmalige Konferenz veranstaltet, auch hierauf von beiderseitigen kur- und fürstlichen Deputirten sämmtliche Differenzien im Jahre 1778 zu Themar gründlich untersuchet, die streitigen Grenzdistrikte, in Gemäßheit des vormals projektirten Rezesses vom J. 1681, bis auf höchste Genehmigung, regulirt und zugleich über den, von beiden Theilen angenommenen Grenzlauf geometrische Risse verfertiget, wodurch, bei der künftigen Vermarkung, allen Mißverständnissen am sichersten vorgebeuget werden konnte. Die Sache beruhet ietzo darauf, daß diese überaus mühsame Konferenzialverhandlungen, welche hiesiger Seits von dem damaligen Hofrath und ietzigen geheimen Rath und Canzlar, Freiherrn von Zigesar zu Gotha, als gemeinschaftlichem Commissario, dirigiret wurde, von den kur- und fürstlichen Theilhabern ratisizirt, und sodann durch einen förmlichen Rezeß zur Vollziehung gebracht werden.

Da übrigens das Amt Themar von den Landen seiner fürstlichen Besitzer ganz abgeschnitten ist und daher viele Grenznachbarn hat; so sind auch in vorigen Zeiten, mit den Aemtern Hildburghausen, Römhild, Maßfeld und Meiningen, mancherlei Jurisdiktions- Grenz- und Jagdirrungen entstanden, die zum Theil noch ietzo nicht haben erörtert werden können. Inzwischen haben beide Landesherrschaften in einem, mit den fürstlichen Häusern zu S. Hildburghausen und Meiningen am 28ten July 1791 errichteten, Recesse nicht nur die gütliche Beilegung dergleichen Differenzien beschlossen, sondern auch dem hiesigen Beamten, durch Herzogliche Reskripte vom 1ten und 7ten May 1792, anbefohlen, allen Differenzien vorzubeugen und, ohne Anfrage

frage bei den Landes-Collegiis, keine faktische Veranstaltungen eigenmächtig vorzunehmen.

Seite 351. Bei den hier angeführten milden Stiftungen ist auch noch dieienige zu erwähnen, wodurch erst vor kurzen (am 27ten Juli 1798) der nachher verstorbene Posamentierer Christian Philipp Himmel, dem Kirch- und Schulkasten zu Themar die Summe von 1200 fl. mit der Bestimmung legiret hat, daß die Zinsen von 1000 fl. zum Besten der Kirchen und Schulen verwenden, die Zinsen von den übrigen 200 fl. hingegen iährlich an seinem Sterbetag unter fromme und dürftige Einwohner der hiesigen Stadt, unter dem Namen der himmlischen Stiftung, ausgetheilet werden sollten.

Seite 360. Marktrecht. Vermöge eines vom Herzog Johann Ernst zu S. Saalfeld am 15ten Febr. 1715 ausgestellten Privilegiums, wurde dem Stadtrath zu Themar die Erlaubniß ertheilet iährlich, an dem Tage vor den Gallusmarkt, einem großen Viehmarkt zu halten.

Seite 361. Die vormals im Verfall gerathene Tuchmanufaktur zu Themar fängt jetzo allmählig an, sich wieder empor zu heben. Die hiesigen Tuchmacher bestehen zwar nur aus 10 Meistern und 3 Gesellen; Sie verfertigen aber doch iährlich bei 160 Stük Tuch, welches in der Güte zum Theil den sächsischen Tüchern gleich kommt. Diese Fabrik würde ungleich stärker und vortheilhafter betrieben werden, wenn im Amte mehrere Wollenspinnerin angeleget werden könnten: denn die hiesigen Tuchmacher müssen alle die Wolle, die sie verarbeiten, im Auslande, und zwar zu Süßenhausen bei Mellerstadt, mit einem iährlichen Kostenaufwand von 500 fl. spinnen lassen.

Seite 362. Vor der Stadt Themar lieget eine Ziegel- und Kalkbrennerei, die einer Privatperson zuständig ist.

Seite 373. Ohnweit dem Dorfe Neurieth befindet sich ein Steinbruch, aus welchem vom Jahr 1776 - 1796 bei 1800 Mühlsteine verfertiget und meistens ins Ausland verführet worden sind. Im Durchschnitt kann man also iährlich 90 Stükke rechnen, deren iedes mit 4 - 6 Laubthaler bezahlet wird. Vormals wurden auch hier mehrere Schleifsteine für die Gewehrfabricken gebrochen und ieder mit 15 - 20 Laubthaler bezahlt.

Seite 390. Lengfeld: die dasigen Güterbesitzer haben im Jahre 1797 die noch übrigen $\frac{7}{16}$ Theile der dortigen Lehnschaft und Getraidegülte vollends an sich gekaufet,

Laufet, so, daß nunmehro die begüterten Einwohner von dieser Abgabe ganz befreiet sind. Die Lehnsherrlichkeit und Niedervogtei über sämmtliche Güter gehöret den Landesherrschaften, die in Veräusserungsfällen das Handlohn mit 3 von hundert zu erheben haben.

Seite 391. Die Bau- und Reparaturkosten, welche auf die Kirchen- und geistliche Gebäude zu Lengfeld verwendet worden und die Kräfte des gemeinschaftlichen Kirchstökleins übersteigen, haben die dortige Gemeinde und die eingepfarrten Ortschaften zu zwei gleichen Theilen zu bestreiten und die desfalsigen Accorde gemeinschaftlich abzuschließen. Doch ist die auf dem Kirchthurm befindliche Schlaguhr davon ausgenommen und muß von Lengfeld alleine unterhalten werden.

Seite 411. Bei dem adelichen Gerichtsdorf Henfstädt, ist aus Versehen die kirchliche Verfassung, desselben ganz mit Stillschweigen übergangen worden. Zur Ergänzung dieser Lücke, liefere ich folgenden Nachtrag: Die dortige Kirche stand in mittlern Zeiten unter der gottesdienstlichen Besorgung des Klosters Veßra und wurde nach der Reformation (1544) zur Parochie Leutersdorf geschlagen. Zuerst im Jahre 1639 bekam zwar der Ort einen eignen Pfarr, der aber, wegen des geringen Einkommens, nicht subsistiren konnte, weswegen Henfstädt im Jahr 1651 zum zweitenmal ein Filial von Leutersdorf wurde. Allein, die Vernachläßigung des Gottesdienstes veranlaßte den Herzog Heinrich zu S. Römhild, als Inhabern des Amtes Themar, im Jahr 1701 wieder einen besondern Pfarr zu Henfstädt anzustellen und zu dessen Besoldungsverbesserung die Einrichtung zu treffen, daß der Ort Bernhard, welcher bisher ein Filial von Neurieth war, mit der Kirche zu Henfstädt verbunden wurde. — Das Patronatrecht über die Kirche und Schule inglichen die geistliche Gerichtsbarkeit ist den beiden Landesherrschaften zuständig; auch geschiehet die Präsentation und Investitur eines neuen Pfarrers in der Mutterkirche, wo sich die Filialisten zu Bernhard einzufinden und an den Kosten den 9ten Theil zu tragen haben.

Der Kirchkasten besitzt ein ansehnliches Vermögen und verschiedene Legate. Neuerer Zeiten und zwar im Jahr 1789 hat ein Mitbesitzer des dasigen Ritterguts, Johann Heinrich von Haustein, der Kirche 240 fl. seks. in der Absicht geschenket, daß von den abfallenden Zinsen, einem ieden Nachbarskind, welches zum erstenmal das heil. Abendmahl genießet, eine neue gebundene Bibel verabreichet werden soll.

Zuletzt füge ich noch die Bemerkung bei, daß die Beschreibung der Kirchen- und Schulenverfassung des Amtes Themar, bei welcher ich mich, der Kürze wegen,

gen, nur auf allgemeine Nachrichten einschränkten mußte, von dem Herrn Oberkonsistorialrath Gelbke zu Gotha, nach einem ungleich weiter ausgedehnten Plane sehr genau und ausführlich bearbeitet worden, und ist dem 2ten Theil des 2ten Bandes, seiner, mit ungetheiltem Beifall aufgenommenen, Kirchen- und Schulenverfassung des Herzogthums Gotha S. 668 – 748 anzutreffen ist.

IV. Historisch-statistische Beschreib. der Herrschaft Römhild.

Seite 598. Neuerer Zeiten und zwar in den Jahr 1765 und 66 ist auch an der Hartenburg ein Eisenbergwerk — und in den Jahr 1769 und 70 bei Hindfeld unter dem großen Gleichberg ein Steinkohlenwerk angeleget, aber bald wieder verlassen worden.

Seite 606. Die Frohnen in dem Römhilder Schloßgarten sind, von Petri 1800 an bis dahin 1806, den freyhabaren Unterthanen, jährlich um 200 fl. rhnl. verpachtet worden. Von jener Zeit an zahlt der Gärtner statt 105 fl. nur 75 fl. Pachtgeld, wodurch zwar die herzogl. Kammern auf der einen Seite in 6 Jahren 180 fl. verlieren, auf der andern hingegen 1200 fl. rhnl. durch den Frohnenpacht gewinnen. Diese Gelder sollen zum Chausseebau verwendet und mithin zum Besten des Publikums angeleget werden.

Seite 612 note q) Der Hospitalhof zu Altenrömhild giebt nicht 220, sondern nur 105 Malter Getraidepacht.

Seite 621. Die Berlingischen Güter zu Milz haben aus drei Höfen und einem Gütlein bestanden, wovon erstere dem Stift Fulda zu Lehn gehen, letzteres hingegen Eigenthum ist.

Seite 622. Die Getraideabgabe ist hier unrichtig angegeben. Sie bestehet in 80 Mltr. 7 Achtel Korn, 15 M. 3 Acht. Waitzen und 221 M. 2 Acht. 2 Metz. Hafer. Hiervon bekommen:

1) die Herrschaft,

16 Mltr. 4 Achtel Korn und
6 — — — Waitzen, als Vogtgetraide
156 — — — Hafer, Herbstfutter

2) das Stift Römhild von dem sogenannten Stiftsgut;
9 M. — Korn,
2¼ — — Waitzen,
9 — — Hafer,

3) Die Herrn von Bibra zu Irmelshausen, von 4 Gülthöfen, welche sie vom Stifte Fulda als ein Söhn- und Töchterlehen empfangen;
32 M. — Korn,
5 — — Waitzen,
33 — — Hafer.

4) Die Pfarrei zu Milz von den Frühmeßgütern;
15 M. — Korn
15 — — Hafer.

5) Die Gemeinde daselbst, als Salzehend vom Rohrhof;
8 M. 3 Achtel Korn,
1 — 7 — Waitzen,
8 — 2 — 2 Mz. Hafer.

Im übrigen stellt Milz mit dem Dorf Haina 25 Mann zum Landausschuß, so, daß von einer Hauptmusterung zur andern, die alle 9 Jahre geschiehet, das eine Dorf 13 - und das andere 12 Mann wechselsweise zu stellen hat.

Seite 634, die, bei Mendhausen gestandene, Windmühle ist im Jahre 1798 abgebrochen worden.

Seite 638, die Juliusuniversität zu Würzburg bezog nicht alle Pachts-einkünfte des Mönchshofs, sondern nur einen gewissen Theil derselben.

Seite 639, der jährliche Pacht von dem Kammergut zu Mönchshof bestehet in 381 Mltr. Korn, 100 Mltr. Gerste, und 420 Mltr. Hafer; der Geldpacht hin-gegen wird vom Jahr 1798 — 1804 mit 432 fl. — von 1804 — 1810, mit 532 fl. und von 1810 — 1816 mit 632 fl. entrichtet.

Im Allgemeinen ist noch zu bemerken, daß der, hin und wieder angeführte, Bierzwang, welcher der Stadt Römhild über die Dörfer Gleichamberg, Mend-hausen, Westenfeld, Linden, Hindfeld und Sülzdorf zuständig war, in dem Jahre 1797

1797 ganz aufgehoben und diese Dorfschaften mit der Braugerechtigkeit privilegiret wurden. Die Stadt erhielte zur Entschädigung nicht nur diejenigen 1500 fl. welche obige Dörfer der Landesherrschaft, für die Ertheilung der Braukoncession zu bezahlen hatten, sondern es wurden ihr auch die, auf den Häusern haftende, Brausteuer erlassen, so, daß sie künftig die Braugerechtigkeit, blos gegen Entrichtung der Tranksteuer, à 12 gl. von 1 Mltr. ausüben darf. Dahingegen haben die benannten Dorfschaften neben der Tranksteuer, à 10 gl. von 1 Mltr., noch 6 gl. Bieraccis von jedem Malter zu entrichten.

Diese zahlreichen Zusätze und Berichtigungen bestätigen die Wahrheit, daß keine Gattung von Wissenschaften der Veränderung mehr unterworfen und der Vollständigkeit weniger fähig sey als die statistische. Da ich übrigens die mancherlei Schwierigkeiten, sich von den gegenwärtigen politischen, geistlichen, physischen und ökonomischen Verhältnissen eines Staats und seiner einzeln Theile überall zuverlässige und sichere Nachrichten zu verschaffen, um in diesem Fache etwas Vollständiges zu liefern, bereits oben (S. 697) angeführet habe, so glaube ich nicht nöthig zu haben, deswegen noch etwas mehreres zu meiner Entschuldigung zu sagen. Statt dessen ersuche ich meine Mitbürger, die noch übrigen Spuren der Unvollkommenheit und Unrichtigkeit, die sie vielleicht in diesem Werke antreffen werden, mit billiger Nachsicht zu beurtheilen, und durch Mittheilung unbekannter statistischen Nachrichten zur Vollständigkeit desselben beizutragen.

Ende des ersten Theils.

———•••———

Urkunden

zur

historisch-statistischen Beschreibung

des

Amtes Römhild.

Von Num. I-LI.

I.

Bischof Gerhard zu Würzburg bestätiget dem Kloster Wechterswinkel den Besitz der, von Poppen von Irmelshausen demselben übergebenen, Zehenden zu Irmelshausen, Großhöchheim und Mendhausen.

1156.

(Ex Actis Theod. palat. T. VII. p. 414.)

In nomine Sancte et individue Trinitatis. *Gerhardus* Dei gratia *Wirceburgensis* episcopus. Officium debet esse prelatorum, honesta et rationabili accepta occasione religiosis monasteriis consilii et auxilii gratiam impertiri et eorum inopiam relevare, qui mundum cum flore suo spernentes voluntariam pro Deo elegerunt paupertatem. Noverit ergo presens Christi fidelium etas et orthodoxorum secutura posteritas, qualiter nobilis et gloriosus *Hermannus Palatinus comes de Reno*, considerans hujus mundi gloriam vanam esse et caducam et volens avinam suam lucrificare Deo, honori hujus mundi et divitiis pro eterna renunciavit beatitudine et omnia sua vendidit et in opus religiosarum ecclesiarum et pauperum Christi distribuit. Eodem itaque tempore *Boppo de Irmolderhusen* de castro *Habesberg* CCCC marcis comparando cum predicto Palatino pactum secisset et ad solvendam tantam pecuniam per se non sufficeret, C et XX marcas a preposito *Bertramo* et Abbatissa *Mehtilde* de *Wetherswinkel* ad complementum predicti castri solvendi mutuavit et in redditionem et in recompensationem eiusdem pecunie duas decimas in tribus villis, videlicet in *Irmolshusen*, in *majori Hocheim*, a) in *Mentshusen* cum tribus mansis

a) Höchheim, ohnweit Irmelshausen, gehöret dermalen der Familie der Freiherrn von Bibra, als ein Würzburgisches Mannlehn.

mansis nobis refignavit prefentibus filiis fuis et refignantibus, videlicet *Henrico b) Gotteboldo* et *POPPONE*, ea condicione, quatenus nos easdem decimas et manfos monaſterio in *Wetherswinkel* traderemus, quod nos communicato ecclefie noſtre confilio eſfectui mancipavimus. Decimas etiam de *dominicali fuo in Irmoldeshafen* quod a *Fuldenſ* habuit ecclefia, prememorato conſtulit monaſterio pro remedio anime fue, tali pacto et condicione, ut, ſi quis ex filiis fuis hoc pietatis fue factum caſſaret- aut infringeret, manfos et predio fuo in *minori Hocheim e)* ecclefia in *Wetherswinkel* jure proprietatis fibi vendicaret. Hoc factum noſtrum per omnem fuccefſionem temporum ratum manere volentes hac pagina, impresſione Sigilli noſtri infignita, ſtabilivimus et banno noſtro confirmavimus. Si quis igitur huic noſtre difpenfacioni temere obviare prefumpferit, ſciat ſe anathematis vinculo innodatum, et, nifi refipuerit, eterno fupplicio deputatum. Huius rei teſtes funt *Heroldus* major prepoſitus de Herb. *Burchardus* dec. *Heinricus Bentzo*, *Bertholdus* prefectus Herb. *Ludwyrus* de *Franckenſteyn* et *Goteboldus* frater eius, *Gifo* de *Bilſtein*, *Mangoldus* de *Dunttorf*. De miniſterialibus *Guntram* de *Brende*, *Sygeboto* et *Adelkoch* de *Herbefvelt*, *Dietricus* de *Hruſtreu* et plures alii. Acta funt anno Dominice Incarnationis MCLVI. Indictione III fub gloriofiſſimo Romanorum Imperatore Augusto FRIDERICO huius nominis primo.

II.

König Friedrich I. beſtätiget das, von dem Pfalzgraf Hermann von Stalof gegründete Kloſter Bildhauſen.

1158.

(Ex Tolneri addit. ad hiſt. Palat. p. 91)

Fridericus Dei gratia rex Romanorum auguſtus primus; dilecto patri Adam venerando abbati Ebracenſi et fratribus fuis. Ad hoc nobis Imperii Romani fumma

b) In dem 1ten Th. meiner Henned. Geſch. S. 34 habe ich nur zwei Söhne Poppens vom Irmelshauſen, nemlich: Gottwalden und Poppen namhaft gemacht. Aus dieſer Urkunde lernen wir aber noch einen Dritten, Namens Heinrich kennen, der ohne Zweifel der nemliche war, von welchem im J. 1161 das, ohnweit Kiſingen gelegene, ietzo aber eingegangene Kloſter Hauſen geſtiftet worden iſt. S. die Urk. in Uſſermanni Epiſc. Würzeburg. Cod. prob. p. 45.

c) Unter dieſem Minori Hochheim, iſt der dem Kloſter Wechtersvinkel zuſtändig geweſene Hof Höchheim oder der ſogenannte Mönchshof zu verſtehen.

summa a summo imperatore Deo commissa est, vt Dei servos paternis affectibus diligamus, et eo amplius studeamus ipsorum devotionem modus omnibus conseruere, quo ferventius ipsi disciplinis ecclesiasticis et sanctorum Patrum regulis inhaerere noscuntur. Tunc enim Deo gratus a nobis impenditur famulatus, si sanctorum locorum salubris institutio, rigor et ordo nostris patrociniis in religionis puritate fuerint conservata. Quapropter dilecte in Christo pater postulationibus tuis clementer annuimus, et venerabilem fratrem *Henricum* abbatem cum fratribus suis et abbatiam, quam fundasti in *praedio nobilissimi principis nostri Hermanni Palatini Bilhildhusen,* d) sub imperialis nostrae tuitionis defensionem suscipimus, et praesentis scripti privilegio communimus. Et non solum pro petitionis tuae devotione, sed etiam pro affectione pii principis, quam pro fidelitate et probitate quam plurimum dileximus, et rebus humanis excessisse fideliter et pio transitu certissime scimus, quae iusta sunt et pia praelato loco solita clementia semper impendimus.

Mirabilis siquidem Dominus mirabilia in eo operatus est, cui et inspiravit vnctione Spiritus sui, vt et mundi gloriam et honorem palatii nostri aeternae retributionis obtentu desereret, seque et omnia sua Christo donare disponeret. Verum quia priusquam haec omnia sa ad certum finem perduceret, ex hac luce subtractus est, et conthoralis ejus *Gertrudis* religioso studio, consilio et ope sua quae vivens maritus eius facere decreverat, laudabiliter consummavit, decet clementiam nostram, vt et illius devotioni tuisque religionis actibus congaudeamus, et pro animae

---

d) Daß der, hier und in dem vorhergehenden Diplom genannte, Pfalzgraf Hermann bei Rhein, der in andern Urkunden sehr oft mit dem Zunamen von Stalek vorkommt, ein gebohrner Ostfranke und ein Sohn des, in der Pfening des östlichen Grabfeldes begüterten, Gaugrafens Gozwin gewesen, ist eine historische Wahrheit, die der berühmte Geschichtsforscher Crollius und nach ihm der Regierungsrath Spieß mit diplomatischen Gründen entwickelt hat. (Acta Theod. palat. T. VII p. 195 f. f. In der Grafschaft Henneberg besaß Pfalzgr. Hermann beträchtliche Güter, zu welchen das Castrum Habsberg, im meiningischen Bezirk, mit Gewißheit gerechnet werden kann. Auch das heutige Kloster Bildhausen war, mit dem umliegenden Dörferdistrikt, sein Eigenthum und wird in der gegenwärtigen Urkunde ausdrücklich als ein praedium principis Hermanni paludini angegeben. Da er überdies, in einer vom Bischof Embrig zu Würzburg, 1140 ausgestellten, aber noch ungedruckten, Urkunde, als Graf von Bildhausen, (comes Hermannus de Bilbilichusen) unter den Zeugen erscheinet; so kann man daraus nicht nur auf den weiten Umfang seiner Besitzungen in dieser Gegend einen sichern Schluß machen, sondern auch mit Wahrscheinlichkeit behaupten, daß Hermann bei Bildhausen eine Burg angelegt, daselbst seinen Sitz gehabt und zuweilen davon den Namen geführet habe.

animae noſtrae ſalute locum praefatum *Bihildhuſen* et abbatem et fratres eius cunctasque poſſeſſiones eorum ſolita benignitate noſtra tueamur, quatenus ipſis ipſorumque ſucceſſoribus integra et illibata permaneant. In quibus haec propriis duximus explicanda vocabulis, locum ipſum cum omnibus ſuis appendiciis *Hülnſtat*, *Ramfeltshuſen*, *Vtenhuſen*, *Rapertshuſen*, *Loheroth*, in *Wingheim* dominicale, et VII. manſos in *Junkershuſen*. Huius rei teſtes ſunt *Gerhardus* episc. *Herbipol*. *Cunradus Auguſt*. episc. *Conradus Eichstetenſis* episc. *Fridericus* dux Alemanniae, Marchio *Adelbertus* et filius eius. *Otto* Palatinus de *Wittelsbach* et fratres eius. Comes de *Hunland*, *e*) *Richardus* de *Blaſſenberg*, *f*) *Richardus* vrbis praefectus, *Hermannus* de *Bramberg*, *g*) *Gebhardus* Comes de *Bildſtein*, *Chriſtianus* de *Hiltenberg*, *Mangoldus* de *Thundorf*, *h*) *Marquardus* de *Grumbach*, et filius eius, *Gothofredus* de *Luten* et fratres eius, H. de *Trimberg* et frater eius. Acta ſunt hoc anno Domini MCLVIII. indict. V. Datum *Herbipoli*. Ego *Rudigerus* cancellarius vice *Arnoldi* Moguntini archiepiscopi et archicancellarii recognovi.

III.

e) Die Grafen von Sunland ſind, in Unſchung ihres Vaterlandes, ganz unbekannt. Schöpf, in ſeiner oſtfränkiſchen Staatsgeſch. Th. 2. S. 97, glaubet, daß ſie mit den Grafen von Daßel in Weſtphalen einerlei Geſchlechts geweſen wären, weil Erzbiſchoff Cuno zu Köln, in dem Chron. Belg. ap. Piſtor. p. 123, bald ein Graf von Hohenland, bald ein Graf von Daßel genennet werde. Wenk, in der Heſſiſch. Landesgeſch. Th. 2, hat dieſes Umſtandes, bei Gelegenheit der Daßeliſchen Geſchichte, nicht erwähnet.

f) Das gräfliche Geſchlecht von Blaſſenberg war urſprünglich im Radenzgau oder in dem heutigen Fürſtenthum Baireuth, einheimiſch. Es führte von der, ohnweit Culmbach gelegenen, Veſtung Plaſſenberg ſeinen Namen und verlöſche zu Ende des 12ten Jahrhunderts.

g) Die alte Grafſchaft Bramberg lag im Nordgau und kommt ſchon in einer Urkunde vom Jahre 967 vor, worinne die Güter des Dynaſten Dittmar von Primburg im Nordgau, vom König Otto I., wegen eines Verbrechens confiſciret und der Kirche zu St. Emeran übergeben wurden. Hundii Metrop. Salisb. T. II. p. 155.

h) Das Stammhaus der ehemaligen Dynaſten von Zundorf lag zwiſchen Schweinfurt und Münnerſtadt. Dieſe Herrn bekleideten die burggräfliche Würde zu Schweinfurt, und mögen zu Anfang des dreizehnten Jahrhunderts ausgeſtorben ſeyn. Ihre Güter kamen an die Grafen von Wilberg, und nach deren Ausſterben an das gräfliche Haus Henneberg, welches 1317 im Beſitz des Schloſſes Dundorf vorkommt. (S. den 2ten Th. der Henneb. Geſch. S. 34 u. 43 des Urkundenbuchs.)

des Herzogl. Sächsl. gemeinschaftlichen Amtes Römhild.

III.

König Otto IV. bestätiget die, von dem Dynasten (viro nobili) Weiker von Rodhausen, dem Kloster Bildhausen gemachte, Schenkung des Dorfs Rodhausen. dat. Herbipoli Non. Septr. (den 5ten Sept.) MCCXII.

(Diese Urkunde stehet in meinen Beiträgen zu der Fränkl. und Sächs. Gesch. Th. 1. S. 353)

IV.

Fritz und Volckenant von Herbelstat stellen Graf Bertholden zu Henneberg einen Lehn-Revers über Hayna aus.

den 8ten Sept. 1317.

Wir Fritz und Volckenant, hievor Herrn Wylhelms Süne von Herberstat, bekennin offinbare an disem Brief das wir dem edeln Herren Grafin Bertholde von Henneberg uf haben gegeben unser eigin Gut zu Heyne, darof Heinrich Weber und die Sechsin sitzen, und empfahen die Gut von ym und von sinen erbln zu lehene vür uns und unsere erbin vür drü Pfunt Heller Gült und achzig Heller vür das Gut zu Althusen i) daß er durch unsers vorgenäntn Vater Wille eygente dem Gotshuse zu Vesser. und zu einem Urkunde geben wir disen Brief versigelt mit Insigel myn Fritze des vorgenantn, wene ich Volckenant der vorgenante khein eygen Insigel han, das ist geschehin nach Gots Geburt drützehen hundert Jar darnach in dem Sybinzehenden Jar au unser Frauen Abinde, als sie geboren wart.

V.

Graf Johann von Henneberg belehnet die Gebrüdere Egler und Dittrich von Rodhausen mit der Verwaltung des dasigen Gerichts.

den 6ten May 1358.

Ich Egeler von Rothusen Ditterich myn Bruder und alle unser erben, bekennen offinlich an disen Briefe für uns und alle unser erben, daz wir daz Gericht zu Rothusen

---

i) Das Dorf Althausen lieget im Würzburgischen Amte Königshofen. Nach einer Urkunde vom 12ten Juny 1582 besaß hier Friedrich von Brand einen Hof, in der Eigenschaft eines Hennebergischen Mannlehns, und im Jahre 1649 wurde Caspar Adam Marschalk von Ostheim zu Waltershausen, mit ½ an Althausen auf Söhne und Töchter beliehen.

hufen haben zu rechten lehen von dem edeln und hochgebornen Fürsten Graffen Johans Herrn zu Hennenberg von allen sin erben, vnd haben auch daz von im empfangen. Vnd des geben wir vnsern Brieff dem vorgenanten vnsern Herrn vnd sin erben vorsigilt mit myn Ditterich des vorgenanten Jnsigel wan ich Egeler der egenannt keyns han. Zju Urkunde noch Gots Geburt Dreyzenhundert Jar acht vnd funfzig Jar in ascensione Domini.

VI.

Berthold von Herbelstadt, Pfarr zu Haina, entsaget seinen Ansprüchen an der Pfarrei Schmalkalden.

den 22ten December 1361.

Jch Bertolt von Herbelstar, Pfarre zu Heyne beken offinlich an disen brieff daz geret vnd geteidingt ist, zwischen den edeln vnd meinen gnedigen Herrn Herrn Heinrich vnd Herrn Bertolds Graffen zu Hennenberg uff eyn seiten vnd mir uff die andern vmb gesenckluße als ich gefangen was vmb die ansprach der Pfarre zu Smalkalden, daz han ich treure gelobt, vnd zu den heiligen geschworn, daz ich daz in beheim wis nymmermer gesordern sol weder heimlich noch offinlich mit Wertin abir mit Wercken, daz meyn vorgenanten Herr ober der edele meiner frauwen, frauwen Sopfhien Burgreffin zu Nurnberg vnd iren erbin, schaden breng muge an iren gotsgaben, vnd sol auch nymant dar zu fürdern weder heymlich noch offinlich mit Wortin odir mit Werckin an alles geuerde, auch ist geret worden, daz ich alle die Briffe witer geb sthel die ich hab von vnsirn gristlichen Vater dem Babist, den Bischoffen odir welcherlei brieff daz weren, die meinen vorgenantin Herrn meiner frauwens vnd iren erbin schaden mochten brenge an welcher sache daz were, vnd dieselben briffe sullen fürbaß kein macht mer hab an alles geuerde, auch han ich an truwen gelobt vnd zu den heiligen gesworn ein recht ursede die mich vnd die alle meyn frunt die durch mich thun vnd lassen wollen nymmer zu suchen an allen den die an menne gesengnisse schuldig sin geweft, oder rat vnd tat daran gehabt haben an allis geuerte, wer auch daz nymanten in den bann kumen wer, odir noch darin kueme vmb die vorgenantin geschichte, an welchin sachin daz were der ban ende Hinternisse sal ich abneme an Hindernisse vnd an widerrede vnd an alles geuerde, Mer ist geret, vnd daz daz ich vorgenanter Bertolt gestanden habe nach der Pfarre vorgenont, daran mein vorgenanter Herr ere vnd wirdekeit gelegen hat, daz ich darumb thun sol als vil als mein egenanter Herr tete drysprechin die darzu gesezt vnd geforen werdin, daz alle die vorgeschriben

schriben rede stücke vnd artykel stet vnde vnuerbrochinlich bliben vnd gehalten werdin von mir vorgenanten Bertolde, das han ich gebeten die erbiegen Herrn, Herrn Herman Apt zu Veßer, vnd Herrn Wilhelm Apt zu Reinhartsbrun Herrn Fridrich Sichmeister zu Veßer, Frytzen von Herbelstat, meinen setter Herrn Johans von Bybra, Herrn Wilhelm von Maspach Herrn Bertolden von Bibra von Sterna, Herrn Bertolten von Bibra Vogt zu Hennenberg, Herrn Cunrad von Herbelstat Herrn Wilhelm vnd Herrn Peter von Herbelstat, Ritter meine Brüder, Luzen von Herbelstat vnd Wilhelmen von Herbelstat, Knechte meyn Vetern, daz die bei mich geret und gelobt haben also, were daz ich dise vorgeschriben stücke vnd artykel als vorgeschriben stet, verbreche in einerley Wis, so sulten die vorgenantin meyn Herrn vnd fründe meyn argeß Werbe, vnd meyn finde sie glicherwis als meyn obgenantin Herrn an alles geuerde. vnd des zu einer merer Sicherheit, so han ich vorgenanter Bertolt meyn Jnsigel mit der vorgenantin meinen Herrn vnd fründe Jnsigel gehangen an disen briff. vnd wir vorgenanter Wilhelm Apt zu Reinhartobrun bekennen alle bliß reibing, vnd wollen die halben stete mit vnseme vorgenantin bruder Herrn Bertolde by nummer an zu sachen in dheinewos an der Herrschafft zu Sennenberg vnd an allen den die an diesen Sachen sin begriffen, vnd vorzijhen vns allis schaden vnd ansprache luterlich angeuerde. Vnd wir die vorgenantin bekennen daz wir durch bet willen des obgeschriben Herrn Bertoldes haben gelobt vnd globen in güten trüwen als hie vor von vns geschriben stet, stete vnd vnuerbrechenlich zu halden vßgescheiden argelist an alles geuerde, auch bekennen wir obgenanten die hie vorbeschriben sten, daz wir durch bete des vorbeschriben Herrn Bertholdes von Herbelstat vnß insigel an disen briff gehanget haben mit vnßirn wißin vnd Willen zu einem gezugniße vnd bekentniße alles des daz hieuor beschriben stet, so bekenne ich vorgenanter fritze von Herbelstat sichmeister zu Veßer vnd meyns Herrn Herrn Hermanns Jnsigel Apt zu Veßer alles des daz vorbeschriben stet, wenn ich Nuzmal selber kein Jnsigel han, geben nach goris gebnrt, Drizehenhundirt iar, in dem eyn und Sechzigisten iar, an der Mittwochen ver des heiligen Cristestage.

VII.

Graff Hermann zu Henneberg eignet dem Closter Bildhaußen das Dorf Uttenhaußen zu.

den 1ten December 1379

Wir Henrich von gottes gnaden Abt und der Cenuent gemeiniglichen des Closters zu Bildehausen, Bekennen vnde thun kund offenlich an diesem brief für vns vnd vnde alle vns nachkommen, allen den die Ihne sehen hören oder lesen, das der Edel vns lieber Herr graue Herman von Henneberg für sich vnd sein erben, mit gunst vnde Wiln des Edlen grauen Bertoldes von Henneberg thumher zu Bamberg seins Bruder, vns vnde vnsern nachkommen das Derf Vttenhausen gelegen in dem Gericht zu Römhilt verrügent hat, lauterlich durch gott vnd aller Ihrer altforderen seeligen seele Ir vnde Ire Erben heiles vnde Ewigs gedechtnüß willen, mit allen seinen rechten gewonheitten vnd zugehörenden In velde vnd Ja derf gesucht vnde vngesucht das wir gehaust haben, vmb den vesten Wilhelm von Maspach, der er von den Edlen Iren Vetter Graff Bertholden seeligen von Henneberg Herr zu Hartemberg zu rechten manlehen hatte, aufgenommen alle Ihre rechte vnde gewonheitt die der vorgenannte vns Herr graf Bertolde seliger von Henneberg Herr zu Hartemberg vnde der obgenant vns Herr, graff Hermann von Henneberg vnd Ihr Eltern, von alter vnd sie bißher zu demselben Dorf gehabt haben, von Ihres gerichts wegen zu Römhilt, were auch das wir das vorgenant Derf Vttenhausen, verkauffen versetzen oder verwechseln welten oder müssen, das ihnigen wir thun, Also das wir des verkauffen versetzen oder verwechseln mitt allen den rechten gewonheitten vnd zugehörenden, als wir Izund Inne haben für recht frey Eigen als forgeschrieben steht, wen wir wollen, ohn fürsten vnd ohne Herren, sie seien geistlichen oder weltlichen ohngeuerd. Der zu Vrkunde haben obgenanter Abt vnde Convent des obgenanten Closters zu Bilchausen vns Insiegell wißentlich an diesen Brief gehangen, Der geben nach Christi gebürt dreizehenhundert Jare darnach In dem neun vnd sebentzigsten Jar am nechsten Freitag nach Sant Andrestag.

VIII.

Graf Friederich von Henneberg übergiebt der Kapelle zu Eicha mit ihren Gütern und Einkünften dem St. Antonien-Kloster zu Eisenheim, in der Dioeces des Bißthums Basel.

den 19ten August 1411.

Nos *Fridericus* Comes de *Henneberg* notum facimus cunctis inspectoribus seu auditoribus presentis pagine et confitemur quod matura deliberatione prehabita bona voluntate et ex certa scientia nec non ex permissione ac confirmatione reverendi in Christo Patris domini *Johannis* episcopi ac venerabilium de minorum decani et capituli ecclesie *Herbipolensis* nec non venerabilium et religiosorum dominorum ac fratrum abbatis et conventus monasterij in *Bildhusenn* ordinis cistercienfis herbipolenfis dyocefis nec non honorandi viri domini *Andree* rectoris ecclefie zu Gleichenamberg predicte diocefis pro nobis et heredibus noftris ac fucceforibus univerfis pure propter Jeum et honorem fancti *Anthonij* nobis ac animarum progenitorum noftrorum in falutem et folatium, donatione perpetua ac perfecta donamus ac prefentibus cum vigore prefentis littere donamus capellam nuncupatam zu der E. ch. fituatam in parrochia dicte parrochialis ecclefie zu Gleichen berg que dudum conletrata fuit in nomine et fub titulo feu vocabulo fancti *Anthonij* et in qua fanctus Anthonius tanquam Patronus ejusdem Capelle pre ceteris fanctis confuevit honorari et invocari, cum omnibus ejusdem capelle aedificiis, ornamentis, decoribus, domibus, ortis, bonis, agris, gultis, cenfibus, oblationibus et obventionibus univerfis nec non pertinentijs et juribus dicte capelle et fignanter cum juribus feudalibus illius capelle et prebendarum in ea fundatarum feu fundandarum et nihilominus cum jure advocacie et cum jure advocati dicte capelie, vna cum omnibus bonis et juribus ad dictam Advocatiam pertinentibus, venerabilibus et religiofis viris preceptori et conventui fancti *anthonii Monafterij* in *Ifenheim bafilienfis diocefis* ac fibi et fuis fucceforibus in dicto monafterio feu domo, nec non ipfi dompi feu monafterio recipientibus, ita et in hunc modum, quod dicti preceptor et Conventus et ipforum fucceffores ipforumque nuncij et procuratores predictam capellam una cum omnibus dicte capelle pertinentijs ut premittitur deinceps in perpetuum habere uti, frui, amburfare, ordinare, et deordinare nec non prebendas in dicta capella fundatas feu fundandas, quotiens eas vacare contingerit, conferre et perfonas idoneas ad ipfas prebendas inftituere, dictamque capellam quoad ftructuras et edificia ipfius altius tollere et latius edificare nec non edificata tollere et demolire prout eis magis videbitur expedire, fic tamen quod ipfa capella propterea non deterioret in ftructuris fine dolo absque impedimento feu contradictione noftri et heredum ac fucceforum noftrorum feu aliorum quorumcunque, et fignanter absque impedimento reverendi in Chrifto patris domini Epifcopi et Capituli ecclefie *Herbipolenfis* ac Abbatis et Conventus Monafterii in *Bildhufen* et Rectoris parrochialis ecclefie zu Gleichenambergk prediétorum et fucceforum fuorum. Quumquidam capellam predictam cum eis pertinentijs proprietatibus Advocatijs et juribus advocati ac alijs juribus univerfis que nos ex nunc in dicta capella habemus et heredes ac fucceffores noftri habere poffent in futuris in modum quemcurque vigore litere prefentis, hac tamen conditione adjecta, quod nos heredes aut fucceffores noftri et homines noftri ibidem exiftentes ad et in dictam capellam pro nobis, heredibus et

fucsuccessoribus nostris libere resignavimus et presentibus resignamus memorato domino preceptori et conventui *Monasterii sancti Anthonij* in *Jsenheim*, renunciantes juribus predictis penitus et ex toto in vigore litere presentis hac tamen condictione adjecta, quod nos heredes aut successores nostri et homines nostri ibidem existentes ad et in dictam capellam ire et vehere seu equitare valeamus juxta consuetudinem antiquam absque tamen damno sancti Anthonij et ordinis sui memorati et absque dolo, insuper fecimus et concessimus eisdem sancto et ordini gratiam talem, quod si in futuris cum voluntate et scientia nostra heredum aut successorum nostrorum aliquid plus ad dictam capellam donaretur, vel si ipsos quidquam emere contingeret quod taliter in futuris donandum vel emendum pro nobis et heredibus nostris debent esse libra et gaudere emunitate et libertate sicut alia bona dicte capelle prout quesita. Et omnia premissa promisimus et presentibus promittimus pro nobis et heredibus ac successoribus nostris perpetue firmiter et inviolabiliter observare bona fide absque fraude — Nos *Johannes* divina permissione abbas et conventus Monasterii in *Bildhausen* et ego *Andreas* rector memoratus presentibus recognoscimus, quod donacio de qua premittitur omniaque alia premilia cum consensu et voluntate seu permissione nostra acta sunt et facta, renunciavimus ac presentibus renunciamus cum voluntate approbatione et permissione reverendi in Christo patris domini *Johannis* episcopi et capituli ecclesie herbipol. memorate, pro nobis et successoribus nostris in dicto monasterio et parochiali ecclesia *zu Gleichenomberg* predicte, universis juribus, proprietati, dominio, possessioni et juri, que nos ac dictum monasterium *Bildharsen* et parrochialis ecclesia supra dicta habuimus, habemus vel habere possemus in et desuper capella ante sata ipsiusque capelle juribus et pertinenciis ac bonis, censibus, oblacionibus, obvencionibus ac juribus aliis dicte capelle superius descriptis, et promittimus premissa bona fide omnia firmiter et inviolabiliter nos velle observare nec contra ea facere vel fieri procurare in judicio vel extra judicium — Et nos *Johannes* dei gracia episcopus, ac *Hermannus* Comes de *Orlamunde* loco decani et capituli ecclesie herbipolensis prescripti, quia omnia prescripta cum nostra voluntate permissione et approbacione ut premittitur facta sunt et acta. Id circo dilecti et nobilis nostri fidelis *Friderici* Comitis de *Henneberg* et nobis devotorum et dilectorum in Christo abbatis et conventus ac rectoris predictorum, omnia prescripta confirmavimus et approbavimus, confirmamus et approbamus litteras per presentes Sigillorum nostrorum Iohannis episcopi et capituli sigillatas. Et nos *Fridericus* comes de *Henneberge*, *Johannes* abbas et conventus et *Andreas* rector memorati in testimonium et robur omnium prescriptorum Sigilla nostra presentibus

des Herzogl. Sächßl. gemeinschaftlichen Amtes Römhild 727

scntibus litteris ad Sigilla dominorum episcopi et capituli ante fatorum secimus coappendi. Datum Anno domini Millesimo quadragesimo undecimo, quinta feria post festum Assumptionis Marie.

IX.

Bischoffs Johanns zu Würzburg Indulgenten-Brief über die Capelle zu Hartenberg.

den 6ten November 1417.

Johannes dei et apostolice sedis gratia episcopus *Herbipolensis* per et infra civitatem et diecesin nostras herbipolensis ubilibet constitutas salutem in domino sempiternam. Licet is de cujus munere venit ut sibi a fidelibus digne et laudabiliter servatur de habundantia sue pietatis que meritis supplicium excedit et vota bene servientibus sibi majora retribuat quam valeant promereri. Nihilominus tamen desiderantes domino reddere populum acceptabilem fideles christi ad complacendum sibi quibusdam allertinis muneribus indulgentijs scilicet et remissionibus peccatorum ut exinde reddantur divine gratie aptiores libentes incitamus. Cum itaque, ut accepimus, quidam nobilis dominus *Fridericus* Comes de *Henneberg* in *castro suo Hartenberg.* nostre Diocesis quendam Solemnem *capellam* de novo fundatam constringit, que capella consecrata est in honore gloriosissime Virginis Marie nec non Sanctorum Kiliani, Mauritij sociorumque suorum et Georgij Martiris, Sancte Marie Magdalene atque Sanctarum Kattarine, Margarethe, Barbare et Dorothee virginum et martirum. Cupiens igitur quod capella predicta congruis honoribus frequentetur atque veneretur dominusque altissimus et sua benedicta mater sedulius collaudetur, Omnibus vero penitentibus contritis et confessis qui dictam capellam in festivitatibus sive diebus videlicet nativitatis, Resurrectionis, Ascensionis domini penthecostes, individue et benedicte Trinitatis atque corporis Christi per ipsius corporis Christi octavas in singulis festivitatibus sive diebus beate Marie virginis, in omnibus et singulis diebus apostolorum, in diebus prenotatis ac dedicationis ejusdem capelle causa devotionis accesserint vel qui ad structuram ad luminaria vel quevis ornamenta sepe dicte capelle manus porrexerint adjutrices. Nos de omnipotentis Dei misericordia et beatorum Petri et Pauli apostolorum ejus nec non preciosorum Martirum Kiliani Colonati et Tolnatij dicte ecclesie herbipolensis patronorum martirum et autoritate consis, quadraginta dies indulgentiarum de injunctis

eis

728 Urkunden zur historisch-statistischen Beschreibung

eis penitentijs misericorditer in domino relaxamus. In quorum testimonium premissorum Sigillum nostri vicariatus officio presentibus est appensum. Datum Herbipoli, Anno Domini Millesimo quadringentesimo decimo septimo feria quinta post omnium Sanctorum.

X.
Extract.
vom Jahre 1424.

Hanß von Schaumburg und seine Vettern verkaufen dem Graf Georg von Henneberg ein Burggut zu Sternberg mit drei Sölten daselbst und allen seinen Zugehörungen, — den Hof unter Sternberg, genannt zu Hummelstadt, mit Feld, Holz, Aeckern, Wiesen und Hofrieden; — den Zehenden halb zu Burghausen, — den Zehenden zu Leymberg, — die Rue mühle bei Königshofen, — sieben Güter zu Gebelcohausen etc. um Tausend Gulden Rheinl. dat. of Montag nach unser lieben Frauen Tag Purificationis 1424.

XI.

Bischof Johann zu Würzburg ertheilet der Gemeinde zu Mendhausen die Erlaubniß, den dortigen Kirchhof mit Mauern zu befestigen.

den 14ten April 1429.

Johannes Dei et apostolice Sedis gracia Episcopus *Herbipolensis* dilecto nobis in Christo Rectori parochialis ecclesie *sancti Vrbani* in *Menthusen* nostre diocesis salutem in domino sempiternam — vt dilecti nobis in Christo Scultetus magistri fabrice totaque vniversitas villanorum ville *Menthusen* subiecte in temporalibus et spiritualibus nobis et ecclesie nostre nostrisque successoribus ac monasterio sanctimonialium in *Wechtersuinckel* ordinis sancti Benedicti dicte nostre diocesis subiecte vna cum consensu voluntate et ordinatione honorabilis nobis domini *Johannis* de *Meschos* Canonici in ecclesia nostra *Herbipolensi* ac prepositi dicti monasterii *Wechterswinckel*, cimiterium prefate ecclesie cum muris exterius facere et menias fundare, nec non quedam alia decencia et competencia edificia in eodem construere valeant et edificare, quod iidem tempore gwerrarum pro suarum personarum et rerum conseruatione honeste et sine nostri et nostrorum offensione inhabitare possint. Dummodo locus consecratus extra muros dicti cimiterii de novo construendos relictus decenti

des Herzogl. Sächßl. gemeinschaftlichen Amtes Römhild.

centi muniatur munimento presentibus indulgemus, insuper omnibus vere penitentibus contritis et confessis ad dictam structuram confluentibus et manum adiutricem porrigentibus, viginti dies criminalium misericorditer in domino relaxamus. Datum *Herbipolis* anno Domini millesimo quadringentesimo vicesimo nono Dominica qua in ecclesia Dei cantatur Cantate, Vicariatus nostri sub sigillo presentibus appenso.

XII.

Burgfriede zwischen den Rittern von Herbelstadt als Ganerben in dem Dorfe und Schlosse Hayna.

den 7ten Juli 1441.

Wir die hirnachgeschriebene Michel von Herbelstadt thumherr vnd Oberster Custor des Thumstifts zu Bamberg, Dietriche, Wilhelme, Ecardus, Eberhart, Endres vnd Peter der Jünger alle genannt von Herbilstadt gevettere vnd Ganerben In dem Slosse zu Heyne bekennen einträchtiglichin mit diesem Brue für vns vnd vnsere erben vnd thun kunt allermeiniglichen allen den die in lesen hören aber sehen, daz wir mit wolbedachtem mute vnd mit Rathe des Wolgebornen Herren, Herrn Jorgen Grauen vnd Herrn zu Henneberg vnnsers gnedigen liben Herrn vnd vnsern Freundes, ein rechten Burgfride vnnser iglichen besunder Intrenen dem itzunt genanten vnnsern gnedigen Herrn liplichen an sein Hant gelebt vnnd darnach zu Got vnnd sein Heiligen gesworen haben den getrewelichen zu halten als der den wirtte zu wirtte Hirnachgeschrieben stet. Zum ersten so sal solicher vnser Burgfride von vns allen gehalden werden In dem Slosse vnd in dem Dorffe Zu Heyne, vnd als wir die Graben vnd Zeune vmb daz Dorf zu Heyna vmbfangen vnd begriffen haben, vnd darnach so sal vnnser keyner den andern aber die synen nit verenrechten mit worten nach mit Werken sundern vnnser iglicher sal den andern aber die synen getrewelichin schueren schutzen vnd schirmen Ire leibe vnd Gute an allerley geuerde. Wer es daz zweitracht oder vsleifft geschen zwischen vns aber den vnnsern des Got nit enwolle, so sal nimant nit zu thun, dan wer darzu keme, der sal getrewelichen scheiden, es were wem es angienge ongeuerde. Wer es Sache daz vnnsir einer vnder vns ganerben den andern übersure mit Worten oder mit Werken daz er In Hiest lügen aber sunst schulde, derselbe der die Wort thut der sal von stunde eynen Monden reumen vnd sal riten gein Munerstadt Schweinfurt oder gein Hasfurt In der dreyer stete eine in welche er will vnd sal da alle nacht seyn, wann der Monde ußkommet, so mag er heym riten vnd sal die Wort wandeln, als die dreye sprechen, die wir über vnnsir

sache

sache gekoren haben. Wer es sache, daz vnnsir einer über den andern messer oder swert gewonne, oder andere Waffen frevelichin, der sal auch eite In der vorgenanten dreyer stete eine vnd darinne sein alle nachte ein viertel iars an einander, wann daz vßkompt, so mag er heym riten vnd sal den auch darumb thun solte. Wundet aber vnser einer den andern, wer daz tete, der sal ein Jare rite In der dreyen vorgenanten stete eine vnd sal darinne sein ein Jare alle nacht aneinander, wan das Jare vßkumpt, so mag er heym riten vnd sal den darumb thun als uil die dreye sprechen daz er darumb thun solle. Sluge aber vnnsir einer den andern tobt, da get der sey, derselbe der den todslag thet, der sal reimen von Heyne bey dreyen Milen, er habe denn dey todschlag vor gebußet vnd gebeßert, als die dreye vnnsir Freunde sprechen vnd solde auch solichin Burgfride damit gebrochen haben. Wer es daz vnnsir Ganerben einen Messer oder Waffen gewunnen oder des andern Knecht oder die sinen, der sal ein Monden In der dreyen vorgenanten stete eine sin allenacht, wann dann der Mende ußkempt, so mag er heym riten, vnd sal dann olß uil darumb thun, als die drey vnsir Frunde sprechen, daz er darumb thun solle. Wer es aber daz vnnsir einer des andern Knecht oder die sein Wunte, d. r sal ein Monden ryten In der dreyen stete eine, dar Inn Im fride vnd geleyt werden mochte; mochte aber dem oder den, die ein solichs verbrochen het en vnd daz also thun solten, In der obgenanten dreyen steten nit Fride oder geleyt werden, so solten die oder der, den ein solches gebürt zu thun, In die nechsten stat dabey riten dar Ime In Fride vnd geleyt werden mocht ongeuerde, vnd sollen da sinn alle nacht. Wenn der Mond ußkempt so mag er heym riten vnd sal dann darumb thun, als uil die dreyen vnsir Frunte sprechen daz er darumb thun solle. vnd es sal ein iglicher vnder vns Ganerben zu stunde, welchen ein solichs überfert verbricht vnd des vbersagt wirt, von einen oder mer die dabei gewesen sein, vnd die die sache nit angehet; soliche obgemelt pene vnd Buß bey sulchen eyden gelubden, die wir ober diesen Burg Fride gethan haben, holden thun vnd volfuren on widerrede, Intrag vnd ongeuerde. Wer es daz vnnsir einer des andirn Knecht oder die sein sluge on Wunden oder mit Worten übel handelt daz solten die Ganerben, die die ersten vnter vns weten, die die Sache nit anginge richten, wer es daz sich Knecht entzweiten, daz sie Messer oder swert gewunnen oder einer den andern Wunde, welcher daz wer, den solde man behalden, welchen vnder ons allen schirst darzu keme, da sal vnnsir einer den andern getruwelichin zu behalffen sein, vnd wer oder wes Knecht überfaren wer oder die seinen, der sal den, der die Vnfuge gethan hatte, behalten In Vnnsir aller Beheltnisse, als lange biß er darumb gethuet als uil als die dreye vnnsir Ganerben bedunckt

die

des Herzogl. Sächßl. gemeinschaftlichen Amtes Römhild. 731

die die elfften weren, vnd die die Sache nit angehit, daz er darumb thun solle. Auch so sal vnnsir keiner eynant Husen noch halden er sey dann sein geboren Freunde, magt, swager oder einer des er mechtig sy zum rechten. Auch so sal vnnsir keiner dem andern nymande vertzedingen nach vor vorantworten, er sitze dann bey Jm, oder sey sein gebrodte Knecht oder gesinde. Auch so sal vnnsir keiner des andern Gesinde Innemen, er thu es denn mit sinen Willen oder es habe sich dann in Gute von Jm gescheiden. Auch so ist beredt, ob Fehde oder Zintschaft wurde zwischen Herrn oder andern luten, daz eine, oder mer wolten helffen uff eine siten oder einer oder mer uff die andir siten, die solten wir bestellen daz der Burgfride gehalden würde, als vor vnd nach geschrieben stet, auch so sal ye vnnsir keiner oder keiner der sin dem andern ben sin ule nemen uß dem Burgfride oder wider Jn den Burgfride, auch ist beredt, wer eß daz vnnsir eyner oder vnnsir Ganerben einer einem oder mer sone hetten, die leyen bliven solten, waan die kommen Jn ir. Viertzehen Jare so sollen sie disen Burgfride geloben vnd sweren, als vor vnd nach geschriben stet, vnd waan vnsirs eyner oder mer erben solichin Burgfride also geloben vnd swern wolten, daz sollen wir aber vnnsir erben Zustunde fürder mer von Jn nennen on Jntrag vnd on Widerrede, nach uß-weysung bißes vnnsers Burgfrides Briue vnd vnnsirs gnedigen Herrn von Hennenberg lehenbriue ongeuerde. Auch so ist beredt daz keiner vnnsir erben zu dem Slosse zu Hein kommen sal, er habe denn disen Burgfride vor gelobt vnd gesworn vnd habe des sin offen Briue mit sinen oahangenden Jnsigel an diesen Brief gehangen. Auch so sal vnnsir iglicher Ganerben oder vnnser erben sin teyle getrewelichen bestellen vnd bewarn, daz er bestalt vnd bewart sey ongeuerde. Es sal auch vnnsir iglicher siten antzale an Thorwarten vnd an Wächtern vnvertzogenlich in geben vnd ußrichten ongeuerde; Wir sein auch eine vnd racs worden, daz wir vnd vnnsir erben alle gemeyn Zinnß die wir zu Heyn haben, bey einen, des wir ye zugetziten werden, Jnleyen, Jngeben, vnd selche Zinnß sollen vnd wollen wir an der Brucken, dem Borne dem Thore vnd des Thorwarten stuben des Thorhuße zu Heyne Jnn Glosse verbawen, wenn des not thut vnd wirdet on widerrede vnd ongeuerde. So sein diß die dreye die wir ober vnnsir Burgfride gekorn haben mit Namen Herr Heinriche von Lichtenstein Ritter zu Waßmathusen, Ott von Milz Zu diser Zit Vont zu Hartenberg vnd Ditz von Erdorff zu Erdorff gesessen, ob wie vnnsir einer oder mer oder vnnsir erben Jn diesen vnnsirn Burgfride als obingeschrieben stete Bruchig würden, da Got vor sey, die vns vmb vnnsir Bruche, ob die geschehen, entscheiden vnd vereynen sollen ob des net würdet als oben geschrieben stet fruntlichen aber Jn einen fruntlichen rechten ongeuerde. Auch ist geredt vnd geteydinge dingt, daß die die vnder vns ganerben als in obengeschrieben maß bruchig würden, dieselben die sullen die itzunt gemelten vnnsre Frunde zu einen solchen biten vnd verboten als oben gerurt ist, vnd wer es daz der obgemelten vnasir Freünde einer oder mer abgiengen wie daz seme, so geteden wir obgenanten Ganerben entsampt für vns vnd vnsir erben, ve als dicke als des not geschiht, ein oder mer an des oder der obgangen stat zu kiesen vnd zu biten in einen Monden nehst darnach als solcher abgang geschen ist, bey solchen eyden vnd gelubden die wir über solichin Burgfride gethan haben angenemte. Daz alle vorgeschriben rede, betentnuge, punkte vnd Artikel disis Briues stete veste vnd vnverbrechenlichen gehalden volendet vnd volfüret werden als wie daz ver gelobt vnd gesworn haben In diesen Briue solchen Burgfride getrewelichen zu halden on allerlei geuerde als wer in diesen Briue geschrieben stet so hat vnser iglicher sein eygen Insigel für sich vnd sein erben zu Bekenntniß vnd waren bekunde an diesen Briue gehangen der geben ist uff Freytag vor sandt Kiliansteg noch Cristi Geburt Wirtzehenhundert jar vnd darnach In dem ein vnd Wirtzigisten Jarn.

XIII.

Stiftungsbrief der Herrn von Herbelstadt über die Vicarey zu Heyna.
den 6ten Dec. 1443.

In Gottes Nahmen, amen, Ich Diettetich von Herbilstadt, vndt Ich Endres sein Sohne, bekenne vnd thun kunt offentlichen mit diesem Briefe, geis allermenniglichen für vns alle vnsere Erben vndt Nachkommen, daß Wir mit guten Gewissen vnd mit Rate des wolgebornen Herren, Herrn Jörgen Grafen vnd Herrn zu Henneberg vnsers gnedigen Herrn, dem allmächtigen Gott zu lobe, Marie x. der Himmels Königin vnd allen Heiligen zu Ehren vndt besondern allen vnsern Eltern, Vorfahren vnd verscheiden, aus dem Geschlecht von Herbilstadt, mit allen gleubigen Seelen, Ein Ewige Messe vnd Vicarey in der Pfarrkirchen zu Hein angehoben, vnd von Beschiedung Hüse vnd Steure Paulssen von Herbilstadt vnsers Vattern, seligen, vnd ander gesist vnd gewidembt haben, of dem newen Altar in der obgenanten Kirchen der geweihet ist, in der Ehre, der zehentausent Ritter, Sant Veite, Sant Sebastian, Sant Christoffel vndt ander Heiligen, die man nennet die vierzehen Nothheiser, derzu Wir für vns vndt vnsere Erben zu einem lautern Almusen vnd Seelgerethe vndt zu einer ewigen Sicherung eines Priesters, diese hernach geschriebene Gütere, Zinse vnde Gute mit Ihren Zugehörungen geben, vereigen vnd vermachen vnd verschreiben in Craft diß Briefs ewiglichen
bey

des Herzogl. Sächßl. gemeinschaftlichen Amtes Römhild.

ben der obgenanten Meße vndt Vicarien gebleiben, vndt setzen des einem jeglichen Vicarier dem daz ehegenant Gotteslehen geliehen wirdet, Inmaßen hernach geschrieben stehet, in nützliche, geruhige vndt stille Gewerdte, der hernach geschriebenen Gütter vndt aller Jhrer Zugehörung die jährlichen vnd ewiglichen einzunehmen, vfzuheben, zu nutzen vndt zu nießen zu seiner notturft vndt Nahrung ohne Widerrede, Hinterniß, eintrag oder irrsall, onsern vnser Erben oder Nachkommen vndt allermänniglichen ohngevehrde. Darauf verzeihen wir auch in Kraft dieß Briefs, für vnß alle vnsere Erben vnd Nachkommen, mit Mundte Handt vndt Halme, als gewöhnlichen ist, vndt eußern vnß aller der Rechte, die Wir von Erbschaft wegen oder sonst an diesen hernach geschriebenen Güttern, Zinßen vndt Gülde gehabt haben, also daß Wir noch vnsere Erben keinerley Forderung noch Anspruche, nimmermehr ewiglichen darnach gehaben noch gethun sollen noch wollen, in keine Weise, ohn alles Geverhde vndt als etliche dieser hernach geschriebenen Gütter, an die Vicaren vf einen Widerlauf vndt losung geben vnd verschrieben sein, nach Ausweisung der Kaufbrieffe die die obgemante Vicarey darüber hatt, solchen Wiederkauf vndt lösung verzeihen wir vnß hiermitt nicht, sondern setzen vnd machen Einträgtiglichen wenn vnd wie oft von vnß oder andern der ehegenanten Vicarien Ablösung geschicht, So soll ein jetzlicher Besitzer der ehegenanten Vicarey solch Kaufgeldt, das ihm je zu Zeitten von der Ablösung vnd Wiederkauf würdte redlichen vndt götlichen wieder anlegen, an Erbliche Zinße vndt Gülte, wo man die gehaben mag, vndt solle das allezeit thun, mit Wißen vndt Rate vnser obgenanten von Herbilstadt, abe Wir am leben wehren oder des von Herbelstadt, dem die lehenschaft der Vicarey zu dem mahle gebürt, Auch alle dieweile solch abgelöst Kaufgeldt nit wieder angelegt were, soll daz in einer gemeinen Hand vndt Beheltnis liegen, der Vicarius zugute, vnd in keinen Sachen darvon nit frembdet werden, ohngevehrde. Es soll auch die lehnschaft oder Presentation der ehegenannten Vicarey, was denn jus Patronatus Recht vndt Gewohnheit ist, allewege ewiglichen vnß obgenanten von Herbilstadte dieweil Wir leben vnd darnach vnsern nechsten Erben angehöre vnd gebüre zuleihen, Also daß allemahl der elteste von Herbilstadt vnser vnsern nehsten Erben das leihen soll, vnd ewiglichen von einem of den andern also gefallen vndt bleiben, dieweil des Nahmens vndt Schildes von Herbilstadt iemands lebe, vndt sonst in kein ander Geschlecht gefallen, ohn Gevehrde. Es soll auch die obgenante Vicarey allezeit geliehen werden einer tüglichen Person der Priester sey, oder in demselben Jahre Priester werde, der allezeit wesentlich vnd persöhnlichen darauf wohnen soll, vnd alle Wochen zum minstern Vier Meße halten, oder mehr so Gott ermahnet, es were dann das ein Vicarius zu

Schu-

Schule oder andern redliche Sachen mit Gunst und Willen der Lehenherren davon were, so solte er doch die Vicarien mit einem andern in des besitzen vndt Gottes Dienst nicht abbrechen oder versäumen, ohngevehrde, Es soll auch ein jeglicher Vicarius vndt Besitzer der Vicarien zu allen Festen vnd heiligen Gezelten mit einem Pfarrer zu Sein in seiner Religion zu Chore stehen vndt helfen singen vndt lesen, vndt in allen ziemlichen Dingen die Kirchen berührende einem Pfarrherrn gehorsam sein, als ein Glied derselbigen Kirchen, Ihme an Opfern, Seelgerethe vndt andern eines Pfarrers Gerechtigkeit keinen Eintragk oder Hinterniß fügen, ohngeuehrde. Es soll auch alle Jar ewiglichen vnd iegliches Jar besonder ein ieglicher Vicarius vndt Besitzer, der obgenanten Vicarien Begengnuß vndt Gedechtnuß halten der Stifter des obgeschriebenen Gottes Lehens mit dem Pfarrherrn vndt Frümeßer zu Ihme zu zweyen mahlen des Jars, das ist nemlichen uf den Dienstag in der gemein Wochen, vndt uf den Dienstag nach Reminisere des Abends darvor, mit einer gesungenen Vigilien, vndt des Morgens mit gesungen vnd gelesen Seelmeßen, darinnen man nemblichen gedenken vndt bitten soll, für Herrn Conrad, Herrn Wilhelm vndt Herrn Petern von Herbilstadt seligen Ritter, Otten Volk genant, Paulo vndt Paulo sein Sohne, alle von Herbelstadt, vndt alle andere vnsere Eltern vndt Vorfahren, Mannen vndt Frawen, die verschieden sein aus dem Geschlecht von Herbilstadt, oder hernach verschieben werden, vnd auch für vnß vnser Erben vndt Nachkommen die jegliches Jars noch an Leben sein das vnß Gott fristen wolle nach seiner Gnaden, vndt dann sunderlich auch für die, die sunst Ihre Almusen vndt Steuer zu der obgenanten Vicarey geben hetten, oder noch geben würden, die ein jeglicher Vicarier alle mit nahmen in seinem Seelbuch vndt Register soll verzeichnet halten vnd solche Register ewiglichen bey der Vicarien bleiben, Zu solcher Begengnissen soll auch ein jeglicher Vicarius Vier Kertzen von 4 pfundt Wochs järlichem aufsteken vnd brennen vnd an jeglicher Begengnus dem Pfarrherrn vndt dem Frumesser zu Sein Ihr jeglichen funfzehen Pfennig zu Presentz geben, vndt daz soll also ewiglich gehalten werden ohn Seümnuß vndt Eintrag, ohn alles Geuerde, welches Jars aber ein Vicarius seümig daran würdte vnd solche Begengnuß in obgeschriebener maße nicht hielte vndt außrichte, so behalten Wir vnß vnsere Erben vnd Nachkommen von Herbilstadt die Macht vnd Gewaldt, daß Wir der ehgenanten Vicarien nutzung, des Jars darinne solch Seümniß geschicht, angreifen vndt aufheben mügen gehen Pfundt Wirtzburger Wehrung die Wir furbaß armen leütten, oder an ander Gottesdienste wo vnß gut dünckt wenden und geben sollen, ohne Widerrede vnd Eintrage eines jeglichen Vicariers der daz Seümniß hette gethan, angeuerde. Es sein

biß

des Herzogl. Sächsl. gemeinschaftlichen Amtes Römhild. 735

diß die Güter vnd Nutzung, damit die ehegenant Vicarey gestift vnd gewidembt ist, nemblichen ein Hoffstadt vndt eine neue Behausung bey dem obern Thor zu Seyna, darauf ein Priester sein Wehnung haben soll, zween Acker Weingartten gelegen am Ackersberge zu Seyna, darauf Wir vor die Lehenschaft, Zinß vnd Hünner gehabt haben, die Wir der obgenanten Vicarien nun gantz eigen vnd frey lassen, Item drey Acker Wiesen uf der Hofwiesen gelegen, die gekauft sein umb Steffen von Herbilstadt uf einen Wiederkauf umb sechtzig Gulden, Item ein Acker Wiesen den vnß die Haußgenoßen zu Seyna von des Dorfgrabens wegen bewiset haben, den Wir auch der ehgemanten Vicarien erblichen zu eigen geben vndt einen Artacker in dem Flur zu Seyna gelegen, Item uf einen Hof zu Herbilstadt dreißig Malter Getreids, der sein zwantzig Korn vnd zehen Habern Königshöfer Maß gekauft uf einen Wiederkauf für zwey Hundert vndt fünff vnd zwantzig Gulden nach Ausweisung des Kaufbriefs den die ehgenant Vicarey darüber hatt, Item zwey Hundert vnd Sechzig Gulden sein angelegt an zwey theil des Zehenden zu Schwabbhausen vnd an sechs Acker Wiesen zu Seyna vndt an zwey Gutte zu Aubstadt, das man gekauft hat vnd Wilhelmen von Herbilstadt uf einen Wiederkauf, nach Ausweisung der Brieffe die die obgemante Vicarey darüber hatt. Das alles zu wahrer Vhrkunde vnd Sicherheit, daß solche Gotteslehen vnd Seelengerethe desto beständlicher vndt aufgerichter gehalten werde, haben Wir obgenandte Dietterich vnd Endres von Herbilstadt mit Vleiß gebetten den wolgebornen Herrn, Herrn Jörgen Grafen vnd Herrn zu Hennenbergk vnsern gnedigen Herrn, daß er ein Beschirmer wolle sein des ehgenantten Gotteslehen vndt eines jeglichen Vicarier darauf, vnd sein Innsiegel zu mehrer Besestigung hieran hencken, darzu vnser jeglicher sein Innsiegel für vnß vnd alle vnsere Erben und Nachkommen auch gehangen haben, So bekennen Wir Jörge Graf vnd Herr zu Hennenbergk, daß Wir umb fleißiger Bete Willen der ehgenanten Dietterichs vnd Endres von Herbilstadt vnser Diener vnd lieben Getreuen, vnd zu Fürderung vnd Gemehrung Gottes Dienstes vnser Innsigel hieran haben laßen hencken, doch vnschedlichen vnß vnd der Pfarrkirchen zu Sein, die vnß vnd vnser Herrschaft angehört, ohe wir icht, von recht oder Gewonheit daran hetten, ohn Geuehrde Vndt Ich Johannes Zimmermann itzunder Pfarrh. zu Seyna, bekenne auch an diesem Briefe, daß solche Stiftung der ehgenanten Vicarien auch mit meinem Willen vnd Verhengnuß geschehen ist, vnd thun auch meinen Willen hierzu, also daß es ein jeglicher Vicarien halte, immaßen obengeschrieben stehet vndt als viel Ich darinne zuverhengen han, ohngeverde, vndt hab das auch zu Gezeugniß mein Insigil zu der obgenanten meins gnedigen Herrn vndt Junckern Insiaill gehangen

-hangen an diesen Brief, der geben ist an Sant Nicolaus Tag, Anno dni. Millesimo quatragentesimo quatragesimo tertio etc.

XIV.

Graf Georg zu Henneberg ertauschet, mit Bewilligung Bischof Gottfrieds zu Würzburg, von der Parochie Mellerstadt das Patronatsrecht zu Römhild, gegen Ueberlassung seines Zehenden zu Rappertshausen.

den 17ten Februar 1447.

Gotfridus dei gratia Episcopus *herbipolensis* ad futuram rei memoriam justis et honestis supplicum votis facilem nos decet prebere assensum illis, potissime quibus animo – – – ut decime ad eas à quibus olim alienate sunt ecclesiis redeant et divinus cultus per amplius vigeat et augeatur, sane nuper dilecti nobis in Christo nobilis et generosus vir *Georgius* Comes de *Henneberg* consanguineus et vasallus noster nec non *Conradus* de *Kere* rector parochialis ecclesie in *Mellerstat* nostre herbipolensis Dyoces. coram nobis constituti nobis exponere curarunt, quod Comes decimam ville *Rapparthausen* infra limites parochie ejusdem ecclesie site, five jus decimandi atque percipiendi ipsam decimam ex fructibus dicte ville excrescentibus, in cujus possessione percipiendi pacifica ejus predecessores, a tanto tempore cujus contrarij memoria hominum non existat, fuerunt, prout ipse comes adhuc est et Conradus predicti. Ius patronatus et presentandi personam ydoneam in rectorem parochialis ecclesie opidi *Romhild* ejusdem dyocesis cum vacat, quod ad ejus predecessores rectores dicte ecclesie in *Mellerstat* de antiqua et approbata consuetudine hactenus pacifice observata pertinuit, prout ad ipsum *Conradum* rectorem adhuc pertinet, invicem permutare desiderent prout infra pro se et heredibus ac successoribus hujusmodi peticionem, permutacionem ac rathabitacionem plenius profiteantur. Nos itaque qui premissis solerti premeditacionem recensitis utrinque equanimiter congrue et utriusque preter condicionem in hac – – – meliorem fieri prospicimus, quodque prefatus comes, ut etiam accepimus, corde gerat et animo in dicto opido *Romhilt*, quod dicta permutacio fiat ad dei laudem et gloriam, unum collegium temporali dicioni ejusdem Comitis subditum est et ejus parrochiali ecclesia – – – quam eciam vetustate non mediocriter collapsam reparari fecit et construi si dicta permutacio fiat ad dei laudem et gloriam, unum collegium pro nonnullis canonicis et beneficiatis alijs pro horis canonicis diuturnis et nocturnis inibi de cetero decantan-

dis

dis de bonis a deo sibi collatis erigere et dotari atque ibidem suam et successorum suorum sepulturam eligere - - - - desiderijs assectat, hujusmodi supplicationibus inclinati, decimam sive jus decimandi et percipiendi in villa *Rappartshausen* Conrado rectori ejusdemque successoribus, nec non jus patronatus ecclesie parrochialis in *Romhilt* Comiti presato et ejus heredibus, qui successione seniores fuerint et *castrum Hartemberg* pro tempore obtinuerint, in excambium sive permutacionem titulo eis volentibus et petentibus autoritate nostra ordinaria in perpetuum concedimus, assignamus et appropriamus, juribus episcopalibus et archidyaconalibus in omnibus semper salvis. Nos igitur *Georius* Comes de *Henneberg* pro nobis et heredibus nostris, *Conradus* de *Kere* Canonicus ecclesie herbipolensis et rector ecclesie parrochialis in *Mellerstat* supra dicti recognoscimus publice per presentes, hujusmodi permutacionem ex libero et mero nostro processisse affectu, eamque perpetuo ratam et firmam tenere nec contra eam unquam velle venire per nos, heredes vel successores nostros seu alios quovis quesito colore, et hec sigillis nostris presentibus appensis una cum sigilli vicariatus appensione memorati domini gratiosi herbipolensis ut infra narratur, publice profitemur ac fide digna per presentes pollicemur. In quorum omnium et singulorum premissorum perpetuum atque firmum robur has literas desuper constructas mandamus nostri vicariatus appensione sigilli una cum sigillis dictorum *Georij* Comitis et *Conradi* de *Kere* rectoris communiri. Datum in Civitate nostra *herbipolensi*, die decima septima Mensis Februarij anno Domini Millesimo quadringentesimo quadragesimo septimo.

XV.

Umtauschvertrag zwischen Graf Georgen von Henneberg und dem Kloster Wechterswinkel, über ihre Antheile des Zehenden in der Flurmarkung der Stadt Römhild.

den 16ten Juny 1456.

Wir Jörg vann Gottes Gnadenn Grave und Herr zu Henneberg bekennen offenbahr mit diesem Brive für Uns vnd alle Unser Erbenn, Alß die Würdigen vnd Gristlichen Jungfraw vnd das Closter Westerswinckell den Zehenden in der Marck vnd Fluhr, zu der Stadt Römbilde gehörende, gehabt haben, darin Wir etlich ecker hatten, die dann auch ein theilenn dem Closter Zehendbar waren auch die Kirch zu Römbildt ecker hab die denn Edse daselbst zehenden und sunst andere Zcriß vnd mehr darin lagen, davon Wir besorgten so es aus Menschen Gedechtnus keme, sich möchten

möchten Nachricht erhoben, damit dem genanten Closter Irrthumb in seinen Zehenten, besitzen, und nicht so mißlich gefallen würden, als billig und des Closters unbehülfflich wäre. Dabey unser Heilige nie sein solle. Solch zu verhüten, und zu vermeiden, uns Unterricht geneigt sein zu helffen, Haben darumb mit guter Vorbetrachtung, wie der würdigen Herrn Ludwigen, von Meyers Techandt, des Thumbstiffts zu Würzburg, und Probst zu Westerstädel, Anem von Lichtenstein Ehrsam, Schulken von Mültz Priorin, und dem gantzen Convent des itzt gemanten Closters darzu geschickt, und sein tabey gewest, von Unser Grave Jorg wegen die vesten und erfamen unser lieb getrewen Ort von Mültz Unser Amptmann zu Hattenberg, Jorg Voit von Salzburg, Hanß Schwickerß, Unser Bürger zu Römhild, Herman Unser Reitckeller, und Kilian Unser Sterboten. So sein dargezugeschickt von der obgenanten Probst, Eptissin der Junckfrawen von des Closters wegen die Beiten und erfahrwen, Laurentz von Stein, Heintz vom Berge, Peter Säuberlich, Hoffmeister zu Hoffs Hochheim, und Clauß Schumann Bruder im Closter, und nach Besechung und Achtung mit Unser obgenannten beder theile wissen, und Willen geweiligt, daß Wir ein gantz Grund Wechselung mit einander gethan haben, und thun die von beden theilen, in crafft dis Briefes unwiderrufflich in mahßen hernach geschrieben stehet. Des ersten so soll Uns Grave Jorgen und Unsern Erben nun fürderter ewiglich zehenden und der Zehend Unser sein, was dem genanten Closter vorher gezehent hat innen der Marchlein die da gesetzt sein, und der erst Stein stet an unserem Äder, genant der Gelgrundt, da der zehendet zu Hain und stet an den zu Römhilder darnach ein Stein auff einander sagent bis uf den Steindet gesatzt ist zwischen dem Gräfschen Wege und dem Äcker, der etwan der Pfar gewest ist, und jeht dem Stifft zu Römhilder an Unserm Grabsche über, also daß zwischen demselben See, und dem itzgenannten Stein nichts ist denn Gemeinds. Und derselb Sehe zehet nit, und darnach zehenet der statt unter dem thaur an dem Wasser das geln Milts fleußt biß zu Milger Fluße nemlich der Wasserfluß innen der Creutzgarten gen unserm Schlos Hattenberg, was innen der Stein und Wasser und stot uf dem land gein alten Römbilt under Unserm Schlos Hattenberg leit, es hab gezehent oder nit, oder würd noch itzt gemacht, daß zehendbar sein solt, damit soll das Closter gantz nichts zuschaffen haben, denn alleine ausgenommen der klein Zehend vom Viehe und das Wiesengeldt, was des vor dem Closter gefalten ist, soll Ine aber folgen on Intrag Unser und Unser Erben an gevert. Dargegen und dawiderhaben Wir den obgenanten Probst, Eptissen, Convent und Closter eben unsern Zehend gantz in der hart und im herter Holtz, wie und was Uns vorhere daselbst gezehent hat, nichts ausgenommen, denn was uns vorhere

des Herzogl. Sächsl. gemeinschafftlichen Amtes Römhild.

mit gezehent hat, oder geweede. Wir geben ihm auch unser theil Zehends an dem Wein-garten, die da liegen an der Münnichleiten bey dem Wüttrich holtz der in Zehend zu Hern gehöret, doch ohnschädlich der Pfarr zu Hern, und dem Spital zu Alten-Romhildt an ihren theilen zehents an derselben leyte on geverde, also deß selb er Zehend in der Hart und im her der Hola was Uns gezehend hat mit Unser theil Zehend's an der genanten Münnich leyten, Fürder ewiglichen des egemonten Clofters sein und bleiben soll ohn hinderniß Unser und Unser Erben und männiglichs unwiederrufflich on geverde. Wiewohl solcher Zehende und theil an der Münnich leyten vast besser ist dann wir dem Closter für seinen Zehenden wie vorgeschrieben stet, haben geben, auch dem Closter zum Hoff zu Hocheim gelegener und nützer, den das Uns dafür gegeben worden ist, als vorgeschrieben stet, wollen Wir doch daß dehein Unser Erben oder Nachkömmling dasselb fürnehm und damit wiederuf, denn Wir es mit gutem Vor-rat dem Closter zu gut gethan haben, uf daß sie Got auch für Uns bitten, warn Wie dem Closter in Gut gantz geneigt seyn. Und Wir verzeihen Uns hierauff aller Nutz und Gerechtigkeit für Uns und alle Unser Erben, die bißher an dem genanten Zehend zur hart und im her der holtz und an der genannten Münnichleyten gehabt haben oder gehaben mögen, rüstern Uns auch der gantz in Krafft diß Brieffs, so das im rechten aller bast, Krafft und Macht gehaben mag unwiederrüfflich on geverde. Auch ist nemlich Beredt und soll auch fürter ewiglichen also bleiben was jenseit des Waßers von der statt gen Mitz fließend und der obgemelten statt und steinen uf dem land geln Unserm Schloß Sorrenberg und gein alten Romhilde innen der sein seit das uf derselben seiten und sunderlich in dem Graß Eshn vorgenant der aller nit Zehende das genant Closter fürder nicht mee mit Keinerley Zehenden zu schicken soll haben. Es zehend itzund oder würde hernach darinne gemacht daß zehende solt. So bekennen Wie obgenanten Ludewig Preelst, Anna Eptißin, Enbilt Priorin und der gantz Convent des vorgemanten Closters daß solcher Wechsel und wie ob geschrieben steht, also zu gangen, und Unser guter wille ist. Dancken dem genanten unserm Herrn solcher Beßerung und seins guten Willen, sein auch schuldig Gott darumb für Inn zu bitten, und verzeihen Uns hierauff für Uns und alle Unser Nachkommen und Closter aller Nutz und Gerechtigkeit, die Wir und das Closter an den obgenanten Zehenten was des Ihenseit der stat dem Waßer und stein vorgenant leit, den wir dem genanten Unserm Herrn und seinen Erben, geben haben. Wir dann der obgeschrieben genant und versielnt ist, gehabt haben, oder gehaben mögen, dann allein der Klein Zehend von Wiehe und das Wiesen gelt als vorgerürt ist. So sollen Wir Grave Jörg oder Unser Erben uf der andern seiten ihenseit des Waßers und der stein auch in

Z 3 der

Urkunden zur historisch-statistischen Beschreibung

der hart fürdermer mit Keinem Zehenden zu schicken haben, der in die stat aber in der hartt oder im herder holtz wie vorgeschrieben ist, seit, es zehendt itzund oder würde darin gemacht daß Zehenden zu schicken haben, darin die stat oder in der hart oder im herter holtz, wie vorgeschrieben ist, seit, es zehend itzund oder würde darin gemacht, das zehent solt ungeworde. Eissern Uns des gantzen in Krafft diß Briss für Uns und alle Unsere Erben so des im rechten aller bast Krafft und Macht gehaben mag unwiederrufflich und on gewerde. Und aller obgeschrieben Wechselung verwilligung und verziannus und was in diesem Brief geschrieben stet zu Bekentnus wärer Urkund und vester Sicherheit haben Wir Grave Jorg unser Jnsigel vor Uns und alle Unser Erben, und Wir Ludwig vom Weyers Probst Unser Prebsten, Anna von Lichtenstein Eptissin Unser Aptey, Enhilt von Mylez Priorin und der gantze Convent gemeinlich unsers Convents Jnsigel mit guter Wißen an diesem Brief thun hencken. Der geben ist am Mitwochen nach Sant Voits tag nach Christi Unsers lieben herren gepurt vierzehen hundert und darnach im sechs und fünfftzigsten Jahre.

XVI.
Pabst Paul bestätiget die Rechte und Freiheiten des Stifts zu Römhild.
den 3ten Juny 1465.

Paulus episcopus servus servorum dei. Dilectis filijs decano et capitulo ecclesie in Romhilt herbipolensis Dyocesis salutem et apostolicam benedictionem. Cum a nobis petitur quod justum et honestum tam vigor equitatis quam ordo exigit rationis, ut id per solicitudinem officij nostri ad debitum perducatur effectum, ea propter dilecti in domino filij vestris justis postulationibus grato concurrentes assensu omnes libertates et immunitates a predecessoribus nostris Romanorum pontificibus sive per privilegia vel alia indulta vobis et ecclesie vestre concessas nec non libertates et exemptiones secularium exactionum a Regibus et principibus ac alijs Cristi fidelibus vobis et eidem ecclesie rationabiliter indultas, specialiter autem decimas primitias, fructus, redditus, proventus, censualia, domos, terras, possessiones, jura, jurisdictiones aliaque mobilia et immobilia bona ad ecclesiam predictam spectantia sicuti omnia juste et pacifice possidetis - - - et per nos eidem ecclesie auctoritate apostolica confirmamus et presentis scripti patrocinio communimus, salva in predictis decimis moderacione concilij generalis. Nulli ergo omnino hominum liceat hanc paginam nostre confirmationis et communitionis infringere vel ausu temerario contraire, Si quis autem hoc attemptare presumpserit indignationem omnipotentis

des Herzogl. Sächsl. gemeinschaftlichen Amtes Römhild. 741

potentis dei et beatorum Petri et Pauli apostolorum ejus se noverit incursurum. Datum *Romae* apud sanctum Petrum Anno incarnationis dominice Millesimo quadringentesimo sexagesimo primo. Octavo die Iunij pontificatus nostri anno tertio.

XVII.

Bischoff Rudolph zu Würzburg trennet die Filial-Kirche zu Irmelshausen von der Parochie zu Menthausen.

den 21sten August 1466.

Rudolphus Dei gratia electus et confirmatus herbipolensis ad perpetuam rei memoriam etsi ex debito officii iniuncti ad nos pertineat quaeuis pia opera promouere, vt Christi fidelium subditorum nostrorum salubria vota optatum ad effectum perducantur, ad ea tamen praecipue adstringimur, quae animarum salutem concernunt vtque illa favoribus prosequamur oportunis, exhibita siquidem nobis nuper pro parte dilectorum nobis in Christo vtriusque sexus hominum in villis *Menthausen* et *Irmeltshausen* nostrae dioecesis commorantium ac etiam pro parte rectorum parochialium ecclesiarum villarum praedictarum petitio continebat, Quod in villa praedicta *Irmeltshausen* sitae sunt nonnullae domus, quae vna cum suis inhabitatoribus ab antiquo subiectae erant et hodie sunt iure parochiali rectori parochialis ecclesie villae *Menthausen* supradictae ac ad dictam parochialem ecclesiam *Menthausen* pro divinis audiendis accedere, a rectore eiusdem ecclesiae *Menthausen* sacra ecclesiastica et alia iura parochialia recipere consueverunt, subiungentes quod dicti habitatores villae *Irmeltshausen*, qui rectori dictae parochialis ecclesiae *Menthausen* iure parochiali subiecti sunt, eandem ecclesiam parochialem *Menthausen* tum propter distantiam dictarum villarum ab invicem tum etiam propter pluviam tempore pluviali, aquarum inundationem, tempore hyemali nimborum multitudinem aliarumque tempestatum ac etiam nonnunquam tempore guerrarum pro interessendis ibidem diuinorum officiis adire et inde sibi vivis et decedentibus necessaria et salutaria sacra ecclesiastica tam pro infantibus quam etiam adultis afferri nequeant comodose vnde quoque viarum dispendia nec non corporum et rerum pericula possent verisimiliter evenire, Quare pro parte omnium supradictorum nobis fuit humiliter supplicatum, quod nos dictos habitatores villae in *Irmeltshausen*, qui vt praefertur rectori dictae parochialis ecclesiae villae *Menthausen* iure parochiali subsunt, omnesque et singulos in domibus eorum successores a cura rectoris dictae parochialis

rochialis ecclesiae Menthausen absoluere ipsosque a cura supradicta separare ac eodem curae rectoris parochiae in Irmeltshausen subiicere eosque parochianos dictae parochialis ecclesiae Irmeltshausen de nouo facere et creare dignaremur, ac aliis sibi super praemissis opportuno de remedio providere. Nos igitur Rudolphus electus et confirmatus praefatus, cupientes animarum saluti quantum cum deo possumus salubrius providere, hujusmodi supplicationibus inclinati, de consensu ac voluntate venerabilium dominorum Abbatis Monasterii Bildehausen Cisterciensis ordinis nostrae dioecesis dictae parochialis ecclesiae in Irmeltshausen ac Conradi de Kere Canonici ecclesiae nostrae rectorisque parochialis ecclesiae in Melrichstadt et parochialis in Menthausen supradictarum collatorum nec non rectorum earundem ecclesiarum parochialium Menthausen et Irmeltshausen communitatumque vtriusque villarum praedictarum, dictos habitatores villae Irmeltshausen, qui rectori parochialis ecclesiae villae Menthausen ab antiquo iure parochiali suberant et subsunt, omnesque et singulos in domibus eorum sitis in villa praedicta Irmeltshausen, quae dictae parochiali ecclesiae in Menthausen vt praemittitur suberant et subsunt, successores a cura rectoris dictae ecclesiae in Menthausen absoluimus ipsosque a cura supradicta separamus eosdemque curae rectoris parochialis ecclesiae Irmeltshausen subiicimus auctoritate nostra ordinaria praesentibus perpetuis futuris temporibus duraturis statuentes, quod in antea dicti parochiani commorantes in villa Irmeltshausen, qui iure parochiali ad praefatam ecclesiam parochialem in Menthausen spectabant, perpetuis futuris temporibus rectori dictae parochialis ecclesiae Irmeltshausen et eorum vero rectori subsint, ac ad eandem pro diuinis audiendis et sacramentis percipiendis accedant sicut alii parochiani parochiae praedictae Irmeltshausen, Ne tamen parochialis ecclesia Menthausen ac eiusdem rector ac eidem pro tempore seruientes propter separationem hujusmodi parochianorum aliquod dispendium patiatur, Volumus, statuimus et ordinamus, quod incolae villae praedictae Irmeltshausen nunc separati et eorum in domibus suis vt praemittitur successores dent, tradant et assignent pro dimembracione et separatione parochianorum praedictorum a dicta parochia Menthausen rectori eiusdem ecclesiae parochialis Menthausen tria iugera pratorum appellata communiter vnder den steden sita apud prata spectantia prius ad parochialem Menthausen atque danda et assignanda communitas villae praedictae Irmeltshausen voluntarie se obtulit eidem rectori in Menthausen et suis in eadem ecclesia successoribus perpetuo profuturis, dictaque pratorum tria iugera eximimus et exempta esse volumus et decernimus ab omnibus iugo, onere, st uris et exactionibus cuiuslibet laicae potestatis, volumus etiam quod dicti parochiani vt praemittitur

des Herzogl. Sächsl. gemeinschaftlichen Amtes Römhild. 743

ten separati a cura parochiae praedictae *Meulhusen* et eorum successores in perpetuum, relinquo, sive campanario eiusdem parochialis ecclesiae *Meuhausensdent*, tradant et assignent realiter et cum effectu panes ad festum nativitatis Christi soluti solidos perpetuis futuris temporibus, qui panes vulgariter appellantur die **Weynachtesleybe**, ad quos etiam solvendos dicti exempti sive separati pro se et suis successoribus sponte obligantur. In quorum omnium et singulorum praemissorum firmum evidens et perpetuum robur has nostras literas Sigilli officialatus curiae nostrae Herbipolensis iussimus et fecimus appensione communiri. Datum in civitate nostra *Herbipoli* die vicesima prima mensis Augusti, Anno, a nativitate domini Millesimo quadringentesimo sexagesimo sexto.

XVIII.

Das Kloster Bildhausen reversiret sich gegen das Stift Würzburg, seine Dörfer und Güter nicht weiter dem Verspruch oder Schutz eines fremden Herrn zu übergeben.

den 18ten Dec. 1478.

Wir Johannes Abbte, Johannes Prior, Bartholmes Bursner, Ciriacus Dienet, Georgius custos und der Convent gemeinlich, des Clossters Bildhausen Ordens von Cital, Würzburger Bisthums, nachdem hiervor und zu vergangenen Zeiten bis uf unser Regierung, etliche von Grafen und dem gemeinen Adel der Ritterschaft zu gezeiten mit Willen und Wissen, unser Vorfahren, etliche unser und unsers Closters leuthe, Habe und Gute, in Verspruch eingezogen, eingeflochten und angenommen, deßgleichen sich auch ie zu zeiten mag begeben han, daß sich etliche die unsern für sich selbsten, ohn Willen und Wissen unserer Vorfahren, und unser durch Verspruch also verherret, die sie dann auch deshalben mit mancherley Gerechtigkeit eingebrochen, unterstanden handt, zu unserm Closter und den unsern nicht zu geringen Schaden, und wann oder der Hochwürdige Fürst und Herr Rudolph, Bischoffe zu Würzburg und Herzoge zu Francken, unser gnädiger Herre als unsers und unsers Closters Bischoffe und landesfürst, nachdem auch solches unser Closter zu S. gnoten Bistumme, Fürstenthum, land und Gebiethe gelegen ist, in solchen Handel und Uebungen obgemeldts Verspruchs ein getreues einsehen gehabt, zuvörderst auch unser, unsers Closters und der unsern Schaden, und dann auch, wo solches also bestehen und ferner gäbt werden solt, was Unraths und Wiedermärtig-

keit

teil seinen Gnaden und Stift daraus erwachsen mögt, angesehen und betracht, und deshalben, uf das solches alles abgeschnitten und nie weitleuftiger wurde, an uns begehrt hat, seinen Gnaden des für sich, seinen Nachkommen und Stift Versicherung thun, und so Wir ihm auch uns selbst unserm Closter und den unsern Schaden zu erkennen, wohl schuldig und seine des gemelten unsers gnädigen Herrn Begehre mit aller Willigkeit Folge zuthun, bekennen Wir und thun kundt offentlich mit diesem Briefe gein allermänniglich, daß wir uns gegen dem mehrgedachten unserm gnädigen Herrn von Würzburg für sich seine Nachkommen und Stift verschrieben und verpflicht hand, verschreiben und verpflichten uns auch für uns und alle unsere Nachkommen in Kraft dieses Briefs, daß wir fürder mehre zu ewigen Tage unser Closter, auch kein unser und unsers Closters Dörfer, Leute, Habe und Gute, die wir jezt haben und hernach gewinnen werden, die in des mehrgemeltem unsers gnädigen Herrn von Würzburg Stift gelegen seyn, ohn Willen und Wißen S. Gnaden oder seiner gnaden Nachkommen niemands in Verspruch geben, und daß Wir auch solches keinen den unsern, der es für sich selbst thun wolt, zu thun gestatten noch verhängen sollen noch wollen, etc. und daß Wir dieselben Versprüche alle und iegliche in einem halben Jahr demnechsten einen ieglichen aufschreiben und auch mit Hilf unsers gnädigen Herrn Fleiß anzukehren, dieselben aus Ihren Handen zu brengen, und es fürter mit derselben Dörfern, Leuthe und Guten wollen halten, inmasen und wie dann obgedacht stehet, desgleichen auch alle und iegliche die unsern, die sich als für sich selbst in Verspruch hetten geben, dieselben vermögen und darzu halten, daß sie dann auch in obgemelter Zeit abstelten, und des durch Fleiß mit Hilf unsers gnädigen Herrn anzukehren, dieselben aus ihren Handen zubringen, ohngesehrte, Des zu Urkundt haben Wir Bruder Johanns Abbte zu Bildhausen obgemeldt unser Eptei groß Insiegel an diesen Brief thun henken, und Wir Bruder Johanns prior und das ganze Convent daselbst gemeiniglichen bekennen, daß solche Verschreibung mit unserm Willen, Wißen Rath und zum allerbesten geschehen ist, wollen auch dieselbe Verschreibung nach aller Vermüglichkeit und Beistandt unsers gnädigen Herrn von Würzburg und seiner Gnaden Erbar Capitel Folge thun, und zu mehrer Sicherheit haben Wir unsers Convent gemein Insigel zu des obgenanten unsers Herrn von Bildhausen Insigel, auch an diesen Brief gehangen, geschehen nach Christi unsers lieben Herrn Geburth, vierzehenhundert, darnach in dem acht und siebenzigsten Jahre, uf Freytag nach Lucie der heiligen Jungfrauen.

XIX.

XIX.

Churfürst Ernst und Herzog Albrecht zu Sachsen belehnen Valentin von Bibra mit 19 Männer sammt ihren Huben und Gütern zu Gleichen an der Wiesen.

den 6ten April 1484.

Von Gottes Gnaden Wir Ernst des heiligen Römischen Reichs Erzmarschall und Churfürst und Albrecht Gebrüder Herzogen zu Sachsen, Landgrafen in Thüringen und Marggrafen zu Meißen. Nachdem unser lieber Getreuer Valtin von Bibra von sonderlicher gutwilliger Zuneigung, die er zu Uns trägt, Neunzehen Männer mit ihren Huben, Güthern und Zugehörungen zu Gleichen an der Wiesen, die dann seine Eltern seligen vor Zeiten von den Clöstern Beßer und Troystadt für frey eigen gekauft und auf ihn herbracht gehabt, Uns aufgegeben, zu Mannlehen gemacht und also wieder von Uns empfangen hat; Bekennen Wir essentlich an diesen Brief, für Uns und Unser Erben und thun kund allermänniglich, daß Wir von dem genannten Valtin von Bibra selbig Neunzehen Männer mit ihren Huben, Gütern und Zugehörungen ufgelassen genommen, und die ihm und seinen Mennlichen Erben in die vierden Sypen und als für und für zu rechten Mannlehen gereicht und geliehen haben, reichen und verleihen gegenwertiglich in Kraft dieses Briefs also, daß er und seine Mennliche Erben, wie vorgerürt, solche obgemelte Neunzehen Männer mit ihren Huben, Gütern und Zubehörungen zu Gleichen an der Wiesen fürt mehr von Uns und Unserm Erben zu Mannleben inne haben, besiyen, geniesen, gebrauchen, als sich das gebürt verdienen, und den lehen, wie offt die Zufälle kommen, rechte Folge thun sollen, als solcher Mannlehn Recht und Gewohnheit ist, darzu er Uns gewöhnliche lehen Pflicht gethan hat, ohn alle Gefehrde. Mit Urkunde dieses Briefes daran Wir Herzog Ernst Unser Insiegel, das Wir Herzog Albrecht mit seiner Liebe hierzu gebrauchen, wissentlich haben thun hencken. Hierbey sind gewest und gezeugen unser heimlichen Rete und lieben getreuen Sigott von Clemitz Ober Marschall, Ductor Johann Bremser Hauptmann zu Lipzk und ander der Unsern genung glaubwürdiger. Geben zu Lipzk uf Dinstag nach Iudica Anno Domini Millesimo quadringentesimo octuagesimo quarto.

XX.

Kilian von Bibra, Dompropst zu Wirzburg entscheidet die, zwischen der Pfarrei

Pfarrei Hendingen und der Gemeinde Rappertshaußen, wegen des Meßhaltens, obwaltende Streitigkeiten.

den 25ten October 1538.

Wir Kilian von Bibra in geistlichen Rechten Doctor, Thumprobst des Thumstists zu Wirtzpurg und pfarrer zu Mellerichstadt des hochwirdigen fürsten und Herrn Herrn Rudolffen Bischouen zu Wirtzpurg und Hertzogen zu Francken unsers gnedigen Herrn in der geistlicheit gemeiner vicarius,

Als sich bißhere Spenn und Jrrung gehalten haben zwischen unns unnsern lieben besundern Herrn Johann Walther pfarrer zu Henntingen eins, und der gantzen gemeynde zu Rappertshawsen seinen pfarrkindern andersteils, meßhaltens und ander gotsdinste halben, die die von Rappertshawsen vermeynen, der obgenant und ein jeder pfarrer zu Henntingen schuldig und pflichtig, als es auch von alter Herkommen sey, in irer kirchen zu Rappertshawsen zu vollbringen, Bekennen wir und thun kunth allermeniglich, das wir die obgenannten partheyen in irem klag Antwort rede widerrede und allem fürpringen notdürftiglich verhört, und haben darumb im allerbesten, Nachdem die pfar Henntingen von uns als pfarrer zu Mellrichstat zu lehen rüret, deßhalb uns bede partheyen ettichermasien, sie auch einander als pfarrer und pfarrkind gewandt sind, beyde partheyen mit ir aller guten willen und wissen vertragen und vereinygt, wie hernach volgt, und also, das der obgenant und ein jeder pfarrer zu Henntingen soll schuldig und pflichtig sein, in jeder wochen ein messe zu halten, und dann uff den dritten Sontag auch ein messe zu halten, in der Kirchen zu Rappertshaußen, und so der obgenant, oder sein nachkomen pfarrer zu Henntingen uff den dritten Sontag haben messe gehalten zu Rappertshawsen, so sollen der pfarrer und sein nachkommen nit schuldig sein, dieselben nachuolgende Wochen einiche messe zu halten. Item uff den obgemelten dritten Sontag sol der pfarrer zu Henntingen, auch das weyhewasser und saltz zu Rappertshawsen segnen, auch die heyligen tag alßdann verkündigen, so er sunst in der wochen messe helet zu Rappertshausen wie obstet, und so er uff den Sontag darnach nit messe heibt zu Rappertshausen, so soll er die heyligen tag uff den vordern Sontag verkündigen, die in der zeit kommen werden, biß solang er ungeverlich wider messe zu Rappertshausen würd lesen. Item Nachdem die von Rappertshawsen alle Jare fünff opfer schuldig sind, sol der obgenannt und ein jeder pfarrer auch messe zu Rappertshausen halten uff denselben opffertag, Item uff einen jeden palmtag sol der obgenant und ein jeder pfarrer zu Henntingen schuldig sein ein messe bey ine zu halten und die palmen

des Herzogl. Sächßl. gemeinschaftlichen Amtes Römhild.

zu wenßen, vnd sunst sol es bey ir beder obgemelter parthey altem Herkommen vnd gerechtigkeit pleyben, vnd sollen darauf die sachen gründtlich gericht vnd geschlicht seyn vnd pleyben, zu vrkund heben wir vnser innsigel an disen brief thun henken, der geben ist Nach Cristi vnnsers liben Herrn gepurt vierzehnhundert vnd im acht vnd achtzigsten Jaren vff Sambstag nach der eylfftausend meyde tag.

XX.

Abt Johann zu Bildhaußen entscheidet einige, zwischen den Capellan zu Rodhaußen und der Gemeinde daselbst entstandene, Irrungen.

den 30ten Merz 1496.

Wir Johannes Abbt zu Bildhausen Ordens Citel Würzburger Bißthums bekennen vnd thun kund offentlich mit disen Brieff, nachdem sich Spaldung vnd irrung halten zwischen dem andechtigen vnd geistlichen Bruder Johann Fuchß vnsern gehorsamen der Zeit Caplan vnd Verweser vnser Caplaney zu Rodhausen vff ein Schultheiß vnd Inwoner daselbst iren gesind andern theils, ettliche Anforderung als Vigiln, Gelt Meßpfennig vnd Vierdung Wachs, so man einer Frawen nach der geburt eines Kindes einselt, auch andere pfarrliche Recht betreffend. Wan aber der genant vnser gehorsamer als der von Rodthaufien dieser Zeit Seelsorger vermeint, gedachte Stuk somt anderm pfarrlichen Rechten imasen zu Rodthausien in der Kirche Gewonheit ist, ime folgen sollen, dagegen Schultheiß vnd Inwohner zu Rodthausien zu thun widersetzen, fondern vermeynten vnsern gehorsamen vnd ein iglichen Caplan, der zu Zeiten von Bilthausen dahin gesetzt vnd geordnet wird, was ir Eltern uf sie bracht hetten zu gebuerlichen Zeiten reichen und geben wolten, welcher Gebrechen beede teil nach Verhörung zu gutlicher Richtung vff vns komen vnd bey den Pflichten vns, als iren natürlichen Erbherrn, getan zugesaget, wie wir sie entschejden sejen vnd sprechen one alle Weigerung bleiben zue lassen, vff solches haben wir beeder teil fürbringen gnitzlich abgewogen, scheiden vnd sprechen hierauf in vnd mit crafft diß Briss, daß es hinfüro in nachfolgenden maß sell gehalten werden. Nemblich diejenigen sie seyen jung oder alt, so die heilige Sacramente auß Notturst empfangen, sollen, wofern sie Gott der Herr von disen Elend todes halben fordert, zween vnd funffzin Pfennig geben zu Seelgerede, Item von einer gesungenen Vigill, die gesungen wirdet in den ersten, sibenden vnd dreißigsten, drei behmisch, daß ist ein vnd zwantzig Pfennig, vnd so man teglich mit dem placebo vber das grab geht

im

im dreißigsten ein Pfund geltes, auch so man einer Person verteilt das Sacrament der heiligen Ordnung ein Schillinger, Item von einer Sechs Wöchnerin, ein tauff-Hun und drei pfennig taufgeld, es were dan das aus Vergünstigung eines Caplans solches nachgelassen wird. Item eine Sed swöchnerin einzulelten, ein Schillinger, Item ein bar Volcks, so sie wollen zu dem Sacrament der heiligen Ehe greiffen, auszuruffen, drei Schillinge geben. Auch, scheiden und sprechen wir uns, daß ein Caplan zur Rodthausen hinfüro die gemeine Wochen zue halten unverbunden sein solle, wo aber jemand der sein Eltern oder Befrundt wolle begehen lassen, soll den Vigill drei Behemisch, imaßen wie obstet, geben. Item ein Jahr lang eins Menschen mit Tode abegangen uffa Sontag uber die Cantzel Gedechtnuß zu halten, solle man ein Pfunt geben, auch off die vier Goltiasten alle glaubigen Seel sampt denjenigen die im Büchlein der Bruderschaft zu Rodthausen eingeschriben sein, mit Vigil und Meß zu begehen, soll man dem Caplon drey Schilling geben, dagegen ein iglicher Caplan daselbst, so offt das Not geschicht, soll dieselben Wehlteter einschreiben, und uber die Cantzel von einem Alter in dem Ampt der heiligen Mieß verkündigen, das Volk barzue vermanen Inen und allen glaubigen Seelen mit einem Gebett gegen Gott zu hilff khomen. Item von einem Jartag zue halten soll man einen Caplan ein Pfunt Geldes geben. und sollen hirauff der Ding halben gericht, versünt und vereint seyn und bleiben und kein theil dem andern gedachter Gebrechen halber anziehen noch fürwenden in khein Weiß, Gefehrde und Argelist hierinn ganz außgeschlossen. Und deß zu Urkund haben Wir Johannes Abbt zu Bil.thaußen diesen unsern Schid und Außspruch mit unserer Abbtei anhangenden Insigell bekrefftigt. Geschehen uff Montag Trinitatis nach Christi unsers lieben Herren Geburth tausent vierhundert und darnach in Sechs und newntzigsten Jare.

XXI.

Entschled einiger, zwischen Graff Hermann zu Henneberg und dem Abte zu Bildhaußen, wegen Erhebung der Steuer zu Uttenhaußen, entstandenen Irrungen.

den 3ten May 1498.

Wir Ott von Gottes Gnaden Graue und Herre zu Henneberg, nachdem sich etliche Jerthum und Gebrechen erhalten haben zwischen unsern Vettern Grauen Hermann von Senneberg, eins und unserm lieben andechtigen dem Abt zu Bildhaußen

haußen andern teils, der Stewer halben, so der genannt vnser Vetter Graf Hermann auf die von Awtenhaußen zusetzen fürgenomen hatte, Wie wir dann von beiden Teilen bericht vnd vnter andern vermerkt vnd verstanden, das durch vnsern Vettern Grauen Hermann zu diesem male auf die von Awtenhaußen nicht ein ganze Steuer gesazt worden, haben sie solche ire Gebrechen, nach genuglicher Verhöre zu beider Seithe, in der Güte auf vnd an vnns gestalt wie wir sie derhalben entscheiden, demselben on Wegerung nachzukomen vnd volge zutun, Also scheiden vnd sprechen wir in der Gute hiemit in craft diß Briefs, das die von Awtenhaußen dem genanten vnsern Vettern Grauen Hermann zu diesemnal für die ausgesazten Stewer funfzehen Gülden Reinisch inn Geld geben vnd bezalen sollen. Doch sol dieser vnser Spruch Jne hiehernach, so wilder Stewer ausgesazt würden, vnschedlich sein on alles Geuerde. Des zu Bekenntnis haben wir diesen vnsern gütlichen entscheid gleichs lauts gezwiegacht iglicher Partheie der einen behendigen laßen, besiegelt mit vnsern zurückaufgedruckten Secret. geschehen vnd geben auf Donnerstag nach misericordias Dni. nach Christi vnsers lieben Hl. Geburt vierzehenhundert vnd darnach im acht vnd newnzigsten Jarn.

XXII.

Kaiser Maximilian erneuert und bestätiget der Stadt Römhild die Marktgerechtigkeit.

den 27ten May 1498.

Wir Maximilian von Gottes Gnaden romischer König zuallen Zeiten merer des Reichs zu Hungern Dalmatien ec. König, Erzherzog zu Oesterreich Herzog zu Burgundi zu Braband zu Gelderin ec. Graue zu Flandern zu Tyroll ec. Bekennen offennlich mit diesem Brief vnd thun kunth allermenniglich das vnns der Hochgebern vnser vnd des Reichs Fürst vnd lieber Oettrewer Hermann Graf vnd Herr zu Henneberg hat fürbracht, wie sein Vorforderen vnd er, biß here in seiner Statt zu Römhild eins jden Jars drey Jarmerckt nemlich einen uf sanct Walpurgen Tagt, einen auf den andern Pfingstag vnd einen auf sanct Burckhardstag, auch einen Wochenmarckt je auf Montag in einer jeden Wochen, gehalten herbracht vnd gebraucht, die er auch noch also geruilich hette vnd vbte, vnd vnns darauf demütiglich angerufen vnd gebeten, das wir jme solche Jarmerckt vnnd Wochenmerckt, zu ernewen confirmieren vnd bestetten, vnd den obbeturten Jarmarckt so vormals auf den andern Pfingstag gehalten nu hinfür eines jeden Jars

Jars auf dem Montag nach dem Sontag letare zu Halbuasten, zuuerrucken vnd zu halten, zugeben, gnediglich geruchten, Des haben wir angesehen solch sein demütig zimlich Bete, vnd die getrewen annemen willigen vnd nützlichen Dinst, die sein vordern vnd er vnsern Vorfarn am Reich vnnd vns oft williglichen gethan haben vnnd er hinfüro wol thun mag vnd sol, vnd darum mit wolbedachtem mute gutem rathe vnd rechter Wißen, dem genanten Hermann Graue vnd Herrn zu Hennenberg die vorgemelten Jahrmerckt vnd Wochenmerckt ernewt confirmirt vnd b. stettet, vnnd den obgenanten Jarmarckt auf den andern Pfingstag je auf Montag nach dem Sontag letare zu Halbuasten zu halten, angezeigterweiß verrückt vnd verendert, ernewen confirmiren vnd besteten verrücken verendern Jme solchs also, von romischer Königlicher macht, Volkomenheit wißentlich in craft diß Briefs, vnd meinen setzen vnd wollen, das er sein Erben vnd nachkommen nu hinfür die gemelten drey Jarmerckt vnd Wochenmerckt, obberürtermaßen daselbst zu Rombilr haben halten oben vnd gebrauchen auch sie vnd alle die, so solch Jarmerkt vnd Wochenmerckt, mit jren Kaufmanschaften, waar, Hab vnnd Gut oder in ander gebürlich Weiß besuchen, Darzu vnnd davon ziehen alle vnd igliche Gnad, Freyheit recht, Fride, Geleit, Schuf Schirm vnd Gewonheit haben gebrauchen vnd genießen sollen vnd mügen, die ander Jarmerckt vnd Wochenmerckt im heiligen Reich haben gebrauchen vnd geniesen von recht oder Gewonheit, von allermenniglich vnuerhindert, doch andern Stetten vnd Merckten an iren Jarmerckten vnnd Wochenmerckten, so in zweien meil Wegs vnd dieselben Stat Rombilt gelegen sein, vnd sunst meniglich an seinen rechten vnuerantsentlich vnd vnschedlich, vnd gebieten darauf allen vnd iglichen Churfürsten, Fürsten, Geistlichen vnd Weltlichen Prelaten, Grauen, Freyen, Herrn, Rittern, Knechten, Hauptleuten, Schultheißen, Bürgermeistern, Richtern, Reihen, Bürgern vnd Gemeinden vnd sunst allen andern vnsern vnd des Reichs Vnterthanen vnnd Getrewen in was Wirden Standes oder Wesens die sein, ernstlich vnnd vestiglich mit diesem Brief vnd wollen, das sie denn obgenanten Hermann Grauen vnd Herrn zu Hennenberg, an den obberürten Jarmerckten vnd Wochenmerckten vnnd dieser vnser Königlichen ernewung, confirmation, Beßtettung, Verrückung vnd verendrung nit seren noch hindern, sonder sie der also geruelich gebrauchen, halten, oben vnd genzlich dabel bleiben laßen, vnd darwider nit thun noch jemand andern zuthun gestatten, ja dheinerley Weiß als lieb einem iglichen sey vnser vnd des Reichs swere Vngnad, vnd verbießung einer pene nemlich funfzig marck lötigs Golds zuuermeiden, die er jeder so oft er streuenlich hierwider thete vnns halb in vnser vnd des Camner vnnd den andern halben teil dem vorgenanten Hermann Grauen vnd Herrn zu Hennenberg seinen Er-

ben

ten vnd nachkommen vnablößlich zubezalen verfallen sein soll. Mit Urkunth diß Briefs besiegelt mit vnsern Königlichen anhangenden Insiegel, Geben zu Freyburg in Brayßgaw am Siben vnd zwentzigsten Tag des Monats may nach Christi Geburt vierzehenhundert vnnd im acht vnd neunzigsten vnsers Reichs des römischen im drei-zehenden vnd des Hungerischen im neunten Jaren.

XXIII.

Einweyhungs- und Ablaß Bulle wegen einiger Altäre in der Kirchen zu Heyn.

den 13ten Aug. 1498.

Notum sit universis Criſticolis quod reverendus in Criſto pater et Dominus Dominus *Georius* dei et apoſtolice ſedis gracia Episcopus nicopolitanensis reverendique in Criſto principis et dni Domini *Laurencii* eadem gracia Episcopi herbipolenſis, Francieque orientalis ducis in pontificialibus Vicarius generalis, anno dni milleſimo quadringenteſimo nonageſimo octavo feria ſecunda ante aſſumpcionis virginis glorioſe, Altare ſummum cum ſuo choro parochialis eccleſie in *heyn*, in honore ſancti Iohannis baptiſte, ſacte crucis, omnium ſanctorum et ſancte Katharine virginis et martiris Altare vero in ſacriſtia in honore ſancte *Margarethe*, ſancte *barbare* et ſancte *Anne* matris virginis *Marie*, Deinde feria tertia in vigilia aſſumpcionis ejusdem virginis glorioſe, Idem reverendus Pater Altare medium hujus ecclesie in honore omnium apoſtolorum ſancti *Laurencii* martiris, ſancti Georii, ſancti *Wolffgangii*, *dorothee* virginis et martiris Altare ad dextras in honore ſancti *Georii*, decem millium martyrum, *Euſtachii* martyris, ſanctorum Petri et Pauli apoſtolorum, Kyliani et ſociorum ejus ſebaſtiani martyris et ſancte Vrſule cum ſodalibus ſuis. Altare vero à ſiniſtris in honore glorioſiſſime dei genetricis virginis Marie, ſancte Anne matris ejus Anthonij, Kathaiine, Vrbani, Nicolai, Valentini et Viti Epiſcoporum martyrum et virginum etc. conſecravit ac dedicavit. Omnibus igitur Criſti fidelibus, qui die dedicacionis templi aut diebus patonorum praememoratorum cauſa devocionis cum orationibus in domino devotes confluxerint aut manus adjutrices porrexerint, tociens quociens id fecerint, de omnipotentis dei miſericordia beatorumque Petri et Pauli apoſtolorum auctoritate confiſus octuaginta dies criminalium, unum annum venalium peccatorum cum una Karena miſericorditer in domino relaxavit.

XXIV.

XXIV.

Graf Hermann zu Henneberg verleihet dem Chorherrn Johann Walten zu Römhild die Baadstube daselbst sammt den darzu gehörigen Hünerberg.

den 13ten Nov. 1499.

Wir Hermann von Gottes Gnaden Graue vnd Herre zu Henneberg bekennen mit diesem offen Brief vnd thun kunt allermeniglich, das wir dem Ersamen vnsern lieben getreuen Herrn Johann Walther Chorherrn ꝛc. zu rechten Zinslehen verliehen haben vnnser Badstuben zu Rombilt mit sambt dem Hunerberg vnter vnserm Schloß Hartenberg gelegen also weit der versteint ist, also das der genannt Johann Walther solch Badstuben mit jrer obgerürten Zugehörung jnnhaben nuzen niessen die auch in Gebreüch Arbeit onnd Gesynnd jnn redlichen Wesen, damit der lewdt Recht vnnd ordennlich gewartet werd, halten, vnns vnnd vnsern erben Jerlich zu Rechten Zins dauon geben sol, vier Reynisch Gülden halp auf Walpurgis vnd halp auf michaelis, ein Semelleip zu Weihenachten, ein lampsbauch zu Ostern vnnd ein Vaßnacht Hun, vnnd solch obgerürten vier Gülden sollen vnns von dem genannten Johannsen Walther jerlich geantwortet werden alldieweil wir vnnser Gemahlin oder vnser erben zu Römbilt mit Haws nit wesentlichen sizen vnd in der obgemelten Stuben nit pflegen zu Baden. Were es aber das wir oder vnnser erben mit vnser Gemahlin vnnsern Hof zu Römbilt halten vnnd in der Badstuben personlich baden oder vnser Hofgesind baden laßen wolten, das zu vnsern Willen stehen soll, Aledann solten wir vnnser erben vnnd Gemahell vmbsunst baden oder vnser Hofgesind oder vierzehen Tag einmel so man sunst Badt, on sonn baden laßen, Vnnd der obgenant Johann Walther soll uns alsdann drey Gülden sambt dem Semelleyb, lambsbauch vnd Vaßnacht Hun uf die obgenannten Zill geben. vnnd wir verleihen auch dem obgemannten Johann Walther die obgerürten Badstuben in Craft die Briues mit aller Freiheit vnd Gewonheit als die von Alterhere komen ist, doch mit Vorbehaltnus vnnser vnnd vnnser erben Lehenschaft, Hanndlon, Recht vnd Gerechtikeit, die wir in alle Weg daran haben ongeuert. Des zu Urkund haben wir vnser Jnsigel an diesen Brief thun hencken, der geben ist auf Mitwochen sannt Mertins Tag Nach Christi vnsers lieben Herrn Geburt Tausent vierhundert vnd im neun vnd neunzigisten Jare.

XXV.

XXV.

Graf Hermann zu Henneberg verleihet einigen Inwohnern zu Eicha das Eisenbergwerk daselbst gegen Abgabe des Zehenden.

den 28ten Febr. 1500.

Wir Hermann von Gottes Gnaden Graue vnd Herre zu Henneberg bekennen mit diesem offenbrief vnnd thun kunt allermeniglich das wir vnsern lieben getrewen Hannßen Schützen, Steffann Walefachs vnd Michel Juncken zur eych, jrn erben vnd mitgewercken, die sie ye zu künfftiger Zeit jim vnser vnd in keiner andern Herschaft vnd Gebieten zu jne nemen sollen, eine Stolln am Einfrist inn der margk doselbs zur eych, darinn Eysen ertzt zugraben, in der maß vnd Gestalt, als hienach begriffen, verliehen haben. Nemlich also daß derselb Stolln soll haben uf jede Selten in die gwire newn lachter vnnd sollen von solchem Stolln nit ablaßen, Sunder also mit irer Arbeit ausfürn vnnd arbeiten wie oben begriffen ist, Als sie alle vnd jeder besonnder nach seinem Vermügen zutun vnnß wore vnd glaublich zugesagt vnnd gelobt haben, die Gewercken die sie ye zu zeiten zu jne nemen werden, sollen vnns gemelter maß auch Pflicht tun, Wir verleihen auch Jne jren erben vnd Mitgewercken solchen Stolln als obgemelt vnnd wie Stolln Recht recht ist in vnnd mit Crast dies Brius, doch mit Vorbeheltnus vnns vnnsern erben vnnd Herrschaft an vnsern Zehenden, Vorkauf vnnd annbern Gerechtigkeiten den erbauten eysen ertzt dauon zugeben, Auch, so das erbaut ertzt, Silber, Kupfer oder ander metal vnd kein eysen ertzt, tragen vrand geben würd, an vnnser vnnser erben vnnd Herschaft Gerechtigkeiten vnschedlich vnd vnuergriffenlich alles ongeuerd Zu Vrkunt haben wir vnnser Jnsiegel wißentlich an diesen Brief thun hencken, der geben ist vf Sambßtag nach Sant Mathias des heiligen Zwölfboten Tag Nach Christi vnsers lieben Herrn Geburt Funfzehnhundert Jare.

XXVI.

Bischof Lorentz zu Würzburg belehnet Baltin von Bibra zu Jrmelshausen mit dem Patronatsrechte.

den 28ten April 1511.

Wir Lorentz von Gottes Gnaden Bischof zu Wirzburg vnd Hertzog zu Franken, Bekennen öffentlich mit diesem Brief vnd thun kundt allermänniglichen, daß wir wie dem vesten unsern lieben Getreuen Valentin von Bibra zu Irmelshausen zu rechten Mannlehen verlihen haben Ius Patronatus der Pfarrkirchen zu Hochheim, die als ein Filial von der rechten Pfarrkirchen zu Menthaußen aus unsern ordentlichen Gewollt separirt ist worden, laut der Separation durch uns derhalb aufgerichtet, Vndt dann jus Patronatus des Gaistlichen Lehens in der Pfarrkirchen zu Irmelshaußen, so durch die Erbare unsere liebe besondere Gutta von Bibra, weylandt Conraden von Steinaw Steinrück genant nachgelaßene Wittib, des obbemelten Valten von Bibra Schwester, in Craft der Ehe und Vermechtnis Brief zwischen demselben ihrem Haußwirth undt Jhr aufgericht, von newem gestift undt begabt undt durch uns confirmirt worden ist, nach innhalt unser Confirmation darüber gegeben, welche jus Patronatus beder Ort von uns undt unsern Stift zu lehen rürt, Vndt verleihen dem genanten Valentin von Bibra solch Ius patronatus als obgeschrieben beder Geistlichen Lehen was rechts er daran hat und wir ihme von rechtswegen daran verleihen sollen und mögen in Craft dies Briefs, doch uns unsern Nachkommen und Stift an unsern lehnschaften Rechten und Gewohnheiten, so Wir daran haben, unschedlich, ungeuerd. Zu ohrkund haben Wir unser Insiegel an diesem Brief thun hencken, der geben ist am Montag nach den Sontag quasimodogeniti. Nach Cristi unsers lieben Herrn Geburtt Funfzehenhundert und darnach in Eilsten Jaren ꝛc.

XXVII.

Abt Hartmann zu Fulda belehnet Wolfen und Hansen von Sternberg mit zwey Vorwercken zu Milz.

den 5ten May 1514.

Wir Hartmann von Gots gnaden Abtte der stift Fulde und Hersfeld, Ro. Keyserin Erz Canzler ꝛc. bekennen vor Uns und Unser nachkommen das wir dem vesten Unserm lieben Getreuwen Wolffen von Sternberg von syn und Hansen sins Bruders (der itz, als wir bericht werden, uf dem Weg zum heil. Lande ist) unnd Irer aller erben wegen diese hernach geschriebene unser vand unsers stiftes Lehen gelihen haben, nemlich Zwey forwergk zu Milz und das halb teyl des Zehends daselbst und Fünff Zinnß Gülter, ein Behaußung und einen Hofe auch Daselbst zu Milz gelegen igklichs mit syner Zu und eingehoerung, Inmaßen die von Friezen von Sternberg Irem Bruder selig uff syner teyll ererbt und kommen sein, so viel wir Ine mit recht daran zu lyhen haben, lyhen Im die also In Crafft diß Brieffs

nach

nach Fuldischer lehen herkommen doch unser Stiffts vnnd ein yeden recht Freyheit vnd Herkommen hiemit vnverschrieben, hieuon soll vnd will obgedachter Wolff vnser vnnd vnser nachkommen getrewe Ma:: sein, Vnsers stiffts schaden warnen, bestes werben, die lehne verdienen, den, so offt sie zu Falle kommen, Felg thun und sich dauon gegen ons vnsern nachkommen und stifft halten, als getreuwer lehmann seinen rechten lehenherrn schuldig ist. Inmaßen er vns über das alles Gelübte vnd Eyde gethan vnd sich des In seinem reuerß gegen vns verschrieben hatt, alle Geuerde — vnd Argelist außgeschlossen, Des zu Vrkund ist dieser Brief vnder vnserm anhangenden secre:h obergebben In vnnser stabt Fulde Freytags nach Inuentionis crucis anno Dni Fünffzehen Hundert vnd vierzehen.

XXVIII.

Vertrag zwischen Churfürst Friederichen zu Sachßen und Graf Hermann von Henneberg die Berichtigung einiger zwischen den den Dörfern Schlechtsart und Linden entstandene Grenzirrungen betreffend.

den 7ten Dec. 1518.

Von Gottes Gnaden Wir Johanns Hertzog zu Sachßen landgraue in Doringen vnd Marggraue zu Meißen Thun kundt für den Hochgebornen Fürsten, Herrn Friederichen Hertzogen zu Sachßen, Churfürsten ꝛc. vnsern lieben Brüdern vnd vns, gegen allermeniglich, als sich zwischen seiner lieb vnd vnsern Vnterthanen des Dorfs Schleßhart an einem vnd der Dorffschaft Lindttenn, dem Hochgebornen vnsern lieben Oheym Herrn Hermann Grauen vnd Herrn zu Hennenberg zustendig, andernteils ein Ort Gehöltz vnnd Rasenns am Kurnberg deßgleichen auch seiner lieb landtwere an gedachte vnsers lieben Bruder vnd vnser landtwere des Orts am Kornberg stoßent, belangend durch welche vor etlicher Zeit ein Fußweg vnd Pfad außenn gewest, derselben seiner lieb Schaden zuuerhüten zuzuziehen angesucht, daran doch von vnns bis anhere Wegerung beschehen, Irrung vnd Gebrechen gehalten derhalben wir vnns mit gnanten vnsern Oheim solch Gebrechen zubesichtigen vnd nach Besichtigung derselben Handlung vnd Verhors fürzunemen bederseits darzugeschickten, zuschicken vnd zuuerordnen, vereint haben, darauf dann ein Tag auf Freitag nach quasimodogeniti Im funfzehenhundert vnnd Sechzehenden Jare auf die schenkstatt berawmt, welchen von vnsers lieben Bruders vnnd vnsertwegen durch vnser lieben Getrewen Hannßen von Sternberg zu Calnnberg Ritter vnd vnsern Schoßer zu Coburg Arnold von Falckenstein, vnd von benannts vnsers Oheims Grauen Hermanns

Hermanns wegen Siluestern von Schawmberg zu Münnerstadt vnd seiner lieb Secretari Caspern Oheym beschickt worden, durch welche dann etlich Abgenng berürter Jrrung halben geschehen welchergestalt solche Gebrechen, des Gehültz vnd Rasens der zweyer Dorffschaft selten vertragen sein, demnach bekennen wir von wegen vnsers lieben Bruders vnd vnser, das die Stein als sechzehen Stein durch den Kurnberg biß an die Henneberqische Landwere darnach von der landwere siben Stein, vf dem Siheerbawn, hinauf auf die heiligen Eller auf die Trapstatter marck, vnd Lindtner vnd Schleßbarter marck also gesetzt vnd hinfürder die landleitung vnd Schiedung zwischen vnsern Ohermen von Hennenberg, obangezeigter Dörfer sein sollen, bewilligt vnd nachgelaßen, vnnd aus sonder Freundschaft vnd guter Nachbarschaft zu Beschützung vnser vnd vnsers Oheims Grauen Hermanns laud vnd lewten bewilligt die angezeigte vnsers lieben Oheims Grauen Hermanns landwere biß an vnsers lieben Bruders, vnd vnser landwer soll ausgeworfen, zusamen gezogen vnd also fürder in Wesen erhalten werden, doch das auch vnsern Verwandten den von Schleßhart damit vnbegeben sein sol, nachdem sie angezeigts Orts vnd ober her landwere ir Gehültz liegend haben, deßelben Orts der landwere ein Brücken oder Weg zumachen, damit sie ir Gehültz zu bequemer vnd notturftiger Zeit zu dem vnd nit an anders zugebrauchen darüber bringen vnd füren mügen, die sie auch jedesmals wiederum abthun vnd abwerfen sollen, vnd sollen diese Gebrechen also geschlicht gericht vnd vertragen sein vnd pleiben ongeuerd. Zu urkund haben wir von vnsers lieben Bruders vnnd vnsern wegen vnser Jnsigel an diesen Brief, der zween gleiches lawts gemacht sind, gehangen vnd wir Hermann von Gottes Gnadenn Graue vnd Herre zu Hennenberg, bekennen das solchs. alles mit vnsern guten Willen vnd Wißen ergangen vnd geschehen ist, habenn des zu Urkund neben vnsers Herrn vnd lieben Oheims Jnsiegel das vnser auch an diesen Brief thun hengen. Geben zu Weymar am Dienstag nach sanct Niclaws tagt, nach Christi vnsers lieben Herrn Geburt Funfzehenhundert vnd Jme achtzehenden Jarenn.

XXIX.

Vertrag zwischen Herzog Johann zu Sachsen und Graf Hermann von Henneberg, das Dorf Zeilfeld betreffend.

1521.

Von Gottes Gnaden, wir Johannes Herzog zu Sachsen land-Grafe in Düringen vndt Marggrafe zu Meyßen, vndt von deßelben Gnaden, Wir Herrmann

des Herzogl. Sächßl. gemeinschaftlichen Amts Römhild 757

mann Graffe und Herr zu Henneberg, thun Kund mit diesem Brieff gegen allermänniglich, Nachdem sich in vnser beeder Herrschafft zu Zeilfeld bißher etlich Irrung, nemblich des Schenckens, sechs Güther, Zoll-Büchsen, und Zoll, betreffend, gehalten, haben derwegen nach Erforderung der Nothdurfft vnde zu freundlichen Willen, der Wir beyde einander tragen, Besichtung vnd Erkundung hierinnen fürwenden laßen, vnde zur Hinlegung solcher Irrung Wir Herzog Johann verordnet haben vnser Räthe vnde lieben Getreuen Wolffen von Weyßenbach Ritter des Heil. Römisch. Reichs Erb-Ritter, Ambtmann zu Zwickau, Clausen von Heßbergk, Arnold von Falckenstein, Mathes von Giech, Ambtmann zu Heltburgk, vnd Wir Grafe Herrmann von Hennebergk vnser Räthe und lieben Getreuen, Sylvester Forstmeister, Hannß von Ostheim vnd Caspar von Obeim Cantzlar, welche zu Rotha erschienen vnde nach gehabter Erkundigung vnde Handlung sich von vnser beyderseits Herrschaft wegen folgender Meinnng, biß auf vnser bederteils Bewilligung, ordentlicher Vollziehung dieser Sachen vnterred- vnd vereinigt haben. Vnd. erstlich des Schenckens halber zue Zeilfeld sol von vnser beder Herrschaft wegen ein Jahr vmb das ander, auf gehalten Kirben zue Zeilfelde geschenckt, und das erstemal von vnsers, Herzogs Johannsen wegen, eingehoben werden; Zum andern der Sechs-Güther halben zue Zeilfeld, dieselben Güther sollen von vnser beeden Herrschasten nie höher, dann wie vor Alters herkommen, beschweret werden, vnd sonderlich des aufgesetzten Habers halben, den sie jährlich nit mehr dann ein jedes Guth anderthalb Römhelder Achtel zu geben schuldig seyn. Weil es sich aber aus Mißwachßung der Frucht oder andern Vrsachen begeben, daß von vnß Graff Herrmann des Orts zue Zeilfeld eins oder mehr Jahr von den andern Güthern Kein Haber genommen, sollen diese sechs Güther desselben Jahrs und so offts dieser Fall kehm, auch kein Haber zu geben schuldigt, und sollen dieselben sechs Güther das aufgesetzte Heuber-Geld auch zu geben verpflichtet seyn; Zum dritten die Zoll-Büchsen und Zoll betreffend, soll es dermaßen gehalten werden, daß ein Schultheiß zu Zeilfeld, der vnser beeden Herrschaft verwandt ist, die Zoll-Büchsen in seiner Verwahrung haben, dergestalt, das einer jeden Vnser Herrschaft Bevehlhaber ein Schlüfel zur selcher Büchse habe, vnd das dieselbe eines jeden Jahrs ongeföhrlich umb S. Peters tagil Cathedra zu Hilperthausen soll geöffnet, und folgend ein iglichen sein gebührenter theil zugestellt werden, Vnd so solches Zoll halber Vberfahrung geschicht; soll von Vnß Herzog Johannßen vnser Beselhaber oder Ambt-leuth deßhalben Straff oder Bueß darum zu setzen, allein Macht haben. Doch soll in Setzung der Straf und Bues, kein Vortheil gebraucht, oder Ungleichheit fürgenommen, vnd soll solch

Bb 3   Straffe

Straffe vnd Bues vnß Grafe Herrmann zum halben Theil folgen vnd werden, vnd dieser Vertragk jeder vnßer Herrschafft, an andern Oberkeiten vnd Gerechtigkeiten zu Zeitfeld vnvorgreiflich sein. Wann aber wir Herzog Johanns von vnßers lieben Bruders Herzogs Friederichs, Churfürsten ꝛc. Vnser vnd vnser beeden Erben wegenn auch wie Grafe Herrmann, von wegen vnser vnd vnser Erben solchen Schied bewilliget, vnd auf ewig zu halten angenommen haben, Wir berurte Beredung vnd Schied, gleichen lauts gezwiesacht, mit vnsern beyden anhängenden Jnsiegeln befestet, vnd vnser jeder einen zu Gedächtniß steter vnd vesterhaltung in Verwahrung genommen. Der geben ist am Montage nach vnßers Herrn wahren Leichnams, nach Christi vnsers Herrn Geburth Funfzehenhundert. vnd Ein vnd zwanzig Jahr.

XXX.

Kaiser Karl V. überträget dem Stifte Würzburg das Schutz. vnd Schirmrecht über alle vnd iede, in deßen Gebiete gelegenen, Klöster und andern geistlichen Stiftungen sammt deren Gütern.

den 9ten September 1534.

Wir Carol der fünfte von Gottes Gnaden römischer Kayser, zu allen Zeiten mehrer des Reichs ꝛc. bekennen öffentlich mit diesem Brief, vnd thun kundt allermänniglich, nachdem Wir in glaubwürdigem Erfahrung bekommen, wie von der Zeit der Mischelung vnd Zertrennung, die sie etliche Jahr hero vnsers heiligen christlichen Glaubens, vnd deßelbigen Religion halber in dem heiligen Reiche teutscher Nation von vielen Orthen beschwerlich zugetragen, wo viel Kirchen Clöster und andere Gotteshäuser in groß abnehmen, auch zum Theil gar in Verstöhrung vnd Verderben kommen, vnd dadurch der Gottesdienst merklich geringert vnd geschwecht worden, auch die gemelten Kirchen, Clöster vnd Gotteshäuser an ihren gewidmeten Leuthen, Güter, Gefällen vnd Nuzungen grosen Abbruch vnd Geringerung erlitten, daß Wir als römi. Kayser vnd der ehgenannten Kirchen, Clöster vnd Gotteshäuser, Oberster Voigt, Schutz vnd Schirmherr auch denselbigen vnd andern treflichen vnd darzu bewegenden Ursachen, vnd damit bei diesen vnd cünftigen geschwinden gefährlichen läuften die Kirchen, Clöster vnd Gotteshäuser nit zu noch höher Beschwerde vnd Nachtheil gedeyen, sondern mit der Zeit wiederbracht, vnd samt den gestiften Gottesdiensten auch ihren Leuthen, Haaben, Gütern und andern zu vnd eingehörungen hinfüro in guten Wesen unterhalten mögen werden, mit wohlbedachtem mute, gutem zeitlgen Rathe, rechten Wißen vnd aus eigner Bewegnus dem Ehrwürdigen

Conra-

des Herzogl. Sächßl. gemeinschaftlichen Amtes Römhild 759

Conraden, Bischoffen zu Würzburg, unsern Rath, Fürsten und lieben andächtigen und seinen Nachkommen, den Schutz und Schirm über alle und iede Kirchen, Clöster und Gottesheuser beeder Geschlecht, Manns und Frauens Personen, was Ordens oder Regels die sein, sämmtlich oder senderlich dem bischoflichen ordentlichen Gerichtszwang unterworfen, oder dafür privilegirt und gefreyet, auch über Spital und andere geistliche Stete und Oerter, und derselbige Flecken, Leuthe, Hintersaßen und Unterthanen, in dem Stift Würzburg und deßelbigen Landesfürstl. Obrigkeit gelegen, darzu über alle und iede ihre Haabe, Gütter, Obrigkeit, Recht und Gerechtigkeit und Zugehörung die gemelte Kirchen, Clöster Gottesheuser Spital und andere geistlichen iezund haben oder künftiglich überkommen werden, dergleichen über die iezt berührte Kirchen, Clöster und andere Gottesheuser Abbte, Probst, Prior, Dechant, Gardian, Ménister, Pfarrherr und andere Priester, auch Eptisin, Priorißen, Präsidenten, Capitel, Convent, Collegien, Ordenspersonen beeder Geschlechts, gegenwertige und künftige samt allen und ieden davon und darauf gebührenden gewöhnlichen Vogtrechten, Diensten und Gerechtigkeiten gegeben, zugestellt besohlen und verliehen haben, geben, zustellen beschlen und verleihen Jhnen dieselbige hiemit aus röml. Kayserl. Macht Volkommenheit aus rechten Wißen und eigener Bewegnus hinfüro ewiglich in Kraft dieses unsers Kayserl. Briefes, und seyen ordnen und wollen, daß berührter unser Fürst Bischoffe Conrade und seine Nachkommen von allen und ieglichen derselbigen Kirchen, Clöster Spital, und andre geistliche Ortenleuthen, Unterthanen, Hinterseßen und Verwandten, von solches Schutz und Schirms, auch derselbigen gehörigen Gerechtigkeiten und Dienstbarkeit wegen, gewöhnliche Pflicht und Huldigung, wie sich gebührt, nehmen, empfahen, auch sonsten alles thun und handeln mögen daß einem Schutze und Schirmherrn, von Rechts oder Gewohnheit wegen zuthun und zu handeln gebühret, und zustehet, doch daß er die genannte Kirchen, Clöster und Gottesheuser, auch derselbigen Leuth und Güter, weiter und über die gebührende Vogtrecht, Dienst und Gerechtigkeit, auch diese unsere Begnadigung nit beschwert werden, auch senst den gemelten Kirchen, Clöstern und Gottesheusern in andere Weg an ihren Guten, Zinsen, Gefällen und Nuzungen, und menniglich an seinem Rechten und Gerechtigkeiten unvergreislich und ohne Schaden, und gebieten darauf allen und ieglichen Churfürsten, Fürsten ꝛc. ernstlich, mit diesem Briefe und wollen, daß sie gemeldten Bischoffen zu Würzburg und seine Nachkommen bei dieser unser Zustellung Vergönnung und Gnade gänzlichen bleiben laßen, daran nit hindern noch betrüben, mit Urkundt dieß Briefs besiegelt mit unserm Kayserl. anhangenden Jnsiegel. Geben in unser Stat *Valenz* am neunten Tag

des

des Monats 7 Septr. nach Christi unsers lieben Herrn Geburt funfzehenhundert und im vier und dreißigsten unsers Kaiserthums im vierzehenden und unser Reiche im neunzehenden Jahr. Carolus.

XXXI.

Rezeß zwischen dem Kurfürst Johann Friedrich zu Sachsen, und Graf Berthold zu Henneberg, die Beilegung der Hoheits- und Jurisdiktionsirrungen zu Zeilfeld betreffend.

den 8ten July 1536.

Anstatt der Durchlauchtigsten, Durchlauchtigen hochgebohrnen Fürsten und Herren, Herrn Johanns Friedrichen des heil. Röml. Reichs Erz Marschalls und Churfürsten ꝛc. und Herrn Johanns Ernsten Gebrüdere Herzogen zu Sachsen ꝛc. Landgrafen in Thüringen und Marggrafen zu Meißen ꝛc. und des Hochgebohrnen Fürsten und Herrn, Herrn Bertholden Grafen und Herrn zu Henneberg Unserer gnädigsten und gnädigen Herren, bekennen Wir Hannß Schott zu Hellingen Ritter, dieser Zeit verordneter Rath und Befehlhaber d.r Pflege Coburg, Philips Schott, Amtmann zu Heldburg und Wendel Currus Schößer daselbst, von wegen Unserer gnädigsten und gnädigen Herren, und Wir Mauriz von Seldrir zu Harres, Hannß von Ostheim und Christoph Erba zu Lichtenberg und Römhild Amtleuthe, von wegen Unsers gnädigsten Herrn von Henneberg abgefertigte Räthe, und nachfolgende Sachen Befehlighabere. Nachdeme sich langwieriger Gebrechen bißhero zwischen beyderseits hochgedachten Unseren gnädigsten und gnädigen Herren von Sachßen und Henneberg um die zufällige gemeine Steuer, Aufsetzung und Anlag des Dorfs Zeilfeld gehalten haben, dergestalt, daß Sachßen solche gemeine Steuer Aufsetzung und Anlag aus dem Gericht Hildburghausen in Zeilfeld bißhero gehabt, gethan und vorgenommen haben, und aber die von Zeilfeld sich Deßelben beschweret, und nicht zu thun schuldig seyn vermeinend, darob sie dann von Sachßen wegen gefänglich angenommen, und darüber zwischen beyden Chur- und Fürsten etliche mahl Täge und Unterhandlung, die jedesmahls entstanden, ist vorgenommen worden, und wann nun lezlich, wie auf Ihro Churfürstl. und Fürstl. Gnaden derohalben angegebenen Befehlich etlich sonderlich und gütlich Verttrags-Mittel beyden Chur- und Fürstenthümern und Herrschaften

zur

des Herzogl. Sächßl. gemeinschaftlichen Amtes Römhild. 761

zum Besten abgeredet, und solche Abrede an Ihro Churfürstl. und Fürstl. Gnaden beyderseits zurück gebracht, und auf Deroselben hochverständig ferner Erwegen und Bedencken, solche Mittel, die Ihro Churfürstl. und Fürstl. Gnaden gnädig angenommen in gütlichen Vertrag zu bringen und aufzurichten, gnädigste und gnädige Verfolgzuschreiben, und Befehlig in Unterthänigkeit erlanget; Darauf sollen in Kraft solchs Befehlichs und Zuschreibens Ihro ChurFürst- und Fürstl. Gnaden für sich und ihre Erben, dieser Irrungen, wie hernach Ordnungsweiß, vermöge unserer gethanen sonderlichen Abrede und Vorschlags, folget, gäntzlich vertragen seyn. Also und

1) Daß Sr. Chur- und Fürstl. Gnaden zu Sachßen und Deroselben Erben die Hoch- und Land-Pfleg, so hiebor nur auf 6. Gütern gestanden, nunmahls auf den 20 Gütern, mit eingeschlossen 6, des bestimmten Dorfs Zeilfeld, Ihren Chur- und Fürstl. Gnaden ohne Mittel untergethan, ihres Gefallens zusetzen und zu nehmen, ihren allewege vorbehalten, dergl. Falls Sr. Fürstl. Gnaden zu Henneberg und ihren Erben an deroselben achtzehndhalb Güter daselbst ihre hohe Landpfleg auch ihres Gefallens zu setzen und zu nehmen bedingt seyn solle.

2) Ob sich hinforder zutrege, daß hochgedachte ChurFürsten und Fürsten Sachßen oder Henneberg eine Gemeinde zufällige Steuer vornehmen oder auffetzen werden, von welches Herrschafft das beschiehet, solle von derselben beyder Ambtleuthen Hildburghaußen und Römhild das Dorf Zeilfeld durchaus zugleich belegt werden, was allda gefällt solle jeder Herrschaft halb folgen, zuständig seyn, verrechnet und überantwortet werden, unwiederfäzig. Und ob sich jemand, wer der wäre, solcher Anlag wiedern wolte oder würde, sollen beyde ChurFürsten und Fürsten, Sachßen und Henneberg zugleich und ungesondert darob seyn und halten, damit dieselbige Anlage gebührende Weiße eingebracht werde.

3) Was sonst jede Herrschafft, Sachßen und Henneberg auf berührten Dorf Zeilfeld, an Obrigkeiten, Bothmäßigkeiten, Cent, Obergerichtbarkeiten, Gräntzen, Vogtreyen und andern vor Gerechtigkeit gehabt, hergebracht und haben, solle jeder Herrschafft der andern unverhindert und unvermindert in Gewehr und Gebrauch, wie vor Alters herkommen ist, folgen und bleiben.

4) So soll denjenigen Verträgen, hievor zwischen obgedachten ChurFürsten und Fürsten, Sachßen und Henneberg aufgerichtet, hiermit gar nichts genommen, noch geschmälert, sondern ihres Einhalts kräfftig verbleiben und Vollziehung haben, und hiermit also gäntzlich und gar gericht, vereint und vertragen seyn. Ohne alle Gefährde. Dessen zu wahrer Uhrkund haben Wir hochgedachten ChurFürsten und Fürsten, obgenannte Räthe und Amtleutche unserer iglicher sein angebornen Insigel an diesen Vertrag

trag der gleichs lauts einer Handschrifft gezweifacht gehangen, derer jede Herrschafft
oben offt hochgedacht einen zu Hand genommen, Geben und geschehen zu Römhild
am Sambstag Kiliani von Gottes-Menschwerdung Funffzehenhundert und im Sechs
und dreyßigsten Jahr.

XXXII.

Graf Hermann von Henneberg und die übrigen Ganerben zu Trappstadt errichten eine Dorfsordnung für diesen ganerblichen Ort.

den 21ten Juny 1524.

Wir hermann von Gottes genaden Graff vnnd Her zu Hennebergk, vnnd
Wir Heinrich des closters Theres, Johann des Closters Sannt Michelsberg bey Verelsdorff, Pauls des Closters Vesser, Abbten; Caspar Muller
Compthur Deutschordens zu Murestat, Johann Mullerr Precoptor, Sannt
Anthoniushaus zu Wirtzburg, vonn der Pfar zu der Erch wegen, Johann
Kost, Pfarher zu Eisfeld, Vollcenn vnnd Hanns Schor zu Ergelsdorff gebrüder, Margreth gebornne preusingeen, Hannsen Zufras zu Althausen
(seligen) gelassenne Witwe, In Jrem witwestandt, Casper Wirdt, Spitalmei-
ster zu Murestadt, vnnd alle andere ganerben des Dorffs Trapstadt, so wir offtmals vnnd vielmals Jn erfarung ergangener geschichtenn vnnd Handlungen offennt-
lich funden, das vnnsers Jedes vntersessenn zu Trappstadt Jnn gemeinen vnnd sonderlichen Jren sachen vnnd Hanndlungen durch das sie onn Dorffgericht vnnd ohn
andere gemeine dorffsordnung bey Einander viell zeit gesessen vnnd deshalbenn Zu
bekommen, In Einer vonn dem anndern geburlichs Nottürfftigs rechtenn, Jnn per-
sonnlichen vnd hablichen klagen vnnd Spruchenn. Aus solcher manngelung genies-
eins dorffsgerichts, vor vnns, Jedenn Ganerbenn Jhrem Erbherrn mit derstreckung
gros kostenne, schwerer muhe vnd viel verseumnus Jrer nachbarlichen Arbeit suchenn
mussenn, des Jr Etlich vielmals onuermoglich vnnd damit Eines Zannks vnnd wie-
derwillen, ouEinikeit vnnd Eintheils In onwiderbrenglichenn Nachteill Also beschwerlich gefallenn vnnd onnauffhorende teglich Je mehr vnnd mehr khommen; Woe
solchem allem mit zeitlicher Hulff nit begegnet wurde 2c. Solchem allem durch Hulf
des Almechtigen mit zeitlicher notturfftiger Hilf zu begegnen, dieselben alle vnnser Jedes Vnterseßenn beyeinander Jm friedlichenn, auffnemlichen, guten vereinigtem willen vnnd wesenn zu bringenn, vnnd dariane dem almechtigen Got zu lob vnnd ehre,

vnnd

des Herzogl. Sächsl. gemeinschaftlichen Amtes Römhild.

vnnd diennst vnnser Jedenn Jhnnerbenn, Jrem Erbherrenn, vnd Jrem gemeinen vnnd sonderlichenn nuz vnnd Wollfart zu Enthaltenn, habenn wir Jnn verschiennen tagen eine hernach geschriebenne Ordnung vnnd sazung gemacht, gegebenn, vnnd zu Enthalten Ernstlich beuolhenn. Thun das hiemit, Jnn krafft dis brieffs vnnd Ordnung, sezenn, ordenen, wollen vnnd beuolhenn, das hinfur durch Vnns, alle Jhnuerben, vnnd vonn vnnser aller wegen zu Trapstadt gemeiner Schultes, alweg Ein Jhar lang, vnnd nicht lenger Schultes zu sein, Aus vnnser aller ganerben Menner, die Jm viertheill ausgeteilt sindt,

Nemlich aus vnnsern graffenn Hermans von Henneberg, des Closters Vesser, deurschordens zu Munerstadt, Sannt Anthoniushaus, der Pfarhalbenn zu der Eiche, der Pferher zu Eissfeld, Zufrassen zu Althausen, bei der Spittal zu Munerstat, vnnd Romhilde, als Einenn theill, vnnd Erstenn Jars, Andern Jars vnnd teils, Einenn Aus des Closter Theres, dritenn Jars vnnd theils, Einenn, aus des Closters Weyelsdorff, vnnd vierden Jars vnnd theils Einenn Aus Dalten, vnnd Hannsen schottenn, vnnsers Jedes Vnterseffen zu Trapstadt, zu diesem Schultessenn Ambt, tuglich, verstenndig vnnd vngeuerlich, gnugsame geacht vnnd gehalten kekornn, gewelt, vnnd mit gewonnlichen geburlichen Schultes Ampts Pflichten. Was allenn Jhnnerbenn zu thun angenhomen werden soll,

Demnach habenn wir ganerbenn So of heut Dato zu Trapstadt versamlet, vonn vnser vnnd der annder aller gannerbenn wegen, so Jezt abwesennlich gewest, mit Jren gehabten Gewalt, Erstmals vnnd Erstenntheil Balthasar Whernnernn, Schultes des Jarlang zu Trapstadt zu sein, wie obenn stehet erwelt vnnd mit diesenn Pflichten also angenhomen,

Nemlich, dieser Schultes Balthasar Wernner hat gelebt, vnnd leiplichenn Aydt geschworenn, vnnser aller, vnnd Jeder Jhnerben vnnd onterseffenn zu Trapstadt, alle gemeine, vnnd sunderliche sachenn Jme von Schultesen Amptswegen zu handelnn, geburrende nach seinem besten Verstenndnis, mit reinem lauterm Gewissen getreülichen verwaltenn vnnd handelenn, der aller aufrichtigenn gerechtenn Sinz vnd frommen suchen, vnnd schadenn verhuetenn, Ann vnsernn Dorffgerichten, vnd mallgerichten, Jnn allenn sachenn dorann gehoerende Jedermann furderlichs rechts vnuerzoglich gestatenn, die Vrtheill Ann diesenn bedenn gerichten gesprochen vnnd erlanngt, als seines Wermogens zu volstrecken, geburliche gnugsame Hulff thun, Auch alles annders hanndelen vnd thuenn das sich vonn dieses Schultesenn Ambts wegenn, zigt vnnd geburt, wie oben steet Ann Geuerde,

Vnnsers Jedes ganerben vnnterseßenn zu Trapstadt, sollen yedem diesem vnnserm Schultes zu Trapstadt Inn Iren Anekommen, ann geschworener Eidsstadt gelebenn, Inenn In allenn vnnd Jeden vnserm vnd Iren gemeinen vnnd Jeden sonnderlichen Nottorfftigenn sachen willig, geseilich vnd gehersam zu sein,

Weitter habenn wir Ein gemein Dorffgericht zw Trapstadt verordnet, gemacht vnnd von Newn aufgericht, Ordnenn vnnd machen solch vnnser aller Dorffgericht, Setzenn vnd wellen, das dieselbenn Derffgerichte, mit Richter, vnnd zwölf Schoeffenn, die Itzo vnnd hinfur, so offt Eins Schepfenn an diesem vnnserm Dorff gericht mangele, Aus der gemein vnser Jedes Ganerben menner doselbst, so zu diesem Schepffenn Ambt tuglich, gewelt, vnnd genhommen werden. Jeder dieser amkommender Schepffe, soll alspaldt Er Anngenhommen, Je zu zeitenn gemeinem vnserm Schultesenn, Ann vnser aller Statt geloben, vnnd leiblichenn Aydt schweren, Ann diesem Dorffgericht, Jedermenniglichen dem Armen als dem reichenn, vnnd dem reichen als dem Armen, nach seinem besten verstendnis vnnd lauterm trinem gewissen, gerecht vrtheill zu Sprechen vnnd zu geben, derselbenn' Dorffgericht sollenn heifur jerlich Eins jedes Jars vier Dorffgericht alweg aff donnerstag Einer Jedenn Ceoldfosten quatember, zu crapstadt, Wo anders sachen zu rechtfertigung noth, vor Augen sind gehaltenn werden, In allen hablichen vnd personlichenn klagen, vnd Spruchen, Inn vermog gemeiner recht vnnd lanndsgewonnheit, vnd gebrauch, wie sich nach gerichts ordnung gebuert, darann recht zu geben vnd zu nehmen, Aller Hausgenoßen Söne vnd diennstknecht, so Mannbar vnnd Siebenzehenn Jar alt sindt, Sollenn vnserm gemeinen schultesenn, Je zu zeiten Pflicht geloben, Ann diesem vnnserm Dorffgericht zu Trapstadt,

Iglichs vnnser ganerben Derffgericht zu Trapstadt sol des nehesten Tag bei sobinenn schein zuuor durch gemelnen Dorffknecht mit diesenn Wortenn beschreit werden, wies Jedermenniglich, off Morgen zu früer tag Zeit vor meiner Herrenn Ganerben hie zu Trapstadt dorffgerichte zu erscheinen verkundt, vnnd des Tags frue darauf das verkundt dorffsgericht gehaltenn, mit der Bauers Glockenn, dreii Zeichen beleüt werden,

Dieselben verkunde, vnnd beleüt Dorffgericht Soll Jeder vnnser gannerben vnterses, Hausgenos zu Trapstadt, zu besuchenn schuldig sein. Welcher Hausgenos Ain gnugsame Vrsach vnnd Ehaffe, dieses dorffgericht zu besuchen seümig, soll funffzehen Wurtzburger pfennig, vnnachlessiger Bus, so ofst solchs seümnis geschicht, gebenn,

Dieser gemein Schultes, Als dieses Dorffsgericht Richter, Soll auf des Clagers,

gers, Ann Inn gelanngt Vieh, durch gemeinen dorfsknecht denn beclagtenn für gericht fordern, vnntledenn, vonn solcher Ider gethaner ladung vnnd forderung, sol diesem gemeinen dorfsknecht, so der Clager zu Trapstadt Hausgenos, oder Innwonner ist, zweene Pfennig, vnd so der Clager zu Trapstadt mit Hausgenos oder Nachbar sonnder freundt ist, Als dann Sechs pfenning, beides wurzburger wherung, vnnd nicht derüber, zu thon geben werdenn, vnnd sol der frembte der nit Hausgenos, oder nachtpar zu Trapstadt ist, zu Idem Dorffgericht, derann er rechtlich thut haunndeln, Sechs wurzburger Pfenning, eloggelt Inns gericht legenn.

Wirdt Jemand hausgenos, Jnwhoner, zu Trapstadt oder frembter ausser der vier obgemelten Jerlichen Verordenten Dorffgericht, zu Nottorfft seiner, dem Schultesenn anngezeigter sachen, Seltgericht.bedorfsenn, der soll vmb solche Helffgericht beim Schultesenn ansuchenn, dem sel der Schultes das Helffgericht, durch die Schopffen niederfezen, die Helffgericht sollen nit beschreit oder beseut werden sondern denn zwölff schoepffen, durch gemeinen dorfsknecht verkund werden,

Doch das der die Helffgericht geberen hat, zwey pfund, wirzburger wherung, In das Gericht legenn, vnnd gebenn soll, Alle Helffgericht sollen vnnser gemeiner Schultes, Als richter vnnd zwolff Schopffenn daselbs Als vrtheiler, Ie zu zeittenn besizenn, Rechts gestatenn, vnnd Niemand des bey seinenn gethannen Pflichten, verkurzen, noch verseumenn,

Oder vnnser ganerben gemeiner Schultes, soll alle Dorffgericht, alda vonn vnser Aller ganerben wegen besizen vnnd hegen wie sich Eigent vnnd geburt, Jeder menniglich Inn allenn sachenn darann gehabende rechts gestatenn ergehenn,

Aus diesem Verordenten Dorffsschöpffenn, und sunsten niemand, sollen Redner, an diesem Dorffgericht, Helffgerichten, vnnd Malhgerichten zu redenn, Inn allen sachen, so an diesem gericht gehandelt, Auch Appellationn sachen genhomen, vnd von nallem reden, so eins Tags Inn solchenn sachen geschen denn Redner drey pfennig gemeiner Wherung gegeben werdenn,

Aller zenndsachenn, Rug vnnd zendbarer Handlunge Ann das zendgericht zu könnigeboffenn gehorig, Auch aller Lehennssachenn, solle gemelter vnser Schultes, als Richter vnnser Schöpffenn, Als Vrtheiler, ganz nichts zuthun noch zu handelen haben, Noch dorinne zurichten, sich vnderstehenn, sondern sich der ganz eussern so der Ichts fur sie kommen werden, Alle solche zenndbare sachenn vnd Rug, Ann die Zenndt vnnd alle lehennssachen, Ann die lehenherenn vnnd Ort dahin die gehorren weisenn,

Inn

Jnn allen sachenn, an bemelt vnser vffgericht dorffgericht gehorend, Sol ahn demselben dorssgericht gehandelt werdenn, wie gemeiniglich nach gerichtsertnung, form, vnnd weis, an andernn dorffgerichten mit Vrtheill Erkent vnnd gesprochenn werden, Nach der groes vnnd hohe der Bussenn, So nach gerichts ordnung Ann dorffgerichtenn zu Alschlebenn, Eyershausen, vnnd Leithen, mit Vrtheilrecht Erkand wirdt,

Nemlich so denn Schopffen, Jnn Jr Recht geredt wird, der soll zehenn Pfund gemelter Wherung zu bus geben. diese Bus soll vnns gannerben halb ; 1 Virtell denn Richter 1 virtel denn schöpfenn volgen,

Wenn Jeder oberfrog funfzehenn pfennig, wer an diesenn gerichten seumig wirdt, Soll jedesmal funfzehenn pfenning, Alles gemelter Wherung, verbussen.

Dieselben Bus, so an diesem vnserm dorffsgericht mit vrtheil Erkennbt werdenn, sollenn vns allen gannerbenn halben theils, vnnserm gemeinen schultes Ein virtel, zu Sambt einem ater gras, oder Ein gulden daruon sein lhon zu sein, von der Gemeinn Jerlich; vnnd allern schöpffen dieses dorfsgerichte, Auch 1 virtell volgen vnnd pleibenn, vnnd Jr jedem schöpffen Ein ort Eins gulden zu lhon, vonn der gemeine Jnn jerlich gebenn werden,

Alle Vrtheill so ann diesem vnserm Dorffgerichte Rechtlich gesprochen vnnd erkant werden, soll vnnser gemeiner schultes vnnd Richter bis Dorfsgerichts Jnn geburender Zeit zu vollstrekenn vnugeueerlich gnugsame Hilff vnnd Execution thun, vnnd so mherer hilf doruber zu solcher Execution noth sein wurdt, sol vnnser jeder Gannerb, so uil die Nottorft erfordert, auch sein gnugsame vermogliche Hilf, ohn alle Wegerung thun vnd erzeigenn,

Wonn allen beschwerung Entlicher Vrtheile, Auch von vntterendlichen Vrtheile, (Interlocuten) douonn gemeine Recht zu Appellirenn zugelassen, so an diesenn vnnserm gemeinem Dorffgerichte gesprochen werden, sol für uns alle gannerben Appellirt, vnnd berufft werden. Vnnottdurfftige muehe vnnd kost, Jnn Appellation entlicher Vrtheill zuuerhuettenn, mag Jglicher von Entlichem Vrtheil, Ann diesem Dorfgericht gesprochen, Alsbald nach gesprochener entlichen Vrtheil, vorn Dorffgericht, mit lebendiger stim Appellirenn, Auch als pald mit solcher Appellirung Abscheidsbrieff vnnd Apostell vonn dem richter bittenn, vnnd solchs Bittenn vnnd geben, soll in denn gerichtshandel of der Partheienn leidlichen Costen auch nit versagt werden,

Aus solchem gerichtshambel sollen gethane, vnnd bescheene Appellation sach, der Entlichen Vrtheile ohne Instrumentirte Appellation, Jnn Jren formalibus geortert

des Herzogl. Sächßl. gemeinschaftlichen Amtes Römhild. 767

ortert vnnd gerechtfertigt werdenn, dieselbenn alle Appellation, sambt Jrenn Hauptsachen sollen durch vns, den Gannerben zu Trapstadt, Aus des theils Mennern, Jnn dem Jar die Appellation geschehen vnd gethan ist, gemelter schultes doselbst gemelt ound gesagt ist zu Trapstadt, zum Rechten gnugsame verhoret vnnd redlich Entschieden werdenn. Zu solcher rechlicher Hanndlung zu kommen, sol vnser gemelner schultes doselbst denn Erstenn gerichts Termin vnd tag dem gannerben, so als oben stehet gebutt, furgenommen Appellation sachen zu Entscheidenn Anzeigen.

Welcher vergebenn kost vnd muehe zu bewarenn, vnd onterseßenn zu Trapstadt, Jnn friedlicherr Einigung dester bas zu behaltenn, sollen heifur auch bleiblich vnnser gemeine Dorfsmalhgericht zu Trapstadt, durch vnser aller gannerben gemeinn schulteseen vand Dorfsgerichts-Schöpffen, besezt, gehaltenn vnd durch die vnnser Schultesenn, Wie vonn Altershero kommen, gehegt, vnd diese Sachen, so vor alterehero Am Dorffmalhgericht daselbst gehandelt, abermalen heifur doran gehandelt, verurtheilt, vnd verbust werden.

Allenn sachen Jnn zendlichenn Oberkeithenn vnd vnser Gannerben Oberkeithen zu Trapstadt gehorrende auch allenn lebenosachenn vnuzegreifflichen, die hohesste bus, funf pfund pfenning vnnd Siebenn schillinger bedes wurzburger Wherung. Die gemeinn Bus sollenn An diesenn vnserm gemeinen Dorfsmalhgericht zu Trapstadt zu vrtheilen vnnd zu bezalenn heifur pleiblich sein, vnnd Also gebenn vnd genhommen werden Jnn Sachenn, so Ann diesem Malhgericht verrecht werden. Die Dorfsmalh sollen heifur beschreit vnnd beleut werden, als solchs vor Alters hero kommen ist, welcher Hausgenos solche beschreire vnnd beleute Dorfsmalh seumbt, vnnd borann nicht erscheint, Soll drey pfenning, vnd so es Ein Nothmalh ist, Sechs pfenning bedes obgemelter Wherung, vnnachleßiger bus verfallenn, die also ohn nachlassenn genhommen werdenn sollen, so oftmals solche Seumung geschehen ist.

Welcher Hausgenös, so Ann die glockenn geschlagen wirdt, mit seiner bestenn Where für den kirchhof nit kommt, sol vnnachläßiger bus zehen Schilling, drey pfennig für Ein Schilling gemelter Wherung, verfallen sein vnd bezalen zu Jedem Brannd, so sich je zu zeiten im dorf Trapstadt Ereignen werdenn, die der allmechtig got gnedialich verhueten wolle, Sol Jglicher Hausgenos, vnnd alle Jnnwonner, Niemand ausgenommen, eilend komen, mit wasser Jnn Kubelenn, aexenn, helz, Beylenn, leicheren, feuerhackenn, vnnd was zum feuer leschenn, solcher Brand dienstlich, jres vermogenn mit Jnnen bringen; Welcher Solchs nit thut, soll zehen schilling, gemelter Wherung, vnnachleßiger bus, gebenn vnd bezalen,

Schultes

Schultes Dorfsmeister, vnnd zwölf Schopfen sollenn verPflicht sein zu Jeder Zeit, so not ist, feuerhackenn, leittherenn, kuffenn, Schliettenn vnnd anders, so zu solchem feuer leschenn Notturftig, bestellen vnnd In wesen haltenn, vnnd in allenn Brandenn die Jnn diesem dorff aufgehen werden, mit dem hochstem Vleis verorden, wasser vnnd alles aunders, so zu diesenn feuer leschenn zugebrauchen Notturfftig zu surenn, vnd zu bringen, Alle menschen so zu diesen feuerleschen geschickt mit Vleis Getreulich zu leschenn, vnnd darzu zu arbeiten anrichten vnnd vnterweisenn,

Zween Dorfsmeister sollen heifur zu Trapstadt sein, der Einer durch die zwolff Schopfsenn aus der gemeinn, vnnd der ander durch die gemeinde einhelliglich, oder denn mherentteill, so kein Einhellige woll funden mag werden, Aus den schopfen, so desmals nit am Dorfsmeisters Ambt gewest, gewelt, vnnd vonn vnnser aller gannerben wegen, durch vnnserm Schultesen, gewonnlichen Pflichtenn anngenhommen werden, Je Jeder zwey Jar nacheinander, Ann solchem seinen dorfsmeister Ampt nit gelassenn werdenn,

Diese zween Dorfsmeister Also Erwelt, Sollenn mit dem Schultessen vnd Schopfsenn, gemeinem nuz zu Trapstadt Dorf vnd felde handeln vnd regieren, Also das was durch Schultesenn, schopfsenn vnnd zween Dorfsmeister gehandelt, Einhelliglich oder mhererttheils beschlossenn wirdt, solchen sol die gemeinde, vnd wen das bedrifft, on Wiederredt Volg thun,

Jber Dorf Schöpffe, so durch Schultesenn, vnnd dorfsmeister zu gemeinm vnnd sundern dieses Dorffs Trapstadt sachenn gefordert, nicht erscheinen vnd seumig wurde, so oft solchs geschicht, Soll jedes gesemptenn mals Sechs pfenning gemelter Werung Auch vnnachlessiger Bus gebenn, desgleichen, so die Dorfsmeister seumig wurden, gehalten werden soll,

So yemand zu Trapstadt funden wer, der wider solche der Schopfen vnd zweier Dorfsmeister Handlung, erkentnis, beschlus, oder Ordenung freuentlich thet, sol zehen pfund pfening Wirzburger Werung vnnachlessiger straff vnd Bus verfallen, geben annd bezalen, vnnd dieser Vbersarer vnnd Vbertreter keiner durch vnns, gannerben geschuzt gehandthabt noch verteidigt werden,

Alle Dorfsmeiiler, sollen Jerlich vnnd sonderlich In Jren Abschledt, so sie vom Dorfsmeisterambt nhemen, Alle vnnd Jzliche schuldt, der gemeind zustendig, bei Innen Erwachsen, verrechnen, bezalen, vnd solchs Einbracht gelt denn newen Aufomenden Dorfsmeister vberantworten, So sie des nit thun, was dann die gemein

Jrer

des Herzogl. Sächßl. gemeinschafftlichen Amtes Römhild. 769

Iter geseumten solcher bezalung schaden nehmen werden, sollen sie alsden dieselb:nn erlittenn schadenn vnd die heubtsuma, vonn Iren eigenn gut, dargeben vnd bezalen,

Schultes, Schöpfenn vnd Dorfsmeister sollen, so offt noth sein wirdt, heiligenmeister, kirchner, Flurschüzenn, Schmidt, Steinsezer, Eiger, taubenbeseher, vnnd aus ijederen des Dorfs vierthell. Vier gemeine Sch zer, Hausgenossen Menner wehlen, Ie Inn Dorf vnnd selde geubte, vnd gesugte scheden. Auch Inn allen Anderen, Inn Dorf vnnd selde nottorftigenn sachen vnnd Handlungen, of Ire sonderliche darzu gethane Pflicht, getreulich zu schezen, Ieder derselben gewelten, sollen vonn vnnser, gannerben wegen, dem Schultesen vber solch sein Ambt vnnd diennst gewönlich Pflicht geloben vnnd schwerenn. Steinsezer vnnd Eicher An der Zent zu könnigshofenn bestetigt werden, Als vonn Alterohero kommen ist,

Zu Trapstade, soll jeder pauersmann nit vber Acht par tauben vnnd Iber Hecker nit vber Vier par taubenn habern, vnnd halten weder heimlich noch offentlich, vnd sollen die Erwelten zween taubenbeseher, vngeuerlich Inn Sechs wochenn Iedes Jars Ein malh, Inn Eines yedes Hausgenossen Hausgadem vnnd andern bruen, dorin tauben gehalten vnnd gelitten, gnugsame besehung thun, so oft vnnd vielmals ober angezeigte was sie tauben finden werdenn, das sollen sie Schultesenn, Schöpfenn vnd Dorfsmeisternn annsagen, oder so durch ijemandt anders diese Obermas tauben besagt wirdt, sol vonn Einen Jedenn Par tauben, drey Pfund pfenning, gehelter Wherung Bus vnd Straff ohne nachlassenn genhommen werden,

Schultes, Schöpfenn vnnd zween Dersfsmeister, sollen auf gemeine Dorf vnnd selde arbeit Iber zeit vleissig aufsehens haben, der Aller Ir Erkenntnus vnd bewelh thun, wie vnnd zu welcher Zeit solche Arbeit gethan werden sol, die Wihennte nach dieser Arbeit gelegenheit Inn vier oder mer theil theilen, vnd der Menner zwei viertel, Ein halb viertel oder mer fordern, vnnd nhemenn, Nachdem die Arbeit gros, oder klein ist, bey solcher Iber Arbeit sol allweg der Dorfsmeiser Einer sey, diese Arbeiter annweisenn vnd darob sein, das solche bevolhen Arbeit, wie die gehort, Vollpracht werde, Auch vleissig aufmerkung zu haben, so nach dieser Ordenung die menner alle gearbeit haben, Wiederumb ansahen, vnd diese Ordnung an gemeiner Arbeit Also gleich gehaltenn, das niemand dorann geferteilt oder genachteilt werde, vnnd welcher Hausgenos, so man zu dieser Arbeit thut luten, nit kempt oder Einen thuglichen Arbeiter an sein Statt, schikt, der ist in Ein Pfund pfenning Bus, gemelter Wherung verfallen, So er nit Innheim ist, sol er nechst mals darnoch so gemeine Arbeit wird furgenhemen Ann solche Arbeit kommen, oder Einenn tuglichen Arbeiter bei gemeiner Bus schickenn, diese verseumbte gemeine Arbeit zu erfolgen,

Jhst bewilligt, das der Dorffsriedt An allen Orten do noth ist, denn gemelnen Holz dismals vnnd heisur nit mher sol gemacht werden. Dorann soll Jeder noch jzt berurter ordenung, bei der Bus der gemeinen Dörfs vnnd selt Arbeit gesezt, arbeitenn, Niemand ausgeschlossenn, solchenn gemeinenn Nuz zu suchenn,

Vber solchen Jzmals gemachten Dorfsfriedt, Soll Ein Jeder die abgangen Dorfszeune, so weit sein guetter denn Dorfsfriedt beruren vnnd dorann stossenn, durch sich selbs vnd vf seine Costung wiederumb machen vnd gnugsame Jnn wesenn halttenn;

Wir Gannerben, verbieten hiemit gestrengklich, das kein Pforten Auch kein Stigell, durch den Dorfsfriedt gemacht vnnd gebraucht werden soll, bei Vermeldung der Bus, die durch Schultheßen, Schopffenn vnnd dorfsmeister sol Erkannt werdenn, vnd genhomen, so oft solchs fürgenhommen wirdt,

Soll gannz Niemand zu Trapstadt Alte vnnd Junge Menschen vber denn Dorffried Steigen, vnnd nichts darüber tragen. Welcher solch steigens oder Tragens, durch die gemeine knecht oder Einen oder mher Hausgenossen besichtiget, vnd solchs angezeigt, sol vmb Ein pfund gelts gemelter wherung vnnachlessiger Phön gestrafft werden, so offtmals solchs geschicht, Wer ann gemeinen schadenin Jm derf oder Jm selbe begriffenn vnnd warlich furbracht wirdt, busst der gemein Ein Pfundt, vnnd dem der Jnn surbringt, Zwölf pfenning gemelter wherung. kein kuehirt, mit gemeiner Herdt, Auch kein sonnder kue vnnd kelber Sollen Jnn Acht Jharren, Auch kein Pferdt vnd fulen Jnn drey Jharrenn, gannz aus, Jnn Jungen Holzschlegen, getriebenn, gehurt noch geweidt werdenn,

Der Scheffer auch sonst niemand sol mit Schaffen, Auch das kein gemein Viehe vnd sonder Wiehe zu keiner Zeit yedes Jars Jnn die Jungen Holzschlege, Auch alle annder Geholz nit treiben. Dorinne weder weiden noch huetenn, We'der solchs Vberfarren vnnd verbrechen besehen, vnd glaublich verbracht wirdt, sol Einen Oet eins guldem, vnnachlessiger pheenn Jtzgemelter mas verfallen sein,

So Hiret Auch Scheffer Jnn gemeine verbotene Holz vnnd Schlegenn waidt, oder huet, busst der gemeine Ein Pfundt vnd dem der Jnn am schadenn findt, zwölf pfenning, gemeldter werung,

So mon die winter flure teilt, Soll der kuehirt mit gemeiner Herdt kuehe funf tag Jn demselben theil kurs zuuor huetten vnnd weidenn, Ehe donn der Scheffer mit schaffenn dorein treibe vnd waide. Als bald nach ausgang dieser funf tage, vnd nit ehr, sol der Scheffer mit denn schaffen Jn demselben theil waidenn vnnd huetten, vnd soll der kuehirt Jnn das anderstheil treibenn, darinne funf tage nach einander huetten

des Herzogl. Sächßl. gemeinschaftlichen Amtes Römhild.

ten vnnd waiden. Wnnd nach außgang dieser funf tag dorauffen bleibenn, vnd der Scheffer nach außgang dieser funf tag, mit schaffen Wie Im Erstenn teil flure gethan, huetten vnnd waiden.

Allso vnnd desgleichenn Sol es mit gemeiner Herdt, kue vnd dem Scheffer mit Schafen zu treibenn, vnnd zu waidenn gehalten werdenn, In dem sommer frucht flure. Der Scheffer mit schaffen sol macht habe zu treiben vnd zu waiden An allen Enden Im flure, wohin der Hirdt mit den Cleine viehe treibet vnnd waidt, So der das verbrech, Auch sonst mit Schaffenn treibenn vnnd waiden schadenn thut, so offt solchs geschicht, Soll die Bus vnd Eynnunge, verfallen sein, vnnd gebenn werden, darumb der Gemein knecht die Scheffer zu pfendenn macht haben soll, So er annders sich nit vertragen will,

Demit Eines Jdenn Schadenn bewart werden mag, soll heisurt Niemand, der geistlichen, Werntlichen, Edel, vnnd vnedelenn, vermant Einung gefreit, oder gesundert sein, Sonnder gemeiner flurschüz sol Einn jedenn, wie vonn altershero kommen ist, gethanes schadens ruegenn, vff seinenn Aydt vnnd geluebdt, so er zu solchen seinen Flurschuz Ambt Schultesenn, Schopffen, dorfsmeisiern gethann hat,

Hiesur sol kein Eynung vnd freuel Bus, vertrunken, Sonder die Dorfsmelster solle die Alle Vierttel jars zusamnen bringen. Wand solche alle Bus Schultesenn, Schopfenn vnnd der gemein, verrechnenn.

Der Schultes, die Schoepffenn vnnd Dorfsmeister sollen mecht habe, Die Bus, welcherlei die ist, nachzulassen, oder gar zu nehmen, Nach gestalt der Verhandlung vnnd besichtigung gesuegter schedenn,

Solche Einunge vnnd freuel Bus, Sollenn zweyntheill An gemeinenn Dorfsnuz volgen, gemeine dorfs beue damit zu besternn, den drittentheill solcher Einung vnnd freuel Bus sol die ganze gemein macht habenn, so sie bei einander versamlet An gemeiner Arbeit gewest, zuuertrinken, So der mherentheil der gemein derein bewilligenn thut,

Das holz so jerlich, Aus gemeinen gehölz, nach Alter gewonnheit geben wirdt, Sollenn zwernn Dorfsmeister vnnd Sechs der Eltstenn Aus der gemein darzu tuglich vnnd vermoglich, vnnd die zwen gemeine knecht, die allenn sollenn bede Dorfsmeister zu Jnn fordern, getreulich vnnd vngeuerlich, wie von Alterhero kommen ist, Einem Jeden zwolf pfenning gemelter werung gebenn, vnnd derüber kein jerung, vf die gemein geschlagenn, vnnd getann werdenn,

Doch haben wir aus sennderlicher genedigerr, gunstiger, neigung, mit der gemein bewilligtt vnnd zugelassenn, demit die seldner bei dieser vnnser gegebenn ordnung

D d 2

nung bestbos pleibenn, die mehr statlicher gehalten, mogen einen Jden selbner alein, Auf jjt gebauienn selden guet, So Er derauf seine wesentliche Wonung mit Eigenfeuer vnd rauch hat, vnnd anders nit, zu verliger Jerlicher gegebener gerthenn Holz, Noch Ein gerthen holz heifur jdes Jars einmall, Jnn solchem jerlichen gehaltausgebenn werden.

Schultes derfsmeister vnnd gemein sollen sich hinfur AfsterZegell, HolzSpizenn vnd sonst helz, das sich Jnn ausgebena außmessen wurde, zuuerkauffenn Enthalten, ob der gemeind, von Jren gemeinen Holz wie gemelt zuuerkauffenn noth wurde, Soll solch verlauffenn gescheen, mit wißenn vnd bewilligung Schultesenn, Scheepfenn, vnnd derfsmeister, vnnd soll solch keufgelt nit anders dan der gemein zu Nuz anngelegt werdenn, vnnd gebraucht, vnd durch die derfsmeister berechnet werdenn vnd Nicht vertrunken werdenn,

Wer Jnn gemeinem geheelz holz, das Jme wiekebstet, Jnn gemelner Ausgab oder sonnst durch Schultesenn Scheepfenn vnnd derfsmeisternn nit gegeben, gehauen hat, Jst die Bus onn Jdem stam zehenn Pfund, demjenen der denn abhauer an solchem schaden besicht, vnnd mit warheit furbringt, Ein pfundt Pfenning volgen, vnd pleiben, Wurdt aber Einer denn anderrn dieses holzhauens vnwarlichen furbringenn, der soll die Bus, in die Jhener verfallen were, zu geben schuldig sein,

Jder Hausgenos soll denn annderen besagen, woe Einer den anderrn am schoden sind oder des schadenns bedunkenn hat, Soll er Jnn als bald off friesckem sues zu rede seszenn, Woe Er gehauenn habe, hat er dann Ann seiner rede, nicht genugen, Als dann sol der, der abgehauen hat, verbunden vnnd verpflicht sein, mit Jm zugehen vnnd den stam weisenn. So er nit mit Jm gehen wolt, sol der so Jnn zu rede gesezt hat, dem schultesenn vnnd beden derfsmeister solchs zu erkennen geben, vnnd der Schultes sol als bald nach Jme diesem angezeigtenn sendenn vnnd Jnn solchs Holzhauens bereden, Jst dann sein Entschuldigung nit gnugsame, soll Er die peenn dieses Holzhauens neheft, hieroben angezeigt verfallen sein. So der beschuldiger vnvorhastig funden wirdt, vnnd der beschuldiger, sich beschuldigts holzhauens gnusksam Entschuldigt, soll der so Jnn vnrecht funden wirdt, dieselbenn bus gebenn. Solche bus, soll ohne wißenn des Schultesenn nicht vertragen, die auch nicht vertrunkenn, sondern Ann gemeinen Nuz gewendt werdenn,

Das gras der gemein Anspan solle bede derfsmeister vnnd zween mhenner, die sie zu Jnn bede vnnd Jren gemeinen knechten darzu liesnn, Jdes Jars getreulich

vnd

des Herzogl. Sächsl. gemeinschaftlichen Amtes Römhild. 773

vnd vngeuerlich ausgeben, darumb sol Jr Jedem zehenn pfenning gemelter Wherung, vnd kein Azung gegeben werdenn,

So Einer oder mehr vonn des dorfs gemeinen Nuz wegenn ausgesandt wirdt Ein meil wegs, oder zwue, vngeuerlich, darzu Er beileuffitg Einenn tag praucht, sol Jme zehenn pfenning zu lhonn gegeben werdenn. Bleibt er zu Nettorfft zween, dreh, oder niher tag aussenn, sol Jme jedenn tag sein lhenn, vnd jerung vierzehen pfenning gemelter Wherung gebenn werdenn,

Jeder der Jnn diesem dorf Trapstadt mit Wesen ziehenn, der soll darinne Hausgenos werdenn, derselb sol Erstlich, ehe er Jnn das dorf wesentlich kombt, von dem Herrn ganerben, vf das gut er ziehen will, glaublich vrkund vnd anzeigung, fur Schultessenn, vnd schoepfen, bringen, das der Gannerb Jnenn zu Einem vntersessen vnd Armen mhann, anzunhemen vnd haben will, so er dan tuglich, vnd annemlich, sollenn sie Jnn aunhemen, vnd kein geuerlich vnzimlich Wernung terin suchenn,

Was der Zehennd zu Drapstat gerechtikeit hat, Jst hierinn nicht begriffenn, Wir alle Ganuerbenn gesietenn hiemit vnser Jeder seinen Vnterfessen Jnn gemein vnnd Jnnsonderheit Ernnstlich, diese ordnung vnnd satzung, Jnn allenn Artickeln, Jres Jnhalts vesziglich zu haltenn, Also das vnser keiner Gannerbe, seine Vnderfessenn doselbs wider diese selbenn Ordnung vnnd satzung Jnn keinem Jtem Artickell, vnnd punctenn zu Abbruch vnd nithaltung Schuzenn, Handhaben, Noch verteidingen sollen, wollenn,

Wir alle Ganuerben behaltenn vns hiemit vor diese, hier Jnne begriffenne Ordenung vnnd satzung, Nach erheischung, vnnd erforderenn vnser vnd vnnserm Vnterfessenn zu Trapstadt Nettersit, zu Mherenn, zu Minderenn, zu Enderenn vnd ganz abzuthun. Des alles zu wherer Vrkund, haben wir obgenannte Hermann vonn gottes gnaden, Graue vnnd Her zu Henneberg, Heinrich, des Closters Theres, Johanns, des Closters Sant Michelsberck bey Veyelsdorff Abte, vnnd Valentin vnd Hans schot, fur vns vnnd alle andere mit Ganerben zu Trapstadt, vnnser Jnnsigel An diese Dorfseordnung liebells weis, geschriebenn, gehangen, Solcher Siglung wie andere ganerbenn, von vnnserm wegen, auch gescheen, hiemit Bekennen. Gebenn Monntags nach Corporis Cristj, vnd desselben vnsers liebenn Herrnn, Cristj geburt Funfzehenhundert vnnd Jm vier vnd zwanzigsten Jaren.

XXXIII.

Anschlag über die Herrschaft Römhild und deren damalige beyden Pfandschaften Lichtenberg und Brückenau.

gefertigt im Jahr 1555.

Das Schloß Römhildt mit allen seinen Gebeüdenn vffs new gebeßert vnnd zugericht, wie eß sambt dem Städtlein mit Mauer, Zwinger, Whal vnnd Graben begriffen, sambt dem Bawhaus auch dem Hoffhaus vnnd allenn Zugehörigen Gebeüdenn, die zwen Gartenn alleß in der Vorstatt gelegen, dergleichen das Hauß auff der Gartenburg mit seinen vmbliegendenn Zugehörigen Baumgarten, welches alleß frey eigenn vnnd von niemandeß zu Lehenn gehet, angeschlagenn auff fl. 30,000

Inn den Hoff zue Rombilt gehörn 290½ Acker Lanndeß, weill sie frey eigenn, wirtt jeder Acker geacht vf 20 fl. thut 5815

Mher gehört darzu 108 Acker Wiesen frey eigenn, wird jeder Acker geacht vff 80 fl. thut 8640

latus 44,455 fl.

Der Hoff zu Hayn sambt der Schefferey frey eigenn:
Das Gebeüde des Hofs vnd der Schefferey wird ahngeschlagen zum geringsten vf 1500

Zu diesem Hoffe gehören 283½ Acker Arttland frey eigen jeder Acker zu 20 fl. thutt 5670

An Wiesenwachs 53½ Acker, jeder Acker frey eigen zu 80 fl. thut 4260

Summa 11,430 fl.

Hoff zur Buchenn sambt Schefferey frey eigenn:
Das Gebew desselben Hofes vnnd Schefferey sambt dem Garten angeschlagenn nur vf 2000

Zu diesem Hofe gehören 320 Artecker frey eigen, wird jber Acker geacht, vff 20 fl. thut 6400

An Wiesenwachß 100½ Acker frey eigen jber Acker vf 80 fl. angeschlagen thut 8040

Summa 16440

Vbiettrifft

des Herzogl. Sächßl. gemeinschaftlichen Amtes Römhild. 775

Vhiettrifft.

Auf beedenn Schefferenen zur Buchen (Buchenhof) vnd Havn können der Trifft halben 2000 Schaff woll erhalten werden, welche Gerechtikeit der Schafftriffte reichlich zu achten ist of . . . . fl. 3000

So kann man auch der Triffte halben vff den dreyenn furwergen 56 melch Kuhe wohl erhaltenn, solche Gerechtikeit der Trifft sambt der nutzung des andern Rindvihes, Pferd vnnd Schwein wird geacht auch nur vf . . . 3000

Schefferey zu Alschlebenn.

Die Herrschafft hat zur Alschlebenn eine freye Schafftrifft darauf 500 Schaff können erhalten werdenn, stehet im Willkur zu belegen oder vmb ein genanntes zu vorlaßen wird sambt dem Baw angeschlagen nur auf 1000

latus 7000 fl.

Gehultz zum Hause Romhildt gehörig:

1367½ Acker ann der Steinburg
2251¼ Acker am Gleichberg
99½ Acker zue Sternnberg
121 Acker mg. ¼ zu Gollmutshausenn zu der Herrschafft dritten Theil.
Summa 3839 Acker ¼.

Teich oder Sehe 2c. vnd andere Vischwaßer.

Der Eicher Sehe hatt . . . . . 24 Acker;
Werzlbacher Sehe . . . . . 12¾ Acker
Das Seeleinn zu Gleichenberge . . . 6 Acker
Ein Helter im Neidung. Summa 42¾ Acker ohnne der Helter,
wird in eine Summe angeschlagen of 1000 fl.

So hatt die Herrschafft einen Ort Vischwaßer in der Whetr bey Beletr, ist itz verlaßenn gibt alle Wochenn vor einn Ort eines Gulden Zinnß fische; Mher hat die Herrschafft ein Bechlein zue Golmutshausen, dergleichen in der Multz zu fischenn; Solche nutzung vnnd Herrlikeit wird in einer Summa ebis Erb Kaufs angeschlagen vff 1000 fl.

Summa vor Fischerey 2000 fl.

Wein

776 Urkunden zur historisch-statistischen Beschreibung

Weinwachs.

Der Eichelberg gehört der Herrschafft hie zum halben Teill hatt
45 Acker thutt zum halben Teill . . . . 22½ Acker
Der Frauen Berg hatt . . . . 9 Acker
Summa 31½ Acker Weinwachs gute Art vnnd frey eigenn, wird
jeder Acker geacht vff 150 fl. thutt

Summa per se. . . . . 4725 fl.

Summarum der liegenden Gründe Anschlag thut außerhalb dem
Gehulz . . . . 86,050 fl.

Hernach volget die jherliche Nützung Ann Geldt, Erbzinnßen
zu Römhilde.

Der Rath zu Römhilt gibt vor den Zoll jherlich	fl. 15	—		
Gemeine Erbzinnß zue Römhilt	fl.	5 gl.	3	
Vonn den Wiesen hinter den Heusern	fl.	2 gl.	2 pf.	3
Von Weinbergen Erbzinnß	fl.	20 gl.	16 pf.	10½. In fll.
Von Baumgarten	fl.	5 gl.	7 pf.	11.
Vonn Krautgärten vnd Hopfbergen	fl.	gl.	16 pf.	6.
Vonn Wießflecken	fl.	25 gl.	11 pf.	7½
Von Artheckern vmb die Statt gelegen	fl.	2 gl.	10 pf.	3½
Summa	77 fl.	5 gl.	6 pf.	

Erbzins an Geld von den Dörfern ins Ambt Römhilde
gehörig.

Miltz	29 fl.	6 gl.	4½ pf.
Eich	11	3	3
Haynn	29	8	4½
Glauchen am Berge	29	5	5
Golmutehausen	18	—	10½
Menthausen	7	19	6
Sondheimb im Grabfelt	15	15	10½
Lindenn	8	9	—
Wüstunge Sülzdorff	5	18	3
Wüstunge Schwebbhausen	—	2	7½
Westenfeld	11	14	7½

Zeilfeld

des Herzogl. Sächßl. gemeinschaftlichen Amtes Römhild. 777

	fl.	gl.	pf.
Zeilfeld	6	16	3
Linnefeld	3	17	3
Wustung Eich'brunn	3	16	6
Wustung Autenhausen	3	—	—
Rodthausen	3	—	—
Summa	**178**	**7**	**2**

Erbzins an Gelde von den Dörfern auser der Römbildischen Zennth gelegen, von der Herrschaft freyen eigen lehngütern, darauf sie auch die Steuer hatt.

	fl.	gl.	pf.
Unsleben	—	10	10½
Schweickershausen	5	5	7½
Berckig	—	7	6
Hochheim	1	17	3
Gleichen an der Wiesen	1	2	3
Stressenhausen	1	6	—
zu Rönnigßhofen	1	13	1½
Alßlebenn	5	8	9½
Sternnberg	1	1	—
Geboltshausen	1	5	9
Errßhausen	2	9	—
Trapstert	1	15	—
Ottlmeshausen	1	1	7
Herbillstatt	—	6	9
vonn der Riedmhul	—	2	—
Summa Hg.	**25**	**7**	**6**

Erbzinnß an Gildt Schweinen

	fl.
1 Gultschweinn von des Rathsmhul zu Römhilt muß werth sein	7
1 die Gießmhul vor	7
1 die Breunßdorfer mhul vor	5
1 die Aspes mhul vor	4
1 Wendl. Hofmann zu Harn vor	4
1 Georg Zeller zu Harn vor	4
1 Simershäuser von Sulzdorff vor	4

Ersten Theils vierte Abtheil. E e   7 von

Urkunden zur historisch-statistischen Beschreibung

7 von der Besamung Schwebhausen alle zu 4 fl. thut   28 fl.
4 zu Westenfelde, eins 4 fl. werth, thut   16

Summa 18 ... Schwein ... stehet in der Herrschafft Kue
... oder das ... dafür zu nehmen, thut   79 fl.
Summarum der beständigen Erb Nutzung thut
jherlichen

               368 fl. 20 gl. 2 pf.

Volget die jhärlich steigend vnnd fallende Nutzung.

Von Schencken vnnd Kermessen

Die Herrschafft beleget drey Schencken mit Wein und Bier, als Haarn, Milz vnnd Gleichen am Berge, darauf bedarf man gemeinlich bei 60 Fuder Weine vnnd etlich Faß Bier, vnnd stehet die satzung bey der Herrschafft, wie hoch ein Maß soll gegeben werden.

Dergleichen beleget die Herrschafft 11 Dörfer mit Wein of ihre Kermessen, geht ongeuerlich des Jhars auf in 160 Eimer, wird gemeinlich das Maß vmb 1 pf. trürer gesetzt, denn es sonst of der Schencken allr. Diese beede nutzung werden angeschlagen ein Jhar dem andern zu Hülff vff   600 fl.

Ban Wein.

Vor den Bornwein wird in den Erbzinsen ein bestendig jherlich Geld gegeben, biß vfs Dorff Haren, daselbst tregt es gemeinlich in   8 fl.

Wein Zehender.

Der Weinzehend so zum Schloß Römhild gehöret, tregt zu gemeinen Jharen 15 Fuder Wein, jedes of 12 fl. angeschlagen, thut   180 fl.

Nutzung vom Gulden Zoll.

Die Herrschafft hat von jedem Fuder Wein, so darauf verkauft wird, 2 fl. zu Zoll, tregt ongeuerlich zu gemeinen Jharen   200 fl.

Vngeld vom Getrenck.

Die Herrschaft zu Römhild hat den halben teill an Ungelt vom Getrenck, in der Stadt Römhild, tregt gemeinlich des Jars   80 fl.

                           Nutzung

des Herzogl. Sächßl. gemeinschaftlichen Amtes Römhild 779

Nutzung von Weg Zollen.

Die Herrschaft hat den Weg Zoll zu Milz, Hindfeld, Gleichen-
berg, Westenfelde, Hayn, Menthausen und Zeulfeld stegt zu gemein
Ihaten in .... 70 fl.
    Summa an steigender und fallender Geld-Nutzung thut   1138 fl.
Summarum an allerley jerlicher Nutzung an Geld gerechnet. 1506 fl. 20 gl. 2 pf.

Volget die Getraide Nutzung beständiger Gült:
An Weizen

```
  6 Mlr.  —    —    —    zue Milz.
  1  —   3 Achtl. —   —  zue Gleichen am Berge.
  —  —   1 Achtl. 2 M.   zue Zeilfeld.
 10  —   7   —   1   —   zur Linnden.
 17  —   4   —   —   —   vonn den Höfen zu Alschleben.
  7  —   —   —   —   —   vom Hoff Hocheim,
  1  —   7   —   3   —   zue Eirshausen.
```
Summa 44 Mlr. 7 Achtl. 3 Mtz. Weizen jedeß Malter vf 26 gl. an-
geschlagen thutt .... 55 fl. 14 gl. 2 pf.

Ann Korn.

```
 16  —   1   —   2   —   zue Milz.
 18  —   5   —   —   —   Gleichen am Berge.
 21  —   2   —   —   —   zu Eich.
 26  —   2   —   —   —   zue Alschleben.
  2  —   2   —   —   —   zu Römhild.
  7  —   —   —   —   —   zu Hocheim.
  5  —   4   —   —   —   zu Eirshausen.
 21  —   —   —   —   —   von der Riedmhul.
  —  —   7   —   —   —   zu Ipthausen.
  3  —   4   —   —   —   zu Gebolusbausen.
  9  —   4   —   —   —   zu Golmuthausen.
```
    Summa 129 Mlr. 7 Achtl. 2 Mz. Korn jedes Mlr. pro
1 fl. thut .... 129 fl. 19 gl. 7½ pf.

Urkunden zur historisch-statistischen Beschreibung

An Gerstenn.

2 Mlr. 4 Achtl. — zu Gleichen am Berg.
10 — 7 — 2 Mß. zur Linnden.
Summa 13 Mlr. 3 A. 2 Mß. jedes Mlr. pro 1 fl. thut: 13 fl. 9 gl. 2 pf.

An Dinckell vnd Weizen Gemanck.

49 — 1 — 3 — gefelt jherlich zur Linden, als 50 sack Gemangt, helt jeder Sagt 9 Konnigshofer Achtel, thut 49 fl. 4 gl. 7 pf.

Ann Erbeis.

15 Mlr. 6 Achtl. — zue Beringen.
2 — — — — zue Zeilfeld.
Summa 17 Mlr. 6 A. Erbeiß jedes Mlr. 30 gl. thut 25 fl. 7 gl. 6 pf.

An Habernn.

18 — 3 — 2 — zu Gleichen am Berge.
17 — — — zu der Eich.
1 — 4 — zue Zeilfeldr.
49 — 1 — 3 — zur Linden.
1 — 6 — — Hof Hochheim.
47 — 2 — — zue Alschleben.
13 — 1 — — zu Königshofen.
1 — 6 — — zu Eirschhausen.
1 — 6 — — zu Iprhausen.
2 — 6 — 3 — zu Geboltshausen.
Summa 154 Mlr. 5 A. Habern jdes Malter 1 fl. thut   77 fl. 6 gl. 6¼ pf.
Summarum aller beständigen Getrende Nutzung an Geld thut   35 fl. 19 gl. 7 pf.

Volget die steigend und fallend Getraid Nutzung.

Zehendt

Die Herrschaft hat in etlichen Feldern im Amt Romhild den Garben Zehent, als im Romh..., Milzer, Eid er und Hindfelder flur tregt zu gemeinen Jharen 5 Mlr. Weitzen, das Malter pro 26 gl. thut 6 fl. 4 gl.
170 — Korn ju 1 fl. thut   170 fl. —

des Herzogl. Sächßl. gemeinschaftlichen Amtes Römhild. 781

```
 10  —  Gersteun zue 1 fl. thut         10 fl. —
  3  —  Dinckell zue 12 gl. thut         1 fl. 15 gl.
100  —  Habernn zu 1 fl. thut           50 fl. —
                                 Summa 237 fl. 19 gl.
```

Die Herrschaft hat im Amt Königshofen an etlichen Orten den Garben Zehend im Felde, nemlich zu Alßleben, bey der Ober vnnd Nider Eßfelde, zu Burghausenn vnnd Aw. Weill solcher Zehend dem Ambt Römhilt etwas entlegen, so wird derselbe jherlich vmb ein gnante Anzahl Getreyd verlaßen, tregt zu gemeinen Jharen wie volgett

```
 45 Malter Weitzen zu 26 gl. thut        55 fl. 15 gl.
 95   —    Korn zu 1 fl. thutt           95 fl. —
120   —    Haberun zu 1 fl. thutt        60 fl. —
                           Summa an Gelde 210 fl. 15 gl.
```

Zu Golmutshausen sind 25 ecker gibt jder 1 Achtl. von der Frucht die er tregt, tut 3 Mltr. 1 A. bleibt das dritte Jhar aus, tut vngeuerlich vf jedes Jhar 22 Mejen Weitzen, 22 Mejen Korn vnnd 22 Mejen Habern, macht an Geld in vorigem Anschlag 1 fl. 15 gl. 6 pf.

Herbstfutter

Es ist ein gar alter Brauch das die Herrschaffte alle Jhar etliche Dörfer belegt ein Anzal Habernn zu gebenn, heist man Herbst Futter, wird nach Gelegenheit wie der Haber gereth, angeschlagenn, bleibt gemeinlich bei volgenden Anschlag,

```
162 Malter Milz,
     60   —  Gleichenn am Berg,
     45   —  Golmutshausen,
     40   —  Eich,
     37   —  Sinndfelde,
     28   —  Sülgdorff,
     27   —  Linnden,
     22   —  Zeilfelde,
     16   —  Westennfeld Hunds Haber,
     16   —  Autenhausen. (Wüstung Uttenhausen.)
Summa 453 Mltr. Haber, jdes pro 1 fl. thut     226 fl. 10 gl. 6 pf.
```

Summarum der steigenden vnd fallenden Getreydnutzung tut an Geld 676 fl. —

Urkunden zur historisch-statistischen Beschreibung

Nutzung ann Heyzehend

Die Herrschafft hat den Hey Zehennt, zu Römhilt zur Eich vnnd zur Alß-
lebenn, tregt vngeuerlich des Jhars
    26 frohnfuder zu Römhild vnnd Eich
    5 große fuder zu Alßleben
    Summa 31 fuder sind nur vff 50 fl. angeschlagenn tut 50 fl.

Nutzung an Kleinen Kuchen Gefell bestendig.
Lambsbeuch

7 Lambsbeuch, darunter ein Oster lamb gefallen, Jerlich im
Ambt gillt jdes gern 7 ß, nur vf 4 gl. angeschlagen thut   2 fl. 7 gl. —

Zins Hammel

2 Weidhemell gefallen jherlich zu Westenfeld vnnd Ho-
heim, einner zins Talers werth, aber nur vf 1 fl. angeschlagen thut   2 fl. — —

Zins Genns

9½ Gauns gefallen jherlich Gleichen am Berg zu Zinnß,
jde vff, 2 gl. angeschlagen, thut   — 19 gl. —

Vasnacht und andere grobe Hunner

9 scho. 30½ Hünner jdes vf 1 gl. angeschlagen, welchen die
Leüt lieber den ble Hünner geben, thut   27 fl. 3 gl. 6 pf.

Erndt Hanen

9 scho. 36 Ernnbhanen einer zu 6 Abl. thut   13 fl. 15 gl.

Eyer

127 scho. 51 Eyer gefallen jerlich zu Zinnß jdes scho. zu 2 gl.
thut   12 fl. 3 gl. 8 pf.

An Zins Reßenn

  2 Große Keß, einer 1 fl. werth thut   2 fl. — —
  608½ Keß einer zu 3 neündl. thut   10 fl. 18 gl. 2 pf.
  18 Keß zu 3 neü Heller thut   — 3 gl. 4½ pf.
  208½ Keß jue 1 neüend. thut   1 fl. 5 gl. ½ pf.
  Summarum Klein Küchern Gefälle   70 fl. 11 gl. 9 pf.

Nutzung

des Herzogl. Sächsl. gemeinschaftlichen Amtes Römhild.

Nutzung vom kleinen Zehende

18 Zehennt Lemmer sind zur Eich vnnd Linden gefallen, vff 3 gl. angeschlagen, thut — 2 fl. 12 gl. —

98 Gennß sind zu Zehent gefallen in der Vorstadt, Eich, Linden, vnnd Milchleben zu 2 gl. angeschlagen, — 9 fl. 7 gl.

63 Zehenthühner zur Eich vnnd Lindenn zu 6 pf. thut — 1 fl. 10 gl. 6 pf.

12 Zehend Schweinle zu 2 gl. thut — 1 fl. 3 gl.

Der Zehennt am Obst, Rueben, Kraut, Flachs ꝛc. zusammen angeschlagen vf — 10 fl. — —

Summa Hg. 24 fl. 11 gl. 6 pf.

Gemeineinkommen

18 ℔ Vnnßlitt gefallenn Jerlich von den Metzern zu Römhild, das ℔ pro 16 pf. thut — 1 fl. 16 gl. 4 pf.

Pferde Frohnn

25 Frohn Geschirr zue Milz, die pflügen 25 halbe Hueben zum Hoff Rommilt vnnd müßen darüber fronnen, worzu man ihe bedarf, wird jeder frohngeschirr jerlich angeschlagen vff 10 fl. thut — 250 fl. — —

12 Frohngeschirr zu Westenfeld 9 frohngeschirr zue Harn pflügen zum Hoff Harn, Nemlich ihr 6 zu Westenfeld, jeder in ein Art 3 Acker, die andern 6 jeder in ein Art. 2 Acker. Vnnd die 9 Geschire zu Hayn jeder in ein Artt 2 Acker, darueber müßen sie frohnen, worzu man ihe bedarff, eine zu 10 fl. angeschlagen, thut — 210 fl. — —

14 Frohn Geschirr zur Eich
11 Zu Gleichen am Berg,
11 Zur Linden.
9½ Zu Sinnßfelde

Summa 45½ frohngeschirr dienen zum Hoff Buchen, müßen darueber wie die andern frohnen wenn man sie fordert, jedes vf 10 fl. angeschlagen, thut — 455 fl. — —

Summa der Pferd Frohn 91½ Geschirr am Gelt anschlagen vf — 915 fl. — —

Handt Frohn von den Söldners Guetern müßen fronen wenn man sie fordert

18 Hanndfröner zu Milz,
30 Zue Haru,
13 Zue Gleichen am Berg,
9 Zue Westenfeldt
9 Zur Eich,
8 Zur Linden
5 Zu Lindfeldt

Summa 92 Hanndfroner, wird jber ein Jhar uf 2 fl. angeschlagen thut ⋮ 184 fl. — —

Hierüber, wann es von nöten, müßen die Unterthanen zu Golmutshausen, Gondheim im Grabfeld vnnd Schwieckershausen, wann man sie fordert, mit der Fhur oder Hand fronen, doch geschichts allein aus Beth, wann man ihr bedarff, zu Bau oder sonst, vber solcher Frohn pflegt man ihnen zu eßen zu geben, wird derowegen in keinen Anschlag gebracht.

Frohn Geschirr

so die Herrschafft vom Closter Westerßwinckel vnnd van Closter Rhor hat.

Der Hoffmeister vfm Mönchhof muß ein starck Geschirr mit vier Pferden, uff allen seinen Costen halten, daßelbe mit Cost, Lohn, Futter, Hufschlag vnnd andern versorgen, also das die Herrschaft gar nichts darauf wendet, ohne wann das Geschirr Holtz oder anndres ins Schloß füret, gibt man zu mittag futter vnnd mhal, wann mans auch vber nacht will hinnen behalten, gibt man dem Knechte zu eßen vnnd dem Pferde vier Maß Haber, sonnst muß solch Geschirr alle Abend uff den Münchhof faren.

Vnnd wann mans ober Land gebraucht gibt die Herrschafft Zerung vnnd Huffschlag, vnnd der Hofmeister hat solch Geschirr für sich nicht zu gebrauchen; dieß Geschirr dienet ein halb Jhar genn Römhilt, das anndere gean Schwartza, alß ein viertel Jhar ombs andere, wird das halb Jar angeschlagenn uf 100 fl.

Des Closters zu Rhor Hofmann Zue Milz muß der Herrschfft auch ein starck Geschirr halten fürt Hew einn, vnnd muß faren, wann man sein bedarf sonderlich ober Land uf der Herrschafft Zerung ein Halb Jar hieher wird angeschlagen uf jerlich Nutzung nur 25 fl.

Summa Hg. 125 fl.

Summarum alles jheerlichen einkommenß oder Nutzung 3904 fl. 16 gl. 6 pf.

des Herzogl. Sächsl. gemeinschaftlichen Amtes Römhild.

Amt Lichtenbergk.

Ist berechnend worden von Petri 1553 biß wieder vf Cathedra Petri 1554.

Einnahme.

82 fl. 1 ℔ 6 pf. 1 Hl. Erbgeld Zinß Michaeliß
27 fl. 2 ℔ 12 pf. — Banwein Geld
155 fl. 1 ℔ 28 pf. 2 alted. Kirmeß Wein Geld
4 fl. 4 ℔ 8 pf. — außfruchtenn gekauffte
3 fl. — — — vor ein Kalben eingenommen
236 fl. 4 ℔ 23 pf. 1 altend. ist der Holzforster schuldig blieben P. Rest ann Holzgelde vnnd sonnst im Beschluß seiner lq. Jar rechnunge. Summa 509 fl. 3 ℔ 13 pf. 1 Hlr.

Darueber einkommens.

8 Walpurg Kuhe seint gegen Romhillt geantwortet.

Ann Getraidich

97 Malter 16 Maß Korn, Fladinger Malter
13 Meinunger Malter 15 Maas Korn,
42 Fladinger Malter 6 Maß Hafern,
76½ Meinunger Malter Hafern.

Wird das Malter Korn zu 2 fl. gerechnet thut   212 fl.
Jedes Malter Hafern zu 13 ℔ 2 neued. thut 11 gl. 6 pf. dieser Münß thut   64 fl. 18 gl. 9 pf.

Summa was das Ambt zu Lichtenberg zu gemeinen Jharen tragenn mag an Gelde und Früchtenn   785 fl. etlich ℔

Hierinn sind die 8 Walpurg Kühe nicht gerechnet. Zu gedencken: Aus dem Ambt Lichtenberg mögenn zu gemeinenn Jarenn verkaufft werdenn inn die 100 Acker Holz mher oder weniger, darauf werdenn gekaufft inn die 200 fl. mher oder wenig, seind 2747 Acker Holz

Brückennaw

Tregt jerlich 30 fl. Nutzung ꝛc.

XXXIV.

Johann Friderich der mittlere und Joh. Friderich der jüngere, Hertzoge zu Sachsen, befehlen daß die Adeliche und andere Personen über ihre Zins- und Lehnleute in der Herrschaft Römhild keine Iurisdiction haben sollen.

den 25ten Januar 1557.

Von Gottes Gnadenn Johanns Friderich der mitler vnnd Johanns Friderich der Jünger, Gebrüder Hertzogen zu Sachßen rc. Lieber Getrewer, Wir haben deinen Bericht, uf Hansen vonn Bibra Klageschrift, etlicher seiner angezogenen, vngehorsamen Lehenleute vnd derwegen für seinen Gericht angestellten Rechtfertigunge halben, hoeren lesen. Wann wir dan, aus hieuerigen vnnd itzigen deinem Bericht, den du dem vhesten vnserm Hofmeister Rath vnd lieben getreuen, Wolfen Mulichen in Schriften gethan, auch den oberschickten Verzeichnis, vermerckt, das in dergleichen Fällen, so sich hieuorn, bei dem Dechante zu Schmalkalden, dem Probst des Closters Rhor Frantz von Berga, auch zugetragen, keinem von Adel, durch Graf Hermann, vnd Graf Bertholden, nachgelaßen, noch verstattet worden ist, Inmaßen solliches die Eltisten, neben den Schultheißen zu der Linten vnd zu der Eiche, in irer Aussage, auch Berichten, vngeachtet, wie es sonsten, in vnserm Ort Lande zu Francken, breuchlichen, das Bibra oder andere die lehenleute, so eine Mittel, in vnnser Herrschaft Römhild gesessen, vor Ire Gerichte citiren, vnd die Sachen rechtfertigen haben muegen, sondern solchs hat der Graf Hermann vnd Graf Bertolden von Henneberg seligen gesucht vnd geortert werden, Als wißen wir vnnser Herrschaft an iren hergebrachten Gebrauch zu Nachtheil, oder Einführung keine Neuerung vsbringen zulaßen. Begeren auch vor vns vnd vnsern abwesenden freundlichen lieben Brudern Hertzog Johans Wilhelmen zu Sachßen rc. du wollest ob solchen Brauch halten, wie wir dann gedachtem von Bibra solchs hierneben auch geschrieben angezeigt haben. Würdet ehr aber seine lehenleute zu Gain gegen dir beklagen, Ime alsdann schleunige vnd gebuerliche Rechten, wie es diesfalls breuchlich vnd Herkommen, zur Billigkeit widerfahren zulaßen, wolten wir die hinwider nicht bergn vnd geschiet daran vnsers lieben Brudern vnd vnsere Meinunge, Datum Weimar, Mittwoch nach Conuersionis Pauli Anno Dnj 1557.

An den Amtmann Wolf Bleuerlein zu Romhild.

XXXV.

des Herzogl. Sächßl. gemeinschaftlichen Amtes Römhild. 787

XXXV.

Kaiser Maximilian II. belehnet Herzog Johann Wilhelm zu Sachsen für sich und anstatt Herzogs Johann Friederichs des mittlern mit den zur Herrschafft Römhild gehörigen Reichslehnen.

den 25ten May 1566.

Wir Maximilian der Ander von Gottes genaden Erwelter Römischer Kaiser, zu allen Zeitten Merer des Reichs, ꝛc. Bekhennen offentlich mit diesem Brieffe, vnnd thuen khundt allermenigklich, Alß onns der Hochgeborne Johanst Wilhelm, Herzog zu Sachsen, Landtgraff in Düringen, vnnd Marggraue zu Meissen, vnnser lieber Ohaim vnnd Fürst, für sich vnnd an statt seiner lieb Brueders, Johanß Friedrichen des Mittlern Hertzogen zu Sachßen ꝛc. selbst Persönlich vnderthenigclich zu erkhennen geben, das Er vnnd obgedachter sein Bruedere vmb Erwelterung willen Jree liebden Fürstenthumbs sich vorschienes Funff vnd funffzigisten Jars mit den wolgebornnen vnnsern vnnd des Reichs lieben getrewen Hannß Georgen vnnd Hannß Albrechten Grauen zu Mannßfeldt ꝛc. für sich vnnd von wegen der andern Jrer Bruedere vnnd Vettern vmb die Herrschafft Römhilt an Je, der Hertzogen zu Sachssen, Orth Lanndt zu Franckhen stoßende, welche sie die Grauen zu Mannßfelde von weillendt dem hochgebornnen vnnserm vnnd des Reichs Fürsten vnnd lieben getrewen Berchtolden Grauen vnnd Herrn zu Henneberg käufflich an sich bracht, dermaßen eingelaßen vnnd verglichen, das Jre liebden dieselbe Herrschafft Römhilde fürder zum Thail vmb ein ander Stück Guet gewechselet, laute vnnd vermuge des Khauff vnnd Wechßels Brieff, so vnns darneben Jn Originali vnderthenig ist fürgetragen worden, Mit angehefster vnderthniger Bitt, Das wie alls Erwelter vnnd Regierender Römischer Kaiser seiner lieb vnnd gedachtem derselben Bruedern die Lehen vnnd Stuckh zu gedachter Herrschafft Römhilde gehörendt vnnd von vnns vnnd dem heilligen Reich zu Lehen ruerende, Mit Namen das Gericht zu Bernhausen halbs mit seiner Zugehörunge, Jtem Jrem Thail am Wildtpan in dem Düringer Walde, vnnd sonnsten die Wiltpane in derselben Herrschafft Römhildt gegenhalt, Jtem die Zehendt vnnd Galgegerichte zu Römbildt vnnd den Zoll daselbst, Das Galgegerichte vnnd den Zoll zu Münerstadte halb, Jtem den Pfan derselben Gericht, Jtem darzu ob sie, oder Jre Erben Ichts Ertzs erfunden, es sey Goldt, Silber, Khopffer oder andere Ertze, wie das Namen hat Jnn der Herrschafft Römhilt gegenhalt, auch anders wo auf den Jren, das Jre liebden vetzo Jnen haben, oder hernach an sie khommen möchte wie sich das begebe daden oder

Jſ 2

oben

oben der Erbten, Auch ob Jemandt der funden hette oder funde, an obgeschrieben
oder andern Enden des Erdtreichs, daran sie durch Khauff, anfell, Erb, Gabe oder
anders Theil oder gemain hetten, oder gewunnen, das sie das nemen vnnd haben sollen, Item das ein Jeder, so hievor aus gedachter Herrschafft vnnd Gebietten Römhilt Wein Furen wurde, von Jedem Fueder einen Gulden Reinisch Jnen aufzurichten vnnd zu bezallen schuldig sey, vnnd das sie solchen auffschlag allenthalben in gedachter Jrer Heerschafft Gebieten vnnd Straßen von einem Jßlichen, was wirden
stats oder wesens der ist, ohne menigelich Irrem oder einreden auffheben, einnemmen,
erfordern, Nutzen vnnd gebrauchen, vnnd solchen aufzuheben durch Jre Dienere vnnd
Ambtleute nach Jrem gefallen vnnd Notturfft ordenen vnnd bestellen, auch die so solchen auffschlag wissentlich obersuren, verpergen, oder verhalten wurden, straffen vnd
straffen lassen sollen vnnd mugen, als in andern Fürstenthumben vnd auffschlagen
Recht vnnd gewohnhait ist, zu lehen zuuerleihen genedigclichen geruechten, Des haben wir angesehen solche vnnsers lieben Ohalm vnnd Fürsten Hertzog Johans Wilhelmen zu Sachßen vnderthenige Bich, Auch die angenemen nutzlichen vnnd getrewen Diennsten, die seiner lieb vorfarn vnnsern vorfarn am Reich offtmals willig-
clich vnnd vnuerdrießlich gethon haben vnnd sein lieb vnns vnnd dem heiligen Reich
hinfüron zu thuen sich vnderthenig Erpeüt auch woll thuen mag vnnd solle, Vand
darumben die vorgemelten Stucke vnnd lehen mit sambt Jren Rechten vnnd Zugehörungen, auch die Ehegeruerten Penn vnnd auffschlege, wie solches alles an obgemelte
Hertzogen zu Sachssen khomen vnnd hievor Graff Albrecht vnnd Graff Bertolt
von Senneberg von vnns anstat und von wegen weilandt Kaiser Karls des Fünfften vnnsers lieben Herrn Vettern vnndSchwehers hochlöblicher vnnd milder gedechtnus zu lehen empfangen, gebraucht, vnnd nach Jnen gedachte Grauen zu Mans-
feldt herbracht, Jme Hertzog Johans Wilhelmen auf Dißmal aus beweglichen
vrsachen allein, ene seiner lieb Bruedern Hertzog Johans Fridrichen, zu seinem ge-
purendem Thail zu genedigclich verliehen, Also das Er die von vnns vnnd dem heiligen Reich in lehensweise Innehaben, nutzen vnnd niessen solle vnnd mag, allsdan
solcher lehen Recht vnnd gewonhait ist. Das auch Er vnnd Jre Erben sich aller
Fürstlichen Oberkhait, Satzungen, gnaden, Freyhaiten Recht, Gerechtigkhait, vnnd
guete gerrenhalt in Metallen, Zöllen Meilen Gleiten, Müntzen, in allen denen vnnd
andern Dingen, Je gemain vnnd sonderhait, wo Jnen das Eben, gebrauchen, Nutzen vnnd niessen mögen gegen vnnd von allermenicclich vnnerhindert, leihen Jm die
auch also wissentlich in Crafft diß Brieffes, was wir Jme daran von Recht vnnd Bil-
ligkhait verleihen sollen vnnd mögen, doch vnns vnnd dem Reich an vnnsern Obrig-
khaiten

thalten vnnd Gerechtigkhalten vnnd sonnsten menigclichen an seinen Rechten vnuerjgreifflich vnnd vnschedlich, vnns hat auch darauff obgemelter Hertzog Johann Wilhelm zu Sachssen selbs personlich gewondlich gelubdt vnnd Aydt gethon vnns vnnd dem Reich getrew, gehorsamb vnnd gewertig zu sein vnnd zu thuen, alß sich von solcher lehen gebürt, ongeuerlich, Mit vrkhundt diß Brieffs besigelt mit vnnserm Kaiserlichen anhangendem Jnsigl. Geben in vnnser vnnd des Reichs Stat Augspurg den Fünff vnnd Zwaintzigisten Tag des Monats May, Nach Christi vnnsers lieben Herrn Geburt Junffzehenhundert vnnd Jm Sechs vnnd sechtzigisten vnnserer Reiche des Römischen Jm Wierdten, des Hungarischen Jm Dritten vnnd des Behemischen Jm Achtzehenden Jaren.

Maximilian.

Ad mandatum sacræ Cæsareæ Mtis proprium

Haller.

XXXVI.

Kaiser Maximilians II. Pönalmandat an den Hertzog Johann Wilhelm zu Sachsen, die von demselben geschehene Entsetzung eines Kl. Bildhäuser Priesters von der Pfarrei zu Rodhausen betreffend.

den 30ten July 1568.

Wir Maximilian der Ander von Gottes Gnaden Erwehlter Römischer Kayser zue allen Zeiten Mehrer des Reichs, ꝛc. Entbiethen dem Hochgebornen Hanns Wilhelm Hertzogen zue Sachsen, landtgrauen in Türingen vndt Marggrauen zue Meißen, onsserm lieben Oheimb vndt Fürsten auch onsern vndt des Reichs getrewen Caspar Bopp Ambtmann zue Römhiltt vnser Gnad vndt alleß Gutz.

Hochgebohrner Oheimb vndt Fürst,

Vnserm Kayserlichen Cammer Gericht hatt der Ehrwürdtig Friederich Bischoff zue Würtzburg, onser Fürst vndt lieber Andechtiger mit Clag fürpringen laßen, wiewohl in des heiligen Reichs Abschieden vndt Ordnungen vielfältig vndt wohl versehen, daß keiner, Waß Würdten, Standts oder Wesenß der sey, vmb keinerley Vrsachen willen, wie die Nahmen haben möchtten, auch in waß gesuchten schein daß geschehe, den andern seiner Possession, Jnhabenß oder Gerechtigkeit, eß wehren Schleß, Dörfer, Kirchen, Closter, Claußen, Zinß, Gulten, liegendt vndt fahrendt Haab vndt Güetter, vnde aller anderer Gerechigkheit nichtes außgenohmmen mit gewehrter Handt vndt gewaltigen Thatt, freuentlich entsetzen, noch seine Vnderthanen abziehen vndt fahenn, sonder seiner angemaßter Spruch vndt Forderung halb daß ordentlich recht gebrauchen vndt sich deßelbigen Außtrags in Allweg fertigen vndt benügen laßen solle, vndt das auch auff jüngst Anno Fünfzig fünff zue Augspurg gehaltenem Reichßtagh vndt anderem verabschiedt, daß ein jede Obrigkheit gaistlich vndt weltlich die Anderen vndt derselben Vnderthanen bey der Religion, Glauben, Kirchengebreuchen, Ordnung, Ceremonien, Bestellungen der Ministerien, Kirchendiener vndt Pfarrern vngeirrth vndt vnbetriebt bleiben, auch mit der Thatt oder sonst in Vnguetten gegen denselben nichts fürnehmen sollen, bey Vermeidung der Pen im offgerichtem Landtfrieden begriffen. Wiewohl auch das Closter Bildthaußen, so vnter dem Stifft Würzburg vndt des Clegers Andacht alß ordinario vndt landtsfürsten, ein Dorff Rodthausen genandt, nit weit von Römhildt gelegen, habe, deßen Grundt vndt Boden deß Closters aigenthumb sey, auch auff leutten vndt Guettern die Vogteylich Obrigkheit mit Gebotten vndt Verbotten je vndt alwegen wie noch geruwigh vndt vnwidersprechlich hergebracht, allein daß sie mit der Hohen zentbahrlichen Obrigkheit in die Zent Römhildt gehörig, daselbst das Closter seine aigen. Behausung für sich vndt des Closters Gesündte, dorinnen ein Priester dieß Ordenß, als ein Caplan, von deß Closters einkhommen allein vnderhalten würde, off welcher Caplaney hievor ein Priester durch den Abbtt geordnet worden, also daß vielgemelt Closter angeregter Caplaney vndt derselben Versehung in geruwiger possession vel quasi von vnuerdenklichen Zeiten hero je vndt alwegen gewesenn, vndt altem Herthommen nach sein vndt pleiben sollte. Jedoch vndt deßen allenß vnangesehen so habe sich dein, vnsers Fürsten lieb, Ambtmann zue Römbildt obgemelt, vnderstanden, vielgemelte des Closterß Caplaney zu Rodthausen mit der Thatt ihreß Gefallenß zue bestellen vndt zuuersehen, Nemblich alß gemelte Caplaney zu Rodthausen den drey vndt zwanzigsten Aprilis jüngst verschienen vacirt vndt ledig gestanden, vndt vorgemelteß Abbiten zue Bilthaußen alten Herkhommen nach Godefriedt Webner seinen Conuentualen off die Caplaney alßpaldt geordnet vndt eingesetzt, sey folgendts den Sechs vndt zwantzigsten gemelts Monats hernacher zue frie omb achte Vhrn der Römhildischer Lautknecht kommen, von deiner lieb wegen, dem Caplann in Beyseion Valten Kern Derßmeister fortt vndt außgebotten, mit solchen Wortenn, Er soll sich kurz vmb packhen vndt trossen, auch alßpaldt des Abbts heiligenmeister daselbst gebotten, daß sie noch deßelbigen Tageß ihren habenden Kirchen Schaß f dir dem Ambmann ghein Römhildt priuzen sollten, so lieb ihnen dein lieb ware, welches bemelten Heiligenmeister, vermög ihrer dem Abbtt gethaner Erbhuldigung f Jahren alt gehören wollen, off solchs den Neun vndt zwanzigsten Aprilis seit zu gemelter Ambtmann am

Morgen

des Herzogl. Sächsl. gemeinschaftlichen Amtes Römhild.

Morgen mit 6 Pferdten vndt vngeuehrlich mit einhundert vndt achtzig fußgenger wohlberehrten Mannen in das Dorff Rodthausen vndt fürtreß stradhs für offtge= melte Caplaney landtfriedebrüchiger Weiß geritten, vndt den obgenantten Caplan mit vngestüm zue dir herausgefordertt vndt ob er bleß Ortts nicht weichen wolle, wie dan keiner Lieb Beuelch wehre, zum drittenmahl ernstlich besragt, alß er aber ohne Be= uelch des Abbts nit abtretten wollen, hettestu bemelter Ambtman letzlich ihnen den Caplan Gottfriedt, vber alles flehen auch rechts erbietten durch den Römhiltischen zenttgraffen alßpaldt gesengklich angreiffen vndt nach Römhilt gewalttheiger weiß schleppen lassen, hierüber an dieser onbefugten gewalsamen Thatt noch nit ersettigt, sondern hernach, dem obahngezogenen Religionsfrieden zuwieder, einen Praedicanten von Coburg, anstatt deß hinweggefürtten Caplans, in die Caplaney würckhlichen ein= gesezt vndt zue predigen dhaseibst eingetrungen vndt offgestelt, mit angenckten betro= wen, wo die Gemein zue Rodthausen denselben Praedicanten nit predigen hören oder haben woltten, daß sie fünfzig Gülden zu Straff verfallen sein vndt vnablessig be= zahlen sollten. Dieweil dan solches alles gemeinen beschriebenen Rechten, Consti= tutionen, Satzungen, Ordnungen, vndt Religion Frieden zuwieder beschehen, auch seiner deß von Wurtzburg Andacht, alß ordinarien vndt landesfürsten, solche gegen seiner Andacht Abbt zue Bildhausen vndt deßelben Vnderthanen zue Rodthau= sen geübte gewalsame zue gedulten keins wegs gebühren, sonder solches gegen dir, vnsers Fürsten Lieb, vndt dir mit Recht auszuesühren gemeint, dardurch die Peen deß Landtsriedens ohngezweisselt verwürckht vndt mit der Thatt darein gefallen wehrent, darauff, vmb ladung vndt Mandat sampt anderer Notturfft Rechtens seiner Andacht gegen deiner Lieb vndt dir, sambt vndt sondern zu erkennen vndt mittzuethailen demütigst Vleiß anrueffen vndt bitten laßen, auch demnach erlangt, daß dieselben seiner An= dacht nachfolgendermaßen erfolgt worden sein. Darumb so heischen vnd laden wir dein Lieb vnde dich von Röm. Kayserlicher Macht hiemit sambt vndt sonders, daß ihr off den viertten Tag schierst künfftiges Monats Octobris, welchen lersten vndt endlichen Rechtstag wir euch für den Ersten, andern, dritten letzsten vndt endtlichen Rechts= tag setzen vndt benennen peremptorie, oder ob dieselbe tag nit ein Gerichstag sein würde, den negstenn Gerichstag darnach selbst oder durch einen Vollmechtigen Ahn= waldt an demselben vnnserm Kayl. CammerGericht erscheinet, zusehen vndt hören, Euch vmb oberzehlter angebener gewaltsamer Thatten vndt Handelung willen, in die Peen berürter Rechtten, Satzungen, Ordnungen, vndt Religion Friedenß, sender= lich aber vnsers vndt des heiligen Reichs Acht gefallen seyn, mit Verhell vndt Rechts= sprechen erkennen ercleren, vndt öffentlich denuncijren, auch darüber notturstig proceß
ausge=

791

außgehen zue laßen, oder aber rechtmeßige Innreden, ob ihr einige hettendt, warumb solches nicht geschehen solle, wie sich gebürth, in Recht für zubringen. Wir gebieten auch deiner vnsers Fürsten lieb vndt dir von obgerürter vnserer Kayserlichen Macht bey Peen Zehenn Marckh löttigß Golts, halb in vnser Kayserliche Cammer vndt zum andern halben theill ermelden vnsern clagenden Fürsten vnableßig zu bezahlen, hiemit ernstlich vndt wollen, daß dein lieb vndt du innerhalb achtt tagen die negsten nach Vberandtworttung dieß Brieffs obgemeltenn Abbt zue Bildhaußen vnde deßelben Caplan berürter abgetrungener vndt eingenhommener Caplaney zue Rodthaußen restituiret, vndt ihm dieselbe wiederumb einraumet vndt in deme nit vngehorsam seyet, alß lieb euch seint obberürtte Peen zuvermeiden, vndt hieran erzeiget ihr auch vnsere ernstliche meinung. Wofern aber dein Lb vndt du itzo angeregts vnsers Keyserlichen Gebots solcher restitution halber beschwehrt zu seyn, vndt dagegen erhebliche einreden, warum sie solchem zue gehorsamen nit schultig zue haben vermeintet, alßdan so heischen vndt laden Wir dein lieb vndt dich abermalß von vielberürtter vnser Kayserlichen macht hiemit sambt öndt sonder, daß ihr off hieoben bestiembten termin den virtten Octobris schirst künftig, welchen Wir euch ebenmeßiger gestalt, wie obstehet, darzu benennen vndt ansetzen, selbst oder durch ewren vollmechtigen Ahnwaldt an mehrgedachteun vnserm Cammer Gericht erscheinet, solche inreden, wie sich gebürtt, in recht fürzuebringen, vndt thoruber bemelts vnsers CammerGerichts entscheidts zue gewartten. Wann ihr kommet vndt erscheinet alßdan also oder nit; So würdt nichts destoweniger in beiden obgerürten Sachen, erclerung der Peen fäll halben vndt andermergehen, als sich daß dem Rechten vndt obbrürtter vnser CammerGerichts Ordnung nach gebürtt. Darnach wiße dein lieb vnd du sich zue zu richten. Geben in vnser vndt des Reichs Statt Speyer am dreyßigsten Tag des Monats July nach Christi vnserß lieben Herrn Geburth Fünffzehenhundert vndt im acht vndt Sechzigsten, vnserer Reichen deß Römischen im Sechsten, des Hungarischen im fünfften, vndt des Bhheimbischen im zwantzigsten Jaren.

Ad Mandatum Domini electi Imperatoris propriam.

Wernher Koch, Dr,
Verwalter.

XXXVII.

des Herzogl. Sächßl. gemeinschaftlichen Amtes Römhild 793

XXXVII.

Receß zwischen Johann Casimirn und Johann Ernsten Herzogen zu Sachsen, und dem Stifte Würzburg wegen verschiedener Irrungen.

den 15ten Octobr. 1604.

Zu wißen rc. Als unlangsten der Hochwürdig Fürst vnd Herr, Herr Julius Bischove zu Wirtzburg vnd Herzog zue Francken rc. die Durchlauchtigen Hochgebornen Fürsten vnd Herrn, Herrn Johann Casimirn vnd Herrn Johann Ernsten Gebrüdere Herzogen zu Sachßen, Landgrafen in Düßringen, vnd Marggrafen zu Meißen rc. wegen etlicher nachbarlicher zwischen allerseits Fürstl. Partheien sich erhaltender Irrungen, vermöge des heil. Reichs Außtrege, zu recht erfordert, darauf auch von Seiten hochgedachter Herren Herzogen zue Sachßen die Benennung vier Fürsten, nach inhalt obangezogener Außträg in gebürender Zeit, aber mit dieser neben erclerung eruolgt, Jren Fürstl. Gnbl. Fürstl. Gnbl. darbeneben nit zuwieder, daß diese Nachbarliche Irrunge dem rechtlichen angestellten Proceß vnuersenglich zue gütlicher Tractation vnd Handlung gezogen, vnd ob etliche derselben, den rechtlichen Proceß dadurch zue Kürzen vnd also zu Beförderung gutlich hin- und beygeleget werden möchten, zu uersuchen, daß demnach uf erfolgte veranlaßung beederseits Fürstl. Partheien Abgeordnete, am nechst abgeloffenen — — dieses Monats Octobris früet Tageszeit alhier zusammen zue kommen doselbsten dieser gütlichen vnuerbündlichen Vnterhandlung, (Jedoch der requisition entstehender Gültigkeit in allweg vnuorgreiflich) einen glücklichen Anfang vnd wo müglich gewündscht das end zue machen. Ob nun wohln hierauf von dem Wirzburgischen, vermög ihrer habenden Instruction vnd bey Anfang der Handlung verglichener Ordnung nach, erstlich drey Haupt Puncten, benantlich der Verspruch der dreier Dörfer Wazendorf, Goßenberg vnd Newsee, sodann die Pfarr Bestellung, Item Volg, Musterung, Vflegung vnd Besichtigung der Wehre zue Rothaußen, von den Sechßischen Abgeordneten aber der verspruch ober Sennendorf, die Frohn vnd Stewer der Sechßischen Lehenleüth zu Alßleben, wie auch Schenckrecht vnd Ungelt oder Trancsteuer doselbsten proponirt vnd von denselbigen Anspruch discuriret vnd gehandelt worden.

So hat sich auch bey solcher Handlung befunden, daß die Sachen ie lenger je weitleüftiger vnd also beschaffen, daß one rechtliche erörterung derselben nit wol abzuekomen, angesehen werden wollen; Wann aber vnter andern souiel dabey vermerckt, im Fall der zuuor mehrmals angedeute Außwechßel der Sechßischen Lehenleute zue Königshouen, Alßleben, Jpthaußen vnd anderer Orten seinen Vortgang erreichen möchten, daß dardurch der strittigen Puncten viel vor sich selbsten fallen vnd ferners zue anthen nit mehr not sein würden, vnd gleichwohl weder die Wirtzburgische noch Sächsische dieses Auswechsels halb gnugsame Instruction gehabt, Also haben es allerseits Fürstl. Abgeordnete ad referendum angenommen, ob mit diese angezogene Sechsische lehen sambt denjenigen, so dem Fürstl. Hauß Sachßen durch Abteiben beree von Grumbach an- vnd heimbgefallen, gegen den Fürstlichen Wirtzburgischen Herbilstattischen lehen zu Hain möchten außzuwechseln sein vnd daß vf den Fall allerseits Fürstl. Partheyen mit solchem Außwechsel zufrieden, die Anschleg der letzen vnd Gütter so außzuwechseln, vf einen gewissen tag, (dessen man sich in Schrifften zuuergleichen) gegen einander vberschicket, also dann sichs vfs förderlichste einer andern Zusammen Ordnung dero Cammer Rethe verglichen werde, welche solcher Anschleg halber mit einander communiciren, dieselben gegen einander abziehen vnd vergleichen, vnd also diesen Außwechsel abhandeln sollen.

Nechst diesem haben die Fürstl. Sechßl. Abgeordneten sich auch beschweret, als ob die Fürstl. Wirtzburgil. Beambten zu Gefilach vnd Wettringen in die Sechßische vogtbare sonst aber Wirtzburgisch zehnibare Dörffer Linden, Naßach vnd Gemünden eingefallen, darauß etl. Maleficanten abgeführt, darunter dann der Hannß Dheinett zu Naßach thot blieben, wie auch aus dem Schönstettischen Hauß Dürrenriede etliche Korn Garben anstatt des gefoderten Püttelleibs abgenommen, mit vnbösendigem Begehren, daß derenselben sich forders enthalten, auch der Zentgraff zue Wettringen vermög Kayser Carls Peinlicher HalßGerichts Ordtnung gestrafft werde.

Hierauf nach weitleröfftiger Vnterredung diese Sach endlich dahin gestellet werden, daß zue Verhütung solcher geclagten einfell der Herrn Herzogen zue Sachßen Fürstl. Gnaden Jren Vntertanen zue gemelten Linden, Naßach, Gemünden, vnd anderer Ortten, die jederzeit bey Jhnen befundene Maleficanten, dem herkommen gemeß, an die Zent forderlich zue liefern vnd zur solchen einfellen nit Vrsach zue geben, ernstlich anzubefehlen, oder of dessen Verbleibung dem Stifft Wirtzburg als Zent herrn der Angriff berürter Ortten vnbrachtermaßen pleiben soll, weil aber den Fürstl. Sechßl. Abgeordneten diesen Angriff anders nit, denn allein, daß vor demselben die Beambten, vnd uf deren Verwegern die Herrn Herzoge zue Sachßen ersucht werden, geständig sein wellen, Alß haben sie diesen Puncten allein ad referendum angenommen.

Jnmaßen denn auch die Fürstl. Wirtzburgl. Abgeordneten die Zentgrafen zu Wettringen B-straffung vnd was derenthalber errinnert worden, ebenmeßig ad referendum augenommen haben. So haben auch die Fürstl. Sechßischen der noch hin-

tersten-

des Herzogl. Sächßl. gemeinschaftlichen Amtes Römhild. 795

ceffentigen Trapstettischen Irrungen halben Anregung gethan, die Wirtzburgischen aber vf dieselben vor diesesmal nit instruiret gewesen, Alß haben sie solches bey ihren gnedigen Fürsten vnd Herrn vnterthenig zu erinnern sich gleichergestallt erbotten, dessen zur wahren Vrkundt ist dieser Receß gezwiefacht mit allerseits Fürstl. Abgeordneten Hondtzeichen vnd Petschafften bekrefftiget. Actum Trapstadt den 17 Octobris Anno 1604.

Erhard v Lichtenstein Domherr	Johann Servatius v. Demantstein	H. E. Brandt	Johann Michael
Volckmar Scherett	Valtin v. Selwitz	Christoph Sundt	Johann Bechstett D.
Philips Beck	Johann Stamberger	Thomas Mey	Johann Franck.

XXXVII.

Vertrag zwischen Hertzog Johann Casimir zu Coburg und denen von Heßberg zu Bedheim die Regulirung der strittigen Jagd betreffend.

den 26ten Juli 1605.

Von Gottes Gnaden Wir Johann Casimir Hertzog zu Sachssen Landgrave in Düringen vndt Marggrave zu Meißenn, Bekennen vndt thun Kundt menniglichenn, Demnach sich zwischen vnser Herrschafft Rombildt, vndt Philipßen von Hespergk seligen Hinderlaßener wittbenn vndt vnmundigen Sohnen zu Bedtheim wegen der Jagten am Roderknock, Kleebergk vndt Kornbergk, deßgleichen Hetzenreitenns im Lindener Fluer, allerhandt Irrungen vndt Zwiespaltt erhalten, Zu deren eroeterunge wir vor deßen Comißarien verordnet, welche nicht allein den Augenschein sondern auch lebendige Kundtschafft mitt abhorunge etlicher Zeugen hinc inde eingenommen, Wir aber für rathsomb angesehen, daß Zuvorhuttunge weittleufftiger Rechtfertigunge, Diesem stritt in der gutte durch billichmeßige Wergleichunge abgeholffenn werde,

Als haben wir beides gedachter vnser herrschafft Haubt: vndt Ambtmann, so wohl der wittben vndt Kinder angewandte Freunde vor vnsern Canzlarn vndt Räthen den 25 July dieses noch instehenden 1605 Jahres alhier zu erscheinen, auferlegt,

Ihnen

Ihnen auch ſouiel muglichen den entſtandenen Irrungen der billigkeitt gemeß abzuhelffen, beuohlenn, Darauf dann die von vns angeordnete Vntterhandtelunge au-
geſtellet, Auch die wittbe vnſern lieben getrewen Philip Fuchſſenn zu Schweins-
haubtten, Philip Chriſtoffen zu Bockſtedt vndt Etzhauſen, BurgRhardten
beiden von Heſperngk gnugſame Volmacht darzu vbergetregenn, Wiewohl wir nun
auß gedachter vnſerer Canzlar vndt Räthe vntertheniger Relation ſobiel vermerckt
vndt verſtanden, Das erwentte Freunde vf fürgewendeter hergebrachter poſſeſſion
beruhett, die vnſer Ambtmann zur notturfft wiederſprechen tar neben auch allerhandt
bericht gethann, auß was Uhrſachen die geruembtte poſſeſſion vndt herkommen ihnen nicht zu verſtatten, So habena wir doch entlichen zu der maßl einſten richtiger
abhelffunge aller dieſer Jagts Irrungen, Vus vf nachvolgende maß ercleħret, vndt
gnedig gewilliget, Welches auch die von Heſpergk in angeregter Volmacht der witben ratificiret, beliebet vndt ihnen gefallen laßen, Das nemblichen Die von Heſpergk, Als Inhabere des Ritterguts Bedtheimb vndt ihre nachKommen, Die
kleine Jagten auf dem Roder Knock haben vndt behaltten auch denſelben ſowohl
die Roder ſelber des nachts mitt abſchrecken vndt verziehen, Item mit Neuleßen,
wie ſie dieſelben vor deßen exerciret, biß vnden an die ſtraß gebrauchen; jedoch nach
dem Heff Buchen ober den Bruchbach das verlappen wie auch der Tageſtallung
deßen orts ſich enthaltenn ſollen.

 Betreffendt für das andere den Kleebergk, haben wir der witben vndt Ihren
Sohnen, nicht alleinn die Nachts- ſondern auch die Tageſſtallung vndt was derſel-
ben anhengig, gnedig bewilliget, Jedoch ſollen ſie vf der Rieder markung bleiben,
vndt ſich des Retzen vndt ſchwarzen wildtbredts, ſowohl der Rehe Jagten, item
dem ſchießens Inn vndt außerhalb der Stallungen, Eintemahl ſolches vnſer wildt-
fuhr zu nachtheill gereichet, Immaßen ſie auch hiemit vntertheniğ verſprechenn vndt
zugeſagt, gentzlichen enteußern, Do ſich auch etwas von wildbredt vndt Reßen im
verzießen befinden, oder vnſer Forſter zur Hattenburgk ihnen davon meldunge
thun wurde, Das Jagen, biß wir daßelbe hinwegk gefangen, an denſelben ortten
einſtellen, vndt vns wie billich vndt Herkommen den Vorzugk laßen, Hin wiederumb
und Dargegen wollen wir vnſer Erben vndt nachKommen, Ihnen und ihren nach
Kommen zu Bedtheimb zu ergetzlichkeit Jehrlichen vf Ihr anſuchenn Einen
Hirſch vndt ein ſtück wildes reichen vndt geben, Auch deßwegen Jederzeit
Verordnung thun daſi Ihnen ſolches vnweigerlichen gevolget, vndt dieſes Jahr dar-
mitt der anfangk gemacht werde, Vndt damit künftiger ſtreit ſouiel Immer muglichen

chen verhuttet, So sollen beyde ortter am Roder Knock vndt Kleberge, so weitt sich die Vergleichung erstrecket, forderlichst vermarkt und versteinet werden.

Anlangende fürs Dritte die Kleine Jagten am Kornbergk Ist es zu einer Kuppeljagt vermittelt, Dergestalt das es Jedesmahls vndt so offt ein theill die Kleine Jagt der ortter anstellen will, solches dem andern Zuvor zu wißen machen, welcher theill alsdann hierinnen seumig, Soll der ander nichts desto weniger zu Jagen, vndt sich desselbigen zu gebrauchen gut fug vndt Macht, Auch wieder diesen Vertragt nicht gehandelt haben.

Letzlichen souiel das Hetzenreitten im Lindener flur betrifft, mag sich desselben nach inhalt vnserer Landesordnung, doch ehe nicht, Als wann die felder gentzlichen gereuhmet, Damit den leuthen am getreidich Keine schaden zugefuget, ein Jedes theill gebrauchen, Darburch dann diesen strittigen Jagts Irrungen gentzlichen vndt zu grunde abgeholffenn sein, vndt darnach beides vnser itziger vndt kunfftiger Ambtman, So wohl die von Hespergk des Guths Bedtheimb für sich vndt Ihre nachkommen zu achten, Uhrkundtlichen mitt vnsern hier unten aufgedruckten Fürstlichen Secret besiegellt. Vndt Geben zu Romhildt Am 26. Iuly Anno 1605.

(L. S.) Johann Casimir,
Hertzog zu Sachssen.

XXXVIII.

Hertzog Johann Casimir zu Sachsen belehnet die Mollischen Gebrüder mit dem Schloß zu Hapna.

den 2ten Dec. 1612.

Von Gottes Gnaden Wir Johann Casimir Hertzog zu Sachßen ꝛc. bekennen für vnß vndt vnsern Erben vndt thun kundt gegen männiglichen, daß Wir vnsern lieben getrewen Hanßen Christophen, Hanß Carlein, Georg Rudolpsen vnd Balthasarn Moller Gebrüdern, weyland vnsers gewesenen Haupt- vndt Amptmanns zu Römhild Thomä Moller *) seligen hinterlaßenen 4 Söhnen vnd dero rechten Männlichen Leibs Lehens Erben diese hernach geschriebene Güteṛe, nemblichen
den

---

*) Der Ambtshauptmann Thomas Moll zu Römhild, hatte dem Hertzog Johann Casimir das Gut zu Haina um 2500 fl. abgekauft.

den adelichen Ansitz oder Schloß zu Hayna, mit seinem gantzen Begriff, umbgehenden Waßergraben, vndt vmbfange, sambt darinne angerichteten Newen Würtzgartten, wie solches mit der Gemeind zu Hayna richtig abgesteinet, vndt daran gelegene Gartten, als der hinter der Mühl biß an den Stadel, Item den Teichleinsgartten hinter dem Brewhauß, Item die Mahlmühlen vnd Brewhauß, mit dem Rechten vnd der Freyheit, nach dem Getreidigt zumahlen auszufahren, auch die Brewgerechtigkeit zum Schloß vndt Ansitz, deßgleichen vier Zinnßlehen zum Schloß Hayna gehörig die Brückengüttere genandt, welche järlichen drey Gülden zehen Gröschen sechs pfennige, vnd drey Faßnacht Henne zinßen, auch auszutragende verænderunge derselben Güttere, daz gewöhnliche Handtlohn oder Lehngeld nach dem rechten Werth, je von funfzehen Gülden einen Gülden zugeben, ferner fünf vnd zwantzig Handfröhner, so gegen der Speisunge zum Hauße zu fröhnen, vndt Elff Hubner umb gesetzte Gebühr, daz Holtz ins Schloß zu führen verpflichtet, wie solches der darüber Montags Trinitatis Anno 1545. aufgerichter Vertrag mit mehrerm Vermag, darzu sieben vndt zwantzig Acker Ellere, nunmehr artzfeld an der Wolfenbeerd gelegen, vnd über daz zehen Acker Artfeld im Büchlein, Item sechs vnd dreyßig Gertten Küchenholtz zum Schloß, welches die Gemeine zu Hayna aus ihrem Holtz das Tiefenthal järlich geben mus, mit allen Zu vndt Eingehörunge, besucht vnd vnbesucht, Rechten, Freyheiten, Gerechtigkeiten vnd mit sunderbahren heegesellen vermarcktem Fuchs- vndt Hasenjagten, sambt dem kleinen Weitwerck, Wonne, Weyde, Trifft vndt Hut, nichts darvon, soviel darunter vnß heimgefallen, abgezogen, sondern allermaßen, es die von Herbilstadt vndt bißhero Wir innen gehabt, genoßen vnd gebraucht, zu rechten beständigen Mannlehen, vermöge vnser, vntter des, Coburgk den eilfften Monatstag Martij des Sechszehenhundert vnd ersten Jars, aufgerichten Kaufsverschreibung vnd Lehenbriefs am 21. Aprilis, Item des folgenden Sechzehenhunderten vnd andern Jars am 20. Monatstag Decemb. gegebenen conceßion Briefs wegen des ausgewechselten klein Weidwercks der Fuchs vnd Hasenjagten, erblich verkauft vnd verlihen, vnd über das alles leißen Wir obgemelten Moller Gebrüdern vndt Ihrem Mannlichen Leibes Lehens Erben eine halbe Hufe Landes in der Schwabbäußer Wüstunge vnd Hayner Flurmarckunge gelegen, die Ihr Vater seliger von Georgen von Ostheimb erkaufft, nach Innhalt vnsers am 4. Februarii des 16. hundersten vnd 7 Jar ertheilten Lehenbriefs, so nunmehr zu dem Ansitz zu Hayna geschlagen vndt in einen Lehenbrief zusammen bracht ist, soviel wir von rechtswegen zu thun haben, jedoch mit Vorbehalt vnserer hierüber allenthalben hergebrachter hohen Landesfürstl. Obrigkeit gemeiner Heer vndt Landesvolge, auch

daz

des Herzogl. Sächsl. gemeinschaftlichen Amtes Römhild. 799

daß sie die Steuern darvon, nach jeder Landtage gemeinen Beschluß oder Auffetzung mit specificirten Verzeichnus in die Ober Einnahme alhier entrichten vndt mit Gehorsamb, Gebott vnd Verbott, uf Cantzley Schriften vnd Befehl setzen vndt gewerttig sein sollen gleich andern vnsern Landsaßen; hingegen haben Wir uf Ihr vnterthäniges Anfuchen für vnß and vnsere Erben gnedig bewilligt, wenn sie vndt ihre rechte Mannliche Leibes Lehens Erben gentzlich abstürben, dadurch berührter Anfitz vndt Pertineatien vnß oder vnsern Erben als Lehenherren wiederumb vermannet heim fielen, daß alsdann nach Innhalt vnser sonderlichen Concessien vnd Bewilligung dem Kaufbriefe über Hayna vnter dato den 18. Aprilis ao. 1601. mit angehoffet, Ihrer Schwester Sabinen oder derselben ehelichen Leibes Erben vor Ihren Brudern mit Tod abgehen, oder nach Absterben itzbesagter ihrer Brudere gantzen Mannlichen Stamms keine von Ihrem Leibe ehelich geborne Erben vorhanden sein würden, obermelten Thomä Mollern nachgelaßenen Wittiben Judithen oder ihren ehelichen Leibes Erben, weil sie in der gantzen verlaßenschaft gedachter Sabinen gleich gantzen vnd einem Kindestheil, laut vnserer Commißarien Bericht vnterm Dato den 29. Nov. jüngsthin nicht anders als eine leibliche Tochter gehoben, Ein tausend Gülden aus benahmten Mannlehen In Jar vnd Tage nechst volgent, entrichtet vnd abgestattet werden, auch sie nicht ehe zu weichen schuldig sein sollen, es sey denn die Erlegunge würcklich vndt zu guten Gnügen geschehen, den Lehen, die nunmehr vndt nach gehaltener brüderlichen Erbsonderunge alleine zuverleihen gehören, gedachtem Moller Gebrüdern als Hannß Caroll vor sich vndt in tragender Vollmacht seines abwesenden Bruders Hannß Christoph, dann Georg Rudolff auch ihr sich vnd wegen des minderjährigen Balthasars der gegenwärtig gestanden, sein verordnetre vermund, Joh. Werner, Stadtschreiber zu Römbild gebührliche Folge gethan vnd Pflicht geleistet. Reichen vndt leihen darauf itzgemanten Moller x. ao. 1612. 2, Dec.

  Joh. Casimir H. z. S.   Ernestus Joman D.

XXXIX.

Bischoff Philipp Adolph zu Würzburg verleihet den Herbelstadter Hof zu Heina an Melchior Reinharden von Berlichingen.

den 4ten Jul. 1623.

Wir Philip Adolph von Gottes Gnaden erwehlter zum Bischof zu Wirzburg und Herzog zu Francken. Nach dem Wir des vesten vnsers gehelmbten
Raths

Urkunden zur historisch-statistischen Beschreibung

Raths Obermarschale bestelten Rittmeister Amptmanns zu Lauda vnd lieben getreuen Melchior Reinharden von Berlichingen die neu von verschienen Jarrn hero trew eyferich vnd nutzbarliche Dienste, so er vnß vnd vnserm Stift geleistet, auch hinführo ferner leisten kan vnd soll, angesehen vnd in Gnaden erwogen, Bekennen öffentlich vnd thun kundt allermänniglichen, daß wir ihnen vnd seinen ehleiblichen manlehenßbahren hernach folgente vnß vnd besagtem vnserm Stift durch Absterben Weiland Veit Vlrich von Herbilstadt eröfnete vnd heimgefallene Lebenstücke zu rechtem Manlehen verliehen haben, nemblich einen Hof zu Hayn, im Dorf gelegen, sambt einer vngebawten Hofreit zu einer Schenckstatt mit seinen Zu. vnd eingehörigen Eckern, deren ohngesehr in drey Fluhren vier Hundert vnd funfzig, Wiesen deren Hundert vnd zwantzig drey Acker, vnd dann vierzehenthalb Acker Weingartten, Item die Schäfferey daselbst, mehr die Huben vnd Sölden Güter, auch die gemeine Zinß mit Ihren Zugehörungen daselbst in der Marck zu Hayna, alles vermög eines von Casparn Schneidern vnsers gewesenen Voigten daselbten zu Hayna übergebenen Registers, Item ein vierten Theil an Sockzehent zu Zeilfeld der jährlich zum vierten Theil zwantzig Malter Frucht erträgt, mit allen vnd jeglichen ihren Zu vnd Eingehörungen, Mehr verleihen wir ihme diese hernachfolgende Lehenstücke, die zwar von obgemelten Gut Hayna entzogen werden wollen, er von Barlichingen aber dieselbe wiederumb herbey zubringen sich brauchen vnd befleisigen soll, als nemblich den Wethgartten, den Zehenden zu Schwabhaußen, daß Schweinberger Hölzlein, ein Behausuung am Waßer die Zehentscheüer sambt der Stallung, die Friederichs Hub, sambt Güld vnd Zinß, ein Baumgartten hinter dem Dorf, sinde anderthalb morgen, 6 Beth Krautgertten, ein Acker Wiesen oben am See, zween Acker Wiesen of den Hopfengertten stoßende, fünfthalb Acker Weingarten an vnterschiedlichen Stücken, ein Gartten dann ein secklein, sind 3 Viertel, ein Secklein im Hofgartten, vier vnd zwantzig Morgen Wiesen, Hundert Morgen Holtz die Wolfsheyd genannt, Item ein Mühl nechst bey dem Schloß vnd Hofhauß gelegen, welche Stück theils albereit am Kais. Cammergericht anhängig, daselbst er sich zu Fortbringung des Rechtens nebent vnserm procuratorn einzulaßen schuldig sein sollen, welches alles von vns vnd vnfern Stift zu lehen rühret. vnd wir verleihen obgemelten Melchior Reinharden von Berlichingen vnd seinen eheleiblichen Mannlehembaren Erben obspecificirte lehenstück solcher Gestaldt, zu rechten Mannlehen, was rechts er daran hat, vnd wir Ihme von rechts wegen daran verleihen sollen vnd mügen in vnd mit Kraft dieses Briefs, doch vnß vnsern Nachkommen vnd Stift an vnsern lehenschaften Rechten vnd Gewohn

des Herzogl. Sächßl. gemeinschaftlichen Amtes Römhild. 80r

wohnheiten so wir daran haben ohnschädlich, ohngefehrde, zu Uhrkund haben Wir vnser Insigel an diesen Brief wißentlich hangen laßen, so bekennten Wir der Domprobst, Dechant vnd senior daß diese Belehnung mit vnsern sondern guten Wißen vnde Bewilligung zugangen vnd beschehen ist, verwilligen auch also wißentlich vnd freywillig darein vor vns vnser Nachkommen vnd Stift, gereden vnd versprechen darwider nicht zuthun, zu sein oder schicken gethan werden in keinerley Weise vnd Wege, sondern vielmehr daß diesem allen getrewlich Vollziehung geschehen solle, ohne Geschrde. Zu Uhrkund haben Wir vnsers Capitels Insiegel noch hieran hengen laßen, so geben vnde geschehen den 4ten July nach Christi vnsers lieben Herrn vnd Seligmachers Geburtt, im sechzehenhundert vnd in dem drey vnd zwanßigsten Jare.

XL.

Bischoff Philipp Adolph zu Würzburg erläst an die Gemeinde Rodhausen, wegen Abschaffung der Lutherischen- und Einführung der catholischen Religion, ein Mandat.

den 16ten August 1628.

Wir Philips Adolff von Gottes Gnaden Bischoff zue Wirzburgk vnd Herzog zu Francken Entbietten Schultheiß vnd Dorfsmeister vnd ganzer Gemeinde zu Rodthaußen vnsern gnedigen Gruß, geben darneben ihnen sambtlichen in Gnaden zuuernehmen, Was gestaldt seithero bey dem Christlichen Glauben, sonderlich auch in vnserm Biß-Fürst- vnd Herzogthumb vnterschiedliche grobe Irrthumb Vnordnungen vnd Zwiespalt einschleichlich eingerißen, Also das eine hohe notturft sein will, solchen zu remodiren, gute versehung zu thun, Reformation anzustellen, vnd Handt zu haben. Nuhn ist ons, in wehrender vnßerer Regierung tragenden Geistlichen vnd Bischofflichen Ambts halben vornemblich vnd bestendig abzuhalten, wie die ehre Gottes befordert, alle Glaubens Vnordnung abgeschofft, die irrende Schäfflein aus dem Irr- vnd lutherthumb auf den wahren vnd rechten Weg der Catholischen allein seligmachenden Religion zu ihrer Seel seeligkeit vnzweyfelichen nützlichen gebeyen dermahls eins geleitet, auch darin ohne Beeinträchtigung vbel passionirter Gemüther beharrlich zu wandern, behalten werden möchten.

Gestaltsam wie vnterschiedlichen Orten solch Gott dem Allmechtigen wohlgefelliges intentum, zur Catholischen Religion fortpflanzlichen Aufnehmung, der armen verführten Seelen aber mercklichen Nutzen, allbereit glücklich ins Werck gerichtet vnd vollendet.

vollendet. Weil wir denn dieses ebenmeßig bey euch ahnzustellen, zu vollziehen ans habender zu Rothhaußen sonders Fürstlicher geistlicher Obrigkeit, juris dioecesani et ordinariatus, Schutz vnd Schirmb Gerechtsamb, wie ingleichen das die praesentatio des Caplans nach Rodthaußen vnserm Closter Bildthaußen zu ständig, welches im bemeltem Dorff Rodthaußen die Ober vnd Nieder Vogtey, Geboth vnd Verboth auf den leüthen vnd Felde, Item Grundt Bothmeßigkeit einzig allein ruhig hergebracht, mehr denn gnugsamb berechtiget; Alß haben Wir vor nötig oben ahngeregten Rechts Gründen anfangs angedeute Reformation im Dorff Rothhaußen vor die Hand zu nehmen, selbige am Sonntag den 27. Augusti euch ahnkündigen vnd dazu ahnhalten zu laßen, entlich entschleßen; Zu welchem ende von vns gnedig abgeordnet vnd Crafft dieses gevollmächtiget worden, der Würdig vnser lieber Andechtiger Zacharias Stumpff S. S. Theologiae Doctor, Fiscalis vnd der Hochgelahrte Johann Michaell, beyde vnsere Rethe vnd liebe getreuen, wiederrechtlich eingeschobenen Pfarrern vnd vnberuffenen Wageordneten Versehern der Caplaney zu Rothhaußen, sich hinführo aller Pfarr vnd geistlichen exercitien, wie solche nahmen haben mögen, oder können, zuenteußern, ernstlich vntersagen, vnd euch mit Vorstellung eines andern Catholischen Pfarrers, benantlich Herr Stephan Ulrici, Conventualen vnsers Closters Bildthaußen, innerhalb drey Monaten von Dato ahn zur Catholischen Religion vnverbleiblich zu bequemen, hier mit eröfnen, wie nit weniger andere gebührende Notturfft anordnen sollen vnd möchten.

Gebietten hierauff allen vnd jeden Vnterthanen, inwohnern Haußgenoßen jung vnd alten zur Rothhaußen, hiermit ernstlich vnd wollen, das ihr nicht allein den hirvorigen oder einigen vncatholischen Praedicanten nicht anhanget, außlauffet, vielweniger deren heimliche einschleichung vnd Conuenticula, was Orts es auch seyn sollte besuchet, sondern Herrn Stephan Ulrici vnd den Wir ietzo vnd ins künfftig dahin schicken werden, einzig vnd allein für euern Pfarrern erkennet, ehret vnd höret in keiner anderer Kirchen, denn zu Rothhaußen, durch ietzigen benenten euern Seelsorger zuuerrichten, obliegen, Gottesdienst iedesmahl bey 10 rthl. vnnachleßiger Straf abwartet, denselben in allen, wie gehorsamblichen Pfarr Kindern gezimmet, schuldige folge leistet, die Feyertage heiliget, den neuen Calender haltet, auch vor ihme euch in heiligen Christlichen Glauben befindlichen Jrrthumb beweisen, vnd zu der allein seligmachenden Römischen Catholischen Rellgion vnd Besserung eüres Lebens vnterrichten laßet, auch zu solcher in den obgesetzten Termin ohnfehlbar, ohn einiges Hindern oder Abhalten bekeinet, auff verbleibenden Fall das Dorff reumet, Alß Wir vns zu euch sambt vnd jedem insonderheit gnedig vnd gentzlich Zuuerhüttung anderer vnermangelicher

licher mittel verſehen. Hieran verrichtet ihr nicht allein was zu eurer Seelen ſeelig-
keit notwendig, und die Schuldigkeit ausweiſet, ſondern Wir ſind beneben ſolches
gegen euch in Gnaden zu erkennen geneigt. Datum in vnſerer Stadt Würzburgk
vnd vnſern hiefür getruckten Secret Inſiegell den 16. Auguſtj Ao. 1628.

(L. S.)   Philip Adolff.

XLI.

Kayſerl. Cammer Gerichts Mandat, in Sachen Herzogs Johann Caſimirs
zu Sachſen Coburg, entgegen den Biſchof Philipp Adolfen zu Würzburg,
die gewaltſame Vertreibung des Evangeliſchen Pfarrers zu Rodhauſen betr.

den 17ten Septembr. 1628.

Wir Ferdinand der Ander von Gottes Gnaden erwöhlter Römiſcher Kayſer, zu
allen Zeiten Mehrer des Reichs, ꝛc. Entbieten dem Ehrwürdigen, vnſerm
Fürſten vnd lieben Andechtigen Philipp Adolfen, Biſchoffen zu Würzburgk,
auch Ehrſamen vnnd des Reichs getreuen Georgen Abten des Cloſters Bildhauſen, ſodann Franzen von Herzeles Seiner Andacht Ambtmann zu Königshofen, vnſer Gnadt vnnd alles Guts, Ehrwürdiger Fürſt lieben, Andechtiger vnnd
getrewen! Vnſerm Kayſerlichen Cammer-Gericht hat der Hochgeborne Johann
Caſimir Herzog zu Sachßen, ꝛc. vnſer lieber Oheim vnnd Fürſt, Supplicirende
zu erkennen geben: Wiewohl in gemeinen beſchriebenen Rechten, des heiligen Reichs
Ordnungen vnnd Abſchieden, fürnemblich aber in der Conſtitution von Pfandungen
heilſamblich vnnd wohl ſtatuiret vnnd verſehen, das niemandes dem Reich ohne
Mittel vnterworfen durch ſich ſelbſt oder die Seinigen einem andern ſo dem Reich
gleichergeſtalt ohne Mittel zugethan, oder deßen angehörige leut vnnd Diener pfan-
den, vnnd ſelbſteigenen Gewalts ohne vorgehendes rechtliches erkendnuß vergewalti-
gen vnnd Pflicht abnötigen, ſondern do iemand rechtmeßige Vrſachen an den andern
zu haben vermeinet, ſolche durch gebürliche Rechts-Mittel ſuchen, deßen Ausſchlag
erwarten, vnnd ſich daran erſettigen laßen ſolle. Wiewohl auch Seiner liebden
Vorfahren mit aller Fürſtlichen Oberkeit der Herrſchaft Römhildt von weyland
Kayſern Ferdinando primo, Maximiliano ſecundo, desgleichen Seiner liebden ſelb-
ſten vom Kayſer Rudolpho vnnd Matthia lobſeligſten Andenckens vnnd vns ausdrücklich vnnd in ſpecie belieben, vnnd das Dorff Rottbhauſen, nach Ausweiſung des

Augenscheins, innerhalb der Fürstlich Sächsischen Landwehr, vnnd consequenter in Seiner liebden vnlaugbarn territorio vnnd hoher landes Fürstlicher Obrigkeit vnwehnter Herrschaft Römhild gelegen, darinnen Ihro die hohe Fürstliche auch Ceutliche Oberkeit vber alle Vnterthanen zustendig, die dann neben denen zu Mendt vnnd Golmuthaussen einen gerusten Heerwagen mit Pferden vnnd aller Zugehör schicken, den Ambtspersonen Herbst-Futter reichen, dem Landwehrknecht oder Heerge-Reuter gleichsfals sein Gebühr liefern, zur Musterung jederzeit erscheinen, sich bewehren lassen, vnnd wann mann ihrer bedürfftig folgen, vnd in diesem der landts Fürstlichen Oberkeit angehörigen Recht vnnd Gerechtigkeiten Seine liebden vnnd dero Vorfahren vnnd vorige inhaber vor zehen, zwanzig, dreyßig, Vierzig, Funfzig, Sechzigk vnnd mehr Jahren, als sich menschen Gedencken erstrecken möge, in geruhigem exercitio et quasi possessione gewesen vnnd noch auch also gentzlichen vnnd billig darbey gelassen würden, Seine liebden wegen solcher Herrschafft Römhildt ein Reichß-vnnd Craiß-Standt, dieselbe bishero gegen dem Reich, ruiglich vertretten, dessen sich vff die offenbahre Notorietät vnserm Kayf. Cammer Gericht selbst kundig were, gezogen; So wehre doch dessen allen vngeachtet, Ihr der Abt vnnd Ambtmann zu Königshofen vff sonderbahren deines Andacht Befehl weniger denn mit Recht zu gefahren, vnnd verschienen Sonntags den zwölfften Augusti frue gegen drey Uhren mit etlichen Würtzburgischen Commissarien, vber Vierzig oder funfzig Pferden, vnnd in die Eintausend dreyhundert wohl armirter Mann, gewaltsthätiger Weiß in besagtes Dorff Nothausen eingefallen, vnterm praetext einer landes Fürstlichen Superioritet, weltlichen Obrigkeit vnnd Ober-Vogtey, deren man außtrücklichen gerühmet, dann fürter, ex praetenso hoc jure principali et praejudiciali zovicer quaerendo, nicht allein dem Pfarrer dessen Orts Handgelübt abgenötiget, sich des nechsten aus der Pfarr zu begeben, sich seines Ambts zu enthalten, mit scharpffer Betrohung, im Gegenfall er vff ein Karn geschmiedet vnnd weggeführet werden solte, sondern auch der gantzen Gemeind deine Andacht für ihren Landes Fürsten zu angnosciren, vnnd denen sich dahin ziehenden angemasten Gebetgen gehorsamblich nachzuleben offerlegt, eintzig vnnd allein der intention vnnd Meinung, Seine imploriernden Hertzogens liebden durch solche geweltsame eingrieff vnnd erzwungene Angelobung, aus der possess vnnd rühig hergebrachten Orts deren Ihro besten Orts verliehenen vnnd als obstehet vber Menschen Gedencken ruig exercirten vnnd hergebrachten Landes Fürstlichen Obrigkeit, Recht vnd Gerechtigkeiten, de facto zu entsetzen, vnnd dardurch dem Stiff eine newe zuvor vnerhörte Superioritet in solchem Dorff zu verschaffen. Wann dann in der Cammer Gerichts Ordnung

des Herzogl. Sächßl. gemeinschaftlichen Amtes Römhild. 805

hung vnter andern heilsamblich versehen, welchergestalt in dergleichen wieder des
Reichs Constitutiones lauffende Thätigkeiten zwischen Ständen vnnd Partteyen, so
dem Reich ohne mittel vnterworffen, immaßen im gegenwertigen Fall beede Fürsten
vnvermeinlich, auch ihr Abt vnnd Würtzburgische Ambtmann zu Königshoffen
propter continentiam causae nicht abzusondern, procedirt, vnnd dem beschwerten
Theil zu seinem Recht verholffen werden solle, vnnd da deine Andacht eine hohe
Obrigkeit vnnd respective Landsäßerey et jus territorij zu practendiren, dieselbe ordentlicher Weiß außgeführet, vnnd nicht dergleichen jus de facto mit selbst thätlichem
einfall, pfänden, fahen, Bestrickung vnschuldiger Leutt zu expreßen sich anmaßen
sollten; demnach vnnd dieß vnser Keyßerlich Mandat vnnd Ladung wieder deine Andacht vnnd Euch Beambten zu ertheilen in Vnterthänigkeit anruffen vnnd bitten lassen, Gestaltsam dann erlangt, daß selbige Proceß also vf heut datum erkennet
worden seint.

Hierumb so gebieten Wir ihro vnnd euch von Römischer Kayßl. macht, vnnd
bey Poen zehen marck löttigs Geltes halb in vnser Keyßl. Cammer vnnd den andern
halben Theil S. Hertzogens ibdi. vnnachläßig zu bezahlen, hiermit ernstlich vnnd
wollen, das Sie vnnd ihr, den nechsten nach Vberantwortt, vnnd Verkündigung
dieses Brieffs, obgemelten Pfarrern vnnd gantze Gemeind zu Rothausen der abgenöthigten Handtgelöbniß vnnd Bestrickung wieder erlaßen, vnnd alles in vorigen
Standt setzen, deme also gehorsamblich geleben, alß lieb ihro vnnd euch sein mag,
obangedrawete Poen zu vermeiden. Daren geschicht vnsere befehlende Meinung.
Wir heischen vnnd laden dein Andacht vnnd euch von berüerter vnser Keyßerlichen
macht hiermit :c. Geben in vnser vnnd des H. Reichs Statt Speyer den Eilbenge-
henden Tag menats Septembris nach Christi vnsers lieben Herrn Geburt im Sechtze-
henhundert Acht vnnd zwantzigsten, vnserer Reiche des Römischen im Zehenden,
des Hungarischen im Ailfften vnnd des Böhmischen im Zwölfften Jahren.

Ad Mandatum Domini electi Imperatoris proprium

Cyp. Vomelius Stapert D.
Verwalter.

Franciscus Henricus Faust, Iudicij Imperialis Camerae Protonotarius.

XLII.

Vertrag zwischen dem Bischof Johann Philipp zu Würzburg und dem Herzog Friedrich Wilhelm zu Sachsen, die Beilegung verschiedener nachbarlicher Irrungen betreffend.

den 1ᵗᵉⁿ Sept. 1656.

Wir Johann Philipps von Gottes Gnaden, des Heiligen Stuhls zu Mayntz Ertz Bischoff, des heil. Röm. Reichs durch Germanien Ertz Cantzlar und Churfürst, Bischoff zu Würtzburg und Hertzog zu Francken ꝛc. und Von desselben Gnaden Wir Friedrich Wilhelm, Hertzog, zu Sachsen, Gülich, Cleve, und Bergen, Land Graff in Thüringen, Marggraff zu Meißen, Graff zu der Marck und Ravensburg, Herr zu Ravenstein ꝛc. Bekennen und öffentlich gegen Jeder männiglich, für Uns, Unsere Nachkommen am Stifft Würtzburg, Erben und Erbnehmen: Als sich zwischen Unser allerseits Hochlöbl. Herren Vorfahren Christmildester Gedächtniß viel und lange Jahr allerhand Nachbarliche Irrungen und Gebrechen enthalten, deren guter Theil zwar in dem 1599sten Jahr in einem aufgerichten Vertrag zu Trappstadt Freundnachbarlich beygelegt und verglichen theils aber noch unerörtert bistanden, und in mittelst wegen vorgewesenen leidigen Kriegs-Unruhen und sonst noch andere Differentien von neüen sich erreget; Als seynd deßwegen so wohl im zurückgelegten 1652sten zu Königshofen als auch in dem jetztlauffenden 1656sten Jahr zu Römhild, und endlich zu Königshofen alhier freundnachbarliche Zusammenschickung zu dem Ende beliebet worden, damit die bey dem pasirten Kriegs-disturbio neülich sich angesponnen, als auch theils die noch unerörterte alte Spehe, und Irrungen gäntzlich aus dem Wege geräumet, aller Weitläuftigkeit gesteuret, Einigkeit und gute Verständniß fortgepflantzet, und friedfertige Nachbar und Freundschafte erhalten werde; Aller maßen Wir unsere nahen Römhild und Königshofen zusammen geschickte Räthe und Deputirte, die Gebrechen vor die Hand nehmen, und deren Beschaffenheit hinc inde reifflich erwegen laßen. Und nach dem sich anfänglich befunden, daß Unsers Johann Philippsen Bischoffen zu Würtzburg und Hertzogens zu Francken angehörigen Closters Wechters Winckel gewidmeter Hof Hochheim samt deßen Ein- und Zu gehörungen, nechst Römbild gelegen, nicht wenige Anleitung zu den Irrungen, und zwar, aus folgenden Ursachen gegeben, indem von Unsers Friedrich Wilhelms Hertzogen zu Sachßen ꝛc. Seiten auf erst besagten Hoff Hochheim, insgemein der Frey, oder Mönchshof genannt,

des Herzogl. Sächßl. gemeinschaftlichen Amtes Römhild.

genannt, gewiße Iura und Servitutes, benanntlich ein Frohn Geschirr von Vier Pferden, dann Jäger Ägt. und Hundshaltung, sammt andern, sowohl von besagtem des Closterhof, als Zehenden zu Römhild und Mendhaußen jährlicher Gült-Lieferung und Gebührnißen, hergebracht, bey verfloßenen unfriedlichen Kriegs-Jahren aber und zugefallener Reichs- und landeskundiger allgemeiner Verwirr- und Werberung, solche Iura und deren Beobachtung etwas in das stecken gerathen und nach erlangten lieben Frieden und Ruhe Stand diese Gerechtsame und deren Abstattung wiederum freundnachbarlich gesucht und erinnert; dabey aber andere mehr Iurisdictionalien, Recht und Gerechtigkeit mit eingelauffen, welche eines theils asserirt, andern theils aber nicht gestanden worden, und man in verschiedenen Contradictoriis gestanden, daraus noch große Mißhelligkeiten, unbeliebliche Process und andere mehr unfriedlich erwachßende Differentien besorgt worden. Dannenhero zu deren Componir- und Beylegung verschiedene Vergleichs-Mittel zwar vorgeschlagen aber dadurch dem Werck gründ- und gänzlich abzuhelffen nicht annehmlich und practicabel haben wollen geachtet werden: Als ist endlich eine permutation oder Auswechßel und Tausch in das Mittel gesetzt, beederseits auf die Waag gelegt, und derselbe bis auf beder Theil gnädigst und gnädige ratification und Genehmhaltung, von obgemelten Unsern zusammen geschickten Räthen und Deputirten durch einen Interims Receß geschloßen, benebenst darinn auch andere mehr Irrungen, zum theil auf Unßre ratification verglichen, theils ad referendum genommen worden.

Demnach auch Wir allerseits diese gepflogene Handlungen, besonders auch mit Unsers Johann Philippsen, als Bischoff zu Würzburg ic. Ehrwürdigen Dom-Capituls Wißen, Willen und Conséns gnädigst und gnädig ratificiret, und in einem und andern puncten, wie verschiedentlich hernach folget, verglichen, auch diesen ordentlichen verbindlichen unwiederrufflichen Haupt Vergleichs-Receß darüber aufgerichtet und verfaßen laßen:

§. 1. Als ist nehmlich und zum Ersten vorgemeldter Auswechßel oder permutation des Hoffs Hochheim dergestalt vollzogen worden, daß Wir Johann Philipps, des Herrn Herzogs zu Sachßen ibl. deren Erben und Erbnehmen, denselben mit allen seinen pertinentien, Recht und Gerechtigkeiten, Iurisdictionalien, Steuer, Frohn und Diensten, Grund und Boden, an Wiesen, Feldern, Gehöltzern und Gebäuen, wie alles vereint und verstreut, nichts davon ausgenommen, und wie der Stifft Würzburg und beßen Closter Wechtern Winckel denselben von undenklichen Jahren innengehabt, genuzt und genoßen, und dann ferners die Schäfferey, wie auch die Zween Zehenden zu Römhild und Mendhaußen, Klein und Groß,

Groß, sammt dem Schütt-Boden auf dem Kirchhoff zu Mendhaußen, auch Lehnschafften, Gerechtigkeiten, Erbzinßen und Gefällen, wie solches zu Ende dieses Receß specifice beschrieben, pleno jure et cum omnimoda jurisdictione auf ewig, eigenthümlich über laßen, cediret und abgetretten, S. Lbdl. in ruhige possession gesetzt, damit Sie nach Belieben, und anders nicht, als mit anderen dero Güthern und Landen, Leuthen und Eigenthum disponiren, schalten und walten mögen. Dahingegen haben des Herrn Chur Fürstens zu Maynz, als Bischoffens zu Würzburg und Herzogen zu Francken Lbdl. und dero von Gott anvertrautem Stifft Würzburg und Ihren am Stifft-Nachfahren, Wir Friedrich Wilhelm, für Uns und Unsere Erben und Nachkommen zu compensir-Ersatz- und Gutmachung solchen Hoffs, dann deren absonderlich mit abgetrettenen pertinentien an Zehenden, Renthen und Gefällen, wie zu Ende dieses Vergleichs ebenmäßig specificiret und beschrieben stehet, Nehmlich die in das Stifft Würzburg angehörigen Amt Königshofen und sonst im Stifft gelegenen Sächßischen Getreid- und Wein-Zehenden, Groß und Klein, zu Dorf und Feld, todt und lebendigen, wie solche hergebracht und genoßen, auch sonst an Gült- und Zinß Getreyd, dann an Güthern, Stewrn Erbzinßen, Renthen, Gefällen und Gerechtsamen, nicht weniger auf ewig und unwiederrufflich abgetretten, cedirt und mit allen Ein- und Zugehörung pleno Iure & omnimoda Iurisdictione, nichts davon ausgenommen, wie es auch Nahmen haben möchte, völlig und gänzlich überlaßen, daß der Stifft Würzburg mit solchen, gleich mit andern seinen Güthern, Land, Leuthen und Eigenthum nach Belieben zu disponiren, zu schalten und zu walten, Macht und übergebenes Recht haben sollt. Also daß nun mehr beederseits kein Theil dem andern einigen Eingriff oder Zuspruch in denen permutirten Stücken und Gefällen und deren pertinentien und Gerechtsamen in keinerley Weise mehr thun oder zu geschehen gestatten solle; Allermaßen Wir auch unsern Bedienten beederseits gnädigst und gnädig befohlen, daß alle so wohl über den Hoff Höchheim, und deßen pertinentien, wie auch über die übrige cedirte Zehenden und Gefälle, als über die Sächßische permutirte Zehenden, Renthen und Gefälle, vorhandene Brifliche Documenta und Register, Erb- und Zinß Bücher, oder aus denenselben richtige Extracte in beglaubter form hinc inde ausgehändigt und extradirt, die hinterständige Gefäll aber jedem Theil bevorbleiben, und von Walburgis dieses 1656sten Jahres die Nutzung und Zugang der permutirten Stücken Gerechtsamen ihren Anfang nehmen soll: Was aber die von Uns Friedrich Wilhelmen praedentirte Froha Geschirrs und Jägers Ajungs Restanten antrifft, haben des Herrn Chur Fürstens zu Maynz, Lbdl. in dero Stifft Würzburg Wir

zu

des Herzogl. Sächsl. gemeinschaftlichen Amtes Römhild. 809

zur sonderer erzeigender Freund- und Nachbarschafft willfährig nachgesehen und gäntzlich schwinden laßen; Hingegen Wir Johann Philipps diesen Freund- und Nachbarlichen Willen mit Danck angenommen, und mit anderweiten beliebenden gegen Bezeigungen Uns willig erkläret haben. Dabey dann bey Chur- und Fürstl. Wortten expresse abgeredt und versprochen, daß die zu Endgesetzte beederseits vielbesagte permutirte Güther-Gefäll und Iura in allen Stücken, wie sie Nahmen haben, in denen vorgemachten und beederseits placidirten Anschlägen, jedoch ohne Ansehung, was jetziger Zeit gangbahr oder nicht, die eviction und Gewehrschafft, jeder Zeit geleistet werden soll.

§. 2. Als nun für das andere Zwischen Uns Johann Philippsen, und Unsern am Stifft Würtzburg Vorfahren hochseel. Andenckens wegen Unsers Closters Bildhaußen eigenthümlich angehörigem Dorfs Rothhaußen, und Uns den Hertzogen zu Sachßen, und Unsern an der Herrschafft Römbild Herrn Vorfahren Christ mildester Gedächtniß das Ius territoriale und andere davon dependirende Seqvelen und Gerechtsame in Zweifel und Streit gezogen worden; Und Wir Johann Philipps Uns und Unser Stiffe Würtzburg, auf etliche in dem Trappstädtelschen Vertrag sich enthaltene Species der Landes Fürstl. Hoheit und Regalien, benanntlich der Steuer und anders sich bezogen, Hingegen Wir Friedrich Wilhelm auf dem Territorio und andern demselbigen anhängigen Lands Fürstl. Iuribus und deren possession vel qvasi bestanden, haben Wir Uns in diesem Fall mit ein ander dahin freund-nachbarlich vereiniget und verglichen daß Wir Johann Philipps bey dem wohl hergebrachten Iure collectandi und deßen speciebus in ordinari — und extra ordinari Fällen, Reichs- und Land Steuern, oder wie sie ins künftig genennet werden möchten, nach Inhalt des Trappstadtischen Vertrags auf diesem Dorf und dessen Unterthanen wie bishero geschehen, ruhiglich und zu ewigen Zeiten beständig, un perturbirt und un berinträchtiget gelaßen werden sollen, Hingegen Wir Friedrich Wilhelm nicht weniger auf solchem Dorff bey allen andern wohl hergebrachten Iuribus un perturbirt verbleiben, jedoch daß dem anhängigen Proceß am Kayserl. Cammer Gericht, wegen der Grasschafft Henneberg sein Lauf gelassen, und keinen Theil hierdurch praejudicirt seyn solle, es würde denn die Sach durch güttliche Vergleich, wie unten veranlaßet, aufgehoben. So viel aber die Musterungen, Reiß, Folge, Besichtigung und Auslegung der Gewehr antrifft, haben Wir Uns dahin verglichen, daß die Folge beyden Theilen mit der Maß gemein seyn solle, daß zwar die Unterthanen zu Rothhausen jedem Theil auf Erfodern zu folgen schuldig seyn sollen, jedoch daß derrie, welcher von Uns oder Unsern Nachfahren am Stifft und Haus Sachsen

J i mit

mit der Erste von Ihnen begehren würde, dieselben von ihnen gefolgt werden, und locus praeventionis seyn solle, Da ferne aber (wofür doch der Allmächtige Gott gnädiglich seyn wolle) ein Theil wieder den andern Krieg führen thäte, als denn die Rothhäuser keinen Theil zu folgen verpflichtet, sondern still sitzen sollen, die Musterung, Besichtigung und Auflegung der Gewehr aber Uns Herzogen Friedrich Wilhelmen, und Unsern Erben und Nachkommen allein zu stehen und verbleiben.

§. 3. Ferners und zum Dritten, demnach die Vogtey und Bothmäßigkeit über das Dorff Rothhausen in dem mehr angezogenen Träppstädtischen Vertrag des und klar des Stiffts Würzburg angehörigen Closter Bildhausen zuständig, und von unerdencklichen Jahren wohl hergebracht und exercirt, dennoch aber die Bestrafung des stupri simplicis hat wollen von der Vogtey ab- und zu dem iure Dioecesano und landsfürstl. Hoheit oder am Territorio gezogen werden; Als ist diese differens zwischen Uns dahin vermittelt und vereinbahret worden, daß, wenn eine fornicatio oder stuprum simplex dabey eine promissio fidei conjugalis oder Eheverſprechung vorgehet, Uns, Friedrich Wilhelm, allein die Bestraffung, wo aber keine Eheverſprechung zwischen den deliquenten sich vereiniget, daraus keine Schwängerung, consequenter keine agnitio oder alimentatio prolis erfolgt, Unsern Johann Philipps Closter Bildhausen die Bestraffung auch allein, wo aber eine Schwängerung oder agnitio, oder alimentatio prolis vorlauffe, alsdenn die Straff zwar Uns Friedrich Wilhelm allein dictirt, jedoch aber jeden Theil die Helffte des Straffgeldes zustehen und gebühren soll. Was aber in allen Fällen die cognition und disciplinam Ecclesiasticam betrifft, verbleibe dieselbe Uns Friedrich Wilhelm: Hingegen Unser Consistorium oder Ehegericht einen Schein der Parthen zu ertheilen hat, damit Unser Johann Philipps Closter Bildhausen das delictum in den obigen andern Fall nach geilalten Sachen bestraffen, im dritten Fall aber die Helffte des Straffgeltes participiren und hierunter keine Gefährde gebraucht werden möge.

§. 4. Zum Vierdten das Ius praesentandi, Pfarr und Caplaney Bestellung nebenſt der Geiſtlichen Iurisdiction zu Rothhausen verbleibt Sachßen, nach Inhalt und diſpoſition des Inſtrumenti pacis, wie ingleichen auch der groſſe und kleine Zehend auf der Wüſtung Uttenhauſen (jedoch den Heuzehenden ausgenommen, welchen das Cloſter Bildhauſen in ruhigen poſſeß hat) dem Pfarrer zu Rothhauſen.

§. 5. Dieſem nach für das Fünffte, iſt zu mehr beſagten Rothhauſen und deſſen Marckung die Vogel Weyd, wie auch das Endtenſchieſſen auf deſſen See von beeden Theilen geſtritten, aber von Uns Herzogen Friedrich Wilhelmen, zumahlen es ein geringes antrifft, und die Vogtey dem Cloſter Bildhauſen ohne das zuſtändig.

ſtåndig, dem Cloſter Vogelreyd an Heerd und Schneth gelaſſen werden, jedoch, daß ſolche wegen Unſerer Wildbahn ohne bey ſich tragender Rohr beſucht und exerciret werden, Uns aber das Endten ſchießen allein verbleiben ſoll.

§. 6. Für das Sechſte, die von Sachßen in anno 1618. von einem Notario abgeforderte und ein genommene, Von Würtzburg aber und deßen Cloſter Bildhauſſen wieder angeſuchte Fünff Hundert Gulden Strafe und Zehrungs Koſten belangend, haben Wir Johann Philipps im Nahmen Unſers Stiffts Würtzburg und beſagten Unſers Cloſters Bildhauſſen, um daß der Notarius in ſeinen officio Notaritus exerciret haben ſolle, aus Friedliebenden Gemüth ſchwinden und fallen laßen.

§. 7. Ueber dieſes und für das Siebende, als geklagt worden, daß des Cloſters Bildhauſſen Vogtey-Schultheiß zu Rothhauſſen für das Amt Römhild in Vogtey Sachen, die dahin nicht gehörig, hat wollen citirt werden, wodurch die Vogtey ein Nachtheil leiden würde; als ſolle ſolches hinführo an eingeſtellet verbleiben. Ja Muſterung, Jagens, Ehe- und andern dem Trappſtädtiſchen Vertrag nach, an die Centh- und nicht in Vogtey gehörigen Fällen aber ſolle beſagter Schultheiß erſcheinen. Wie denn auch dem Abten beſagten unſers Cloſters Bildhauſſen die affigirung der Citationen in Vogtey Fällen an das Gemein Hauß unverwehrt ſeyn; Im übrigen aber Wir Friedrich Wilhelm Hertzog zu Sachßen Blandora und Unſern Fürſtl. Woppen anzuſchlagen und zu affigiren deren Oriths nimmer beeinträchtiget werden ſollen. Ueber dieſes, weilen auch geklagt worden, daß die Untertthanen zu Rothhauſſen mit den Unkoſten bey Beſuchung der CenthTåge und denen das Jahr durch gebräuchigen Gerichten und Centh Mahlzeiten, mit Zehrung wollen graviret werden; Als iſt verglichen, daß die Rothhäuſſer wieder das Herkommen bey Beſuchen der hohen Gerichten, auſſer das Jahr durch viermahl, benanntlich Trium Regum, ſechs Schilling, und Petri, drey Schilling, Quaſimodogeniti, ſechs Schilling und Michaelis, ſechs Schilling, in keinen Centh-Gerichten aber mit Reichung der erſt gedachten Gebühr nicht ſelen beſchwehret, noch zu der Centh-Mahlzeit Zehrung wieder ihren Willen angehalten oder hierinnen betrübt werden; Jedoch ſie ſchuldig ſeyn, wenn ein neuer Pfarrer zu Rothhauſſen auf zieher oder ordiniret wird, an denſelben Unkoſten ihre Gebühr tragen zu helffen, geſtatten auch die Rothhäuſſer das Herbſt Furter, worin Wir Friedrich Wilhelm wegen Römhild mit Sechs Mltr. intereſſiret, wie auch die Drey Gülden Rühe-Geld inskünftige richtig bezahlen, und einige Verweigerung nicht geſchehen ſolle.

§. 8. Demnach für das Achte, wegen des im Würtzburgl. Amt Königshofen gelegenen GanErben Dorffs Trappſtadt der Erſten GanErbenStelle, Ausſchreiben der GanErbenTäg- und des Directorii halben sich viel Jahr hero Streit und Irrungen enthalten, wodurch das gemeine DorffsWesen nicht wenig gelitten, und gute Policey haltung zurück gebllieben; als ist nicht weniger auch dieser punct dahin gütlich componirt und verglichen, daß nehmlich Uns Friedrich Wilhelmen nunmehr der Vorsitz, wie auch das Außschreiben und Directorium bey denen GanErbenTägen zu stehen und gebühren selle, im übrigen das Würtzburgl. Amt und Centh Königshofen die vor das GanErbenGericht gehörige Fäll, in Schuld und andern Sachen, nicht an das Amt oder die Centh ziehen, sondern das alte Herkommen und üblige observanz und so weit man vor dem KriegsWesen in dessen possession gewesen, beobachten und allerdings laßen, und das wiedrige hingegen abstellen; Gestalten auch jedem Gan Erben über die Seinigen Vormunder zu ordnen, und die Vormunds Rechnung anzuhören, dann, daß das Gericht die Gebuhrt- und Abschieds Brief gegen mäßige Gebühr besiegela, gestattet, die GanErbenTäge wiederum gehalten und in esse gebracht, die Dorffs Rechnung aber durch denjenigen GanErben, aus dessen Viertheil selbiges Jahrs der GanErben Schultheiß erwehlet, im Nahmen der gesammten GanErben auf der Gemeinde Kosten angehöret, geschlossen und unterschrieben, und jedem GanErben ein Exemplar zugestellet werden solle.

§. 9. Zum Neundten, als wegen der Oeffnung auf dem Hauß Callenberg in dem in anno 1599 verfaßten Trappstädtischen Vergleich eine reservation von Seiten des Stiffts Würtzburg geschehen, aber dermahlen die Erläuterung in Sachen dahin ertheilet werden, daß auf diesen Hauß, als einen Sächsischen lehn, nicht hat können oder mögen dem Stifft Würtzburg inscio domino directo die Oeffnung verkaufft oder hypothecirt und gestattet werden, hat man solchen noch an Seiten Würtzburg von dieser praetension aus sonderer Freundschafft freywillig gewichen, und dieselbe von dato an fallen laßen.

§. 10. Letztlichen, als man sich besagtes in anno 1599 aufgerichteten viel benannten Trappstädtischen Vertrags, sowohl wegen des Kayserl. Land Gerichts zu Würtzburg, und der Centh- oder Blut Banns halben zu Römhild so von Alters von Unsern Johann Philippsen angehörigen Stifft Würtzburg zu Lehen empfangen werden, als auch wegen der von denen Grafen von Henneberg Römhilder Linien von Unsern Stifft Würtzburg, als heimgefallener und vermannter lehn, für diesmahl nicht vergleichen können; Dannenhero seynd solche puncten hiermit und in Krafft dieses expresse reservirt und auf eine andere Zeit ausgestellet; Immittelst aber verbleiben dieselbe bey der Litis pendenz am Kayserl. Cammer Gericht zu Speyer, jedoch laßen Wir Uns bederseits nicht zuwieder seyn, da es Gelegenheit und Zeit geben wird, hier-

über

des Herzogl. Sächßl. gemeinschaftlichen Amtes Römhild.

über eine Zusammenkunfft anzustellen, und Uns zu gütlicher Erörterung, Vergleich und Beylegung dieser Strittigkeiten ganz gern und willig finden zu laßen. Im übrigen solle der mehr angeregte Trappstadtische Vertrag de anno 1599 so viel und weit in dieser gepflogenen Handlung und Vergleich derselbe nicht specialiter geändert, limitirt oder deme derogirt worden, allerdings sein beständiges Bewenden haben und bey seinen Krefften und Würden gänzlichen und durchgehend gelaßen werden. Zu allen deßen Uhrkundt und mehrerer Bekrafftigung auch steter und fester Haltung seynd dieses Vergleichs zwey gleichlautende originalia unter Unser ChurFürstens Johann Philippsen, als Bischoffen zu Würzburg ꝛc. und Unser Friedrich Wilhelms, Herzog zu Sachßen ꝛc. Fürstl. Insiegeln und Handzeichen verfertiget, und daß solchem allen treulich von allerseits gelebt werden solle, bey Unsern Chur- und Fürstl. Voreltern, Ehren und Würden versprochen und zugesagt worden, und solle von keinem Theil inskünfftige einige praescription noch Litis pentenz, noch anderer Behelff, wie der Nahmen haben möchte, wieder die in diesem Vertrag verglichene puncten angezogen werden oder zu statten kommen. Und Wir Johann Hartmann von Rosenbach, dem Dechant, Senior und Capitul gemeiniglich des hohen Dom Stiffts zu Würzburg, bekennen hiermit, daß dieser Vertrag, Handlung und Vergleich mit Unsern guten Wißen, Willen und Verhängniß geschehen und zugangen ist, willigen auch denselben wißentlich für uns und unsere Nachkommen in Krafft dieses Briefs, und haben zu deßen uhrkundlicher Beständniß unsers Capituls Insiegel neben höchst gedacht unsers gnädigsten ChurFürsten und Herrns von Maynz ꝛc. als Bischoffen zu Würzburg ꝛc. und Sachßen ꝛc. Insiegeln, jedoch Uns an unsern Gemeinen besondern Leuthen, Güthern, Renthen, Nuzungen und Gefällen ohnschädlich, an diesen Brief hangen laßen, der geben ist zu Königshofen Samstag den 7ten Sept. Neuen und alten Calenders nach Christi unsers Herrn und Seeligmachers Gebuhrt im Sechzehenhundert, Sechs und Funfzigsten Jahre ꝛc.

Johann Philipp   Friedrich Wilhelm
                                                             Herzog zu Sachßen.

Folgt hierauf die Specification laut vorhergehenden Vertrags.

Specification

derjenigen Güther, Zehenden, Gült, Zinnß, Renth- und Gefällen, welche das hohe Stifft Würzburg und deßen Closter Wechtersswinckel, dem löbl. Hauß Sachßen Coburg und Amt Römhild durch Auswechßel eingewiesen und überlaßen hat,

Erstlich

Erstlich

15 fl. 3 ℔ 1 pf. an Geld, als 13 fl. 14 Schillinger 1 pf. zu Mendhaußen
2 fl. 10 ßer. zu Römhild, 19 ßer. zu Hayn.

58 Fastnachthüner, als 54 zu Mendhaußen, incluſ. 2 zu Milz, 4 zu Römhild, dann 2 Weynachthüner zu Mendhaußen.

Den Groß und kleinen Wein- und Getreydt-Todt und lebendigen Zehend zu Römhild und Mendhaußen.

Item

1 Mltr. Korn Gült ⎫
1 Mltr. Haber Gült ⎭ zu Römhild

Den Hoff Höchheim samt allen Zu- und Eingehörungen, Recht und Gerechtigkeit.

Ein Gaden oder Schutt Boden auf dem Kirchhof zu Mendhaußen.

Dahingegen übergiebt das löbl. Hauß Sachsen dem hohen Stifft Würtzburg an Erbzinsen nehmlich:

10 fl. 18 gl. 5 pf. als 1 fl. 14 gl. zu Königshoffen und Jpthaußen, 4 fl. 7 gl. 6 pf. zu Alschleben, 2 fl. 14 gl. zu Euershaußen, 14 gl. 5 pf. zu Geboltshaußen, 1 fl. 1 gl. 1½ pf. zu Ottelmannshaußen 9 gl. 4 pf. zu Unsleben 22 Michelshüner, als 7 zu Alschleben, 5 zu Euershaußen, 10 zu Jpthaußen. 69 Fastnachtshüner, als 9 zu Herbstadt 2 zu Alschleben, 8 zu Euershaußen 1 zu großen Erbstadt, 4½ zu Geboltshaußen, 1 auf der Riethmühl 20 zu Alschleben 9 zu Jpthaußen, 1 zu UnterEißfeld 1 zu Burgklauer 1½ zu Ottelmannshaußen, 4 an den Lorenzer Hoff, 7 zu Nödlingen, jedoch ohne die Lehnschafft an diesen Orth allein, in denen übrigen die Lehnschafft mit verstanden.

5 Geschock 31 ZinnsEier, als:
1 Geschock zu Alschleben.
1 Geschock zu Euershaußen.
— 56 zu Geboltshaußen.
1 Geschock 40 auf der Rietmühle.
— 30 zu Jpthaußen.
— 25 Oettelmannshaußen.
14 Weyhnachts Weck, als:
4 zu Alschleben,
5 zu Euershaußen.
1 zu Großen Erbstadt.

des Herzogl. Sächsl. gemeinschaftlichen Amtes Römhild. 815

    1 auf der Rieth Mühl.
    1 zu Oberlaurungen.
    1 zu Jpthaußen.
46 Zinnß Käß, als:
    14 zu Geboltshaußen
    32 auf der Rieth Mühle.
  1 lamms Bauch auf der Laub Mühl
  8 ℔ Uneslicht zu Jpthaußen
50 fl. 15 gl. 3 pf. an Ordinari Steuern auf 2 Termin von denen in
     Würzburgischen Territorio gelegenen Lehnschafften,
     als — 6 gl. 8 pf. zu Königshofen.
11 fl. 5 gl. 9 pf. zu Jpthaußen.
    Korn beständig.
26 Mltr. 2 Achtl. zu Alschleben.
21 —   — auf der Rieth Mühl.
 3 —   4 — zu Ayba.
22 - 19 - - - zu Alschleben.
12 - 19 - - - zu Euersahußen.
 1 - 9 - - - zu Geboltshaußen.
— - 6 - 8 - zu Ayba.
 1 - 13 - 10 - zu Herbstadt.
— - 1 - 6 - wegen Jacob Hübners zu UnterEißfeld.
Den Vierdten Theil an Wein- Heu- und Getreydt-Zehend, sodann
Den sechsten Theil am kleinen Zehen zu Alschleben.
Den sechsten Theil am kleinen und großen Zehenden zu Ober und Unter
   Eißfeld.
Den halben Theil am kleinen und großen Zehend zu Burghaußen.
Den zwanzigsten Theil am Getreyd- Kraut- Rüben- Flachß- und Obst
   zu Ayba aufn Lemberg.
    Waitz.
31 Mltr. beständig, als:
  17½ Mltr. zu Alschleben.
   2 Mltr. 6 Maas zu Euershaußen.
  10 Mltr. 6 Maas zu Jpthaußen.
               11 Mltr.

11 Mltr. 5 Achtl. zu Jpthaußen.
 4 — 3 — zu Euershaußen.
13 — 1 — auf dem Antings Guth zu Trappstadt,
        thut 79 Mltr. 7 Achtl.

Haber.
96 Mltr. 1½ Achtl. als:
24 Mltr. — Achtl. zu Jpthaußen.
 2 — 5 — zu Euershaußen.
 2 — 5 — zu Eybe.
47 — 2 — zu Alschleben.
 6 — 4½ — auf den Gültshöfen zu Königshofen.
13 — 1 — zu Trappstadt.

Ferners hat das löbl. Hauß Sachßen dem hohen Stifft Würtzburg angewießen, als:
12 Mltr. Korn und
 8 — Haber zu St. Lorenzen samt der Lehnschafft.
20 — 4 Achtl. Korn und
12 — 5 — Haber auf dem Guth Heßler.
 8 — 2½ Achtl. Korn
 6 — 2 — Habern zu Müdlingen auf dem Sonnefedl. Hoff.

Signatum ut supra.

XLII.

Receß, die Vererbung der herrschaftlichen Weinberge zu Römhild und die Erlassung der darauf haftenden Frohnen betreffend.

den 30ten September 1670.

Der Durchlauchtigsten Fürsten und Herrn, Herrn Johann Georgen des andern, Herzogen zu Sachßen, Jülich, Cleve und Berg, des heil. Röml. Reichs Erz-Marschalln und Churfürsten ꝛc. und des Durchlauchtigsten Hochwürdigsten Fürsten und Herrn, Herrn Moritzen, Herzogen zu Sachßen, Jülich, Cleve und Berg, postulirter Administrator des Stiffts Naumburg, Landgrafen in Thüringen, ꝛc.

Gebrü-

des Herzogl. Sächßl. gemeinschaftlichen Amtes Römhild. 817

Gebrüdere in tragender Vormundschaffe *) Wir anhero verordnete Commissarii hiermit urkunden und bekennen; Demnach Ihro Chur- und Fürstliche Durchlauchtigkeiten, aus sonderbahren Bewegungen und Ursachen dahin geschlossen, daß die bey dem Amt Römhild befindliche Weinberge vererbet, und hierdurch so viel möglichen in andere Wege Nutzen geschafft werden solle, und Wir dann befunden, daß in solchen sogenannten großen und kleinen Eichel Wembergen unterschiedene Dorffschafften, vor einen gewiß gesetzten Lohn, bißhero zu frohnen schuldig gewesen, auch in weiterer Erwegung der Umstände davor gehalten, daß im Fall die Frohne mit verkaufft würde, allerhand Wiederwärtigkeiten und Beschwehrung daraus entstehen könnte, daßhero vor zuträglicher zu seyn erachtet, solche denen Dörffern, die sie zu leisten schuldig, selbsten antragen und auf ein jährl. Frohn Geld mit ihnen handeln zulaßen, welches auch geschehen und nach weitläufftig gepflogener Handlung nachfolgendes verabredet und geschlossen worden:

Daß neml. denen Einwohnern solcher Dorffschafften die bißhero obgelegene Frohne hiermit und Krafft dieses vor Sie und ihre Erben gäntzl. erlaßen, Sie hergegen vor solche erlangte Befreyung schuldig seyn sollen, in das Amt Römhild jährl. auf Martini fünff und funffzig Gülden Frohngeld, nemnl. wegen des großen Eichelbergs, nach der unter ihnen selbst gemachten und beliebten Austheilung, als:

Die Dorffschafft Hayna	16 fl.	16 gl. 9¼ pf.
Die Dorffschafft Mitz	14 fl.	16 gl. 9¼ pf.
Die Dorffschafft Westenfeld	10 fl.	11 gl. 2¼ pf.
Die Dorffschafft Gollmuthhausen	1 fl.	7 gl. —
Die Dorffschafft Sondheim	1 fl.	7 gl. —
	44 fl.	16 gl. 9¼ pf.

Wegen

*) Da Herzog Friedrich Wilhelm III. zu S. Altenburg, als Inhaber der Herrschafft Römhild, nach dem 1669 erfolgten Tode seines Vaters, erstlich 12 Jahre alt war, so übernahmen seiner Mutter Brüder, Kurfürst Johann Georg II. zu Sachsen, und Herzog Moritz zu S. Zeitz, als Vormünder, die Administration der Altenburgischen Lande, die aber schon im J. 1672 wieder ein Ende nahm.

Urkunden zur historisch-statistischen Beschreibung

Wegen des kleinen Eichelbergs.

Die Dorffschafft Gleichenberg	3 fl. 3 gl.	6 pf.
Die Dorffschafft Lindern	2 fl. 5 gl.	3 pf.
Die Dorffschafft Licha	2 fl. 5 gl.	9 pf.
Die Dorffschafft Lindfeld	1 fl. 7 gl.	—
Die Dorffschafft Mliz, wegen 18 Selben	1 fl. 7 gl.	—
	11 fl. 7 gl. — pf.	NB.
fac. 56 fl. 2 gl. 9¼ pf.		

zu entrichten und willig abzustatten; Damit sie aber in gesamt, was mit ihnen selbiger Frohne halber verabhandelt und geschlossen worden, Nachricht und Sicherheit haben möge, ist gegenwärtiger Recess hierüber verfasset, und unter Unserer Hand und Siegel denenselben zugestellet, auch dieses dem Amts Erbbuch also einverleibet worden verordnet worden, So geschehen zu Coburg den 30 Septembris 1670.

 Augustus Carpzov.   Hanß Dietrich Schönberg.
  Cantzler.

XLIII.

Reichsschluß, die Moderation des Matrikularanschlags der Herrschaft Römhild betreffend.

den ⅖ten September 1678.

Der Römisch-Kaiserlichen Majestät zu gegenwärtigem Reichstag bevollmächtigten höchstansehnlichen Principal-Commissario, dem hochwürdigsten Fürsten und Herrn, Herrn Marquard, Bischoffen des heil. Römischen Reichs Fürsten zu Aichstädt, rc. bleibt hiemit gebührend ohnverhalten. Demnach man aus dem, im Namen Herrn Friedrichs, Herzogen zu Sachsen, Fürstl. Durchlaucht, eingegebnen, am 15ten Jul. jüngsthin dictirten, und sub Num. 1. abschriftlich hier beigelegtem Memoriali mit mehrerm vernommen, was Dieselbe, wegen des im Jahr 1521. bei damaliger Aufrichtung der Reichs Matricul Dero hennebergischen Herrschaft Römhild auf 76 fl. zu hoch und unerträglich angesetzten Reichsanschlags, dieser Reichsversammlung umständlich vorbringen lassen, mit Bitte, nachdeme Sie sowohl bei vorigem, als ietzigem Krieg in Contri-Verösigung, und der Unterthanen gründliches Verderben, auch sehr grosen Brand-Schaden und Schuldenlast gerathen, daß zu Abwendung gemeldter Herrschaft Römhild gäntzlichen Ruins Sie in gedachtem Ihren Reichs-Anschlag auf 24 fl. bis zu Rectificirung oberührter Matricul, moderirt

des Herzogl. Sächßl. gemeinschaftlichen Amtes Römhild. 859

eirt und erleichtert werden mögen; Als hat man nach gepflogener Deliberation in allen dreien Reichs Collegiis dahin geschlossen, daß Hocherwehnt Ihre Fürstl. Durchl., aus vorbrach'ten Ursachen, auch in Ansehung vom gesammten Fränkischen Creyß, welcher die Moderation für billig erachtet, nach Anzeig sub Num. 2. eingekommenen Recommendation, einige Interims Moderation wohl zu gönnen, und zu dem Ende Allerhöchstgedacht Ihre Kaiserliche Majestät (wie hiemit beschicht) allerunterthänigst zu ersuchen seyen, bei denen Herren ausschreibenden Fürsten vorbesagten Fränkischen Creises die Allergnädigste Verfügung zuthun, auf daß von gemeldter Herrschaft Römbild Matricular-Contingent ⅔ Interimsweis, und biß zur Ratification der allgemeinen Reichs-Matricul, abgezogen, und bei künftigen Reichs und Creyßanlagen, auch allen andern gemeinen Beschwerden, Einquartierungen und Repartirionen, auf ein mehrers nicht, dann die restirende ⅓ reflectiret, und nach Proportion von berührter Herrschaft Römbild erhoben werde, iedoch, daß solches andern Ständen und Creisen ohne Praeiudiz und Nachtheil seyn, auch im übrigen wegen Rectification der Matricul, bei dem im Jahre 1670 den 19 Augl. gemachten Concluso sein ungeändertes Verbleiben haben solle. Womit höchstbesagten Kaiserl. Herrn Principal Commissarii Hochfürstl. Gnaden Churfürsten und Stände dieses Orts anwesende Räthe, Bothschaften und Gesandte sich besten Fleißes und geziemend empfohlen. Signatum Regenspurg den 23sten Septembris 1678.

(L. S.) Churfürstl. Mayntzische
Kantzley.

XLIV.

Receß zwischen Herzog Bernharden zu S. Meiningen, und Herzog Heinrichen zu S. Römhild, das ius episcopale zu Schwickershaußen betreffend.

den 8ten Febr. 1686.

Zu wissen sey hiermit: Demnach zwischen denen Durchlauchtigsten Fürsten und Herren, Herrn Bernharden und Herrn Heinrichen, Gebrüdern, Herzogen zu Sachßen ꝛc. wegen Exercirung des von beyderseits Fürstl. Fürstl. Durchl. Durchl. praedentirtem Iuris episcopalis zu Schwickershausen sich einige Jahre her allerhand beschwerliche Irrungen ereignet, daß solche nunmehr nach der von Ihren Fürstl. Fürstl. Durchl. Durchl. beschehenen freundbrüderlichen Communication auf nachfolgende Maas und Weiße verglichen, auch sich hinführo darnach zu achten einander Fürstbrüderlich versprochen, und zugesaget worden.

Urkunden zur historisch-statistischen Beschreibung

1.

Soll Herrn Herrn Herzog Bernharden zu Sachsen Fürstl. Durchl. das Ius Episcopale und was darin lauffet, über Dero Unterthan und Vasallen, den von Bronsart, auch dessen Hintersaßen, insonderheit aber der Cognition in Ehe- und allen andern bey ihnen vorfallenden Consistorial-Sachen allein haben und behalten, gleichwie hingegen Herrn Herzog Heinrichs zu Sachsen Fürstl. Durchl. das Ius Episcopale und Cognition über alle andere Unterthanen zu Schwickershausen und die mit ihnen vorkommende Consistorial Sachen auch alleine verbleibet, dergestalt, daß ein jeder Herr die von seinem Consistorio dictirte Kirchen-Censuren und Strafen, ingl. die von versäumten Schulstunden ohne ordentliche dimission oder andern, denen geistlichen Verordnungen zuwider lauffenden, Verbrechen, fällige Strafen von denen seinigen allein, ohne Einrede des andern, zu exequiren oder Kirchen Censur, wegen frühzeitigen Beyschlaffs mit einem Paar Verlobten, so unter zweyerley Herrschaft sitzen, anzuordnen, soll solches von dem jedesmahligen Directore, davon hernach disponiret wird, geschehen, zu dem Ende denn der zeitige Pfarrer zu Berckach auch an Ihrer Fürstl. Durchl. Herrn Herzog Heinrichs Consistorium vermittelst Ablegung würcklich auf diesen Receß mit eingerichteter Pflicht, an den Superintendenten oder zu Römhild, vermittelst eines Handschlags, gewiesen werden solle, auch bleibet Herrn Herzog Heinrichs zu Sachsen Fürstl. Durchl. auf allerhand künftige Fälle das Ius patronatus bey der Pfarrey zu Schwickerhausen verbehalten.

2.

In dem Kirchen Gebeth zu Schwickershausen solle vor bederseits Fürstl. Fürstl. Durchl. Durchl. Hrn. Hrn. zugleich gebethen, der ältere Herr aber, dem Herkommen dieses Fürstl. Hauses gemäß, jedesmahl vorangesetzt werden, ohneerachtet es den jüngern Herrn das Directorium seyn wird.

3.

Dieses Directorium soll unter höchst ermeldt Ihrer Fürstl. Durchl. Hrn. und Dero Fürstl. Erben und Nachkommen von dreyen Jahren zu dreyen Jahren alterniren, und Herrn Herzog Bernhards Fürstl. Durchl. auf instehende Ostern dieses 1686 Jahres den Anfang machen, dergestalt, daß der Director solche drey Jahre über nach Art und Weise, wie Ihrer Fürstl. Durchl. in Gott ruhenden Hochgeehrten Herrn Vaters, weil. Herzog Ernsts zu Sachsen Fürstl. Durchl. höchstseeligsten Andenckens es verordnet zu Schwickershausen generaliter und specialiter visitiren, und was Er für Mängel bey des andern Hrn. Unterthanen, darüber er das Ius Episcopale

des Herzogl. Sächßl. gemeinschaftlichen Amtes Römhild.

copulæ nicht hat, befindet, in deßen Consistorium zur remedirung berichten laßen solle.

4.

Zur Zeit solches dreyjährigen Directorii soll der jedesmahlige Director auch Macht haben, zu Schwickershausen die etwa nöthig befindende Fest- Buß- und Fasttage ausschreiben und celebriren zu laßen, dagegen sich der andere Fürstl. Theil dergleichen Ausschreibens solche Zeit über enthalten solle.

5.

Wenn der Pfarrer zu Berckach abgehet, und von Herrn Herzog Bernhards Fürstl. Durchl. ein anderer dahin gesetzet wird, hat derjenige Herr, bey welchem sodann das Directorium ist, wegen Schwickershausen durch sein Consistorium das præsentations Schreiben aufsetzen und selbigen Actum daselbst verrichten zu laßen, ingl. die special Confirmation auf Schwickershausen zu unterschreiben und die Investitur durch die seinige verrichten zu laßen, immittelst und bis die ereignete Vacanz zu Berckach von Meiningen aus ersetzet wird, haben auch Herrn Herzog Heinrichs zu Sachsen Fürstl. Durchl. wann das Directorium eben zu der Zeit bey Jhro stünde, den Gottesdienst zu Schwickershausen durch Pfarrer aus Dero Herrschafft Römhild versehen zu laßen.

6.

Zu vielgedachten Schwickershausen sollen sonsten die zeither üblich gewesene Kirchen Gebethe und Agenda auch Ceremonien behalten, und darinnen keine Aenderung vorgenommen werden, es wäre denn, daß sich beede Fürstl. Herrn Gebrüdere eines andern vergleichen würden.

7.

Wann auf einer oder der andern Fürstl. Seite ein solcher Todes Fall geschieht, darüber man eine ganze Land Trauer anzustellen pfleget, soll solche Trauer auch zu Schwickershausen mit gehalten und von demjenigen Fürstl. Theil, dem die Trauer concerniret, selbst angeordnet, wann aber das Directorium nicht an ihm ist, mit dem Directore deswegen communiciret werden.

8.

Die Annehmung und Beurlaubung des Schulmeisters zu Schwickershausen, auch die Cognition in personalibus über denselben wird Herrn Herzog Heinrichs zu Sachsen Fürstl. Durchl. wie bisher also auch künftig alleine überlaßen, jedoch soll er, Schulmeister, bey general und special Visitationen, wann dieselbe wegen Herrn Herzog Bernhards Fürstl. Durchl. von Meiningen aus geschehen, uf

die

die gewöhnliche Fragen auch antworten, und die münd- und schriftliche Erinnerungen und memorialia, vermöge des Gothal. Schul Methodi, in Acht nehmen, und wollen Herrn Herzog Heinrichs Fürstl. Durchl. bey ereigneten vacantien auf Bestellung eines tüchtigen Subjecti bedacht seyn und wann ein Schulmeister gar zu grobe Exorbitantien begehet, und die gradus admonitich;jm bey ihme nicht verfangen wollen, auch auf Meiningisches Erinnern darüber nach Gelegenheit eine Aenderung treffen, entweder mit Verordnung eines Substituti oder gänzlicher Abschaffung des alten Schulmeisters, wie es die Nothdurfft erfordern möchte. Dessen allen zu Urkund und desto steifer Festhaltung ist dieser Vergleich in gegenwärtigen Receß gebracht, davon zwey gleichlautende Exemplare verfertiget, dieselbe von jedem der beyden Fürstl. Herrn Paciscenten eigenhändig unterschrieben und besiegelt, auch von jedem Fürstl. Theil ein Exemplar zu Handen genommen worden. So geschehen und gegeben Montags den 8ten Febr. 1686.

Bernhard H;S.   Heinrich H;S.

XLV.

Bischoff Johann Eucharius zu Eychstädt belehnet Herzog Friedrichen zu S. Gotha für sich und seine Herrn Brüder mit dem Weinzehenden zu Schweinfurth und dem Dorfe Gollmuthausen, auch andern Lehnschaften im Amte Römhild.

den 7ten July 1686.

Von G. G. Wir Johann Euchary Bischoff und des heil. Röm. Reichs Fürst zu Eichstädt, bekennen öffentlich mit diesem Brief, daß Wir dem Durchlauchtigsten Hochgebohrnen Fürsten Unserm besonders lieben Herrn und Freund, und getreuen Herrn Friedrich, Herzogen zu Sachßen, Jülich Cleve und Bergk, landgrafen in Thüringen Marggrafen zu Meißen, gefürsteten Grafen zu Henneberg, Grafen zu der Marck und Ravensberg, Herrn zu Ravenstein und Tonna ꝛc. für sich als ältesten und regierenden Fürsten, wie ingleichen S. Gel. geliebten Herren Gebrüdern, Hr. Albrechten, Hr. Bernhardten, Hr. Heinrichen, Hr. Christian, Hr. Ernsten und Herrn Johann Ernsten, Herzogen zu Sachßen ꝛc., durch S. Gel. Gevollmächtigten Anwald, den Hochgelehrten Ihren Hoff- und Iustizien Rath, Hn. Veit Ludwig Böcklen zu lehn recht und redlich verliehen haben, das Dorff Gollmuthhausen und was Dieselbe Rechts daselbst haben und allen Theil den sie haben,

des Herzogl. Sächsl. gemeinschaftlichen Amtes Römhild. 829

haben, an den Weinzehend zu Schweinfurth, auch was sie haben zu der Eiche und zu Gleichenamberge, und was sie haben zur Buchen und zum Lieblers, welche Stücke alle hiebevor von Unsern geehrten Herren Vorfahren, am Stifft höchstsel. Gedächtnis, die Bejürstete, nunmehro ganz abgestorbene Grafen von Henneberg zu lehen getragen, nachgehends aber ohne Unser geehrten Herrn Vorfahren am Stifft, als Lehnherrn, eingeholten Consens an die Grafen von Mannsfeld und diese an das Hochlöbl. Fürstl. Hauß Sachsen der alienirt haben, wodurch dann langwürige Streitigkeiten entstanden, aber vermittelst einiger zwischen Unsern letzt verstorbenen Herrn Vorfahrer Hochsel. und dem Hauße Sachsen vorgangener gütlicher Handlung, beygeleget und uf den im 1675ten Jahr den 26 Martii erfolgten Tödlichen Hintrit des auch Durchlauchtigen Hochgebohrnen Fürsten, unsers besonders lieben Herrn und Freunds Herrn Ernsten H.z.S. tot. tit. christmilder Gedächtniß, an hochbenannte Ihre Gnad. und Dero Fürstl. Herrn Brüder, als deßelben hinterlaßene sämtl. geliebte Herrn Söhne neben andern Dero Fürstenthümer und landen devolvirt und erwachsen seindt, von Uns und Unsern Hochstifft zu lehn rührend und leihen denenselben darauff, nach erhaltenen indulten, solche lehn obbeschriebener maßen, Was Wir ihnen von Billigs und Rechtswegen daran verleihen sollen, und mögen, mit dieser Erläuterung, daß wann (so doch Gott verhüten wolle) S. Gnade und dero mitbelehnter Fürstl. Hrn. Brüdern männlicher Stamm absterben sollte, alsdenn der nechste Agnat von derselben Chur und Fürstl. Hauße und also fort, so lang jemand von dem Chur und Fürstl. Hauße ein Herzog von Sachsen übrig ist, darmit (Immaßen auch die Vergleichung darauf gerichtet) gleich Ihnen belehnet werden solle, doch mit Vorbehalt Unser und Unser Hochstiffts Rechten und Gewohnheiten, so Wir daran haben, und sonsten männiglich an seinen Rechten unentgelten, ungesehrlich. Zu Uhrkund mit Unsern heranhangenden Secret Insiegel besiegelt geben in Unserer Residenz Stadt Eychstett den V Iulii in Ein tausend Sechs hundert und Achzigsten Jahre,

Johann Eucharg B. z. E.

XLVI.
Herzog Heinrich zu S. Römhild verkauffet dem Stifte Würzburg den Hof Hochheim, der Mönchshof genannt, im Amte Römhild um 20000 Rthlr.
den 28ten Decembr. 1705.

Von G. G. Heinrich H.z.S. ec. Uhrkunden, und bekennen hiermit wegen lebermänniglich, dem es zu wißen vonnöthen, für Uns, Unsern Fürstl. Erben und Nachkommen:

kommen: daß Wir nach reiflichem Vorbedacht zu Unsers Fürstl. Haußes und landen augenscheinlichen Nutzen und Vortheil eines fest und unverbrüchlichen Kaufs verkauft haben, verkauffen auch und geben zukauffen, des Hochwürdigen Fürsten, Unsers besonders lieben Herrn und Freunds, Herrn Johann Philippen Bischoffs zu Wirzburg und Herzogs zu Francken Iulianischer Vniverstäten Wirzburg hiermit und in Krafft dieses, in der allerbesten Form, Maas und Gestalt, wie solches vermög Geist- und Weltlicher Rechten an Kräfftigst und beständigsten immer geschehen soll, kan und mag, Unsern Hof Höchheim, sonsten der Mönchshof genannt, unweit Menzhaußen gelegen, mit allen ein und zugehörungen, Hefbeständnern, Voigteylichen iuribus und was denen sembt und sonders anhanget, Geboth und Verboth und allen denienigen Recht und Gerechtigkeiten, so Wir und Unser Fürstl. Hauß in diesem Hof, deßen zu und Eingehörungen bisher innen gehabt, exercirt und genoßen haben, oder von Rechts wegen hätten exerciren können oder sollen (worunter iedoch die iura superioritatis territorialis & Ecclesiastica keinesweges begriffen, sondern solche Unausbrücklich vorbehalten werden) mit denen Höfen, Häußern und Gebäuden, Aeckern, Gärtten, Wiesen, Weyden, Schäfereyen, Waldung (iedoch was diese anlanget in Conformitaet der, unten diese Waldung betreffend gethaner, limitation und restriction) Bestand-Zinnß und Gült, auch Braueren zu des Hofs Nothdurfft und allen andern, besucht und unbesucht, ober und unter der Erden, wie das immer Namen haben und erfordert werden mag, ingleichen Unserm neü acquirirten freyeigenthümlichen Ein Viertentheil an dem Fruchte-lebendigen und Kleinen Zehenden zu Dorff und Feld, samt dem halben theil Heuzehenden zu Eichenberg, für und umb zwanzig Tausend Reichs Thaler baares Geldes, dem Reichsthaler zu Achtzehen schwere Paßen oder Zwey und Siebenzig schwere Creüzer gerechnet, welches Wir heute dato an guten gangbarn groben unverruffenen Sorten von ermeldten Vniversitäts Receptorat Amt bezahlt empfangen, und zu Unsers Fürstl. Haußes sonderbaren Nußen wohl angeleget haben, derenthalb auch über diesen Empfang der Zwanzig Tausend Thle. Kauf Geld, zu dachtes Vniversität Receptorat Ambt in der beständigsten Form rechtens hiermit quitt, frey ledig und loß sprechen, und Unß deßwegen aller Exceptionen und Freyheiten, so Unß wieder diese Quittung und Bekänntmiß einigermaßen zu steüer kommen könnten, insonderheit aber der Exception non numerata vel in rem versa pecunia, laesionis ultra dimidiam iusti pretii, simulati contractus, wie nicht weniger des gemeinen Behelfs, daß kein general Verzicht ohne vorhergehende special renunciation, Unß deütlich begeben und verzeyhen.

Wir

des Herzogl. Sächßl. gemeinschaftlichen Amtes Römhild 525

Wir sind hierauf für Unß, Unsere Fürstl. Erben und Nachkommen von obgemelten Hof und deßen Vogteylichkeit, Gerechtigkeiten, Gütern, und Nutzungen, zu und Eingehörungen, wie obbesaget, jetzt als dann, und dann als ietzt, freywillig abgetretten, und haben Unß deren, soviel Wir nehmlich davon Unß in diesem Contract nicht ausdrücklich reserviret, durchaus gäntzlich verziehen und entäußert. Thun auch solches hiermit, und setzen mehrgedachte Vniversität in die ruhige possession, Kauffs Gewalt und Gewähr, nebst aushändigung aller verhandenen dazu gehörigen documenten und Brieffschafften (als welche vorher in eine von dem Receptorat Ambt unterschriebene und zurück zustellende Specification und Bekänntniß zu bringen und nach der Übernahme beständig im Outh Höchheim zulaßen und zu reponiren sind) also und dergestalt, daß sie von nun an förderhin diesen Hof nebst Unserm Antheil Zehenden, zu Gleichenberg, als Ihre eigen erkauffte Güter, pro concurrentii quantitate des ausgewerffenden interesse den zwantzig Tausend Thaler Capital à Fünf pro Centum, innen haben, nutzen, nießen und gebrauchen, auch nach ihrem freyen Willen und Gefallen, jedoch conformiter dem Inhalt dieses Receßes, damit thun, handeln und laßen sollen, und mögen, ohne einige Einreden Unserer und Unser Fürstl. Erben und Nachkommen, und sonsten von männiglich unbehindert, wie Wir dann Unsere dermalige Hoffbeständnere in so weit ihrer statt Eydes gethanen Handgelöbniß, womit sie Unß und Unserm Fürstl. Hauße verwandt und zugethan, hiermit und Krafft dieses gäntzlich entlaßen, und sie darmit an das Vniversitäts Receptorat Ambt verweißen, daß sie nemlich, basienige, welches sie bishero als Beständnere Unß geleistet (außer denen in Ihren Pacht Brief enthaltenen Wein- Zehend- und andern Fuhren, so hiermit Uns ausdrücklich vorbehalten werden) von nun an der Vniversität, so wohl an Geld als Frucht und aller andern Schuldigkeit ohnweigerlich entrichten sollen.

Weilen aber der Hof Höchheim, nach dermahligen Pacht, und darauff verglichenen Frucht-Anschlag, als nemlich Weitzen, Kern und Gersten iedes Römhilder Malter pro 2 Thaler, Hafer pro 2 Gulden, mit dem Schäferey Bestand in allen Vierzehen Hundert vier und zwantzig Gülden, Jährlich allein rentiret, und also die iährliche interesse der Eintausend thlr. bereits mit Zwey Hundert vier und zwantzig Gülden übertrifft, Hergegen der Ertrag des mit verkaufften halben Heu- und einen vierten theil Frucht- lebendigen und Kleinenzehenden zu Gleichenberge, als welcher der Vniversität zu vier tausend Gülden Capital angeschlagen und angesetzt wird, die davon Jährlich ausfallende zwey Hundert Gülden interesse nicht rentiret, als ist insonderheit verabredet und verglichen worden, daß Wir diesen in subsidium zwar mit verkaufsten Zehenden gleichwohl zu Unserer Cammer einziehen und genießen,

Ersten Theils vierte Abtheil. Ll die

826   Urkunden zur historisch-statistischen Beschreibung

die Vniuersität hingegen die Ein Tausend Thaler interesse alljährlich von des Hoff Höchheim Reuthen völlig und allein haben und ziehen, hiernächst von dem Ueberschuß zu foderst an denen, in das alhiesige Stifft und Hospital auf Unsere Anweisung von diesem Hof zu lieffern schuldigs Zeben Malter Sechs Achtel Weyzen, Zwey und Sechzig Malter Sechs Achtel Korn, Fünff und dreyßig Malter zwey Achtel Hafer, so viel, als nach Abzug der Eintausend thlr. interesse an Pacht-Frucht übrig bleibet, in natura abgegeben, was aber zu Befriedigung des Stifts und Hospitals aus diesem Hofe nicht hinlanget, von Unserer Fürstl. Rent-Cammer rollents suppliret und dieses deshalb vergnüget werden soll. Gestalten wir dann Unsere ietzige Hof-Beständnere obgemeldtermaßen ihrer Handgelöbniß hiermit würcklich entlaßen und an mehrgedachte Vniuersität anwelßen, auch kraft dieses dergestalt angewiesen haben wollen, daß an diese sowohl sie, als Ihre Nach-Beständnern Sich bey allen Verfallenheiten allein halten, dahin ihre Nothdurfft berichten, denen darauf erfolgenden Verordnungen gebührend nachleben, alle Zinß, Gült und andere Schuldigkeit, nichts als was obengedacht davon ausgenommen, so viel ihr Bestand vermag, Jährlichen zu rechter Zeit zu des Receptorats Voigtei Breitensee einliessern sollen.

Wornach auch insonderheit bedungen und von Unß reseruiret worden, daß nach Ausgang des ietzigen Hof Bestands, welcher sich auf Peni 1708. endigen wird, Wir mit der Vniuersität coniunctim diesem Hof fernerweit in Bestand zu verlaßen und zu erhöhen befugt, Hingegen esstermeldte Vniuersität, wann allenfalls diese Hof-Gült ersteigert werden sollte, das übrige über den ietzigen Bestand ausswerffende euentual quantum, nach abgerichteten völligen interesse zu Unserer Fürstl. Cammer in natura auszuliefern schuldig seyn will und soll.

Nebst diesem verbinden Wir Unß hiermit insonderheit, daß wann etwan, welches doch Gott gnädiglich abwenden wolle, die Früchte auf diesem Hof durch Hagel Wetter und durchgängigen Mißwachß oder auch Herres Züge dergestalt verunglücket werden sollten, daß nach Inhalt aller Bestand Rechten auf den coniunctim mit Unßerer Cammer genommenen Augenschein, denen Beständnern einiger Nachlaß angedenßen würde, sothaner euentual Nachlaß der Vniuersität von denen, wie obgemeldet übertroffenen und hinauß zu geben schuldigen Zwey Hundert vier und zwantzig Gülden ersetzt, und Uns so viel abgezogen, also die Vniuersität in tantum schadloß gehalten werden soll, welche Meynung es dann ebenmäßig durchgehends hat, daß, woferne die Vniuersität ihre jährliche pension derer 1000 Thlr. interesse, es möge entweder wegen Einquartirungen und durch zügen oder auf alle ersinnliche weise geschehen

wie

des Herzogl. Sächßl. gemeinschaftlichen Amtes Römhild. 827

wie es wolle, nicht erheben könnte, alle solche bey denen, in diesem Contract nicht vorgesehenen, Fällen vorkommende Neben Auslagen der Vniuersität nicht zuwachsen, sondern auf alle weiße ihre pension der 1000 Thlr. in saluo verbleiben und auf keine weiße ihr hierdurch einiger Abbruch zukommen solle. Wir gewähren auch obangeregten Hof Höchheim, nebst Unserm Antheil Zehenden zu Gleichenberg und allen deren zu- und Eingehörungen, Rechten, Gefällen, Renthen und Güttern anderswohin unversezt, unverpfändet, unverkaufft unansprüchig gegen männiglich: Wo aber dieselbe gar oder zum Theil ansprüchig wären oder würden, es geschehe über Kurtz oder Lang, mit oder ohne Recht, so sollen und wollen Wir Unsere Fürstl. Erben und Nachkommen daßelbige auf Unsere und Unsers Fürstl. Haußes Kosten vertheidigen, vertretten, auch Spruchlos und ledig machen, Bey verpfändung Unserer und Unsers Fürstl. Haußes Renthen und Gütter, wo dieselben liegen, nichts davon ausgenommen, so viel hierzu vennöthen und der Schade und Abgang auswirffte ohne rechtliches Erkänntniß, eigenmächtig zu Handen zu nehmen, zu nutzen und zu gebrauchen, biß aller Abgang auch alle Aufsgelauffene Unkosten und Schäden vollständig abgetragen und gutgethan seyn werden.

Ferner behalten Wir die zu diesem Hof Höchheim sonst gehörige Waldung und deren Abnutzung auch Jagd Gerechtigkeit dergestalt bevor, daß ausser der Beständnern benöthigten und im Pacht Brief determinirten Brennholz, sowohl auch was zu nöthigen reparationen, Erhalt- und neu Aufführung der Gebäude, (als welche Wir auf Uns nehmen und auf Unserer Rent-Cammer Kosten, erheischender Nothdurfft nach, iederzeit zu bestreiten Uns obligiren,) erfordert und nach Unserer selbst eigenen Erkänntniß abfolgen zu lassen, Wir verwilligen werden und sollen, der Vniuersität hiervon weiter nichts zugehen solle, wie denn auch, wenn nothwendige reparationes der Gebäude vorfallen und Uns denunciiret würden, solche von Unser Fürstl. Cammer Renthen, woran vorhero der Schade von dieser in Augenschein genommen worden, ohne Beytrag der Vniuersität zu bewerckstelligen seyn, oder in Fall dieses nicht geschehen würde, alsdann bemeldter Vniuersität unbenommen bleiben solle, selbane sumtus necessarios von dem, über die 1000 Rthlr. schuldiger iährl. interesse überschließenden, quanto zu bestreiten und was darauf übrig bleibet, Unserer Rent Cammer hinauszugeben und zu liessern.

Nachdem, auch die ietzige auf dem Hof befindliche Pachtere der Catholischen Religion zugethan, als soll sowohl diesen, als wann fünffig dergleichen daselbst seyn werden, erlaubet seyn in casu necessitatis & in articulo mortis einen Catholischen Geistlichen, der ihnen ohne Hinderung die Geistlichen Sachen administrire, zu sich

L l 2   in

828 Urkunden zur historisch-statistischen Beschreibung

in Hof beruffen zu laſſen, nicht weniger auch in denen nächſt angelegenen Catholiſchen Orten ihren Gottesdienſt zu beſuchen, und alldorten ſich ehelich copuliren, ihre Kinder tauffen, auch dahin in Sterbungs Fall ſich und die ihrigen, ohne daß ſie hierunter der Pfarre Mentzhauſſen oder andern einige iura ſtolae zu erlegen haben ſollen, begraben zu laſſen.

Ob nun wohl im übrigen gegenwärtiger Kauff Brief einer an ſich ſonſt beſtändigen Kauf beſaget, ſo iſt doch zwiſchen Uns und offt mentionirter Vniverſität als Käuffern, namentlich bedungen worden, daß im Fall Wir, oder Unſere Fürſtl. Erben, und Nachkommen über kurz oder lang welches doch innerhalb Acht Jahren nicht geſchehen ſoll, kan oder mag) dieſen Hof, Höcheim oder Linß en Antheil Zehenden zu Gleichenberg, mit vorbenannten Recht und Gerechtigkeiten wieder an Uns und Unſer Fürſtl. Hauß löſen, und umb die beſtimmte Kauff Summa der 2000 Rthlr. redimiren wollen, gedachte Vniverſität, nachdem vorher alle etwa noch reſtirende intereſſen, ſamt ausgelegten expenſen zuförderſt und würcklich abgetilget ſeyn werden, ſolche Wiederzahlung in einer ungetrennten Summa, an guten groben Sorten, wie ſolche in der Stadt Nürnberg giebig current und gangbar alsdenn ſeyn werden, wieder anzunehmen, und den Hof ſambt Unſern Antheil Zehenden zu Gleichenberg deren Rechten und Nutzung hinwiederumb abzutretten und einzuraumen verbunden ſeyn ſolle, jedoch daß Wir, Unßere Fl. Erben und Nachkommen, die vorhabende Erlegung der völligen Kauff Summe vielberührter Vniverſität zu Wirzburg jederzeit ein halb Jahr vor dem Termin ſchriftlich verkünden und forderiſt die Gelter vorermeldter maßen an guten groben in Nürnberg gangbaren Sorten, ohne entgeldung der Münz reduction, oder ſonſt etwa anſtoſſender Gefahr richtig in die Stadt Wirzburg abtragen, geſtalten hierauf und wann die völlige Erlegung der 2000 Rthl. obverſtandener ungetrennter maſſen geſchehen ſeyn wird, dieſer Kauff Brieff nicht allein tod und ungültig ſeyn und wiederumb extradiret, ſondern auch der Hof, ſambt Unſern Antheil Zehenden zu Gleichenberg mit allen ad pertinentien, Rechten, Renthen und Güthern, abſonderlich auch denen nach der gefertigten Specification ausgeſtellten Dokumenten, Uns oder Unſern Fürſtl. Erben und Nachkommen ohne einigen Aufenthalt praetext und Exception ex iure putativo proprio vel ceſſo, mithin auch ohne alles verzuſchreibendes ius retentionis, auſſer in obrecenſirten Fällen, als wir ſolche der Vniverſität Kaufsweiſe überlaſſen, nichts ausgenommen völliglich wiederum abgetretten und eingeräumet werden ſollen.

Wir geloben und verſprechen demnach ſchließlichen alle und jede puncten, clauſulen

des Herzogl. Sächsl. gemeinschaftlichen Amtes Römhild. 829

fulen und articul, welche in dieser Wiederkauffsverschreibung begriffen sind, stet, fest und unverbrüchlich zu halten, darwieder nichts zu thun, noch zu schaffen, oder zu schicken gethan zu werden, in keine Weise noch Wege, wie Wir dann Uns begeben und verzeihen aller privilegien, indulten, concessionen, Gnaden, Freiheiten, Schirmen, Behelffen, Vorständen, cautelen, Gebeth und Verbothen und Auszugen, die anjetzt sind, oder Künfftig noch verordnet werden möchten oder würden, in specie laesionis ultra dimidium, iusti pretii, simulati contractus, restitutionis, wie nichts weniger aller Uns und Unsern Jul. Haußte dagegen zu statten kommenden pacten oder Statuten special oder gemeinen Behelffen, ꝛc. Alles getreulich und ohne Gefährde, bey Unserer Fürstl. Würde, wahren Wortten, Treuen und Glauben. Und demnach offtgemeldte Vniuersität zu ihrer Sicherung in dieser Handlung Unserer Freundlich geliebten respective Herren Brüdern und Vettern zu Gotha, nemlich der Durchlauchtigsten Fürsten und Herrn, Herrn Bernharde, Herrn Christians, Herrn Ernsts, Herrn Johann Ernsts und Herrn Friedrichs allerseits Herzogen zu Sachsen Jülich Cleve und Berg ꝛc. lbbl. lbbl. lbbl. lbbl. lbbl. Consense auch corroborier- und mit Unterzeichnung dieses Kauffs Contracts verlanget und nöthig zu haben erachtet; Als haben Wir pro maiori cautela derselben auch hierinnen willfahret und solche confirmationes von Unserer Sämbtl. Fürstl. Herren Brüdern und Herrn Vetters zu Gotha l. l. l. l. lbb. auf Unsere Kosten auszuwircken und beyzubringen Uns verbunden, den aber noch angehenden von Unsers Herrn Bruders zu Salfeld lbb. hiernächst gleichens beyzubringen, auch diesen Recess von derselben corroboriren zu lassen Uns hiermit obligiret und anheischig gemachet. Sollte aber allenfalls und wider verhoffen die Confirmation von derselben nicht zu erlangen seyn, so ist in subsidium & supplementum solcher hierdurch abgehenden quotae und anders nicht, von Uns Unser Freyeigenthümlicher Zehenden zu Gleichenberg evictionis loco, Sich dessen auf alle Fälle Nutz niesslichen zu bedienen und an denselben Sich zu erhohlen, auf Art und Weiße wie obgemelt, mit verkaufft und überlassen. Dahingegen wann obgemelte sämtl. Fürstl. Brüder- und Vetterliche Einwilligungen und confirmationes dieses Kauff Recessus würcklich erfolget, alsdann eo ipso Unser Gleichenberger Zehend von diesen Wiederkauff eximiret und von allen nexu befreyet seyn solle. Dessen zu wahrer Uhrkund seet und Vestihaltung haben Wir Unser Fürstl. Secret Insiegel hiervor drucken lassen, Und Uns nicht allein eigenhändig unterschrieben, sondern auch mehr Hochgedacht Unserer Freundlich geliebten Herren-Brüdern und Herrn Vetters zu Gotha l. l. l. l. confirmationes mittelst gleichmäsiger dero eigenhändiger Fürstl. Unterschrifft und Vordruckung Dero Secret Insiegel darzu erbeten

beten und beyfügen laſſen. So geſchehen Glücksburg in Römhild den 23 December 1705.
Heinrich H. S.

XLVII.

Sachſen Gotha überträgt dem Fürſtl. Hauße S. Meiningen die Beſitzergreifung des Amtes Römhild.

den 5ten Sept. 1707.

Von Gottes Gnaden Wir Friederich Herzog zu Sachßen, Jülig, Cleve und Berg ꝛc. demnach mit dem Fürſtl. Intereſſenten unſeres Haußes durch zuſammengeſchickte gevollmächtigte Deputirten am 6ten April ad 1699 wegen der in Gottes Händen ſtehenden Succeſſions Fällen per majora gewiſſe Abrede geſchehen und Uns unter andern die Fürſtl. Römhildiſche Landesportion bey ſelbigen begebenden Fall communi nomine in poſſeſſion zu nehmen angewieſen werden, Wir aber ao. 1702 den 18ten April vermöge anderweit zwiſchen Uns und S. M. ningen errichteten Receſſes hinwiederum in Stadt und Amt Römhild hochbeſagten Fürſtl. Meiningiſchen Hauße die Poſſeſſ Nehmung heimgegeben und überlaſſen haben; Als wird ſolches hierdurch gegen männiglich und ſonderlich die Fürſtl. S. Römhilder Räthe Beamten und Bedienten, ſowohl dem Stadt Rath zu Römhild declariret, und dieſelbe dahin angewieſen, auf den in Gottes Händen ſtehenden Todesfall des Durchl. Fürſten, Herrn Heinrichs, Herzogs zu Sachſen, Julig und Berg ꝛc. hochbemelten Fürſtl. Hauße Meiningen, und wer ſich der Poſſeſſ-Nehmung halber in beſagter Stadt und Amt Römhild von demſelben mit gehöriger Legitimation anmelden wird, an nur beſagter Poſſeſſ-Ergreiffung nicht hinderlich zu fallen, ſondern dieſelbe ohnweigerlich vornehmen zu laſſen und ſich demſelben dadurch verbunden zu machen. Zu Urkund deſſen iſt dieſes von uns eigenhändig unterſchrieben und mit unſern Fürſtl. Inſiegel bekräfftiget worden. Signatum Friedenſtein den 5ten Sept. 1707.
Friederich H. z. Sachßen.

XLVIII.

Erklärung des Hochfürſtl. Haußes zu S. Gotha, den Römhildiſchen Anfall betreffend.

den 2ten July 1710.

Auf die bishero vorgekommene Praeliminarvorſchläge, nach welchen S. Meiningen die Miliz von Themar abführen will, möchte 1. S. Meiningen die interims

des Herzogl. Sächsl. gemeinschaftlichen Amtes Römhild.

terius Administration in Stadt und Amt Römhild, gleichwie S. Hildburghausen im Amte Behrungen und übrigen zugestandenen Stücken, nach denen Recessen, und S. Gotha oder S. Saalfeld in dem vorhin vor diesen letzten Theil ausgesetzten Amt und Stadt Themar, ebenfalls nach denen Recessen, führen, iedoch allesammt salvo cuiusvis iure.

2) wäre von iedem Fürstl. Interessenten seine rata an dem Römhildischen Witthum recessmäßig beizutragen, und S. Meiningen ratione der auf Römhild haftende Witthums-Hypothec zu indemnisiren.

3) Wie sich S. Gotha schon öfters zu recessmäßiger Satisfaction an S. Meiningen, wegen der Eisenbergl. Succession erboten, also wird solches nochmahls declariret, und kan dieser Punkt ratione quanti zu Coburg, weil man hier bloserdings in possessorio versiret, ferderfamst ausgemachet werden.

4) Alles übrige soll in Coburg gütlich tractiret und ausgemachet werden, und will S. Gotha die in Coburg neu eingelegte Miliz, nach der Themarischen Evacuation, ebenfalls sobald abführen, iedoch daß das proportionirte Quantum so bishero zu wenig in Coburg gehalten worden bis hiernechst zu anderweiter vernehmen und Einrichtung zurük bleibe.

Verstehende Punkte werden hiermit ratificiret, und soll denenselben in allen nachgelebet werden. Friedenstein den 2. Julii 1710.

Friederich H. z. S.

XLIX.

Abrede, welche die Hochfürstl. S. Hildburghäusl. S. Saalfeld und S. Gothaische Endesunterschriebene vollmächtigte Deputirte, nach der, auf vorgängige Festsetzung der S. Saalfeldl. Coadministration, nunmehr würkl. erfolgten An- und Ueberweisung der Hfl. Frau Wittwe in ihr vorgeschriebenes Witthum der Stadt und Amt Römhild, ferner unter sich verbindlich zu concertiren für nöthig erachtet.

1.

Wollen obgenannte drei Fl. Theile so wohl S. Saalfeld bey seiner zu Residenz, Amt, Stift- und Stadt Römhild gebührenden und solenniter agnoscirten compossess und Coadministration, als die Fl. Frau Wittib nach Anleitung der vorher mit derselben gepflogenen auf die Fl. Eheberedung gegründeten Abrede, bey dem

Ihro

Ihro würckl. überwiesenen Wittum, gegen männigl. insonderheit aber gegen S. Meiningen conjunctis viribus dergestalt handhaben, daß im Fall, leztermehnten Fl. Theil über vermuthen sich denen, dieserhalben kurzhin gemachten gemeinsamen, Verfügungen de facto und mit Gewalt entgegen seyn solte: S. Hhaußen als dermahliger Senior und nechst angränzender Fl. Interessent, auf erste Nachricht alsobald möglichste defension dargegen vorkehren und S. Gotha nichts minder auf erhalten Communication so viel Mannschafft als nach Gelegenheit erforderl. unverzügl. anrücken, und in conjunction mit denen übrigen Fl. beystimmenden Theilen das, was jezo pacisciret, bey Kräften erhalten sollen und wollen.

2.

Inzwischen ziehet S. Hhaußen seine Zeithero noch in der Stadt liegen gehabte Trouppen völlig wieder ab. Es werden aber zu desto besserer Versicherung der vor mentionirten Verfügungen, so wohl als der gemeinschaftl. Land Miliz unter Commando eines S. Hhäußischen officiers so lange beseztet, biß S. Meiningen entweder dem, was auf so billige und innocente Weise der diesmahl verfüget werden gutwillig accediret, oder doch, daß sie sich mit keiner Thathandlung dagegen sezen, sondern mit dem Weg Rechtens begnüget seyn wolle, sich gnugsam erkläret; nicht minder gestehen,

3.

S. Hhaußen sowohl als S. Gotha, S. Saalfeld auch bey denen übrigen Aemtern und pertinentien dieser Fl. ganzen Landes portion, weil dieser Fl. Theil seinem Successions Recht biß zu künftigen Haupt-Erb-Vergleich zu inhaeriren, beständig gemeinet ist, die behörige Concurrenz und Coadministration pro indiviso zwar willig zu, ob sie gleich,

4.

Von dem, an S. Meiningen von ihnen beyderseits beschehenen, Auftrag ihrer vor demselben zugleich in ihrer beyder Namen mit in pofseß genommener ratam am Stadt und Amt Römhild zur interims-administration so weit selbige salvo jure Saalfeldensi et sereniss. viduae statt finden mag, noch zur Zeit so wenig abgehen könne als S. Hhaußen auch die S. Meiningl. ratam im Amte Behringen u. S. Gotha eben dieselbe ratam in Stadt und Amte Themar, ad interim recipire zu administriren haben.

5. Gleich

des Herzogl. Sächßl. gemeinschaftlichen Amtes Römhild. 83r

5.

Gleichwie aber diese administration auf nichts anders, als die Gemeinschaft gerichtet ist, also wollen sie auch dieselbe anderergestalt nicht verführen, als daß alle Bediente und Unterthanen in gemeinschaftl. Pflichten verbleiben, auch, wenn bey der Administration eines oder des andern Amts etwas bedencliches, absonderl. in utilibus, verb. gr. bey neuen Verpachtungen, Erlaßungen oder dergl. vorfället, darüber zuforderst gebührend communiciret und gemeinsamer Schluß eingeholet werden solle; dergestalt sich auch in andern wichtigen Dingen insonderheit S. Saalfeld vorbehält, daß die Berichte und Supplicationes von denen Beamten und Unterthanen an dasselbe mit ergehen und gerichtet werden. Ingl. werden zwar

6.

Die Rechnungen von jedweder Amts administration alle Jahr zu erst examiniret, es sollen aber solche demnechst der Gemeinschafft auf begehren zur Iustification unweigerl. vorgeleget, und was nach Abzug des Wittums und anderer gemeinschaftl. Abgaben überbleibet, aus allen Aemtern in eine Massam geschlagen, nach den ratis eingetheilet, und jedweden Interessenten das Seinige, ohne allen Auffenthalt, geliefert werden; So wollen auch

7.

Jeder Fl. Theil zeit währender Interims Administration, vor die Rechnungs-Beamte vor sich stehen und hingegen sich bey jenem wieder sicher zu stellen Sorge tragen, und soll nichts destominder durch alle diese puncta S. Saalfeld an seinem überall mit competirenden coadministrations-Recht im geringsten nicht praejudiciret, vielweniger solches dahin, als wenn dasselbe die von S. Hhaußen, S. Gotha u. S. Meiningen errichteten particular-pacta dadurch mit agnosciret hätte, jemals ausgedeutet, oder allegiret werden; Weil auch

8.

So wohl das Allodium zu Bezahlung derer bringenden Schulden völlig auszumachen, und ins Geld zu setzen, als auch der portions-Anschlag zu examiniren, und wie dieser durch wieder Herbeybringung der alienirten Stücke ergänzet werde, ein Schluß zu faßen ist; So wollen diese 3 Fl. Interessenten, dazu alle Förderung thun, auch ehe und bevor solches geschehen, Keine Erbtheilung gestatten. Als auch

9.

Bey bißherigen discursio sich ein- und anderer Bediente u. unterthanen gegen die

die Fl. Gemeinschaft vergangen; Als soll solches, zu verhütung aller Partheilichkeit, gemeinschoftl. untersuchet u. nach gnugsamen Gehör rechtl. Ausspruch darüber eingeholet werden;, damit aber

10.

Die S. Saalfeldische Coadminiſtration bey Stadt und Amt Römhild, im Fall ſich mit S. Meiningen bei ein- oder andern Vergang nicht zuvergleichen seyn solte, nicht gar inutil gemachet, oder doch dadurch zu neuen weiterungen Anlaß geben werde; So will S. Saalfeld, bey vorkommenden Discrepantien den Ausschlag von S. Hhausen u. Gotha willig annehmen, welche sodann daß der nach sothaner Comprobation ausgefallene Schluß zur excoation gebracht werden mit beschaffen helfen wollen.

Urkundlich iſt dieſe Abrede zu einstweiliger Conservation Ruhe und Friedens, biß entweder durch Gottes Seegen zu einer beſtändigen Haupt- und Grund Theilung, in guten zu gelangen seyn, oder von der Röml. Kayserl. Majeſt. ein anders verordnet werden wird, von obgedl. deputirten Räthen biß auf Ratification ihrer gnädigſten Hhl. Principalen mit Hand und Siegel vollzogen worden. So geschehen zu Römhild am 17. Jan. 1711.

L. Sutorius.   von Haß   D. C. Jäger.

L.

Recess zwiſchen S. Meiningen und S. Coburg Saalfeld, über die, wegen Adminiſtration des gemeinschaftl. Amtes Römhild zeithero obgewalteten Differenzien.

den 4/15ten Sept. 1753.

Von Gottes Gnaden Wir Anton Ulrich, Herzog zu Sachßen, Jülich, Cleve und Berg, auch Engern und Westphalen, LandGraf in Thüringen, Marggraf zu Meißen, gefürſteter Graf zu Henneberg, Graf zu der Mark und Ravensberg, Herr zu Ravenſtein, Ritter des Huberti Ordens und Senior des gesammten Fürſtl. Sächſl. Haußes Ernestiniſcher Linie ꝛc.

Urkunden und bekennen hiermit; demnach zu gütlicher Beylegung derer zwiſchen Unsers freundl. geliebten Vetters, des Herrn Herzog Franz Josiaſ zu S. Saalfeld ibdl. und Uns biß anhero obgeschwebten und zu vielen Weiterungen ausgeſchla-

des Herzogl. Sächßl. gemeinschaftlichen Amtes Römhild. 833

geschlagenen Differentien durch beyderseitig darzu legitimirte Räthe eine Vergleichs-Punctation sub dato Calenberg und Coburg den 12ten Septembr. 1753. verabredet und geschloßen worden, welche von Wort zu Wort folgendermaßen lautet:

Punctation.

Demnach die Durchlauchtigsten Fürsten und Herren, Herr *Anton Ulrich* Herzog zu Sachsen, ꝛc. und des gesammten Hochfürstl. Sächsl. Hauses Ernestinischer Linie Senior, und Herr *Franz Iosias* Herzog zu Sachsen, ꝛc. diejenigen beschwerl. Differentien, welche seit einigen Jahren über die Administration des gemeinschaftl. Amts Römhild obgewaltet, und nicht nur zu einer weitläuftigen Rechtfertigung, sondern auch kostbaren Executions Commission ausgeschlagen sind, durch gütliches Einverständniß zu heben, die Christfürstl. Intention gefaßet, und in solcher Absicht, durch beiderseitig bevollmächtigte Räthe, anfangs zu Nieder-Linden, dann zu Rodach, und letzlich zu Calenberg Handlung pflegen lassen; Als ist endlich unter heutigen dato, von diesen biß auf Ihrer Höchst ermeldeten Durchl. Herren Principalen Ratification gegenwärtige Vergleichs Punctation verabredet und geschloßen worden:

1.

Zwischen denen beyden Durchl. Herren Herzoge zu Sachsen, Coburg Meiningen, u. Coburg Saalfeld, soll führhin ein aufrichtig freundvetterliches Wohl-Vernehmen gepflegen, und zu dem Ende so wohl unter ihnen selbsten, als denen Fürstl. Collegiis zu Meiningen und Coburg, die biß anhero unterbrochene Communication von nun an retabliret, und, wie in allen andern gemeinsamen, also auch in denen Römhildischen Vorfallenheiten unterhalten werden. Und

2.

Obwohl des Herrn Herzogs zu S. Coburg Meiningen Hochfürstl. Durchl. eine zu Hebung der Römhildl. Gemeinschaft vorzunehmende Theilung besagten Amtes oder Umtausch beständig wünschen, und die in Judicatis Caesareis in specie ratione Divisionis Roembildensis enthaltene Zuständigkeiten sich feyerlichst reserviren, So versprechen jedoch

3.

Höchst dieselben in so lange, biß besagte Römhildl. Gemeinschaffte durch Theilung oder Umtausch, entweder mittelst Obrist Reichs Richterlichen Erkenntniß oder gütlicher Auskunfft unter beyden hohen Theilhabern gehoben seyn wird, den statum pacatum Communionis im Römhildischen vollkommen herzustellen, auch führhin

M m 2   nichts,

nichts, was zu dessen Stöhrung gereichen, und denen Auctoritate Caesaria geschehenen Anordnungen nachtheilig seyn könnte, zu thun, vielmehr alles das, was zu neuen Collisionen Anlaß geben könnte, jetzt und vor das künfftige zu vermeiden.

4.

Damit nun aber durante ista communione die Administration des Amts Römhild in vollkommener Ruhe und Einigkeit geschehen könne; wollen beyde Hochfürstl. Theile über die zu integrater Herstell- und Regulirung eines Status pacati erforderliche Puncta sich mittelst freundvetterl. Communication und Zusammenschickung selbstliebender Räthe vernehmen, und also denen quoad praeteritum annoch zu berichtigenden Puncten nicht nur die abhelfliche Maaße zu geben, sondern auch quoad futurum ein dauerhafftes Regulativ veste zu setzen bemühet seyn. Alldieweilen aber

5.

Zu dessen Bewerckstelligung Zeit und weitere Handlung erfordert wird, jetzo aber, daß die so kostbare Execution und Local-Commißion gehoben werde, vor allen Dingen nöthig und räthlich geschienen, dazu gleichwohl ehender nicht zu gelangen gewesen, bis die Wiederherstellung derer annoch vacanten Römhildischen Dienste geschehen, und des Herrn Herzogs zu S. Coburg-Saalfeld Hochfürstl. Durchl. wegen Ihrer nach denen Kayserl. Allerhöchsten Erkänntnissen zu fordern habenden Indemnisation vollkommen sicher gestellet seyn werden; so wird sich über beyde Puncte dahin verglichen und einverstanden, daß

6.

Die Wieder-Besetzung der seit vielen Jahren vacant gewesenen Superintendur zu Römhild mit dem dazu so wohl S. Coburg Meiningl. als S. Coburg Saalfeldl. Theils beliebten Superintendenten Zietzmann zu Wasungen geschehen, die Hauptmannsstelle bey der Römhildl. Stadt und Land Compagnie aber, dem dermal. Sonnebergl. Hauptmann Güttich, und die Lieutl. Stelle von dem Römhildtl. Contingent nebst dem Commando über die vorhandene Contingents Reuter, und dem March Commißariat dem dermaligen bey der Fürstl. Coburgl. Land Compagnie zu Rodach stehenden Lieutenant Petzold jun. conferiret, diese sämmtliche Diener-Bestallungen aber annoch vor Abgang der Local-Commißion völlig zu Stande gebracht werden solle. Und gleichwie

7.

die nicht so nöthige Besetzung annoch anderer vacanten Dienste zu der §. 4. verabredeten weitern Handlung ausgestellet wird; Also

8. Hat

8.

Hat es hingegen intuitu dererjenigen Dienste und Aemter, welche Authoritate Caesarea biß anhero bestellet und respee restituiret werden, bey dem, was hierunter geschehen, zwar sein bergestaltiges Bewenden, daß auch dieserwegen Fürstl. S. Coburg Meiningischer Seits, in honorem Augustissimi, nichts widriges zu verhängen, des Herrn Herzogs zu S. Coburg Melningen Hochfürstl. Durchl. nochmals versichern, jedoch mit der expressen Declaration, daß, weferne sich wider die bereits angenommene, und noch zu bestellende Dienere, eine offenbare Inhabilitaet, Untreue oder anderes Vergehen zu Tage legen sollte, alsdenn das Hochfürstl. S. Coburgl. Saalfeldl. Haus, dieselbe keinesweges protegiren, sondern vielmehr, wie sich des Herrn Herzogs Hochfürstl. Durchl. allbereits per Rescriptum sub 22. Aug. nuperi an erkläret haben, deren Vergeh- und Verbrechungen gemeinl. untersuchen, und nach Befinden mit der Remotion und anderer Bestrafung gegen sie verfahren lassen sollen und wollen.

9.

Nachdem in Folge derer Kayserl. allerhöchsten Erkänntnisse des Herrn Herzogs zu Sachsen Coburg-Saalfeld Hochfürstl. Durchl. nicht nur zu Entschädigung, sondern auch in Rücksicht auf Erhaltung Ruhe und Friedens die sämtl. Oeconomie-Verwaltung zu Römhild und was davon abhanget, überlassen, und in solcher Maße die Immission bereits würcklich vollzogen worden; So hat es bey derselben und der somit Serenissimo Coburgo-Salfeldensi competirenden Administratione solitaria in Oeconomicis sein Bewenden: Gleichwie sie aber diese solitarische Administration in keiner andern, als denen Kayserl. allerhöchsten Erkänntnissen gemässen Weise begehren noch verlangen; Also werden Sie sich sodann, wann der Status pacatus im Römhildischen hergestellet seyn wird, nicht nur willigst hinwieder begeben, als wozu sie sich hierdurch per expressum nochmals verbindlich machen, sondern auch zu sothaner Wiederherstellung des Römhildischen Ruhestandes alle mögliche Handbiethung thun. Und obwohl

10.

des Herrn Herzogs zu S. Coburg Saalfeld Hochfürstl. Durchlaucht Secundum Iudicata Caesarea die Immission in die Aemter Sonneberg und Neuhaus dergestalten zu praetendiren und zu gewärtigen hätten, daß die dortige sämmtl. Oeconomie Beamten, Bedienten und Unterthanen Authoritate Caesarea angewiesen werden sollten respec. sowohl die Berichte in Oeconomicis künftig an die S. Coburg-Saalfeldl. Cammer zu stellen, als auch von dorten alleine darinne Befehl zu erwarten:

Hingegen

Hingegen von des Herrn Herzogl. Sachßen Coburg Meiningen Hochfürstl. Durchl. in Oeconomicis biß auf anbeworten Kayserl. Vererdnung keine dergl. Befehle zu suchen und anzunehmen, noch weniger denenselben zu geleben; So wollen jedoch des Hl. Herzogs zu S. Coburg Saalfeld Durchl. zu Bezeugung Ihrer freundvetterlichen Wohlmeynung zufrieden seyn, daß statt des in vorbemelteter maaßen vorgeschriebenen modi Immissionis in die Aemter Sonneberg und Neuhaus nur alleine die beyden Rechnungsführer und Obereinnehmer, neml. der Rath und Amtmann Mericke und der OberEinnehmer Rippel an des Hl. Herzogs zu S. Coburg Saalfeld Hochfürstl. Durchl. mittelst an Eydes statt zu leistenden Handschlags alljährl. 8000 thlr. und zwar quartaliter 2000 thlr. zu liefern angewiesen werden sollen. Jedoch wird anbey

11.

ausdrücklich bedungen, daß 1) diese Anweisung und Stipulation in vim realis Immissionis et hypothecae judicialis geschehen, 2) bey Kayserl. Majest. und Fürstl. S. Coburgl. Seits bey der Kayserl. Subdelegations-Commission, welche aber, wie überhaupt, als auch hierdurch, Fürstl. S. Coburg Meiningischer Seiten keinesweges agnosciret wird, angezeiget, und von dieser das, was darunter geschehen, bestättiget werde, 3) S. Coburg-Saalfeld im NichtEinhaltungs Fall der Immission und Dispositionis quoad oeconomico in die per Conclusum novissimum membro XI. sub membro 5, vorgeschriebenen Maaße zu gebrauchen, und 4) ebenfaselbst auf des Königs in Pohlen Majest. als Churfürsten zu Sachßen erkannte Manutenenz verbehalten bleibe, auch 5) biß zu gäntzlicher Befriedigung des Herrn Herzogs zu S. Coburg-Saalfeld Durchl. kein Creditor in die Einkünffte sothaner beyden Aemter immittiret werden solle.

12.

Wie nun diese Immission, Anweis- und Bezahlung so lange dauern sollen, biß des Herrn Herzogs zu S. Coburg-Saalfeld Hochfürstl. Durchl. nicht nur wegen alles dessen, was sie zur Commission und Execution, vermöge Quittungen, vorgeschossen haben, sondern auch wegen treu auf allerhöchsten Kayserl. Ausspruch stehenden Schäden praeceptorum und Kosten, wie solche entweder von allerhöchsten Orts entweder zu moderiren, oder durch beyder Hochfürstl. Theile noch zu treffenden Vergleich zu reguliren sind, gäntzlich und völlig befriediget seyn werden; Also werden und wollen auch biß zu dessen vollständiger Bewerckstelligung des Herrn Herzogs zu S. Coburg-Meiningen Hochfürstl. Durchl. auf keinerley Weise eingreifen noch etwas verhängen, auch in dem Fall, da einer oder der andere von denen angewiese-

nen

des Herzogl. Sächsl. gemeinschaftlichen Amtes Römhild. 859

ein Beamten abgehen würde, dessen Nachfolger an des Herrn Herzogs zu Sachsen Coburg-Saalfeld, Hochfürstl. Durchl. mit Handschlag weisen lassen. Wie dann

13.

alles, was hierunter Verglichen und vestgesetzt werden, von beyden Fürstl. Theilen treulich und Fürstl. gehalten werden solle: Jedoch ex parte des Herrn Herzogs Anton Ulrichs Hochfürstl. Durchl. mit dem Expressen Vorbehalt, aller sowohl in judicatis Caesareis, in specie ratione Divisionis gegründeten Zuständigkeiten, als auch sub reservatione der gegen die Commission, und die von ihr anmaßlich eingesetzte Diener competirenden Exceptionen und übrigen gravaminum, auch deren weitern Ausführung, ingl. der opponirten Compensation und vorbehaltenen Regressus, auch allen übrigen rechtlichen Competenz, besonders die per ultimum Conclusum, selbst vor billig erkannte, von Ihro Hochfürstl. Durchl. aber nicht eigenmächtig zu verhängen verlangende separate Revenüen Administration und deren Decretirung, nicht weniger die Obristrichterliche Wieder-Aufhebung und Abänderung sowohl was die Immission und Administration in Oeconomicis, als die zu Ihro Beschwerung geschehene Bestätigung der a Commissione praetensa eingesetzten Diener, inclusive des Wagners, in ordine zu suchen: welche dennoch aber obigen Vergleichs-Puncten nichts derogirende Reservationes Sachsen Coburg-Saalfeld so weit Rechtens und ohne praejudicirl. Einräumen geschehen lässet, sich aber dagegen Competencia quaeris reserviret.

Zu welchem Ende diese Punctation entworfen, von beyderseits darzu Bevollmächtigten Räthen unterschrieben, und Ihrer Durchl. Herren Principalen Ratihabitiones, annoch zwischen hier und nechstkünfftigen Sonntag, oder längstens Montags Vormittags beyzubringen und gegen einander auszuwechseln versprochen worden. So geschehen Calenberg und Coburg den 12. Septembr. 1753.

(L.S.) Georg Ernst Heim.   (L.S.) Christoph Sigmund von Hendrich.

Und wir dann sothane errichtete und von Unserm Bevollmächtigten mit unterzeichnete Vergleichs Punctation ihrem völligen Innhalt nach zu genehmigen und zu ratificiren kein Bedencken genommen; Als thun Wir solches Krafft dieses dergestalt und also, daß von Uns und denen Unsrigen alles das, was darinnen verabhandelt, versprochen und geschlossen worden, stet, vest und unverbrüchlich gehalten werden solle.

Zu Uhrkund dessen haben Wir gegenwärtige Ratification eigenhändig unterschrieben,

schrieben, und Unser Fürstl. Insiegel wohl wissentlich vordrucken lassen. So geschehen Franckfurth am Mayn den 14. Sept. 1753.

Anton Ulrich, H. z. Sachßen. (L.S.)

LI.

Hauptreceß zwischen S. Coburg Saalfeld und S. Meiningen, die gütliche Beilegung der S. Meiningl. Tutel- Streitigkeiten, und die Administration des gemeinschaftlichen Amtes Römhild betreffend.

den 30ten März 1765.

Zu wissen sey hiermit: Demnach schon vor vielen Jahren zwischen denen Durchlauchtigsten Herzogen und Herrn, weyland Hrn. Herzog Anton Ulrich zu S. Cob. Meiningen an einem und Hrn. Herzog Franz Josias zu S. Coburg Saalfeld, am andern Theil, über die Administration des Gemeindl. Amtes Römhild und Bestellung derer Geml. Diener ꝛc. beschwerliche Mißhelligkeiten entstanden, indem jener ohne Vorbewußt und Mitelnwilligung dieses verschiedene Diener einseitig eingesetzt, und die S. Coburg. Meiningl. Revenüen Antheil separatim administriren lassen wollen, worüber die Sache zur Klage gekommen und zu einen weitläuftigen Geldsplitterl. Processe gediehen, welcher endlich dahin ausgeschlagen, daß des Hrn. Herzog Anton Ulrichs Herzogl. Durchl. durch wiederhohlte Kayserl. Conclusa zur Ersez- und Bezahlung aller verursachten Schäden Unkosten ꝛc. condemniret, welche durch eine dazu angeordnete Kayserl. Commission zur Execution gebracht und dabey unter andern auch des Hrn. Herzog Franz Josias Herzogl. Durchl. die solitarische Administration gleichwie in Oeconomicis überhaupt also auch derer S. Coburg Meiningl. Revenüen Antheile des Amtes Römhild so lange übertragen worden, bis derselbe daraus völlig wieder bezahlet und entschädiget, ob Seiten des Hrn. Herzog Anton Ulrichs Herzogl. Durchl. aber denen Conclusis plenarie pariret, und der status pacatus Roembildensis in der Maße, wie er ante turbas gewesen, wieder hergestellet seyn würde; Und obwolen beyde litigirende Theile diese kostbare Mißhelligkeiten durch den am 12. Septembr. 1753. unter sich errichteten Vergleichs in tantum zuheben gesucht haben;

So ist doch solcher eines Theils nicht so fort zur Erfüllung gebracht, andern theils aber darinne die Haupt Differenzien auf eine fernerweite gütliche Besprechung und Beylegung ausgestellet worden, da inzwischen S. Coburg Saalfeldischer Seits

des Herzogl. Sächßl. gemeinschaftlichen Amtes Römhild. 841

mit der Sequestration continuiret, und daraus nicht alleine die völlige Entschädigung erlanget, sondern auch der Ueberschuß bey der Herzogl. Regierung zu Coburg ad depositum gebracht, S. Coburg Meiningl. Seits hergegen die S. Coburg Saalfeldl. liquidationes derer damnorum, praeceptorum, expensarum etc. nicht eingestanden, die facta Commissionis Caesareae nicht agnosciret, und der weitern Seqvestration verbaliter & realiter widersprechen, und auf eine richterliche Moderation jener Liquidation angetragen, mithin die Sache noch immer mehr und mehr verwirret und weit aussehender worden; Unterdessen aber beyde des Hrn. Herzog Anton Ullrichs und Hrn. Herzog Franz Josias Herzogl. Herzogl. Durchl. Durchl. mit Tode abgegangen, wornach des dermalen zu S. Coburg Saalfeld regierenden Hrn. Herzog Ernst Friedrichs Herzogl. Durchl. die noch weitere Continuation der Sequestration um so mehr bedencklich und beschwerlich geschienen, als der verwittibten Frau Herzogin zu S. Coburg Meiningen Herzogl. Durchl. in aufhabender Obervormundschafft Ihrer beyden Durchlauchtigsten Prinzen, von deren Antritt her, eine Bereitwilligkeit zum Frieden und Wiederherstellung des status pacati Roemhildensis geäussert, und dahero Hrn. Herzog Ernst Friedrich zu S. Coburg Saalfeld Herzogl. Durchl. gleich nach dem Antritt Dero Regierung von der weitern Seqvestration derer S. Coburg Meiningl. Römhild. Revenüen Antheile von selbsten abgegangen, der verwittibten Frau Herzogin zu S. Coburg Meiningen Herzogl. Durchl. aber solchergestalt auch die ex sequestratione, nach vorgegangener S. Coburg Saalfeldl. völliger Befriedigung, ad depositum gebrachter Gelder zurück begehret, zu deren Restitution sich jedoch S. Coburg Saalfeld nicht eher verstehen können noch wollen, biß S. Coburg Melningl. Seits die facta & gesta Commissionis Caesareae agnosciret, denen iudicatis Caesareis plenarie repariret, und der status pacatus Roemhildensis pro praeterito völlig wieder her, pro futuro aber sicher gestellet worden.

Ob nun wohl beyde Herzogl. Theile über diese noch obwaltende Differenzien und die Mittel zu deren gütlichen Beylegung bißhero vertraulich mit einander correspondiret; so ist doch dadurch der Endzweck nicht zu erlangen gewesen, dahero aber eine beyderseitige Zusammenschickung friedliebender Räthe nach Römhild beliebet, und hierzu ex parte S. Coburg Saalfeld der Herr Geheime Legations Rath Hofmann, ex parte S. Coburg Meiningen aber der Herr Canzler Wucherer und der Hr. Cammer Assessor Heusinger bevollmächtiget worden.

Nachdem nun diese zu dem Ende am 14. hujus sich in Römhild eingefunden und bißhero über alle diese Römhl. und andere zwischen S. Coburg Saalfeld und S. Coburg Meiningen obwaltende Differenzien wegen des Calenbergs und sonsten ꝛc. conseriret conferiret und mühsam beredet; so sind endlich nach allen gehobenen Widersprüchen nachfolgende puncta zwischen ihnen sub spe rati verabredet und bis auf höchste Ratification derer Durchlauchtigsten Herrn und Frauen Principalin verglichen worden.

1.

Behält es bey der unter dem 15ten hujus errichteten in 5 Puncten bestehenden und von beyden Herzogl. Theilen bereits gnädigst ratificirten praeliminar-Vergleichs Punctation ingleichen dem Protocoll de 16. hujus sein ohnabänderliches Verwenden, jedoch mit dieser Erläuterung, daß des Hrn. Herzogs zu S. Coburg Saalfeld Herzogl. Durchl. durch denselben Particular Vergleich denen andern beyden Herzogl. Häusern zu S. Gotha und S. Hildburghausen in der S. Meiningl. Tutel Sache nicht praejudiciret haben wollen, und der verwittibten Frau Herzogin zu S. Coburg Meiningen Herzogl. Durchl. noch ausdrücklich sich verbindlich machen, die von Kanserl. Majest. und dem gesammten heil. Röml. Reiche vor Successions unfähig erkannte Herzogl. Anton Ulrichischen Prinzen erster Ehe unter keinerley Vorwand und zu keinerley Zeit, weder ex testamento noch pacto et promisso in puncto successionis zum Nachtheil des Herzogl. Gesammt Hauses zu begünstigen.

2.

Da sich bey Durchgehung des Vergleichs de 12. Sept. 1753. gefunden, daß derselbe nunmehro quo ad praeteritum beyderseits zur Erfüllung gebracht, und der status paratus Roemhildensis, wie er ante turbas gewesen, bißhero wieder hergestellet worden, mithin vornemlich darauf zu denken gewesen, wie dieser pro futuro friedl. zu erhalten, und sicher zu stellen sey, hierben es aber hauptsächlich auf die Ernennung derer subjectorum zur Wieder Besetzung derer sich erledigenden Geml. Diener Stellen des Amts Römhild ankommen, inmaßen S. Coburg Saalfeld dabey mit S. Coburg Meiningen alternirn, dieses hingegen die gleiche alternation nicht zu gestehen, sondern die Diener Besetzung nach der Proportion derer Revenüen Antheile zu ⅔ per Turnum haben wollen; Als ist dieser Punckt nach langer Berechung, und hin und wieder ex utraque parte gethanen Vorschlägen endlich dahin verabredet, verglichen und in futurum, so lange die Römhildl. Gemeinschaft dauern wird, pro regula fest gesetzt worden, daß alle in der anliegenden Specification benahmte Geml. Diener Stellen und Aemter, so wie eines oder das andere derselben durch Absterben oder Dimmission des Dieners erlediget werden wird, jedoch

die

Des Herzogl. Sächßl. gemeinschaftlichen Amtes Römhild.

die Amtshauptmanns-
Forstmeisters-
Superintendentens- ⎬ Stelle
Amtmanns- und
Amts Voigts-

hiervon ausdrücklich ausgenommen, pro futuro nach dem Turno von 1 bis 2 Jahren dergestalt besetzt werden sollen, daß S. Coburg Saalfeld à dato an bis zum 30. Mart. 1766. alle in diesem Jahr sich durch den Tod oder sonsten erledigenden Geml. Diener Stellen besetzen, und die Subjecta darzu ernennen, dahingegen S. Coburg Meiningen alle solche Geml. Diener Stellen, welche in denen folgenden Jahren, vom 30. Mart. 1766. bis dahin 1768, werden vacant werden, gleichfalls besetzen, und die Subjecta darzu ernennen, sodann aber in dieser Maaße von Ein und Zwey Jahren durante communione continuiret werden solle.

3.

Mit dieser Ernenn- und Besetzung aber soll es folgendergestalt gehalten werden, daß dasjenige Herzogl. Hauß, bey welchem der Turnus stehet, das Subjectum zu der vacanten Stelle ernennet und vorschläget, dem andern Herzogl. Hauße hingegen sofort Communication davon thut, worauf die resp. Decreta, Vocationes, Instructiones rc. von beyderseits Herrschafften conformiter expediret, und die Verpflichtung, Installation, Investitur rc. gemeinl. verfüget, und durch beyderseitige darzu abgeordnete Commissarien oder auch bey geringen Stellen durch das Geml. Amt oder Geistl. Untergericht errichtet wird.

4.

Die Candidati Theologiae, welche zu geistl. Aemtern ernennet und befördert, lässet dasjenige Herzogl. Hauß, welches solche nach dem Turno zu ernennen hat, durch sein Herzogl. Consistorium examiniren und ordiniren, wegen der Ausstellung zur Probe aber und der Investitur bleibt es bey dem Herkommen und geschiehet beydes auf conforme herrschl. Befehle.

5.

In denjenigen Fällen, wo der Stadtrath oder ein anderer Patronus das ius denominandi et praesentandi erweißlichermaßen hergebracht hat, wird es gleichfalls bey dem Herkommen gelassen, und das Herzogl. Hauß, welches in turno stehet, wählet ex denominatis et praesentatis das beste und annehmlichste Subjectum.

Nn 2

6. Da-

6.

Daferne auch von einem denominirten Subjecto dem andern Herzogl. Hauße erhebliche Ursachen bekannt wären, warum daßelbe zu der vacanten Stelle nicht füglich und mit Nutzen gebrauchet werden könnte; so will dieses jenem solche Ursachen im Vertrauen eröfnen, und Beyde wollen sodann solche in Güte removiren, auch wenn die Consales gegründet befunden werden, das in turno stehenden Hauß ein anderes tüchtigeres Subjectum denominiren. Ohne erhebliche und gegründete Ursachen aber will kein Herzogl. Hauß dem andern bey der Denomination und Besetzung Widerspruch erregen.

7.

Wegen Wiederbesetzung derer von diesem turno §. 2. ausgenommenen 5 erstern Stellen,

— des Amtshauptmanns,
— Forstmeisters,
— Superintendentens,
— Amtmanns und
— Amtsvoigts.

Hiergegen ist folgende Alternation verabredet und verglichen worden, daß wie solche successive werden erlediget werden,

Sachsen Coburg Saalfeld die erstere,
— Coburg Meiningen die andere,
— Coburg Saalfeld die dritte,
— Coburg Meiningen die vierte,
— Coburg Saalfeld die fünfte,

denominando Subjectum, besetzet; in welcher Alternation bey diesen fünf Stellen weiterhin beständig fortgefahren, wegen Ausfertigung derer Decrete, Verpflichtung und Installation aber es eben so, wie §. 3. erwehnet worden, gehalten werden solle.

8.

Dieweilen auch hierbey S. Coburg Meiningen auf den Fall, wenn die Amtsvoigts Stelle zu der Zeit, da nach der Alternation S. Coburg Saalfeld solche zu besetzen hätte, erlediget werden sollte, aus verschiedenen Ursachen die Denomination des Subjecti bey dieser erstern Vacanz bedungen solchergestalt aber S. Coburg Meiningen zwey, nacheinander erledigt werdende, Stellen zu besetzen hat; so hat S. Coburg Saalfeld

des Herzogl. Sächßl. gemeinschaftlichen Amtes Römhild. 845

Saalfeld hingegen die in der Folge erledigt werdende zwey andere Stellen zu besetzen, wornach S. Coburg Meiningen wieder anfähet und in der Alternation nach dem 7 §. continuiret wird.

9.

Daferne auch ein oder der andere gemeinschaftlicher Diener aus der erstern oder zweyten Classe in seinem officio untreu und unbrauchbar befunden, oder der gemeinschaftlichen Pflicht entgegen handeln, oder auch ein solch anderes Verbrechen zu Schulden kommen lassen würde, weswegen er bey dem Dienst nicht länger gelassen werden könnte; so wollen beyde Herzogl. Häußer auf die davon erhaltene Nachricht darüber vertraulich communiciren, und sodann dessen Suspension oder Remotion gemeinschaftlich verfügen, diese dadurch ereignete Vacanz aber soll, nach obiger resp. Alternation und turno, wieder besetzt werden.

10.

Wenn in Iurisdictionalibus, Cameralibus, Ecclesiasticis, Forestalibus etc. die beyderseitige Herzogl. Collegia mit einander nicht einverstanden werden sollten, so soll zu Vermeidung vieler Berichte und Kosten und anderer Inconvenienzien von demjenigen Collegio, welches zuerst, von des andern gefaßten Meinung dissentiret, die Acta an das andere communicando remittiret, und diesem die caussae dissensus eröfnet, dergestalt aber eine conforme Resolution erzielet, und sodann erst die Acta damit ad iudicium inferius remittiret werden, biß man etwann dieserhalb sich eines noch kürzern modi und Alternations-turni wird weiters vereinigen können.

11.

Zu Wiederherstellung guter Ordnung und remedur der, bey denen Römhl. gemeinschaftlichen Vasallen biß anhero um deßwillen eingerissenen, Unordnung, weil von 1710 an biß hieher derselben keiner beliehen worden, soll in Absicht auf deren Wiederbeleihung S. Coburg Saalfeldl. Seits nach denen Vasallen Vertheilungs Tabellen und deren Anschläge ein Interims Repartitions-Plan entworfen, und an S. Coburg Meinig:n ehestens communiciret und hierüber nach gepflogener Communication ein besonderer Vergleich errichtet werden.

Urkunden zur historisch-statistischen Beschreibung

12.

Ob man auch wohl wegen der Verführung des Römhild. Crayß Voti welcher bißhero dem Brandenburgl. Onolzbachischen Hrn. Crayß Gesanden von Appold gemeinschaftlich übertragen gewesen, ein anderweite Abrede getroffen gehabt; so hat doch solche durch die inzwischen von dem erfolgten Ableben des Hrn. Gesanden von Appold eingegangene Nachricht solche verändert, dahero dieser Punkt zu fernerweiter Communication und Vergleichung ausgestellet werden müssen.

13.

Die Callenbergischen Differenzien hat man bey dieser Gelegenheit zwar auch in Güte zu heben gesucht, iedoch verschiedenen dabey vorgekommener erheblicher Ursachen halber beschlossen, darüber in weitere schriftliche Communication zu treten und solche dadurch zu einer gütlichen Auskunft dergestalt zu praepariren, daß dieselben noch in diesem Sommer gütlich beygelegt und abgethan werden können und sollen, inzwischen aber S. Coburg Saalfeld. Seits gegen die S. Coburg. Meiningl. Lehnleute, besonders die zu Beyersdorf mit executivischen Verfahren Anstand genommen werden wird. Nachdem nun also

14.

vorhergehender maßen der status pacatus in dem Gem. Amte Römhild auch pro futuro reguliret und feste gesetzt worden, und nunmehro S. Coburg Meiningen die restitution derer vorhin ex sequestratione bey der Herzogl. Regierung zu Coburg ad depositum gebrachten Gelder verlanget, und ob man gleich S. Coburg Saalfeld. Seits, wegen des aus dem Amte Sonneberg der Geistlichkeit zu Neustadt alljährlich abzugebenden bißhero aber vorenthaltenen und von S. Coburg Saalfeld vorgeschossenen Deputat Holz, ingleichen wegen derer Coburgischen Cammer praetensionum ansehnliche Gegenforderung liquidiret, und entweder deren restitution oder Compensation verlanget, dennoch darauf bestanden, dahero aus Liebe zum Frieden, iedoch absq. praeiudicio et sub reservatione quorumvis competentium diese Gegenforderung auf weitere schrifftl. Communication und S. Coburg Meining. Seits versprochene billige Erklärung darauf ausgesetzt seyn lassen, und die Restitution derer deponirten Gelder, nach erfolgter höchster Ratification dieses Recesses, auf Maaße und Weiße wie das Conferenz Protocoll de 24 huj. besaget, versprochen.

15. Wie

des Herzogl. Sächsl. gemeinschaftlichen Amtes Römhild 847

15.

Wie nun, beyde Theile hiermit allen Exceptionibus, welche etwan von einem oder dem andern zur Infringirung dieses Vergleichs angeführet werden könnten, überhaupt renunciiren, und daß solchem buchstäblich nach gelebt werden solle, einander treulich zu sagen; also wollen auch beyde auf die noch zu verabredende Zeit bey Kays. Maj. und dem Kayserl. Reichshofrath ingl. t an Kayserl. und des Reichs Cammer Gerichte zu Wetzlar geziemende Anzeige davon thun, und bey beyden höchsten Reichs-Gerichten liti et causae renunciiren. Urkundlich ist dieser Vergleichsrecess in duplo entworfen und von beyderseitigen Herren Deputatis biß zu erfolgter gnädigster ratification *) Ihrer Durchl. Herrn und Frauen Principalen unterschrieben und besiegelt worden. So geschehen Römhild den 30 Mart 1765.

(L. S.) Iohann Heinrich Hofmann (L. S.) Adam Friedrich Wucherer
(L. S.) Christian Wilhelm Heusinger.

Sachsen Coburg Saalfeldische ratification des vorherstehenden Römhildischen Haupt Recessus de dato Coburg zur Ehrenburg den 12 Aprilis 1765.

Von Gottes Gnaden Wir Ernst Friedrich, Herzog zu Sachsen, Jülich, Cleve und Berg, auch Engern und Westphalen, Landgrafen in Thüringen, Marggrafen zu Meißen, gefürsteten Grafen zu Henneberg, Grafen zu der Marck und Ravensberg, Herrn zu Ravenstein ꝛc. des Pohlnischen weisen Adler Ordens Ritter ꝛc. Urkunden und bekennen hiermit: Demnach zwischen Unserm und denen S. Meiningischen zu Heb- und gütlicher Beylegung derer zwischen beyden Herzogl. Häusern lange hergangen herfonderheitlich über die administration des Gem. Amtes Römhild obgewalteten beschwerlichen Differenzien zusammen geschickten Deputirten bey der jüngst hin zu Römhild vorgewesenen Conferenz, darüber so wohl als andere bey dieser Gelegenheit mit in propositum gebrachte puncta ein gütlicher Vergleich und Haupt Recess, welcher von Wort zu Wort folgendermaßen lautet:

(inseratur Recessus in originali)

biß

*) Die Ratification dieses Hauptvertrags ningen am 11ten und von S. Coburg am 12ten erfolgte, von Seiten des Fürstl. Hauses Meiningen April 1765.

biß auf Unsere gnädigste Retification verabredet, geschlossen und unterzeichnet worden. Wir auch, auf den Uns davon beschehenen unterthänigsten Vertrag, diesen hier in Originali inserirten Vergleichs Receß der Sachen Beschaffenheit und Unserer gnädigsten Intention gemäß befunden; Als genehmigen und ratificiren Wir hierdurch denselben nach seinen völligen Inhalte dergenstalt: daß solcher nicht allein in Ansehung des Gem. Amtes Römhild und dessen Administration, so lange die dasige Communion noch fortdauern wird, pro norma geachtet, und demselben strecklich nachgelebet, sondern auch in allen übrigen Puncten, und was darinn noch weiter verhandelt, versprochen und geschlossen worden ist, von Uns und denen Unserigen stet, fest und unverbrüchlich gehalten werden solle. Urkundlich dessen haben Wir diese Retification eigenhändig unterschrieben, und Unser Herzogl. Insiegel wissentlich beydrucken lassen. So geschehen Coburg zur Ehrenburg den 12 April 1765.

(L. S.)   Ernst Friedrich HzS.

Chronologisches Verzeichniß

der, im gegenwärtigen ersten Theil befindlichen, Urkunden und Rezesse vom
J. 1156 bis 1765

1. Bischof Gerhard zu Würzburg bestätiget dem Kloster Wechterswinkel den Besiz der, von Poppen von Irmelshausen demselben übergebenen, Zehenden zu Irmelshausen, Grosbachheim und Wendhausen; (1156.) Seite 717
2. König Friedrich I. bestätiget das, von dem Pfalzgraf Hermann von Stalek gegründete, Kloster Bildhausen; (1158.) 718
3. Abt Heinrich zu Fulda bekennet, daß Berthold von Meiningen und seine Brüder die, ihnen über die Güter des Klosters Rora zu Eberdorf zuständige, Vogtei, nebst 12 Schilling Einkünften dem gedachten Kloster verkauft habe; (1206.) 179
4. König Otto IV. bestätiget die, von dem Dynasten (viro nobili) Weiker von Rethausen, dem Kloster Bildhausen gemachte Schenkung des Dorfs Rethausen; (Dat. Herbipoli non. Sept. 1212.) 721
5. Abt Conrad zu Fulda übergiebt dem Kloster Rora die Vogtei über die dasigen Güter; (1223.) 180
6. Erzbischof Conrad zu Cölln bestätigt dem Kloster Rora den Besiz der, vom Abt Conrad zu Fulda demselben übergebenen, Kirche zu Wilz. (den 25. Oct. 1249.) 181
7. Bischof Hermann zu Würzburg entsaget seinem Lehnrechte an den Zehenden zu Dillstadt, welchen Richard von Kundorf an das Kloster Rora verkaufet. (den 11ten Jan. 1251.) 181
8. Bischof Iring zu Würzburg bewilliget, daß Heinrich und Karl von Heldrit den Zehend zu Soholz, Würzburgisch Lehn, dem Kloster Rohr überlassen, (den 1ten Jul. 1255.) 417
9. Abt Heinrich zu Fulda bestimmt die Anzahl der Nonnen im Kloster Rora; (den 1ten Dec. 1256.) 182
10. Graf Berthold von Henneberg bewilliget, daß Leopold von Rühndorf seine Lehngüter zu Helba und Telmarsdorf dem Kloster Rora übergebe, (den 9ten May 1259) 183

Ersten Theils vierte Urtheil.   D o   11 Abt

Chronologisches Verzeichniß

11 Abt Berthold zu Fulda verordnet, daß künftig ins Kloster Rora mehr nicht als 50 Conventualinnen angenommen werden sollen. (den 11ten Jun. 1265.) . . . Seite 183
12 Graf Bertold zu Henneberg giebt Heinrich Marschalken verschiedene Güter zu Einhaußen, Mariefeld, Grube u. a. m. zu Lehn, und Tochterlehn; (1271.) 415
13 Graf Bertholds von Henneberg Aufkauf über Conrads von Dietelstadt Schenkung seiner Güter an das Kloster Ror. (den 2ten Nov. 1275.) 184
14 Der deutsche Orden zu Männerstadt verträgt sich mit dem Kloster Trostadt, wegen einer Habe Landes zu Westerhausen. (den 15ten Nov. 1291.) 419
15 Die Grafen zu Henneberg entsagen zu einer, dem Kloster Ror gemachten Schenkung einer Habe Landes zu Mariefeld, ihr Einwilligung. (den 11ten Nov. 1295.) 419
16 Conrad von Beinrib verk. dem Ordenshause zu Schleusingen eine Wiese um 16 Pf. Heller. (den 23ten Jun. 1299) 185
17 Otto von Kühndorf überläßet dem Ordenshause zu Kühndorf, die Ortschaften Telsmansdorf, Kirchheim, Wenigenschwarza, Christes, Trenkrieth und Werburghausen. (den 30. Nov. 1307.) 186
18 Graf Heinrich, der ältere zu Henneberg-Hartenberg und sein Sohn, Graf Poppe der jüngere, geben Heinrichen von Bäkoren und seiner Tochter Adelheid ein Burglehn im Dorfe Hennstädt zu Erbleben. (den 6ten Jun. 1312.) 420
19 Graf Henrich zu Henneberg Herr zu Aicha übergiebt dem Stifte zu Schleusingen die Vogtei zu Lengfeld. (den 13ten Jul. 1317.) 421
20 Fritz und Volkenant von Herbelstadt stellen Graf Bertholden zu Henneberg einen Lehnrevers über Haina aus. (1317.) 721
21 Graf Berthold von Henneberg schenket der Kommende zu Schleusingen verschiedene Einkünfte in den Dorfschaften Rappelsdorf, Ratschar, Eilbach und Eichenberg. (1318.) 196
22 Graf Poppo von Henneberg verkauft 5 Pf. Heller Einkünfte in den Obern Marisfeld und Siebleß (Siebs) seinem Waffenträger, Hermann von Marisfeld um 30 Pf. Heller. (1320.) 421
23 Das Kloster Trostadt bekennet, daß ihm Graf Berthold zu Henneberg eine jährliche Revenue von 10 Malter Hafer geschenket habe, und leistet dagegen auf alle, wegen einiger von gedachten Grafen erlittenen Beschwerungen, habende Entschädigungsansprüche, Verzicht. (den 7ten Nov. 1321.) 422
24 Heinrich von Elsdorf macht sein Vorwerk zu Marisfeld und sein Guth zu Schmeheim dem Grafen Bertold von Henneberg lehnbar. (den 26ten Sept. 1322.) 424
25 Heinrich von Gumelshausen verkauft dem Kloster Vessra dem Werrafluß mit der Fischerei um 40 Pf. 5 — ??. (den 1ten Jan. 1327.) 424
26 Graf Poppo zu Henneberg, Hartenberger Linie bewilliget, daß Friedrich Koseling den Hof zu Henfstädt nebst Zubehör, dem Kloster Rora zum Seelgeräthe vermache. (den 24sten Jun. 1342.) 425
27 Bischof Otto zu Würzburg giebt dem Abt Hermann zu Kloster Vessra das Patronatrecht der Viarrei zu Leutersdorf und deren Filialen, gegen Abtretung der Kapelle zu Gummelshausen, (den 26ten Jul. 1345.) 427

28 Die Grafen von Henneberg überlassen Gottfrieden von Marisfeld die dasige Mühle, mit Ausnahme der Nothdorfe und des Jagtlagers. (den 9ten May 1346.) Seite 429
29 Bischof Albrecht zu Würzburg erlaubet, daß in der zur Parochie Reuterstorf gehörigen Kapelle, zu Eichenberg, ein Baptisterium erbauet werde. (den 17ten Febr. 1349.) 189
30 Graf Johann zu Henneberg nimmt Vorgenannten von Herbelstadt zum Burgmann zu Schleusingen an. (den 29ten Oct. 1349.) 190
31 Die Landgrafen Friedrich und Balthasar zu Thüringen vertauschen einen Theil des Waldes bei Friedrichsroda, dem Kloster Reinhardsbrunn, gegen dessen Güter und Rechte zu Mehlis, Albrechts, Heinrichs und Dietshausen. (den 2ten Febr. 1337.) 190
32 Das Kloster Rora verkaufet seinen Hof nebst der Kemnate zu Henfstädt an Wernhern Zufraß und seinen geistlichen Brüdern um 500 Pf. Heller. (den 22ten Febr. 1358.) 430
33 Graf Johann von Henneberg belehnet die Gebrüdere Egler und Dietrich von Rothausen. (den 6ten May 1358.) 721
34 Graf Berthold zu Henneberg, Herr zu Hartenberg, belehnet die Ritter Johansen und Wernern Zufraß mit dem Vorwerf, Hofe und Kemnaten zu Henfstadt und den dazu gehörigen Gütern. (den 17ten Jun. 1358.) 431
35 Berthold von Herbelstadt, Pfarr zu Haina, reversiret sich gegen die Grafen von Henneberg. (den 22ten Dec. 1361.) 722
36 Burgfriede zwischen Conraden von Herbelstadt und Johann von Reurieth Rittern wegen des gemeinschaftlichen Schlosses Reurieth. (den 4ten Febr. 1362.) 433
37 Graf Heinrich von Henneberg verleihet den Hof zu Einsiedel auf den Thüringer Wald an Siegfrieden Einsiedel. (den 8ten May 1364.) 192
38 Landgraf Johanns zu Leuchtenberg und die Grafen Heinrich und Berthold zu Henneberg Schleusingen übergeben den halben Theil des Schlosses Reurieth dem Ritter Conrad von Herbelstadt mit Vorbehalt des Lösungsrechts. (den 17ten Jun. 1366.) 434
39 Graf Heinrich zu Henneberg Schleusingen beleihet Wernern Zufraßen mit den, von dem Ritter Berthold Schenken resignirten, Lehnen zu Grub und Tachbach. (den 13ten Sept. 1366.) 435
40 Landgraf Johann zu Leuchtenberg entscheidet die, zwischen dem Grafen von Henneberg und dem Ordenshause zu Kühndorf, wegen dessen vorhabenden Veräußerung des dasigen Schlosses, entlaufenen Streitigkeiten. (den 8ten Febr. 1367.) 193
41 Graf Hermann zu Henneberg eignet dem Kloster Bildhausen das Dorf Untenhausen zu. (den 1ten Dec. 1379.) 722
42 Griffe von Heßberg überläßt Graf Heinrichen zu Henneberg seine Hemnate nebst der Schenke und dem Hofe zu Walsau, um 80 Pf. Heller jährlicher Einkünfte. (den 5ten März 1380.) 194
43 Dietterich Kieselhag bekennet, daß Graf Heinrich zu Henneberg ihn mit dem Schloß Oberstadt und den dazu gehörigen Gütern beliehen habe. (den 15ten April 1380.) 435

44 Graf

44 Graf Berthold zu Henneberg versetzet seinem Bruder, Graf Heinrichen, die halbe Stadt Themar mit Zugehör, um 2000 Pf. Heller. (den 24ten Jun. 1380.) Seite 437
45 Graf Heinrich zu Henneberg, Schleusinger Linie, versetzet die halbe Stadt Themar dem Ritter Werner Zufraße um 2000 Pf. Heller. (den 5ten August 1380.) 438
46 Hanß von Rosenthal verkauft sein Burgguth zu Schwarza sammt den Wüstungen Zollholz und Rotenau an Graf Hermann von Henneberg um 300 Pf. Heller. (den 2ten Jan. 1384.) 195
47 Graf Johann von Schwarzburg und seine Gemahlin Richza, Graf Poppens von Henneberg Hartenberg Tochter, verkaufen das Schloß Osterburg und die halbe Stadt Themar, an die Herrn von Bibra um 5278 Gülden. (1384.) 440
48 Graf Friedrich zu Henneberg belehnet Sigwin von Mariesfeld mit einem Burggut in dem Hause Schweirza. (den 5ten August 1410.) 196
49 Graf Friedrich von Henneberg übergiebt die Kapelle zu Eicha mit ihren Gütern und Einkünften dem St. Antoniterkloster zu Eisenbeim. (den 19ten Aug. 1411.) 724
50 Schiedsrichterlicher Ausspruch über die, zwischen den Grafen Friedrich zu Hartenberg Römhild und Gr. Wilhelmen zu Henneberg Schleusingen, wegen des Klosterhofes zu Exdorf entstandenen Irrungen. (den 14ten May 1414.) 445
51 Graf Günther von Schwarzburg verk. das Schloß Osterburg und die halbe Stadt Themar an Graf Wilhelmen zu Henneberg. (den 6ten April 1416.) 447
52 Bischof Johanns zu Würzburg Indulgenzbrief über die Kapelle zu Hartenberg. (den 6ten Nov. 1417.) 727
53 Pabst Martin V. ertheilet den Klöstern Beßra und Trostadt einem Freiheitsbrief. (den 11ten May 1418.) 447
54 Die Gräfin Mechtild von Henneberg bestätigt den, zwischen ihrem versterbenen Gemahl, Graf Heinrich und dem Kloster Beßra, geschehenen Gütertausch. (den 29ten Jun. 1419.) 196
55 Pabst Martini V. befiehlt dem Dechant das Kloster Neumünster zu Würzburg, die vom Kloster Rora abgekommene Güter wieder beizuschaffen. (den 20ten Sept. 1741.) 179
56 Bischof Johanns zu Würzburg bestätiget die, von Graf Wilhelm zu Henneberg in der Kirche zu Benshausen gestiftete Frühmesse. (den 21ten Dec. 1423.) 198
57 Hanß von Schaumburg und seine Vettern verkaufen dem Graf Georg von Henneberg ein Burgguth zu Sternberg. (1424) 725
58 Bischof Johann zu Würzburg ertheilet der Gemeinde zu Menthausen die Erlaubniß den dortigen Kirchhof mit Mauern zu befestigen. (den 14ten April 1429.) 728
59 Karl Trudeß, Ritter zu Wildberg und Hannß Voigt von Salzburg, errichten wegen des gemeinschaftlichen Schlosses und Dorfs Kühndorf einen Theilungsvertrag; (den 22ten Jun. 1432.) 201
60 Graf Wilhelm zu Henneberg belehnet den Ritter Petern von Herbelstadt mit dem halben Hof zu Henstädt und der großen und kleinen Burgwart daselbst; (den 13ten Jun. 1434.) 453
61 Der Johanniterorden verleget die, zu Kühndorf gewesene, Priorei nach Schleusingen; (den 7ten Jul. 1436.) 724

61 Ju

zur histor. statist. Beschr. der Grafschaft Henneberg. 853

62 Innenbenannte Personen bezeugen, daß von dem, von Suhla nach Erfurth geführten, Eisen wie einiges Geleitgeld entrichtet worden; (den 29ten Jun. 1436.) Seite 206

63 Wilhelm Marschalk bekennet, daß er ,den Burgwall und das Dorf Mariesfeld, welches beydes die Grafen von Henneberg seinen Voreltern um 1000 fl. rhnl. auf Wiederlösung eingeräumet, von Graf Wilhelmen von Henneberg zu Maunleben empfangen haben, dergestalt, daß der Graf berechtiget sey, gedachten Burgwall nebst dem Dorfe, nach Wilhelm Marschalks Tode mit 1000 fl. abzulösen; (den 30ten April 1436.) 454

64 Graf Wilhelm zu Henneberg belehnet die Gebrüdere von Zufraß mit der Kempate zu Henstädt und den dazu gehörigen Gütern; (den 8ten Jul. 1437.) 454

65 Georg von Erdorf verleihet die zur dasigen Pfarrei gehörige Länderei an Hans Meferten gegen gewisse Erbzinsen; (den 2ten Jun. 1438.) 455

66 Graf Wilhelm von Henneberg verkaufet 8 Schok Kreuzgroschen, jährlicher Einkünfte zu Keulroda dem dasigen Schultheiß Hannß Eisen um 100 fl. (den 5ten Jun. 1438.) 207

67 Burgfriede zwischen den Rittern von Herbelstadt, wegen des Dorfs und Schlosses Haina; (den 7ten July 1441.) 729

68 Graf Wilhelm zu Henneberg belehnet Hannß Zufraßen mit dem Salzzehend im Dorf Steinbach und fünf Gütern zu Dingsleben; (den 30ten Jul. 1442.) 456

69 Stiftungsbrief der Herrn von Herbelstadt über die Vikarei zu Haina; (den 6ten Dec. 1443.) 732

70 Abt Berthold zu Vestra beurkundet, daß die hennebergische Wildbahn in den Mehliser und Zöllner Waldungen, sich bis an den Rennsteig erstrecket habe; (den 16ten Febr. 1445.) 208

71 Graf Wilhelm zu Henneberg und seine Brüder verkaufen dem Schultheisen und Zwölfern das Flecken Sula um 20 fl. rheinl. jährlicher Zinnse von ihren Jahresrenthen zur Versorgung der dasigen Frühmesse; (den 21ten Dec. 1445.) 209

72 Graf Georg zu Henneberg ertauschet mit Bewilligung Bischof Gottfrieds zu Würzburg von der Parochie Mellerstadt das Patronatsrecht zu Römhild gegen Ueberlassung seines Zehenden zu Rappershausen; (den 17ten Febr. 1447.) 736

73 Peter von Herbelstadt verkaufet seine Behausung und Güter zu Henstädt nebst Zubehör, ingleichen seinen Theil an dem Burggute zu Schleusingen an Hannß Zufraßen um 300 fl. (den 22ten Febr. 1449) 210

74 Die Grafen Wilhelm, Hannß und Berthold zu Henneberg verkaufen das Schloß Osterburg, die Vogthei zu Neurieth, einen Hof zu Henstädt, ingleichen die Fischerei und 100 fl. jährlichen Zinses zu Themar an die Herrn von Bibra, um 5500 fl. auf Wiederkauf; (den 5ten Febr. 1453.) 457

76 Pabst Nicolaus bestätigt die von Graf Wilhelmen von Henneberg gegründete Kapelle, zum heil. Krenz genannt; (den 12ten Jul. 1454.) 212

77 Vertrag zwischen Graf Georgen von Henneberg und dem Abt Bartho'emäus zu Kloster Vestra, wegen des, dem letztern zuständigen, Zehends zu Westenfeld; (den 15ten Jul. 1454.) 460

78 Um

854 Chronologisches Verzeichniß

78 Umtauschvertrag zwischen Graf Georgen von Henneberg und dem Kloster Wechterswinkel, über ihre Antheile des Zehenden in der Flurmarkung der Stadt Römhild. (den 15ten Juny 1455.) Seite 737
79 Abt Bartholomeus zu Kloster Veßra verkauft des Klosters Badstube zu Themar an Kilian Habarn daselbst um 131 fl. (den 15ten Jun. 1457.) 462
80 Graf Wilhelm von Henneberg bewilligt, daß die Herrn von Bibra das Schloß Ebersburg Fritzen von der Kehre um 1700 fl. überlassen. (den 8ten May 1459.) 464
81 Pabst Paul bestätigt die Rechte und Freiheiten des Stifts zu Römhild. (den 8ten Juny 1461.) 240
82 Bischof Rudolph zu Würzburg trennet die Filialkirche zu Jenielshausen von der Parochie zu Meubhausen. (den 21ten August 1466.) 741
83 Vertrag zwischen Graf Wilhelmen von Henneberg und der Pfarrei zu Erdorf, die Erlösung des bisherigen Zehents betreffend; (den 2ten Febr. 1477.) 465
84 Das Kloster Veßrhausen reversiret sich gegen das Stift Würzburg, seine Dörfer und Güter nicht weiter dem Beyspruch oder Schuze eines fremden Herrn zu übergeben. (den 18ten Dec. 1478.) 240
85 Churfürst Ernst und Herzog Albrecht, zu Sachsen reichen Valentin von Bibra zu Männlichen 19 Männern mit ihren Gütern zu Gleichen an der Wiese; (den 6ten April 1484.) 745
86 Pabst Sixti Konfirmation der Kapelle beatae Virginis zu Themar; (den 16ten May 1484.) 467
87 Vertrag zwischen Graf Wilhelmen zu Henneberg und dem Kloster Veßra, wegen der Vikarey zu Themar; (den 25ten May 1485.) 470
88 Kilian von Bibra Domprobst zu Würzburg entscheidet die, zwischen der Pfarrei Henstingen und der Gemeinde Rappershausen, wegen Meßhaltens obwaltenden Streitigkeiten; (den 25ten Oct. 1488.) 746
89 Graf Wilhelm zu Henneberg, leihet denen von Marschall das Schloß Marisfeld und dessen Zubehör, zu Mannlehn; (den 15ten Dec. 1488.) 472
90 Johann Konrad, Vikarius zu Ochßfurth, vermacht der Pfarrkirche zu Themar 100 fl. (den 2ten May 1492.) 473
91 Abt Peter zu Kloster Veßra überläßt die Wüstung Lempertshausen, dem Graf Wilhelm von Henneberg; (den 10ten Jan. 1493.) 475
92 Graf Wilhelm zu Henneberg belehnet Kunz Marschalken zu Oberstatt mit dem Schleiffe und Gütern daselbst, der Wüstung Schuebach, einen Hof zu Wasungen und einem Guth zu Herpf; (den 28ten May 1495.) 476
93 Abt Johann zu Bildhausen entscheidet einige, zwischen dem Kapellan zu Rothausen und der Gemeinde daselbst, entstandene Irrungen; (den 30ten März 1496.) 747
94 Entschied einiger zwischen Graf Herrmann zu Hroneberg und dem Abt zu Bildhausen, wegen Erhebung der Steuer zu Uttenhausen, entstandenen Irrungen; (den 3ten May 1498.) 748
95 Kaiser Maximilian erneuert und bestätigt der Stadt Römhild die Marktgerechtigkeit; (den 27ten May 1498.) 749

96 Ein

zur histor. statist. Beschr. der Grafschaft Henneberg   855

96 Eintreibungs- und Ablaßbulle über einige Altäre in der Kirche zu Hayna; (den 13ten
Aug. 1498.) Seite 751
97 Graf Wilhelms zu Henneberg Bestätigung der von seinem Vater im Jahre 1457,
der Stadt Themar ertheilten Privilegien; (den 17ten August 1499.) 476
98 Graf Hermann zu Henneberg verleihet dem Chorherrn Johann Waltern zu Römhild die Badstube das, sammt den dazu gehörigen Häuserberg; (den 13ten Nov.
1499.) 752
99 Graf Hermann zu Henneberg verleihet einigen Innwohnern zu Eicha das Eisenbergwerk das. gegen Abgabe des Zehenden; (den 28ten Febr. 1500.) 753
100 Vertrag zwischen dem Stifte Würzburg und Graf Wilhelmen von Henneberg,
wegen der Centen zu Meiningen und Themar, des Zolls zu Meiningen und Ober-
maßfeld, und der Wüstung Zacheröheim; (den 14ten Octobr. 1504.) 477
101 Der römische Hof ertheilet Graf Wilhelmen von Henneberg die Erlaubniß, den
Kirchhof aus der Stadt Schleusingen, in die, vor der Stadt gelegene, Kapelle
zum heiligen Kreuz zu verlegen. (1507.) 213
102 Bischof Lorenz zu Würzburg verleihet das Patronatrecht zu Hochheim an Balten
von Eicha; den 25ten April 1511.) 753
103 Pabst Julius II. separiret die Kirche zu Themar von der Parochie Leutersdorf;
(den 9ten Jun. 1511.) 479
104 Abt Hermann zu Fulda belehnet Wolfen und Hansen von Sternberg mit zwei
Verwerkern zu Milz; (den 9ten May 1514.) 754
105 Abt Hartmann zu Fulda vollziehet die, vom römischen Hofe anbefohlene Separation der Kirche zu Themar von der Parochie zu Leutersdorf; (den 20ten August
1514.) 481
106 Vertrag zwischen Churfürst Friedrichen zu Sachsen und Graf Hermann von Henneberg, die Berichtigung einiger zwischen den Dörfern Schlechtsart und Linden entstandenen Grenzirrungen betreffend. (den 7ten Dec. 1518.) 755
107 Vertrag zwischen Herzog Johann zu Sachsen und Graf Hermann von Henneberg,
das Dorf Zeitfeld betr. (1521.) 756
108 Graf Hermann von Henneberg und die übrigen Ganerben zu Trappstadt errichten
eine Dorfsordnung für diesen ganerblichen Ort; (den 2ten Juno 1524.) 762
109 Vertrag zwischen dem Stadtrath zu Themar und dem Kloster Vestra, wegen der
Huth und Trift und andern Irrungen; (den 9ten May 1528.) 484
110 Graf Wilhelm zu Henneberg belehnet die Marschallen zu Ostheim mit dem Dorfe
Mariefeld und einigen Gütern zu Gerstes, Walldorf, Stepferzhausen, Oberloz,
Santes, Bettenhausen, Schmerbach und Schmieheim, zu Mannlehn; (den 5ten
Oct. 1530.) 487
111 Graf Wilhelm von Henneberg erläßt an den Stadtrath zu Themar, wegen Bestellung der dasigen Schule, ein Rescript; (den 26ten Febr. 1534.) 214
112 Kaiser Karl V. überträgt dem Stifte Würzburg das Schutz- und Schirmrecht über
alle und jede in dessen Gebiete gelegenen Klöster und andern geistlichen Stiftungen,
sammt deren Gütern; (den 9ten Sept. 1534.) 758

113 Re-

856 Chronologisches Verzeichniß

113 Rezeß zwischen Churfürst Johann Friedrich zu Sachsen und Graf Berthold zu Henneberg, die zwischen den Aemtern Hiltburghausen und Römhild, wegen der Jurisdiction über das Dorf Zeilfeld, dessen Besteurung und sonst obgewaltete Irrungen betr. (den 8ten Julii 1536.)   Seite 760

114 Vertrag zwischen dem Abt Johann zu Kloster Veßra und dem Stadtrath zu Themar, wegen des Baudelohns; (den 24ten Jun, 1539.)   488

115 Vertrag zwischen Graf Wilhelmen von Henneberg und seinen Landständen, die Einschränkung des gräflichen Hofstaats betr. (den 25ten Febr. 1540.)   215

116 Graf Wilhelm zu Henneberg überläßt der Gemeinde Benßhausen die dasige Vikarei; (den 27ten Febr. 1543.)   213

117 Vertrag zwischen der Gewerkschaft des Salzwerks zu Sula an einem, und Martin Meerting und Konsorten zu Leipzig am andern Theil, das Salzwerk zu Sula betr. (den 10ten August 1551.)   319

118 Extrakt aus einem von Graf Wilhelm zu Henneberg Caspar Oberuitzen zu Heinstädt ertheilten Lehnbrief; (den 26ten Jun. 1554.)   490

119 Die Herzoge zu Sachsen Ernestinischen Hauses belehnen die Gebrüdere von Herbberg mit dem Schlosse und dem halben Dorfe Neurieth; (den 15ten Jun. 1554.) 491

120 Die Gemeinde Wachenbrunn übergiebt die Einkünfte ihrer Kirche an die Pfarrey zu Themar; (den 25ten April 1555.)   493

121 Anschlag über die Herrschaft Römhild und deren damalige beide Pfandschaften Lichtenberg und Brückenau; (1555.)   774

122 Johann Friedrich der Mittlere und Joh. Friedrich der jüngere, Herzoge zu Sachsen, befehlen, daß die adeliche und andere Personen über ihre Zinns- und Erblente in der Herrschaft Römhild keine Jurisdiktion haben sollen; (den 25ten Jan. 1557.)   794

123 Graf Wilhelm von Henneberg bestätigt die von Hanß Keßlern zu Nürnberg der Stadt Themar gemachte Schenkung von 400 fl., welche zu Erkaufung einer Ührlichen Korngülte verwendet werden soll; (den 9ten Jan. 1558.)   494

124 Graf Georg Ernst von Henneberg verordnet, daß die Komthurei zu Schlensingen, unter gewissen Einschränkungen, dem Gibert von Karben eingeräumet werde; (den 12ten Sept. 1559.)   220

125 Graf Georg Ernst von Henneberg verkauft die, zum Stift Schmalkalden gehörig gewesenen und ausserhalb des dortigen Amts gelegenen, Gefälle, seinem Kanzler, Seb. Glasern und den beiden Amtleuten Michael Dillhern und Eberhard Weißen um 1725 fl.; (den 29ten Sept. 1559.)   495

126 Notariatsinstrument über Graf Georg Ernsts zu Henneberg Protestation bei Besitznehmung des Kloster Roré; (den 2ten März 1562.)   221

127 Georg Sittig Marschalk zu Marisfeld kauft von Graf Georg Ernsten zu Henneberg etliche Waldungen bei der St. Lorenze im Schmeheimer Flur gelegen, um 1000 rtl. (den 14ten April, 1565.)   530

128 Kaiser Maximilian II. belehnet Herzog Johann Wilhelmen zu Sachsen, für sich und

des Herzogl. Sächsl. gemeinschaftlichen Amtes Römhild. 857

und anstatt Herzogs Johann Friedrich des mittlern, mit den zur Herrschaft Römhild gehörigen Neuhöflehnen; (den 25ten May 1566.) Seite 787

128 Kaiser Maximilians II. Pönalmandat an Herzog Johann Wilhelmen zu Sachsen, die von demselben geschehene Entziehung eines Kl. Bildhäuser Priesters von der Pfarrei zu Nordhausen betr. (den 30ten Jun. 1568.) 789

130 Gutachtlicher Vorschlag der Henneberg'schen Räthe über die Verbesserung der Pfarrbesoldung und über die zweimäßige Einrichtung des Gymnasiums und der Kommunität zu Schleusingen; (1569) 224

131 Graf Georg Ernst zu Henneberg verkauft Caspern von Hanstein das Obernitzische Guth zu Henstedt um 4600 fl. (den 15ten May 1578.) 503

132 Graf Georg Ernst von Henneberg belehnet Caspern von Hanstein zu Henstädt mit dem Obernitzischen Guth daß, als einem Ehen- und Töchterlehn; (den 15ten May 1578.) 502

133 Graf Georg Ernst von Henneberg belehnet Caspern von Hanstein mit dem Zufraßischen Rittergurth zu Henstedt; (den 15ten Januar 1580.) 506

134 Kurfürst August zu Sachsen committirt den Amtmann Arnet von Heldritt zu Römhild, nach Verlöschung des hennebergischen Mannsstammes, im Amte Meiningen, die Erbhuldigung einzunehmen; (den 4ten März 1582.) 231

135 Graf Georg Ernst von Henneberg verleihet einer neuen Gewerkschaft zu Goldlauter die Fortsetzung des dasigen Bergwerks; (1582.) 234

136 Innenbenannte Kur- und fürstl. Sächsische Räthe bevollmächtigen den Stadthalter Bernhard Marschall von Ostheim, ingleichen Caspern von Hanstein und Michael Strauß, die Erbhuldigung in der Grafschaft Henneberg einzunehmen; (den 14ten Jan. 1584.) 236

137 Das Kur- und fürstliche Haus Sachsen errichtet wegen der angefallenen Grafschaft Henneberg, einen provisorischen Theilungsvertrag; (den 10ten November 1585.) 237

138 Hauptrecess zwischen dem Kur- und fürstl. Hause Sachsen und dem Stifte Würzburg, wegen Auswechselung des Amtes Meiningen und anderer, in der Hennebergischen Successionssache noch unerörtert gebliebenen, Differenzien; (den 2ten Jul. 1586.) 258

139 Die verwittibte Gräfin Elisabeth von Henneberg stiftet, zum Unterhalt armer und gebrechlicher Personen, in der Stadt und dem Amte Schleusingen ein Kapital von 2000 fl. (den 12ten Oct. 1586.) 260

140 Herzog Friedrich Wilhelm zu Sachsen erborgt von dem Schulkasten zu Schleusingen 11200 fl.; (den 5ten März 1587.) 263

141 Kurfürst Christian und Herzog Friedrich Wilhelm zu Sachsen, ersuchen den Kaiser Rudolph II. um Bestätigung des, mit dem Hause Hessen, wegen des hennebergischen Matrikularanschlags, getroffenen Vergleichs; (den 10ten Jun. 1587.) 264

142 Kaiser Rudolphs II. Antwort auf vorstehendes Ansuchungsschreiben; (den 5ten April 1588.) 265

Chronologisches Verzeichniß

143 Jagtreceß zwischen Herzog Friedrich Wilhelmen zu Sachsen und Caspar von Hanstein zu Henßstedt; (den 17ten Sept. 1593.)   Seite 310

144 Vertrag zwischen den beiden Herzogen Friedrich Wilhelmen und Johann Casimirn zu Sachsen, die Uebernehmung der Henneberg-Römhildischen Reichs- und Kraißanlagen betreffend. (den 19ten Jun. 1594.)   267

145 Herzog Friedrich Wilhelm und seine Vettern, Johann Casimir und Johann Ernst, vergleichen sich mit dem Bischof Julius zu Würzburg, wegen der vom Leztern zu übernehmenden Reichs- und Kraisanlagen, von den an das dortige Stift gekommenen, Henneberg-Römhildischen Ortschaften, (den 30ten Jul. 1594.)   269

146 Receß zwischen Johann Casimirn und Johann Ernsten Herzogen zu Sachsen, und dem Stifte Würzburg, wegen verschiedener Irrungen; (den 4ten Oct. 1604.)   793

147 Vertrag zwischen dem Herzog Johann Casimir zu S. Coburg und den Rittergutsbesitzern zu Betheim, die Regulirung der streitigen Jagd betr. (den 26ten July 1605.)   795

148 Kurfürst Christian II. zu Sachsen belehnet den Hennebergischen Stadthalter Humperten von Langen, mit dem Rittergute Oberstadt, zu Söhn- und Tochterlehen; (den 20ten April 1606.)   513

149 Kurfürst Christian II. zu Sachsen belehnet den Stadtrath zu Themar mit der Badestube daselbst und den dazu gehörigen 80 Klaftern Brennholz; (den 15ten März 1608.)   515

150 Herzog Johann Casimir zu Sachsen belehnet die Mollischen Gebrüder mit dem Schloß zu Haina; (den 2ten Dec. 1612.)   797

151 Permutationsdecreß zwischen dem Kur- und Fürstl. Hause Sachsen und Caspar von Hansteins zu Henßstedt hinterbliebenen Erben, die an Leztere geschehene Ueberlassung des dasigen Herrschaftlichen Baukofs betr. (den 8ten April 1613.)   416

152 Receß zwischen dem Kur- und fürstl. Hause Sachsen an einem, und Landgraf Moritzen zu Hessen am andern Theile, den Umtausch des Amts Hallenberg gegen den Hessischen Antheil an der Cent Benshausen betr. (den 14ten Dec. 1619.)   271

153 Bischoff Philipp Adolph zu Würzburg verleibet den Herbstädter Hof zu Haina an Melchior Reinharten von Berlichingen; (den 4ten July 1623.)   799

154 Bischof Philipp Adolph zu Würzburg erläßt an die Gemeinde Rothausen, wegen Abschaffung der lutherischen, und Einführung der katholischen Religion, ein Mandat. (den 16ten Aug. 1628.)   801

155 Kaiserl. Kammergerichts Mandat in Sachen Herzog Johann Casimirs zu Sachsen Coburg entgegen den Bischof Philipp Adolphen zu Würzburg, die gewaltsame Vertreibung des evangelischen Pfarrers zu Rothausen betreffend. (den 17ten Sept. 1628.)   803

156 Das Kur- und fürstliche Haus Sachsen überläßt dem Hennebergischen Rentmeister Paul Naden und seinen Erben das verwüstete Dorf Keulroda als ein Söhn- und Tochterlehn, (den 14ten Sept. 1643.)   275

157 Vertrag zwischen dem Bischof Johann Philipp zu Würzburg und dem Herzog Fri-

des Herzogl. Sächßl. gemeinschaftlichen Amtes Römhild. 859

Friedrich Wilhelm zu Sachsen, die Beilegung verschiedener nachbarlichen Jerrungen betr. (den 16ten Sept. 1656.) Seite 806
158 Herzog Ernst zu S. Gotha läßt Versuche machen, ob der Werra-Fluß von Themar an durche Hennebergische bis nach Wansieden mit Schiffen zu befahren sey; (den 12ten Febr. 1658.) 524
159 Jagdreceß zwischen dem Herzog Morihen zu S. Naumburg und dem Herzog Friedrich Wilhelm zu S. Altenburg; (den 5ten Jun. 1666.) 519
160 Vertheilung der hennebergischen adelichen und anderer Lehen zwischen Sachsen Altenburg, Weimar und Gotha, und der deswegen aufgerichtete Rezeß; (den 21ten März 1670.) 281
161 Rezeß zwischen dem Amte Themar und dem dasigen Stadtrath, die Verfertigung der Kaufbriefe u. a. m. betr. (den 23ten Jun. 1670.) 525
162 Rezeß die Vererbung der herrschaftl. Weinberge zu Römhild und die Erlassung der darauf hastenden Frohnen betr. (den 30ten Sept. 1670.) 816
163 Herzog Ernst zu Sachsen belehnet die Herrn von Hanstein mit dem Zufraßischen Rittergut und ⅓ des Salzehenden zu Hessetrieth; (den 3ten April 1674.) 526
164 Herzog Ernst zu Sachsen belehnet die von Hanstein mit dem Heerschaftshof oder sogenannte mittlere Schloß zu Henfstädt, (den 3ten April 1674.) 529
165 Herzog Ernst belehnet die von Hanstein mit dem sogenannten Bibraischen Hof zu Henfstädt; (den 3ten April 1674.) 530
166 Herzog Ernst zu S. Gotha belehnet die von Hanstein zu Henfstädt mit dem Obernigischen Gute zu Söhn- und Töchterlehn, (den 3ten April 1674.) 531
167 Rezeß zwischen dem Herzog Friedrich zu S. Gotha, und Johann Friedrich Marschalken von Ostheim, das Patronatrecht und die geistl. Jurisdiktion zu Marisfeld betr. (den 15ten Febr. 1676.) 533
168 Reichsschluß die Moderation des Matrikularanschlags der Herrschaft Römhild betr. (den 23ten Sept. 1678.) 878
169 Projektirter Vergleich zwischen Herzog Morihen zu S. Zeiz und den Grafen von Stollberg, die Landeshoheit über den Flecken Schwarza betr. (1681.) 297
170 Rezeß zwischen Herzog Bernharden zu S. Meiningen und Herzog Heinrichen zu Sachsen Römhild, das ius episcopale zu Schwickershausen betr. (den 8ten Febr. 1686.) 819
171 Bischof Johann Eucharius zu Eichstädt belehnet Herzogen Friedrich zu S. Gotha für seine Herrn Brüder mit dem Weingehend zu Schweinfurt und dem Dorfe Gollmuthausen auch andern Lehnschaften im Amte Römhild; (den 5ten Juli 1686.) 822
172 Herzog Heinrich zu S. Römhild überläßt dem Marschalken von Ostheim den Kißlingshof zu Marisfeld sammt den hohen Gerichten das. um 500 fl. (den 30 Sept. 1688.) 542
173 Herzog Heinrich zu S. Römhild belehnet die Marschalke von Ostheim mit dem Schlosse und Dorfe Marisfeld, (den 19ten Jun. 1690.) 545

P p 2 174 Ju-

860 Chronolog. Verzeich. zur hist. stat. Beschr. d. Graf. Henneb.

374 Interimsvergleich zwischen Herzog Moriz Wilhelmen zu S. Naumburg und dem Grafen von Stollberg, wegen der Pfarrbesetzung zu Schwarza, (den 21ten May (1696.)
Seite 305

375 Herzog Heinrich zu S. Römhild verk. dem Stifte Würzburg, den Hof Hochheim der Wibischofshof genannt, im Amte Römhild um 20000 Rthl. (den 28ten Dec. 1705.) 873

376 Sachsen Gotha übertrågt dem Fürstl. Hause S. Meiningen die Besitzergreifung bei dem Römhildischen Anfall. (1707.)

377 Erklärung des Hochfürstl. Hauses zu S. Gotha den Römhild. Anfall betr. (1710)

378 Abrede zwischen den Fürstl. Häusern zu S. Hildburghausen, Saalfeld und Gotha, die Administration des Amtes Römhild betr. (1711)

379 Herzog Moriz Wilhelm zu S. Naumburg verkauft dem Stadtrath zu Schleusingen die hohen Gerichte in der Stadt, Vorstädten und Weichbilde um 2000 fl. auf 12 Jahre Wiederkauf, (den 29ten Januar 1714.) 304

380 Rezeß zwischen den beiden fürstlichen Häusern zu S. Gotha und S. Coburg Saalfeld, die Administration des gemeinschaftlichen Amtes Themar betr. (den 10ten Jun. 1728.) 547

381 Rezeß zwischen dem fürstlichen Amte Themar und dem Freiherrl. Bibraischen Gerichten zu Bibra, die Ceutbarkeit der Wüstung Lampertshausen betr. (den 9ten Jun. 1752.) 753

382 Rezeß zwischen S. Coburg Meiningen und S. Coburg Saalfeld über die wegen Administration des gemeinschaftlichen Amtes Römhild zeither obgewalteten Differenzien. (1753.)

383 Vergleich zwischen dem Herzoglichen Amte Themar und dem dasigen Stadtrath, die Jurisdiktion über die Wüstung Wißbach betr. (den 4ten Sept. 1788.) 555

384 Hauptrezeß zwischen S. C. Saalfeld und S. C. Meiningen die gütl. Beilegung der Meining. Zutel und Römhilder Successionen Differenzien betreffend; (1765.)

Dreifaches Register
über den
ersten Theil der historisch-statistischen Beschreibung der Grafschaft Henneberg.

I.
Register der vornehmsten Sachen.

A.

Accifelehnwesen, hennebergisches, 70-90
Achstedt, Bisthum, besitzet im Amte
 Römhild verschiedene Lehne, 61
Albrechts, 174
Alstedt, 124
Altendambach, 124
Altenrömhild, ein Hospital, 611, dessen
 Einkünfte, 612
Alsunahe, eine Glashütte, 124
Armenanstalten zu Schleusingen, 123
Aschenhof, ein adel. Guth, 162

B.

Baadstuben, ihre Ursprung 358. Baade-
 haus in Themar und dessen Einkünfte,
 359, 462, zu Römhild, 616
Barfüßerkloster zu Schleusingen wird in
 eine Landschule verwandelt, 111
Barchendfabrik zu Suhla, 44, 171, 706
von Bastheim, 74
Bedheim, die dasigen Rittergutsbesitzer bekommen jährlich ein Stück Wild aus dem
 Gleichamberger Forst, 660

Beinerstadt, 380
Benshausen, ein Centgericht, dessen Ge-
 schichte 156, Ortsbeschreibung 159
von Berga zu Helba, 71
Bergwerke, ihre vormalige Beschaffenheit
 im hennebergischen, 29, zu Goldlauter, 175,
 im Amte Römhild, 597, ihre dermalige
 Beschaffenheit im kurf. Antheil und in der
 Herrschaft Schmalkalden, 704
Bernhard, 381
Bettenhausen ist fuldaisch Lehn, 60
Bettlersbrunn, bei Fischbach, 41
Bibliothek zu Schleusingen, 119
von Bibra, 72
Bischofsroda, 125
von Borneburg zu Lengsfeld, 70
von Bose zu Elingshausen, 73
Brauwesen in der Stadt Themar, 360,
 Römhild, 615
von Brand, 71
Bracenbach, 125
von Bronsart, 74, 683
Bronnhof, eine Wüstung bei Kemrieth,
 374
Brundorf, Wüstung bei Mitz, 624

Buchen

Buchen, oder Buchenhof, gehet dem Stifte Erdstedt zu Lehen, 577, ein herrschl. Kammergut, 642
Burgsiedel, eine Wüstung bei Rohhausen, 655
Burgwall, bei Henfstedt, 410
von Buttlar, 74, 683.

C.

Capelle der 14 Nothhelfer zu Schleusingen, 111
Centgerichtsbarkeit des Amts Themar, 324 f., des Amts Römhild, 587
Christus, 155
Creuzkapelle zu Schleusingen, 110

D.

Debertshausen, Rittergut, 666
Dieshausen, 153
Dillstede, 152
von Dunar, 74
Dingsleben, 379
Direktorium, über das Gymnasium zu Schleusingen, ist dem kur- und fürstl. Hause Sachsen gemeinschaftl. zuständig, 120
Direktorium in dem Ganerben-Dorf Trappstadt, 673
Dorfies, Wüstung, 365
Dreisigjähriger Krieg richtet im Hennebergl. viele Verwüstungen an, 319
von Drußlar, 75

E.

Ebertshausen, 160
von Echter, 75, 683.
Ehrenberg, 365
Eicha, 645
Eichelberg, Weinberg bei Römhild, 597
Eichenberg, 126
Einkünfte der Grafsch. Henneberg, 63, im kursächsischen Antheil, 100, im Amte Themar, 328, im Amte Römhild, 584

Einsiedelei bei Frauenwald, 127
Eisenbergwerk zu Eicha, 547, 712
von Elz, Graf, Ganerbe zu Trappstadt, 671
Epitaphia der Grafen von Henneberg-Schleusingen, 107, der Grafen von Henneberg-Römhild, 609
Erblehne, Römbildische, 694
von Erfa, 75, 683
Ermershausen, Dorf und Rittergut, ist sächsisch Lehn, 694, fällt als erösnet den Lehnsherrschaften anheim, 695
Erlau, 26
von Ertal, 76, 683
von Eschwege, 76
Esparset, dessen Anbau im Amte Themar, 312, 381
Eydorf, 382, ist zehendpflichtig, 385
Eydstedt, Bistbum, besitzet im Amte Römhild einige Lehnschaft, 577, vergleicht sich deswegen mit dem Hause Sachsen, ebendas.
Eyterofeld, eine Wüstung bei Schmeheim, 395

F.

von Safold, 76
Fischbach, 127
Flächeninhalt der Grafschaft Henneberg, 13
Flüsse in der Grafschaft Henneberg, 35-38
Flosgraf, 124
Forste, Eintheilung derselben in der Grafsch. Henneberg, 25, die in der Herrschaft Schmalkalden, 703
Forst- und Jagdwesen im Amte Themar, 338
von Forstmeister, henneb. Vasallen, 684
Frauenwald, 127
Freistellen bei der Kommunität zu Schleusingen, 114
Freßbrunn, 42
Frohndienste im Amte Themar, 340

Süßse

Süchse von Beinbach, henneb. Vasallen, 76, 684.
Sulda, Stift, hat die Lehnsherrlichkeit über das Berlebsingische Gut zu Mils, 622.

G.

Gaden, etymologische Erklärung dieses Worts, 635.
Ganerben zu Trappstadt, 672.
Gebirge, 23.
Geisenhon, 128.
Gerhardsgereuth, 128.
Gerlers, Wüstung bei Iochbach, 390 gehöret zum Theil den Hrn. von Marschall zu Mariesels, 397.
Gesundbrunnen im hennebergischen, 40.
Getles, 128.
Getraidemaas, dessen Verschiedenheit, 65 ff.
Gewehrsabrik zu Sula, 44, 171, 706.
Gleichberge bei Römhild, ihre Beschreibung, 23-500.
Gleichamberg, Dorf, ist dem Stifte Eichstett lehnbar, 577. Beschreibung dieses Orts, 639.
von Gleichen, Grafen, sind henneb. Vasallen, 77, 684.
Gleicherwiesen, ein ritterschastl. Dorf, 678.
Goldlauter, 174.
Gollmuthausen, ist ein eichstädtisch Lehn, 577. Beschreibung des Dorfs, 647.
Gotekosberg, 219.
Grafenzehend zu Schweinfurth ist eichstättisch Lehn, 577, nota b.
Grenzierungen, hennebergische, 708.
Grimmelshausen, 363.
Grub, 392.
von Grumbach, henneb. Vasallen, 684.
von Gressheim, 77.
Gymnasium zu Schleusingen, 50, dessen Gründung und dermalige Einrichtung, 112 ff.

H.

Haina, Dorf, 625.
Handlohn, im Amte Themar, 340.
von Hanstein, 78, besitzen 3 Rittergüter zu Henfstedt, 406 ff.
Hartenberg, Schloß, 617.
Heereszwang, 335.
Heinrichs, 173.
von Heldritt, 79.
Hekengereuth, 127.
Henfstedt, adel. von Hausteinil. Gerichtsdorf, 405, Herrschaftshof toselbst, 408.
Henneberg, Grafen, ihre Geschichte, 1-11. ihre Lande kommen zum Theil an die Häuser Sachsen und Hessen und an das Stift Würzburg, 12 ff. Hennebergische Landestheilung vom Jahr 1660, 15.
Henneberger Hof zu Sondheim, 656.
von Herbelstadt, 79, ihre Güter zu Haina, 625 f. sterben aus, 622.
von Herda, 79.
Herbstfutter, eine Getraideabgabe, 643, ist ein Surrogat der ehemaligen Atzungspflicht, ebendaf. nota w.
von Heßberg, 79.
Heydersbach, 176.
Himmels (Chr. Philipps) Stiftung, 710.
Hinternah, 130.
Hindfeld, Dorf, 658.
Hirschbach, 127.
Hof Höchheim oder Mönchshof, gehört dem Kloster Wächterswinkel, 575, 637. wird vom Hause Sachsen gegen andere, im würzburg. Gebiete gelegene Güter eingetauscht 576, 637. Herzog Heinrich verpfändet denselben der Juliususniversität zu Würzburg, 658. wird von H. Meiningen eingelöset, 639.
Holzflößen zu Schleusingen, 124.
Holzüberfluß, in den Henneb. Schleusingischen Antheil 95.

Hudel

Hudelburg, ein Floßhaus bei Schleusingen, 123
Himmelstadt, Hof zu Sternberg, 676
von Hunde zu Altenstein, 80
von Hutten, 80

J.

Jagdfolge, praetendiret Kurf. alleine, 331
Johanniterorden zu Schleusingen, 108
Jemelshausen, vormals ein Filial von Mendhausen, 634
Jsenheim, Kloster, besitzet zu Eicha die Antoniuskapelle, 646
Juden, haben zu Marisfeld eine Synagoge, 403
Jüxen, ein würzburg. Lehn, 60
Juliusuniversität zu Würzburg, besitzet einen Hof im römhildischen Amtsdorfe Haina 627. Herzog Heinrich verpfändet ihr den Mönchshof, 638

K.

Kammergerichtsziler, 58
Kanzleilehne im A. Themar, 338 im A. Römhild, 693
von der Kehre, 81
Keulroda, 130
St. Kilian, ein Hospital, 130
Kirchenverfassung, hennebergische 45 f.
Kirchenaeraria, zu Themar, 348 ff. zu Römhild, 613
Klesgericht zu Gollmuthausen, 648
Kipplingshof zu Marisfeld, 402
Kollegiatstifte zu Römhild, 607, dessen Einkünfte, 611
von Kraluk, 81
von Kreilsheim, 81
Kreistagsstimmen 55. Henneberg römhildische, 594
Küßnderf, 143, gehöret dem Johanniterorden 145, kommt an die Grafen von Henneberg, ebendas.
Kupferhammer zu Schleusingen, 708

L.

Landcharten, henneberg. 700 ff.
Landesgesetze, 61
Landstände, 69, im A. Themar, 334
Landsaßiat, findet in der Grafschaft Henneberg statt, 88
Landsteuern, Ursprung derselben, 332 f.
Landwehre, zwischen Henneberg und der Pflege Coburg, 373
Langenbach, 132
Langebahn, ein dem Johanniterorden zuständiger Hof, 131
Lansbücher, eine Art Erbzinses, 463
Lampertshausen, eine Wüstung, zahlet zur Cent Themar, 325
Lehnhof der gesammten Grafschaft Henneberg, in mittlern Zeiten 70 f. Henneberg Römhildischer, 689 ff.
Lehne, Henneberg, werden nach dem Sächs. Lehnrechte verliehen 90, 695
Lehnschaften, adel. im A. Themar, 339
Lengfeld, 388
von Lichtenstein, 81
Linden, 643
Linsenhof bei Gula, 173

M.

Malmers, 174
von Marschalk, theilen sich in verschiedene Linien 82 besitzen Marisfeld 337, tragen vom Hause Sachsen das henneberg. Erbmarschallamt zu Lehen, 401
Marisfeld, ein adel. marschalk. Gerichtsdorf, 395, war ursprünglich eine hennerb. Vestigung und kam durch Pfandschaft an die Marschalle von Lützen, 396, diese tragen es vom Hause Sachsen zu Mannlehen, 397, praetendiren die Reichsunmittelbarkeit, 398. Urtel mit Sachsen, wegen der Episcopalgerechtsame, 400

Dreifaches Register 865

von Maßbach, 82
Marktrecht zu Schleusingen, 122. Themar, 710 Römhild, 615
Matrikularanschlag hennebergischer, 55 f. des Amtes Themar, 334, des A. Römhild, 588. Bemerkung über die Ungleichheit desselben im A. Römhild, 589 f. wird moderirt, 592
Meiningen, Schloß und Amt, ist würzburg. Lehn, 60
Mehlis, gehört zur Hälfte dem Hause Henneberg Römhild, 699. Kommt an S. Gotha, 700
Mendhausen, 633
Messerfabrik zu Schmalkalden, 44
Merzelbach, 598
Milz, Bach im A. Römhild, 599
Milz, Dorf, 619. Kloster das, 620. Freihöse 622
Mitbelehnschaft, sächsische, ist auch bei den fränkischen Lehnen eingeführt, 695
Mönchshof, ein Freihof zu Erbes gehört dem Kloster Vera, 385
Mönchshof, ein Kammergut im A. Römhild, gehörte ehedessen dem Kloster Vessenwinkel 575. 637. S. Hof Höchmann.
Moor, rothes und schwarzes, stehendes Wasser auf den Rhönbergen, 22
Münnerstadt, gehört zur Grafsch. Henneberg Römhild, 566; kommt an das Stift Würzburg, 571; und dem Halsgericht und Zoll daselbst wird das Haus Sachsen beliehen, 572
von Münster, 83, 688
Münzfuß, 64

N.

Nadelöhr, eine enge Passage bei Henfstädt, 410
Nebler, eine Wüstung im Amte Römhild, ist eichstädtisch Lehn, 577
Neuendambach, 132

Ersten Theils vierte Abtheil.

Neuhof, 133
Neckersfelden, der dasige Zehend kommt an das Kloster Bildhausen, 644

O.

Obendorf, 386
Oberauffseher, im Henneb. Schleusing. Antheil, 96
von Obernitz, 83. besitzen zu Henfstädt ein Schloß, 408
Oberroth, 132
Oberstadt, ein adel. von Seebach. Gerichtsdorf, 403
Ordenshaus zu Schleusingen, und dessen Güter, 108
Osterburg, ein verfallenes Schloß bei Henfstädt, 412
von Ostheim, sind henneberg. Erbschenken, 83

P.

Pfalz, Wüstung im A. Römhild 632
Pfalzgraf Hermann von Stahlek 719
von Pöllnitz, Henneberg. Vasallen, 689
Postexpedition zu Schleusingen 123, zu Suhla, 172, zu Römhild, 615
Raasen, 133
Rabische Hof zu Gleichamberg, 641
Rapelsdorf, 133
Rappertshausen, 666
Rathsalmosen zu Römhild, 613
Ratscher, 134
Rauschardisches Gut zu Haina, 628
Reichsgeleyte, 59
Reichsmatrikularanschlag, 55
Reichstagsstimmen, 54
Reurieth, 367, hat seine eigne Herrn 370, das dasige bet v. gickte Rittergut kommt an das Haus zu S. Hildburghausen, 372
Religion, 45, Veränderungen derselben in der Herrschaft Schmalkalden, 47
Rennweg, auf dem thüringer Wald, 21

Q q von

von Retrod, 83, 161
Riethmühl, 677
Rindermannshof, eine Meierei, 123
Ritterstube, ein Gefängniß für die landsäßigen Vasallen, die sich der Reichsunmittelbarkeit anmaßen wollten. 88
Rodhausen, gehört dem Kloster Vilthausen, 576. Streitigkeiten über die dortigen Hoheits- und Episkopalgerechtsame, 651
Römhild, Herrschaft, ihre Geschichte, 563 f. ehemalige Zubehör derselben 566, kommt an das Haus Sachsen, 570, wird in Reichslehn verwandelt, 573, kommt in der Pöstlichen Landestheilung an Herzog Heinrichen, 579, nach dessen Tode entstehen Successionsirrungen, 581 ff. werden 1753 verglichen, 584, deßhalbige Administrationdreyen zwischen S. Coburg Saalfeld und S. Meiningen, 585
Römhild, Amt, dessen Verfassung, 588, natürl. Beschaffenheit und Bevölkerung desselben, 596
Römhild, Stadt, ihre Beschreibung 601 f. Bromkbaden, 604, Volksmenge, 605, Kirchenverfassung, 610, Stiftung daselbst, 611, politische Verfassung, 614
Römhildischer Lehnhof, 683
Rohnberge, 22, von Rotenhan, 689
Römermonate, 334.
Rohrhof zu Milz, 623
Roca, 149, Nachricht von dem dabei gelegenen Nonnenkloster, zu 50 f.
von Rosdorf, 83
Roßrieth, Dorf und Rittergut, 677
von Rotenhan, 83
Ruphof zu Trappstadt, 673
von Rußwurm, 84

S.

Sachsengrund, eine Meierei ohnweit Schleusingen, 123
Salzwerke zu Salzungen, 41, zu Schmalkalden, 42, 705, bei Suhla, 43.
Schabhof, Kammergut zu Römhild, 617
Schmalkalden, das dasige Bergwerksgericht hat seine Vogtei zu Lengfeld, 389 Nachricht von dem dasigen Bergbau, 704
Schaurothsche Hof zu Mariefeld, 402
von Schaumberg, 84
Schenke zu Schwickershberg, 85
Schleusingen, Beschreibung des dasigen Amts 100 ff. Nachrichten von der Stadt, 104
Schleusinger Neuendorf, 134
Schmalbrunn bei Schwallungen, 41
Schnepheim, 393
Schnepfenfeld, 134
Schneebach, eine Wüstung bei Oberstatt, 405
Sponau, 135
Schriftseitische Höfe zu Gleichamberg 641
Schülershof zu Gollmuthausen, 642
Schulanstalten, 50
Schulmeisterseminarium zu Meiningen, 52
Schwabhausen, Wüstung im A. Römhild, 630
Schwarza, ein Marktflecken, 162 f. kommt an die Grafen von Stollberg 163, die Landeshoheit darüber wird von Karsachen behauptet, 164
Schwickershausen, davon gehören ⅔ ins A. Römhild und ⅓ ins Amt Hildburghausen, 662
See, bei Salzungen, 39
von Seebach, sind Rittergutsbesitzer zu Oberstatt, 337
Seelenbad, dessen Ursprung 464
Siegritz, 366
Silbach, 136
von Soden, Graf, kauft das berlichingsche Rittergut zu Milz, 622
Sondheim, im Grabfeld, 656

zur histor. statist. Beschr. der Grafschaft Henneberg. 367

von Speßart, henneb. Vasallen, 690
Speing, Bach im A. Römhild, 599
Statuten werden 1529 der Stadt Themar ertheilt, 355
von Stein zu Altrustela, Nordheim und Barchfeld, 85, 691
Steinbach, 135
Steinbrüche, 598, 710
Steinhauk, eine Wüstung bei Herbstedt, 412
Steinkohlenwerk, 712
Steinnau von Steinrük, Henneb. Vasallen, 85, 691
Steinsberg, oder Steinsburg bei Römhild 23 f.
von Sternberg, Henneb. Vasallen, 85
Sternberg, ein ritterschaftl. Dorf 675. die Herrschaft Römhild besitzt das. ein Burggut, 676
Steuerwesen im A. Themar, 333, im A. Römhild, 588
Steuern können für keinen Ausfluß der Landeshoheit angesehen werden, 654
Stipendium nobile zu Römhild, 613
Stützerbach, 135
Suhla, 166 ff. Gewehr und Barchendfabrik das. 171
Suhlaer Leube, 21
Suhlaer Neuendorf, 136
Sülzdorf im Amte Römhild, 662
Supplementsteuern, 335
Syholz, eine Wüstung bei Schmelzheim, 394

T.

Tachbach, 391
von Tann, henneb. Vasallen, 86, 691
Teiche, Hennebergl. 39, im A. Römhild 600, in der Herrsch. Schmalkalden, 705
von Teltleben, 86
Themar, Amt, Beschreibung desselben 321 ff. dessen politische Verfassung, 322 f.

begriff ehedessen einen weit größern Centdistrikt, als tezo, 324, Administrationsrezeß, 326
Themar, Stadt, ihre Geschichte, 343. Nachricht von den Stiftungen daselbst, 348-353, Verfassung des Stadtraths, 357
von Thüngen, henneb. Vasallen, 691
Todenlache bei Rappelsdorf, 133
von Todenwart, 87
Traystadt, Gauerbendorf, dessen Verfassung, 671 f.
Tretzbach, 137
Trostadt ein ehemaliges Nonnenkloster, 375; wird in ein Kammergut verwandelt, 377
Truchseße von Undleben, tragen von Henneberg das Erbtruchseßenamt zu Lehen, 86
Truchseße zu Sternberg, 692
Tuchmanufaktur zu Themar 710

U.

Uttenhausen, Wüstung bei Rappertshausen, 669, stehet unter römhildischer Gerichtsbarkeit, 670

V.

Vasallen, Hennebergische, 70-87, im A. Themar, stehen unter der Gerichtsbarkeit der Landesherrschaften, 337
Vesser, ein Dorf, 137
Vestra, ein praemonstratenser Kloster, 138
Virnau, 161
Voite von Salzburg, 84

W.

Wachenbrunn, 387
Waldau, 142
Waldungen, Hennebergische, 25, im Kurf. Antheil, 95-707, im Amte Themar, 313-331
Wappen

Wappen der Grafen von Henneb., 53, der
   Stadt Schleusingen, 123, der St. Thes
   mar, 354
von Wegmar, 86
von Weiers zu Ebersberg, 86, 692
Weigler, eine Waldung, 647
Weinbau, im A. Römhild, 507
Weisbach, eine Wüstung im A. Themar,
   263
von Wenkheim, 86
Werrafluß, 33, 314, soll schiffbar gemacht
   werden, 33
Westenfeld, 329, 631
Wichtshausen, 153
Wiederobach, 143
Wilhelmsbrunn, im A. Schleusingen, 40.
von Witzenhagen, 86

von Witzleben, 87
Wolfsnagel, Gehölz, gehört der Gemeinde
   Haina, 629
Wolle, ihre Veredelung, 20 und 703
Wüstungen im A. Kühndorf, 149, im
   A. Themar, 842, im A. Römhild, 600

3.

Zeilfeld, Dorf, 659, ist zwischen den Aem
   tern Römhild und Hildburghausen getheilt,
   663
Zell, Wüstung, im A. Römhild, 632
Zobel von Giebelstadt, 87, 693
Zollbrücken, 142
Zufraße, eine adeliche Familie, 87 besitzt
   zu Neustedt ein Gut, 406
von Zweifel zu Hellmershausen, 87

II.
Personen Register.
A) aus dem geistlichen Stande.

Päbste

Martin V. (1421) 197 (1418) 447
Nicolaus (1454) 212
Paul (1461) 740
Sixtus (1484) 467
Julius (1511) 479

Erzbischöffe
Cölln

Conrad (1249) 181

Bischöffe
Augsburg

Conrad (1158) 720

Eichstädt

Conrad (1158) 720
Joh. Eucharius (1686) 821
Marquard (1679) 818

Würzburg

Gerhard (1156) 716 (1158) 320
Hermannus (1251) 181
Iring (1255) 417
Otto (1345) 427
Albertus 1349 289
Johann (1423) 198 (1411) 724 (1429) 728
Gottfried (1453) 460 (1447) 736
Rudolf (1466) 741 (1478) 743 (1488) 746
Lorenz (1504) 477 (1498) 751 (1511) 753
Conrad (1537) 759
Friedrich (1568) 789
Julius (1586) 251 (1594) 269 (1604) 793
Philipp Adolph (1623) 799 (1628) 801, 803
Joh. Philipp (1656) 806.

Aebte
Bildhausen

Heinrich (1379) 723
Johann (1478) 743 (1496) 747
Georg (1628) 803.

Fulda

Heinrich (1206) 179
Conrad (1225) 180
Heinrich (1256) 182
Berthold (1265) 183
Hartmann (1514) 481, 754

St. Michelsberg

Johann (1524) 762.

Theres

Heinrich (1524) 762.

Vessra

Siegfried (1327) 424
Hermann (1246) 429
Bartholomäus (1454) 460 (1457) 462
Peter (1485) 470 (1493) 473
Paul (1528) 484, 762
Johann (1539) 488
Wolfgang (1551) 494

Pröbste
Rora

Conradus (1251) 182 (1255) 417

Trostadt

Theodoricus (1281) 419.

Wechterswinkel

Bertram (1156) 716
Gotheboldus (1255) 417
Ludwig von Weiers —) (1456)
Anna von Lichtenstein, Abtissen) 738.

Dreifaches Register

B) Aus dem weltlichen Stande.

Kaiser.

Friedrich I. (1158) 718
Otto IV. (1212) 721
Maximilian I. (1498) 749
Karl V. (1534) 755
Maximilian II. (1568) 789
Rudolph II. (1588) 266
Ferdinand II. (1628) 803.

Kurfürsten, Herzoge, Landgrafen und Fürsten.

Brandenburg
Georg Friedrich (1585) 239
Johann Georg (1594) 267.

Braunschweig
Wolfgang (1585) 239.

Landgr. zu Leuchtenberg.
Johann (1367) 193, 434.

Pfalzgrafen bei Rhein
Hermann (1156) 716

Sachsen
a) Kurfürsten,
Ernst (1484) 745
Friedrich (1518) 755
Joh. Friedrich (1536) 760
Christian I. (1580) 251
Christian II. (1606) 513 516
Johann Georg I. (1643) 275
Johann Georg II. (1670) 816.
b) Herzoge
Albrecht (1484) 745
Johann (1518) 755 (1521) 756
Johann Friedrich der mittlere
Johann Wilhelm } (1554) 491.
Joh. Friedrich der jüngere } (1557) 786.
Friedrich Wilhelm (1585) 239 (1586) 251 (1594) 267.
Johann Ernst (1594) 267 (1619) 271 (1624) 793.

Johann Casimir (1594) 267 (1604) 793 (1605) 795 (1612) 797 (1628) 803.
Friedrich
Wilhelm
Albrecht } (1619) 271
Joh. Friedrich
Ernst
Bernhard
Friedrich Wilhelm } (1643) 275
Wilhelm
Ernst (1658) 524 (1674) 526, 530
Friedrich Wilhelm (1666) 519 (1656) 806
Friedrich
Bernhard
Heinrich
Christian } (1686) 819, 822
Ernst
Johann Ernst
Friedrich I. (1676) 533
Friedrich II. (1707) 830
Heinrich (1685) 542 (1690) 545
Moritz (1670) 281, 519 (1681) 297 (1696) 303
Moritz Wilhelm (1714) 304
Joh. Ernst
Friedrich } (1728) 547
Franz Josias (1753) 834 (1758) 555 (1765) 840
Anton Ulrich (1753) 834
Ernst Friedrich (1765) 841

Herzoge von Schwaben
Friedrich (dux Aleman.)
Adelbert (marchio filius ejus) } (1158) 720

Landgr. von Thüringen
Friedrich
Balthasar
Ludewig
Wilhelm } (1357) 190

Wirtenberg

Wirtenberg
Elisabeth (1584) 237
Ludewig (1585) 239
  Pfalzgr. von Wittelsbach
Otto (1156) 720

Grafen und Dynasten
  von Arrenskein
Conradus (1299) 185
  von Blaßenberg
Richard (1158) 720
  von Bilstein
Giso (1156) 718
Gebhard (1158) 720
  von Bramberg
Hermann (1158) 720
  von Brenberg
Werner (1358) 430
  von Frankenstein
Getebold } (1156) 718
Ludewig }

  von Grumbach
Marquard (1158) 720
  von Hiltenberg
Christian (1158) 720
Albrecht (1220) 180
  von Hohenloh
Albertus (1345) 428
  von Imelshausen
Poppo (1156) 716
  von Trimberg
H. (Heinrich) (1158) 720
  von Truhendingen
Heinrich (1358) 432
  von Tundorf
Mangold (1156) 718 (1198) 720
  von Schwarzburg
Johann (1380) 437, 440
Günther (1384) 441 (1414) 445 (1416) 447.
  von Wildberg
Marewardus } (1285) 417
Manegoldus }

C) Aus dem adelichen Stande.

  von Bastheim
Chunradus } (1255) 417
Volkerus }
  von Baumbach
Jobst } (1619) 274
Asmus }
  von Belrieth
Chunradus (1299) 185
  von Berlepsch
Erich Volkmar (1582) 231
  von Berga
Franz (1557) 786
  von Berlichingen
Melchior Reinhard (1623) 800
  von Bibra
Bertholdus (1321) 423
Hermann (1342) 426

Bertold } (1384) 440
Hanß }
Fritz (1386) 436
Antonius (1414) 445
Bartholomeus }
Bertold }
Hanß } (1453) 452
Heinrich }
Cunz }
Valtin (1484) 745 (1511) 754
Kilian (1488) 746
Hanß (1557) 786
Christoph } (1674) 531
Hanß }
  von Boineburg
Urban (1619) 274

Dreifaches Register

von Brende
Guntram (1156) 718

von Burkhardsrode
Lupoldus (1255) 417

von Cundorf
Otto (1228) 181
Reinhard (1251) 182 (1255) 417
Lupoldus }
Bernhard } (1259) 183
Otto }
Berthold } (1307) 186

von Eberstein
Carl (1432) 203

von Eydorf
Heinrich }
Volkenand } (1322) 424
Hanß (1414) 445
Georg (1438) 455
Anton }
Dietz (1449) 211 731

von Falkenstein
Arnold (1518) 755

von Forstmeister
Silvester (1521) 757

von Frankenberg
Heinrich (1271) 419

von Giech
Georg (1504) 479
Mathes (1521) 757

von Gotha
Henricus (1259) 183

von Grumoltshiusen
Heinricus (1327) 424

von Gundelsheim
Peter (1540) 215 533

von Hanstein
Melchior, Lippold }
Merten Heinrich } (1580) 506
Caspar (1584) 236 502

Georg Philipp }
Hannß Caspar }
Ludwig Konrad }
Georg Ernst } (1674) 526
Caspar Bernhard }
Hannß Casimir }
Casp. Rudolph }
Burkhard Carl }

von Heldrite
Moritz (1536) 760

von Hendrich
Christoph Siegmund (1753) 889

von Herbelstadt
Folgenand (1320) 422 (1349) 190 721
Conrad (1358) 430 (1362) 433
Michel }
Dietrich }
Wilhelm } (1441) 729 732
Ekard }
Endres }
Peter (1449) 210 453

von Herbesfeld
Sigebotho }
Adeloh } (1156) 718

von Heringstadt
Christoph (1477) 465

von Heßberg
Otto (1367) 193
Grifo (1380) 194
Georg (1442) 455
Nicolaus (1521) 757
Philipp (1540) 215
Hanß Andres }
Hanß Albrecht } (1554) 491
Philipp }
Burkhard } (1605) 795

von Hildenburg
Emchard (1205) 179
Reginbold (1228) 180

von Hohenheim
Georg (1559) 220

zur histor. statist. Beschr. der Grafschaft Henneberg 873

von Hutten
Bernhard (1585) 251
  von Jüchsen
Berz (1320) 422.
  von Karben
Hilbert (1559) 220
  von Kariebach
Diettrich (1445) 209
  von Kaßahe
Gottfried, miles, (1271) 419
  von der Kehre
Apel (1330) 438
Stephan (1380) 438
Conrad (1447) 736
Appel }
Peter } (1495) 475
Otto }
Martin (1504) 479
Andreas (1540) 215
  von Rodewitz
Heinrich (1357) 192
  von Rörbig
Johann Caspar (1600) 515
  von Burgleben
Caspar (1594) 236
  von Ryseling
Friedrich (1342) 427 (1358) 430
Dietz (1414) 445
  von Langen
Humpert (1606) 513
  von Lichtenstein
Apel (1414) 445
Heinrich (1441) 731
Ebrhard (1604) 795
  Marschall von Ostheim
Heinrich (1271) 418 (1285) 420
Georg Wilhelm Wolf, Bartholomeus (1488) 470

Bernhard (1584) 236
Joh. Friedrich (1676) 534 (1688) 542
Franz Friedrich }
Ernst Dietrich }
Joh. Heinrich } (1690) 545
Moritz Hermann }
Adam Georg }
Matern
  Marschalci de Lure
  (Lauringen)
Carolus (1312) 421
  von Maresfeld
Berthold (1285) 419
Erwin (1312) 421
Hermann (1320) 421
Götz (1346) 429
Siegwin }
Hermann } (1410) 196
  von Maßbach
Eberhard (1271) 419 (1285) 420
Wilhelm (1379) 724
  de Meiningen
Bertholdus }
Heinricus } (1206) 179
Manegoldus }
  von Milz
Erwinus (1320) 422
Ortolf }
Conrad } (1342) 426
Apel (1414) 445
Otto (1445) 209 731 (1456) 738
  de Monte (von Berg)
Hertnidus miles (1307) 186
  von Obernitz
Caspar (1554) 490 503
  von Oldershausen
Dietrich (1578) 502
Burkhard }

Hanuß und Caspar 1521 757 760
Balthasar (1551) 210
    von Redwitz
Carl (1540) 215
    von Rodhausen
Egler ⎫
Diettrich ⎭ (1358) 721
    von Rosenthal
Hannß (1384) 195 432
    von Roßdorf
Herbnict (1423) 200
    von Rugeriet, (Renrieth)
Henricus (1299) 185
Ortolf (1307) 186 (1321) 423
    Woyte von Salzburg
Hannß (1432) 201
Georg (1477) 465 (1456) 733
    von Schauenburg
Silvester (1518) 756
    von Schauroth
Heinrich Friedrich (1660) 1519
    von Schlitz
Eustachius (1586) 251
    von Schönberg
Wolf (1582) 233
    Schott von Schottenstein
Hannß ⎫
Philipp ⎭ (1536) 760
Baltin (1524) 773
Joh. Georg (1674) 529
    Schimpfe
Heinrich (1271) 419
Wolfram (1358) 430
    von Stein
Senfried (1432) 203
Kristan (1445) 209
Kaspar (1674) 528

    von Sternberg
Henricus (1228) 180
Bertholdus ⎫
Hermannus ⎬ (1255) 417
Gothefchalcus ⎭
Gottschalk (1358) 432
Wolf und Hanuß (1514) 754
    von Traysbach
Bertholdus (1299) 185
    Truchses zu Wildberg
Carolus (1423) 200
Adolph (1432) 201
    von Tüngen
Neidhard (1586) 251
    von Uttenhofen
Fabian (1540) 215
    von Valken
Conrad ⎫
Wurm ⎭ (1357) 192
    von Wangenheim
Friedrich (1357) 192
    von Wasungen
Heinrich (1312) 420 (1367) 194
    von Wegmar
Heinrich (1477) 465
    von Weysenbach
Wolf (1521) 757
    von Witzlebeu
Kristan (1357) 192
    Zufraß
Johann und Werner (1358) 432
Bartholomeus ⎫
Berthold ⎭ (1437) 454
Hannß (1449) 210, 454
Hannß (1524) 762

III.
Geographisches Register.

A.

Albrechts, 191, 273
Alschleben, 766, 775, 793
Alstadt, 197, 277
Alten Eichenberg, 197
Altenhausen, 721
Altenrömhild, 738
Erntshausen, 270
Aubstadt, 735

B.

Barchfeld, 273
Bedheim, 796
Behlrieth, 509, 775
Behringen, 237, 780
Beinerstedt, 456
Benshausen, 198, 208, 265, 271, 299
Berlach, 777
Bermbach, 273
Bettenhausen, 546
Bibhausen, 715, 742, 790
Bischofrod, 277
Bottleben, Amt, (Botenlauben oder Kissingen) 270
Breitenbach, 363
Breitensee, 454, 506

C.

Calenberg, 841
Celle, (St. Blasii) 191
Christens, 186, 193, 273

D.

Dachbach, 426, 434, 454, 476, 490, 502
Dachbach, (Fluß) 454
Dillstedt, (Distelstad) 182
Dingsleben, 456, 502, 508
Dizhausen, 191
Dreißigacker, 207, 477
Dürrenrieth, 294

E.

Eberhards, 492
Eberdorf, (Nebenhers) 179
Ebertshausen, 373
Echausen, 270
Eicha, 725, 753, 776, 818, 823
Eichelberg, 187
Eichelbrunn, (Wüstung) 777
Eichenberg, 188, 190, 277
Einhausen, 477
Elingshausen, 418, 477

F.

Fachdorf, 418
Facheröheim, (Wüstung) 479
Feuerdorf, 270
Fladungen, 255
Frankenheim, 236
Frauenbreitungen, 237
Fützenderoda, 191
Friedelshausen, 257

G.

Gaulshausen, 472
Gebeltshausen, 728
Gerhäusen, 744
Gebo'shäuser 777
Gnbaresgeremia, 491
Geemerzheim, 196
Gertlis, (Wüstung) 472, 487, 544
Gerpfen (Kirchheim) 186, 193
Gleichamberg, 725, 775, 818, 823
Gleichen an der Wiesen, 745
Goldlauter, 234
Gollmuthausen, 775, 817
Gestenberg, 793
Greinoltshausen, 425, 427, 456, 491
Grube, 418, 435, 454

H.

Hallenberg, 236, 272
Hartenberg, Schloß, 445, 727, 737
Hausen, 257
Hanna, 729, 732, 751, 774, 800, 817
Helbe, 183, 418
Henssstadt, 211, 420, 453, 457, 490, 526
Henneberg, 550
Hennendorf 793
Heinrichs, 273
Hentmaen, 237, 257, 746
Herbelstadt, 777
Heraets, 273
Hermannsfeld, 256

Herpf, 200, 218, 475, 477
Herrnbreitingen, 265
Heseler, 418
Hevarichs, 191
Hilteburghausen, 760
Hinofeld, 777, 818
Hochheim, 754, 777
Hof Höchheim, 718, 739, 814
Holnstadt, 720
Hummelstadt, 728
Hutsberg, (Gebölz) 456
Hutsberg, (Schloß) 487

J.

Imens, 191
Jerthausen, 780
Jumelshausen, 241, 716, 754
Isenheim, (Kloster) 725
Juchsen, 255, 285, 422
Junkershausen, 720

K.

Katz, 487
Kißingen, 270
Küßlingshof, 542
Königshofen, 777
Kulmreda, 207, 275
Kundorf, 189, 193, 201, 136, 257

L.

Lamprechtshofen, 418, 473
Landswere, (Schloß) 472, 487
Leichen, 266
Lengefeld, 418
Lengfeld, 277, 421
Leumberg, 728
Lichtenau, (Wüstung) 195
Lichtenberg, 785
Linden, 755, 776, 794, 818
Loberoth, 720
Lutelsdorf, (Leutersdorf) 190

M. Mi.

M.

Märkers, 273
Marisfeld, 196, 422, 424, 429, 472, 487, 533, 542, 545
Masfeld, 236, 477
Medendorf, 273
Meiningen, 232, 252
Melis, 191, 273, 429
Melkers, 207
Mellerstadt, 256, 736, 746
Menthausen, 716, 723, 741, 754, 776, 807, 806
Merkershausen, 419
Mezels, 477
Milz, 481, 754, 817
Münnerstadt, 255, 270

N.

Naßach, 794
Nebles, (Wüstung) 823
Niederkopfer, 191
Niederschmalkalden, 273
Niederstilla, 273
Neubrunn, 257
Neuhof, 277
Neuhaus, 837
Neuses, 793
Nordheim, 418

O.

Obendorf, 455
Oberkatz, 546
Oberroth, 211
Oberschönau, 273
Oberstadt, 436, 476
Obersteinbach, 273
Osterburg, (castrum) 421, 426, 440, 457, 490, 503
Ottelmannshausen, 254, 777

R.

Rainfeltshausen, 720
Rappelsdorf, 187
Rappertshausen, 720, 736, 746
Ratscher, 187
Reinersdorn, (Reinhardsbrunn) 191
Reurieth, 433, 457, 491
Reuterswiesen, 273
Riethmühl, 797, 815
Römhild, 724, 736, 740, 749, 752
Rora, 130
Rothausen, 721, 747, 777, 790, 801
Rütschenhausen, 427
Ruppera, 201, 218
Rynnestig, (der Rennweg auf dem Thüringer Wald) 208

S.

Salzferst, 257
Sambach, 254
Sand, 237, 487, 546
Schlechtjart, 755
Schleusingen, 187, 190, 197, 211, 212, 214, 205, 435
Schmalkalden, 435, 499
Schmeheim, 424, 487
Schmerbach, (Wüstung) 487
Schwabhausen, 735, 776
Schwollungen, 273
Schwarza, 195, 273, 292
Schwarzwald, 208
Schwikershausen, 784
Schwikershusen, 418, 819
Silbach, 182
Sigerhartis, 418
Sondheim, 776, 817
Sonneberg, 837
Stedlingen, 256

Sternberg, 718, 775
Stürrschlagen, (Wüstung) 207
Sülzerf, 776
Sülzthal, 270
Subla, 206, 209, 219, 236, 273
Sülzfeld, 477
Sybildes, (Seyholz eine Wüstung) 423

T.

Themar, 215, 236, 437, 438, 440, 467, 479, 484, 502
Tolmarsdorf, (Wüstung) 183, 186, 393, 418
Trappstadt, 762, 777, 811
Trenkries, (Wüstung) 186
Troßtat, 451, 492

U.

Unsleben, 777
Unterschönau, 273
Untersteinbach, 257
Uripringen, 257
Utendhausen, 720, 724, 749, 777, 810

V.

Bachdorf, 477
Bachershsim, 477

Veßer, (Kloster) 197, 427, 451, 479
Virnau, 273
Vilsers, (Wüstung) 256

W.

Wachenbronn, 418, 457
Walbach, 207, 477
Walldorf, 472
Walten, (Waldau) 194
Wasungen, 237
Wazendorf, 743
Weisensee, 191
Weilershausen, 207
Wenigen Schwarza, (Wüstung) 186
Wentheim, 720
Werbergehusen, 186
Wermuthausen, 270
Westenfeld, 460, 776, 817
Westerswinkel, 716, 737, 784, 806
Wichtshausen, 273
Winkles, 270
Wirmsthal, 270
Wölfershausen, 477
Wolfsherrd, (Gehsitz) 798

Z.

Zellfeld, 757, 760, 776
Zingelhof, 277

Verbesserungen und Druckfehler.

Seite 40,	Zeile 11,	Sambacher	ließ Sambacher
— 96,	— 9,	giebt es auch Rehe ꝛc.	l. Hirsche, Rehe ꝛc.
Ebendas.	— 13,	Kammerkollegiums	l. Renteereikollegiums
Seite 129,	— 20,	Zinnhammer,	l. Zainhammer,
— 153,	— 18,	Zinnhammer,	l. Zainhammer,
— 399,	— 11,	der Lebensstrafe,	l. der Leib- u. Lebensstrafe
— 587, note y,	Z. 5,	Rathhause,	l. Rathswirthshause,
— 588, Zeile	25,	101 fl.	l. 101 Rthlr.
— 600,	— 14,	1750 Einwohner	l. 1721 Einwohner
— 606,	— 5,	im J. 1180	l. im J. 1780.
— 621,	— 8,	zwei Berlingische Höfe	l. drei Berlichingische Höfe
Ebendas.	— 23,	4 Büttner	l. 2 Böttner
Seite 622,	— 16,	jährlich	l. alle drei Jahre
— 641	— 15,	in dem Dorfe gegen Eicha	l. in dem Grunde gegen Eicha;
— —	— 23,	Buchhof	l. Buchenhof,
— 643	— 2,	von 15 thlr.	l. 24 Gülden,
— —	— 10,	40 Malter 6 Maas	l. 43 Malter 6 Maas
— 646	— 16,	1772	l. 1722.
— 647 note c	—	Mergoltshausen	l. Margolthausen,
— 671	—	steht in der Rubrik: von dem ganerblichen Orten	l. dem ganerblichen Orte.
— 757	— 11,	Caspar von Oheim	l. Caspar von Ostheim.